中國歷史通釋

王世宗　著

三民書局

國家圖書館出版品預行編目資料

中國歷史通釋／王世宗著.－－初版二刷.－－臺北市：
三民, 2019
　　面；　公分

　　ISBN 978－957－14－6437－4　（平裝）

　　1.中國史

610　　　　　　　　　　　　　　　　　107008255

© 　中國歷史通釋

著 作 人	王世宗
責任編輯	陳振維
美術設計	張萍軒
發 行 人	劉振強
發 行 所	三民書局股份有限公司
	地址　臺北市復興北路386號
	電話　(02)25006600
	郵撥帳號　0009998－5
門 市 部	（復北店）臺北市復興北路386號
	（重南店）臺北市重慶南路一段61號
出版日期	初版一刷　2018年6月
	初版二刷　2019年1月修正
編　　　號	S 630500

行政院新聞局登記證局版臺業字第○二○○號

有著作權‧不准侵害

ISBN　978－957－14－6437－4　（平裝）

http://www.sanmin.com.tw　三民網路書店

※本書如有缺頁、破損或裝訂錯誤，請寄回本公司更換。

獻　給

所有為追尋生命意義而受苦的靈魂

自 序

　　寫一部「中國通史」從來不是我的志願，但這竟是我所不能罔顧的義務，人生的責任若非天命，誰須勉強為之，而所謂勉強其實不是心有不甘卻是盡力以赴，由此可知，稍感可為即當有為，雖然其事未必是當務之急。

　　數年前，當我深覺必須為文闡釋東方文明之義時，撰述中國歷史便成無可迴避的事，但因其業並非立言之至，故我改以解說中國的道學（真理觀）為務，於是乃有《東方的意義》一書問世。如此，我想我的「中國因緣」可以了結，隨後「世界」超越「天下」又成我的論道範疇，由是《文明的末世》產生，東方西方都已消失殆盡。在「入境問俗」的任務將除之際，我欲有「天何言哉」的宣告，這即注定事情不能就此打住，因為「人不學不知道」而「天不說誰知道」，若我所知無誤則我所輕者當非微不足道，何況替天行道不得知足，淑世者只能愛世，所以「可為終於有為」，是謂「事在人為」。然後，《中國歷史通釋》一定要出現，這不涉及我的好惡，卻關乎祖先「蓋棺論定」之事，但願前人苦難的遺訓因此顯示、天道不虛的真相可以應驗，而中國的文明使命既了，天下太平與世界大同的奢望與之俱滅，中肯的知識乃有眉目。

　　歷史既是往事、更是往事的解釋，往事往往不堪回首，往事的解釋則大有可為，因為人性醜陋，其所為充滿罪過，但人具理性，所有不好的事蹟一旦化作知識即為有美無惡；這不意味解釋歷史應當隱惡揚善，而是表示知道真相使人超越現實，從此錯誤變成可貴之物，它以痛苦的代價服務於求學者，且以

合理的啟示拯救被世間錯誤折磨的天真心靈。

　　歷史是人類整體的記憶，而凡人大都只關心自己，因此沒人可以忽視歷史，但了解歷史的人無幾，正如自尊者比比皆是，自省者則寥寥可數。人類自有共通之處，但人際差別亦復不少，自我認識有賴認識他人，歷史或許是人的夢魘，逃避惡感卻是自欺欺人，所以歷史是人人必須面對的大我，任誰都不能準備好迎接它，而它也不會對你因材施教或等候你主動親近。這即是說，沒有人真正喜愛歷史，而錯愛歷史的人卻很多，凡夫總以自我肯定之心讀史，只因「上友古人」的可能性（可行性）極大，故歷史始終流行於世。事實上，歷史是人對一切之所知，此即歷史是人可能知曉的真理信息，有人反對求道，但無人反對求知，反對求道是因不信真理，反對求知亦是一種知識立場，而求道其實是求知，所以歷史由不得你高興不高興必是你依附及貢獻的對象（有若人之於生死）。

　　歷史絕不討喜，中國歷史更令人痛苦，因為中國文明的現實性既強，其歷史乃富有人性表現，情理衝突處處可見，似乎世上原罪在此作用最烈，雖然中國史上並無原罪一說。緊張使人痛苦，而緊張是「不一致」的感受，中國歷史頗多矛盾對比之況，故其學者若不將之盡付笑談，便常有不忍卒讀之困；易言之，中國的讀史者特需精神力量，否則不陷於憤世嫉俗、玩世不恭，即淪為世故老成、俗不可耐，確是激濁揚清之變。中國是四大古文明中最晚出者，然而中國文明的起源極為神秘，其歷史且持續最久，在風格上也與眾不同，最後它成為東方的代表，實有不可忽略的研究價值。正是因此，探討中國歷史所致之苦有如分娩之痛，乃是上天對於有志者的最佳壓迫，必有後勁，且甚可期。

中國文明延續長久但改變不大，其過程不可謂平凡，然創發突破幾無，似乎歷史一早安排已定，於是智者認命從事而愚者默默行事，唯有逐鹿英雄自以為造就時勢。中國的政治多有殘酷之情，中國的文化卻幽雅清恬，二者關係緊密更顯世道澆薄、人心險惡，尤其文士屢受武夫迫害，是非因以強弱分別，治史的要務竟成滅否人物，史筆的道德化其實反映史事的野蠻，可不悲歎哉。以歷史大勢而論，中國的政治愈來愈獨裁、中國的經濟愈來愈興盛、中國的社會愈來愈平等、而中國的文化愈來愈庸俗，四者同時發展，其傾向證明中國文明既早熟且早衰，可謂長期墮落。政治獨裁化與社會平等化均是由於貴族沒落，菁英主義的式微與真理探索的失敗是文化庸俗化的原因，而經濟興盛是物力開發的自然成果，此乃歷史常態，卻於社會與文化的大眾化有推波助瀾之害；政治獨裁是粗暴的、經濟興盛是勢利的、社會平等是普通的、文化庸俗是無知的，整體所示是精神文明的頹廢或是心靈物化的危機，難怪獨裁政治強化之時民主勢力也漸長，因其共同動機乃是人性的自私。

政治不應追求權勢（以力服人）、經濟不應追求享受（玩物喪志）、社會不應追求解放（無法無天），然則政治獨裁、經濟興盛、社會平等皆非進化，因為此三者均以人慾為主而缺乏目的與意義，故其歷史發展沒有「功德圓滿」可言。相對於此，文化是求道事業而有其極致之境（止於至善），所以史上的文化成就可以「盛世」名之。中國的文化盛世是春秋戰國時代，其次是兩宋，春秋戰國是政治亂世而宋朝是貧弱的國家，可見文化與政治的關係不是善緣；中國文明所以自古至今長時敗壞，殆與政教互動太密有關，雖然學仕交通也是中國文治得以維持活力的關鍵。不論如何，中國文化一路沈淪的事實使近代（明

清）成為中國最乏教化的時期，亦使外國——尤其西方——對
於中國文明誤解甚深，而中國民眾也不免因此錯認自己的歷史，
此種數典忘祖之過確為現代漢人的厄運，其矯正實有賴於「中
國為文化上邦」一義的溫習。

　　物質文明的發展大勢舉世皆同，精神文明則為民族差異的
關鍵，故中國歷史不同於西方之處以文化最著，政治次之，社
會與經濟則非重點，軍事更不足為訓；蓋經濟的物質性自不待
言，社會是集體求生的環境而「民以食為天」，所以社會的物質
性亦強，至於政治，因與文化關連密切且具大公之度，乃富有
精神性。文明是人道創作，於此人性作用愈大則成績愈微，天
性的發揮實為文明提升之所恃，因為人性是物性而天性是神性，
靈魂不進則退，所以歷史演變非善即惡，絕無停滯之相。中國
文明「比上不足比下有餘」，其歷史困境乃特多且鉅，由於思想
「不盡合理」，是非混淆與天人交戰的問題叢生，「真理越辯越
明」的說法所以盛行即是因此，而其實正證實事實不然。中國
的政治充斥著不義，正邪對抗嚴重一情便呈現中國文化「上不
去下不來」的窘態，是以權臣、宦官、外戚、藩鎮屢屢亂政，
而長城修築、吏胥用事、文字獄、酷刑、避諱、朝貢等事都表
現統治者的狂妄暴虐，閹人、婢妾、小腳、薙髮、鴉片、雜耍、
迷信（如淫祀、厚葬、冥婚、相命、風水）諸惡則暗示儒家教
育的失敗，如此「上下交相賊」透露「一個願打一個願捱」的
全面愚昧，中國政治的黑暗顯然與中國文化的失誤息息相關。
即因中國文化「方向正確但層次不高」，故其菁英主義難以保持
穩固、而其愚民政策難免誤入歧途，難怪「愚忠愚孝」成為中
國的特產，似乎中國人只是偏執而不固執。

　　中國文明精神原與任何文明一樣，皆是以人文主義為本，

蓋文明發展的根基是「人為萬物之靈」，由此上達即有「天人之際」的探索、下達則陷於「人獸之間」的心態，君子與小人之分正由此生。就思想境界而言，春秋戰國已達天人之際，然而上帝觀念終究未能形成，所以秦漢以下「為學日益、為道日損」，天道信仰式微而人道主張愈甚；但因凡人總需神聖之感，故魏晉以後宗教興起，儒家既不能宗教化，玄學清談乃代之而起，然佛教與道教終成信仰主流，中國的「異化」開始出現；至隋唐時代，儒學已經教條化，人文主義轉趨人本主義，文藝創作有成而知識卻呈偏枯，於是唯心主義產生，理學以「存乎一心」之道自強，一時思想大振；宋明理學既然拋棄傳統儒學的理想主義，個人式的真理觀必定現實化，而現實化必定物質化，所以清代學術以「經世致用」為旨，經驗主義達於極盛；此一趨勢與西方近代文化取向相符，加以列強來襲所致之富國強兵改革風氣，清末至今中國的思潮更趨於功利主義，使得正統道理在「現代化」運動下幾乎傾覆。如此，中國與西方文明相較，既有所不及且缺乏變化，但因世俗化或大眾化為舉世共業而盛行於今，竟使中西有殊途同歸的結局，彷彿其高下之別已無實質意義；然而現代中國「師夷之長技以制夷」的能力與效果頗佳，其以此復興乃至稱霸天下的意念強烈，這一方面激發中國的自尊，另一方面卻使其減損自覺，總為自迷。易言之，中國文化從崇道尚賢（先秦）出發，經歷懷憂喪志（魏晉）、行禮如儀（隋唐）、自我作古（兩宋），然後務實圖功（明清），終於利慾薰心而與世偃仰（民國）。

　　整體而言，中國是一個道德世界，這不意味中國民族極其善良，而是表示中國文化以「仁」為宗，其極致超越「美」而臻於「善」卻未達「真」；然知識是道德與藝術的源泉、而現實

不如理想美好，所以中國君子常受困於道德問題，凡夫俗子則恆受限於禮教規範，悲情似為國格。在此痛苦之下，中國人一方面尋求生命的解脫（不圖永生），另一方面追求現世的成就（沈溺功名），所以佛教流行的同時，爭權奪利之事絲毫不少，「達則儒家、窮則道家」，人生總在進退兩難之間「順其自然」。這樣的社會是心性修養的勝地，故中國的賢人多是「聖之任者」，其精神虔篤非比尋常，而中國的老百姓則富有忍耐力，雖然逆來順受的態度未必有理。苦中作樂的文化（例如中國菜的立效）是悲觀而積極的態度，中國之可敬若非在於其智便是在於其愚，「其知可及也，其愚不可及也」，中國解惑的學問雖不極高明，但中國處約的韌性卻甚驚人，如此自力更生的薄命若非可敬便是可憐，而可憐在可悲之外猶有可愛之處。

　　近代真理信仰衰微，故傳統史學論道之風如今已滅，「後現代史學」重視個人感受的表達，這使治史的意義大失，甚至有適得其反之虞。原來史學的惡化並非突然，自科學革命與工業革命興起之後，所謂「社會科學」開始盛行，於是史學以人文學之身投靠社會科學，物質主義的史觀逐漸當令，史料考證的重要性凌駕史事解釋，歷史愈來愈成一種專業而乏通識。人性重物輕心，物化的理論不期而與俗見相合，於是專業的史學隨即變成大眾的史學，歷史探討雖因此大受歡迎，但其知識素質也深受輕忽與貶抑，誠然得不償失。自十九世紀以來，理性不為人所重的程度漸增，經驗與感性的重要性則日長，而理性為一貫之由、經驗與感情則因人而異，所以大眾史學又與個人史學並進共榮，歷史知識的完整性益加瓦解分裂，終至於史學成為庸俗、平淡、瑣碎、簡易的課題，其價值唯有憑藉學者「敝帚自珍的雅量」支撐。

　　歷史是人類文明進化的事蹟，其義乃基於「時間的延續性」與「空間的統一性」而出，此即史識是以時間感認知往事所致，而史論的正確性是以概念的全面性評判，缺乏脈絡及體系的歷史觀點必為偏見，此為史學常有的「見樹不見林」窘況。當今多元主義盛行，歷史成為讀者作主的學術，史學的局部化與片面化已是常態，如此「弱水三千只取一瓢飲」的意義從「有為有守」變作「自由自在」、「舉一反三」的想法從「一以貫之」變作「和光同塵」，治史小題大作未能「異中求同」卻成「以管窺天」。現代史學使所有人的個性可以合理化，而個性化的史學使一般人以今非古，「鑒往知來」的史學希望從此破滅，「活在當下」的人生態勢因此蓬勃；既然大我與小我的關係已由「主從」改為「群己」，而個人主義反對「社會重於個人」，所謂「整體大於部分的總和」於今乃是「唯我獨尊」的本位思想。要之，史學是總體學問，人雖可自外於知識，卻無法獨立於歷史之外，不正視史學無異於自我蒙蔽，當知「人雖欲自絕，其何傷於日月乎，多見其不知量也。」

　　凡人常以情感（認同感或歸屬感）讀史，其患不是「不對」而是「不足」，蓋理優於情，以情求知可能維持興趣、卻將導致曲解，初學者因喜好而治史，此為良緣，但長此以往則成惡緣，不可不慎。史學向為政治教育的要目，民主政治興起以後其勢依然不變，但貴族政治強調道統而大眾政治主張自決，一公一私，殊異甚明；正因民主之道常破除一統而趨於分化，國家在民意轉變時，歷史教育所擁護的觀點也隨之歪變，其見往往「濟弱扶傾」而挑戰權威。如今中國歷史是否重要或重點為何，極受輿論左右或民情影響，彷彿史學不具本質真相與永恆價值而僅是政治的工具，此一變局及其錯誤唯有經由治史乃能察覺，

可見史學本是超然的致知路數。

　　作者所以著述此書，自有生命境遇之為由，然其終極關懷實在於天道，弘揚中華文化不是我的初衷，宣示政治立場更非我的本意，任何追求真理的學子都不可能誤會我的用心。「世衰道微，邪說暴行有作，臣弒其君者有之、子弒其父者有之，孔子懼，作春秋；春秋，天子之事也，是故孔子曰：『知我者，其惟春秋乎！罪我者，其惟春秋乎！』」（《孟子》〈滕文公〉下）事過二三千年，孔孟時代的亂象至今猶存，教育顯然無效、傳道顯然無功，但教育的意義與傳道的德澤仍然浩大，「意在斯乎！意在斯乎！」臺灣原非華夏的領域，後來進入中國的版圖，又從而離開，其後再度「重歸祖國」，反以中國文化正統所在自居，現在臺灣人民卻頗有獨立建國之意，此一時也、彼一時也，世事滄桑，情有驟變。作者立足臺灣而胸懷宇宙，其學躍島登天，不求同情而要同感，然所務迄今未獲共識，反對者多而支持者少；惟其障礙並非源於愛鄉或愛國的紛爭，而是來自愛己或愛世的衝突，亦即超越性真理的主張惹人嫌惡，道德性準則的提倡令人不悅。不幸者，多元主義是當代顯學，臺灣民眾以此可能熱愛中國、更可能熱中立國，雖有可能注意全球、卻不可能開展世界；因此，作者藉由中國歷史闡繹天理的建言，必得咎於臺灣論者（愛鄉者）、中國論者（愛國者）、以及多元主義者（愛己者）。這樣的事在文明末世實為常情，但我期期以為不可，即使如今淑世已無可能成功，淑世的必要何曾稍減，若人未嘗「就有道而正焉」，則「知我者，其惟《中國歷史通釋》乎！罪我者，其惟《中國歷史通釋》乎！」

王　世　宗

臺北花園新城挹塵樓 2018 年 5 月

中國歷史通釋

目次

自　序

第一章　中國文明的起源 01
　　第一節　史前進化歷程 03
　　第二節　古史傳說的意義 06
　　第三節　中國文明的神秘性與特殊性 12

第二章　三代的演變趨勢 17
　　第一節　夏朝的歷史定位 19
　　第二節　商朝的文明層次 22
　　第三節　周朝承先啟後的角色 28
　　第四節　三代的傳統及其變遷 35

第三章　春秋戰國：中國古典文明的建立 41
　　第一節　春秋戰國時期的歷史特質與重要性 43
　　第二節　政治霸業與國家統一 47
　　第三節　諸子百家與中國文化取向 56

第四章　秦朝：中國統一的初步實驗 73
　　第一節　秦朝政治規劃的帝國精神 75
　　第二節　秦政失敗的文化意義 85
　　第三節　秦代的歷史遺緒 94

第五章　　漢代：中國傳統的確立 ──────── 99
　　第一節　漢朝政治與中國確實的統一 ──── 101
　　第二節　漢代文化與儒家主流地位的成立 ── 121
　　第三節　漢代的傳統性與獨特性 ────── 130

第六章　　魏晉南北朝：中國文化發展的挫折 ─── 137
　　第一節　魏晉南北朝的政治亂象及其歷史意義 139
　　第二節　魏晉南北朝的文化取向及其精神困境 154
　　第三節　魏晉南北朝的中古性 ────── 163

第七章　　隋唐帝國：中國文明的重整與轉變 ── 171
　　第一節　隋唐政治的傳統性與新趨勢 ─── 173
　　第二節　隋唐文化的轉型性風格 ────── 191
　　第三節　隋唐的歷史地位及其迷失 ──── 203

第八章　　兩宋：中國歷史的古今分野 ───── 219
　　第一節　宋代政治與中國本位立場的形成 ── 221
　　第二節　宋代經濟與中國近世社會的定型 ── 242
　　第三節　宋代文化與中國道統的中衰 ─── 248

第九章　　元朝：文明的失敗與中國的淪替 ── 261
　　第一節　蒙古統治與中國文明的迷亂 ─── 263
　　第二節　異族政權下的中國傳統進展 ─── 276
　　第三節　元朝在中國歷史上的地位 ──── 280

第十章　　明代：世俗化與中國文明的衰敗 ── 285
　　第一節　政治現實性的加劇與明朝官紀的惡化 287

第二節 物化趨向與明代世風的俗氣 ┈┈┈ 300

第三節 思想僵化與明代學術發展的困境 ┈┈┈ 306

第十一章 清朝：異族統治與中國的改變 ┈┈┈┈ 313

第一節 滿清政權對中國定位的衝擊與影響 ┈┈┈ 315

第二節 清代文化所反映的中國歷史衰勢與

變局 ┈┈┈┈ 328

第三節 晚清的新中國觀念及其迷失 ┈┈┈ 335

第十二章 民國：中國文明歷史的終結 ┈┈┈┈ 343

第一節 中華民國的處境與去向 ┈┈┈ 345

第二節 中華人民共和國的追求與失落 ┈┈┈ 352

第三節 民國歷史與文明末世 ┈┈┈ 359

附 錄：從成語濫用的現象論中國文化的沈淪 ┈┈┈ 369

課題索引 ┈┈┈┈ 399

三皇五帝

第一章　中國文明的起源

第一節　史前進化歷程

　　人類早期文明的進化歷程舉世皆同，這不意謂各地歷史發展的實情都一樣，而是表示文明的精神或性質乃為唯一故為一致——所謂「放諸四海皆準」是也——同時因為初級文明的成長必須突破求生大礙，於是物質條件的影響（制約）深重，所以世上諸多古文明在演進階段上都呈現相似的型態，這確是「唯物史觀」或「科學治史」最有效的事例（易言之古典時期之後各地歷史發展的差異愈來愈大）。文明的興起歷經數個重大「進步」，此即火的使用、石器製作、動物馴化、植物栽種、陶器生產、聚落形成、文字發明、銅器製造、鐵器應用、帝國建立、以及宗教奠定等，這是「史前」時代以至「上古」時期的世界性大事。

　　論其義，火的使用象徵「人為萬物之靈」的地位，蓋人非萬獸之王，其體力不及動物之大者，無法輕易求生於自然界，所以智識之用成為人類活命的關鍵，而火具有增進物力的巨大效用，藉此熟食、取暖、驅獸、闢地均成易事，人之安身大為便利，可見用火是人類征服自然的天賦，火所呈現的「光明」更在物質功能之外，流露著精神性的偉大意義。石器的使用繼用火一事再度提升人力，並且證明思想的實際價值，粗石器與細石器之別顯示人求好心切的動向，人豈是只要苟活。動物的馴化是畜牧業的開端，植物的栽種是農業的起步（二者同時出

現），「人為物主」的事實於此清楚可見，其先（舊石器時代）人處於食物採集 (food collection) 的生活，其後（新石器時代）人進入食物生產 (food production) 的方式，這大約是當一萬年前之時。生產食物的生活方式一旦開始，人便要定居與貯水，定居需有牢固持久的房屋，貯水需有各式大小的容器，而最易取得的耐用建材及物料即是泥土，所以燒土造磚製陶成為新業；同時，定居趨於群聚，於是村落城鎮逐漸興起，人類社會具體而微出現，在人際關係強化之下，認同感與歸屬感遽增，政治隨之盛行，以市區建國的城邦 (city-state) 乃應運而生 1。人群居求生自當分工合作以互利，於是專業化初見，統治、組織、交往、溝通等事益形重要，文字的創造與推廣勢在必行，從而更使社會鞏固而人民團結，階級分化與貧富差異亦以擴增，識字者掌握權勢而文盲為人驅使，菁英主義與權威主義一齊浮現，這大約是當五千年前。文字發明之後，歷史因記錄而化作事實，史前 (pre-historic) 一說以後見之明產生，對於過去的錯誤想像雖從此大減，但文明真相仍渺不可見。文字促進文化且壯大國力，政教相偕使知識與權力共進，此時採礦冶煉的技術造就銅器與鐵器，其厚生利用之鉅效（尤其鐵器）將國家強弱與人物高下之勢彰顯，帝國霸業與階層制度 (hierarchy) 於焉成熟。知識追求真理，權力控制世情，求道心得是宗教觀念，而統治必定灌輸信仰（宣傳立國精神），況且人生遭逢事變更有安心或解

---

1. 《呂氏春秋》〈恃君覽〉「恃君」：「凡人之性，爪牙不足以自守衛、肌膚不足以扞寒暑，筋骨不足以從利辟害，勇敢不足以却猛禁悍，然且猶裁萬物、制禽獸、服狡蟲、寒暑燥溼弗能害，不唯先有其備而以群聚邪？群之可聚也，相與利之也，利之出於群也，君道立也，故君道立則利出於群而人備可完矣。」

脫之需，在內外交迫的生命動盪中，世上主要的宗教體系與哲學流派——可統稱為「世界觀」(worldview)——就此成立（至今改變無多），這即是古典文明綻放光芒的前夕景象，約當西元前五百年之時。

中國文明興起的時間晚於西方，然其演進的歷程與之無異，畢竟文明的本質舉世皆同，而人與物的互動關係或人類對環境的應變方式起初也無東西之別。中國古人傳說的「燧人氏」其實代表用火的文化，「北京人」至「山頂洞人」（50萬年前至2萬年前）是中國的舊石器時期，「伏羲氏」象徵畜牧業的開端2，「神農氏」則象徵農業的產生，「彩陶」與「黑陶」（仰韶文化與龍山文化 c.5000-2000BC）呈現新石器時期結束而陶器時代興起的轉變風貌（二者多有交疊而非此起彼落）3，「有巢氏」反映定居生活及城市聚落發展的階段，「倉頡」是文字出現的代稱，夏商周「三代」是銅器時代 (c.2000-500BC) 的世局，「秦統一天下」則為鐵器時代（始於東周）的政治巨變，於是

---

2. 《白虎通義》〈號〉：「古之時未有三綱六紀……伏羲仰觀象於天、俯察法於地，因夫婦正五行，始定人道、畫八卦以治下，治下伏而化之，故謂之伏羲也。」

3. 舊石器時代與新石器時代之別是出於物質主義或社會科學的立場，這雖有其實用價值，卻也有忽視人文意義之失，蓋文明興起之前及文明發展之初，人生深受物質條件限制或影響，但這不是物化而是原始之局，石器時代之說即使符合當時狀況（尤其是舊石器時代），卻輕忽了人格的靈性潛能；尤其新石器時代去古已遠（為時甚短於舊石器時代）而接近歷史階段，其間諸多文明創作發生，以石器為準論述世情於此乃成「時代性錯誤」(anachronism)，既簡化且扭曲，曾不足以寫實，現代學者以新石器時代為題探討古史，多有迷失於「專業化」的偏見與盛氣，這實在是人文學的內亂。

「中國」的世界以帝國的理想奠定，漢初「獨尊儒術」終止「百家爭鳴」，這更確定了中國的立國精神與思想規模（其內涵兼具宗教信仰與哲學觀念而兩皆不明）。

第二節　古史傳說的意義

用火顯示人力不凡，這是文明潛在之跡，解釋歷史的起源不能不提及用火一節[4]，中國的古史傳說雖不豐富或精彩，但亦包含此事，燧人氏之說即使貧乏也具有「聊備一格」的重要性，足見中國的文明觀原與西方相同。傳說的燧人氏事蹟主要是「鑽木取火」而教民熟食，其功勞雖大，但所為甚為有限，這顯示燧人氏的傳說是出於釋古所必需，有如中國歷史的「前提性假設」，故與之相關的事情極少。相對於燧人氏，伏羲氏與神農氏的傳說事蹟頗不少，此因後者所代表的文明層次甚高於前者，或說畜牧與農業的文化較諸用火已進步極多，而與農牧事業相關的經濟發展頗不少，故伏羲與神農（尤其是神農）所為之事亦必繁，這是傳說所以可信的要素、也是其說流行的意義所在。動物的馴化與植物的栽植大約同時，然而後者的重要性或困難度又大於前者，並且畜牧屬於農業（廣義的農業包含畜牧業與漁業），所以伏羲所事與神農有交接重疊之處，而神農的功業自然勝於伏羲，亦即神農所代表的文明進化程度更接近

---

4. 廣受學者認定為中國最早人類的「元謀人」據稱已知用火，但其證明實與其存在時代的爭議（有說距今 170 萬年有說不過 60 萬年）一樣不易確定或澄清，然此說若非「理所當然」便是「想當然爾」，因為元謀人對於中國歷史的既定價值使其「必然」已達用火的境界，同理「藍田人」與「北京人」的用火事蹟亦備受強調。

中國歷史的創始。伏羲與神農象徵定居生活的開展，於是造屋成為民生首務，此乃農業時代之大事，為顯示此事非同小可並富於專業性質，有巢氏之說便應運而生，其人且與燧人氏一樣，厥功至偉，但所為單一。同理，文字的發明無比困難而重大，此非一人可能勝任，也非一時可以成功，其貢獻者眾多且無從查考，然為表此事偉大非凡乃有功歸奇才異人之傳說，此即倉頡一名出現之由。文明進展至文字使用的階段已經長久過程，此時文化絕不簡陋，民智大開之後神話自當不似從前易於捏造，而且歷史記載自此產生並累積不斷，事實既可考證，傳說面臨檢驗，「史前式的想像」乃無法再起，因此倉頡成為中國古史傳說的最後一氏。文字出現以後學術興起而知識傳播，各方人才的合作與交流使文明進化的速度大增，於是科技的發明與改良更為容易，然「英雄造時勢」的創舉在實際上既非常態，「一人一事」的古史傳說類型乃從此消失，銅器與鐵器的創造者不知其名，正是文明普及世間或已達優越境界的證據（此情約當古典時代開始之際）。

　　在中國的史前性傳說中，上帝創造世界的故事不僅稀少而且淺薄（如盤古開天及女媧補天等說均無一神信仰），絕無前述傳說的象徵意義與正統地位，這表示中國文明的性格頗為現實，或者其知識不足，因乏追根究底的論理精神，故缺詮釋宇宙生成（事物源頭）而用以呈現「第一因」觀念的神話。神話當然與事實有異，這是因為神話是人對事實有所不知之下的臆想，而此種有所不知不僅由於無史可稽，並且由於其事具有超越性，非憑理性與經驗可以全然了解（世界何以出現一事尤其難以了解），所以神話的價值不在於其符合事實的程度，而在於其解釋事實的功效；易言之，神話創作的目的是說明事實所具有的真

理性，其說可謂思索宇宙奧秘的替代性答案，學者不應以形式標準批判之，而應以精神意義考量之，亦即神話的可貴處不是其「合情」而是其「合理」，或說神話的優點出於思想錯誤之少而非事實陳述之精，畢竟神話所涉是不可知之情。如此，神話必為譬喻，此即神話必是寓言，其義不可以表面上的事情判斷，而須考其內涵以尋繹，否則必覺荒誕可笑而有所誤會5。神話所論是文字發明以前的事，而神話的流行乃至編造主要是在文字發明之後，這表示神話具有追本溯源的想法與教化人心的作用，然則傳說將強化神話的「真善美」價值，其集體創作含有菁英主義意向，故頗具深入淺出而寓教於樂之功，絕非民間凡俗人性互動之物。總之，看待神話須有善意與靈性，不當輕佻簡慢也不當刻板計較，而應懷有觀摩及共討之心，因為神話是人類的「天問」思想。據此可見，中國的史前神話富有科學性而缺乏哲學性（連道德感都不強），可信卻不可觀，學者爭相考證其實而忽視其理，即使事蹟因此澄清，結果絕非真相大白，此所謂「為學日益而為道日損」，甚失神話之神韻。

　　在古史傳說中，黃帝不代表中國文明進程的任一階段，卻深受矚目而被視為歷史的起點，所以黃帝的事蹟既多且廣，其行蹤彷彿遍及天下，這顯示黃帝傳說的神話性質較諸其他史前偉人大為減少，但其可信度同樣不高，因為黃帝象徵文明草創的規模——約當農牧興起以至開國立教之間——此非一人之力可成而是先民長久經營的業績。黃帝是治史者為講解文明初步底定的緣故所假託的人物，由於此事由來已久而其成因眾多，

---

5. 例如《舊約》中「亞當與夏娃」犯過一節實為解釋「原罪」的絕佳譬喻，但不信天道者讀之總感荒唐或無謂，教條化者則以史實待之而失於悟道，凡此皆是忽略「神話蘊含神意」的惡果。

故一切重大創作（例如馴獸、稼穡、醫療、文字、曆算、軍陣、
舟車、衣裳、宮室、貨幣等）均被歸功於黃帝，顯然黃帝所代
表者是某一時期的總體成就，而非當時權重四方的統治者。如
此，黃帝一說具有高度的「社會教育」價值，但在論道上意義
無多，故孔孟皆不曾稱述類似黃帝的角色，《尚書》亦未言及黃
帝，好談五行天道的鄒衍首先推尊黃帝為宗祖，而《史記》、
《世本》、《竹書紀年》等歷史性著述均將黃帝列為世人先主，
可見黃帝傳說僅有「聊備一格」的釋古作用，其需求程度與凡
人「不求甚解」的態度並進。愈有求真精神者愈少自我滿足之
心，黃帝之說以想像的知識取代苦學，有簡化問題以解除困惑
的便利，同時其英雄主義色彩為人性所愛，故能廣為流行，平
添黃帝傳說的神話性 （司馬遷雖以黃帝為五帝之首卻不表信
仰）。黃帝傳說的人文性表現在其為遠古賢君的形象，所謂「五
帝」是勸善者發明的為政表率，黃帝正是首位典範，而堯與舜
屬於其流；然漢代以後學術考究之風興盛，此類傳說的道德內
涵漸受忽視，其政治性功用則更增，黃帝所象徵的文明進化意
義因此沒落。

神話傳說是人解釋史前文明發展之作，其求知動機使其說
不多怪力亂神，且因其所問必由近及遠，故事涉愈古的神話愈
為晚造，也愈有空幻鬼怪之氣，而愈是關乎近代（當代）的神
話愈為早出，並愈具合理性與教化性。如此，「五帝」是有德之
君，其時接近上古文明6，而「三皇」是遠古之人，其事少有

6. 《史記》〈仲尼弟子列傳〉：「宰我問五帝之德，子曰『予非其人
也』。」由此可見，五帝之說是勸善之作而之天理大義，孔子不欲藉
此論道（有以德亂知之害），乃拒答（「予非其人」一語既謂「我不勝
任」且表「我不苟同」）。

道義，二者之別猶如日夜；「五帝」之說先於「三皇」而生，前者可見於春秋時期，後者至秦漢時代始明，盤古神話則遲至魏晉之際方興；而「三皇」之義由原先的「天地人」變作「經世半仙」（女媧、燧人、伏羲、神農、有巢均為其選），這更顯示古代傳說的神話性乃與時俱增。人對愈久遠的事愈不明白，同時「大眾化」是歷史大勢，二者共同導致神話傳說的傳統趨於庸俗，亦即其知識意涵漸減而降為道德旨趣、再由此淪為藝術娛樂之流而充滿人性野心，此種不正經的風氣若無古典文明(含神聖宗教)的糾繩，便將成為民間的「次文化」，流傳不絕。在俗心作用下，傳說的遠古偉人未久即已神化，而凡夫對神明信仰不深且不正，故神化的偉人其實缺乏天性卻多獸性，有如妖怪，其形象常為「獸人」或「人獸」(sphinx)，根本不及一般君子，此情與西方文明的原始神話風格類似，但其上帝信仰則始終未於中國有相當的表現，這證明神話未必與迷信相關，然傳說不改進神話便使之惡化迷信。

　　黃帝之後的古史傳說人物與「文明發展歷程」關係不大、而與「為政之德」關係密切，其代表即是堯與舜，此乃中國歷史開展之初的精神氣象，或是中國文化主流的先期呈現（預告）。《尚書》與《論語》所述之古事皆始於堯舜，這不表示中國文明確實由堯舜開啟，亦不表示堯舜傳說為真實可信 7，而是表示中國文化的道德性甚強，或是反映人類所期常為安和有道的生活，因為如同堯舜的聖王傳說實為古代文明所共有 (cf.

7. 錢穆《國史大綱》第一章第二節：「唐虞時代的情形決不能如尚書堯典所記之美盛，堯典虞廷九官……較之秦漢九卿意義深長遠矣，此正見為儒者之託古改制，否則唐虞時中國政制已如此完美，何以二千年後至秦漢之際轉倒退乃爾。」

Bharata & Gilgamesh)。古人生活艱辛而弱肉強食更增小民的苦難，仁者見此乃提倡善政以為濟世之策，於是創造統治楷模的形象便成為簡易的教育方法，此為古代「民主」思想的原意，其說絕非現代大眾政治之義。傳說的堯舜生活於夏朝之前二百年 (c.2400–2200BC)，夏朝猶非信史，堯舜之說更當存疑，但因堯舜傳說的道德價值甚高而神話性質甚微，故肯定者多（周人頗信仰之），其想合於正義。堯舜傳說的建立是出於古人的善意與識見，其善意是塑造賢君傳統，其識見是解釋歷史進化，德智兼備如此，令人不得不在精神上認可其道，以致堯舜傳說幾乎成為實錄。堯以寬大聞名，此為人類盼望上蒼慈悲的心跡，而堯以禪讓傳位，這又是民情希望能者主政的想法，於此世間原罪似為眾所周知，然理性樂觀的態度竟溢於言表，文明的精神不言而喻。相對於堯，舜為嚴厲之人，然其政重用才德，功效卓著，此說所含的現實主義與前者的理想主義形成對比，顯示中國文化的莊重風格。

傳說堯舜期間有治水大事，這雖誇大古代中國的物質文明——治水有賴高明的技術與動員能力——但其意實在於表達求生之苦與主張應變之道，並非歷史的精確傳述，固無需以考證立場待之。洪水故事是舉世皆有的古史傳說，此情反映早期文明發展的共同困境，先進的文化將其說道德化、甚至藉以直探天人之際（如猶太人改編兩河流域的洪水傳說），樸實的社會則保留舊說以延續開荒的記憶，中國的取向介於前述二者之間，既不深入也非原始，而特有政治性的色彩 8。鯀以防堵之法治

---

8. 論者以為治水是農業相當發達以後方才可行之事，因此大禹治水之說應是成於戰國時期，此見甚有商榷的餘地，蓋治水一說起於人對洪水的憂患而非治水的能力，由此所發的生命省思言論可以為證，技術條

水而失敗，禹以疏通之方治水而成功，此說暗示自然主義的處世態度以及因勢利導的統治原則，頗有後來盛行於世的非正統性「中庸」觀。

禪讓一說若不是理想政治的寓言，便是現實政治的美言，其所指稱者可能是古代部落間的首領推選制(此法可見於烏桓、鮮卑、契丹、蒙古各族)，若然則堯舜禹三者的承繼意味唐虞夏乃為相鄰的三部落，此事真假無可確定，但其情大約符合當時的文明型態，可以意會。傳說禹亦依禪讓之法授權於益，然禹死之後，其子啟當政而益未得繼位，不論其因為何，這表示聖人治國與傳位於賢的政治理想無以為繼9，或者中國的政局已由部落分立轉趨國家統一，此後君主世襲成為新猷，於是朝代(dynasty)興起10，夏朝的存在即使無法證實，其所象徵的進化歷程或時代性乃富有意義。

第三節　中國文明的神秘性與特殊性

世上各文明的獨立發展為可能，但人類的演化則為「本是

件實與神話構想關係極小，雖然大禹治水可能是戰國時人創造的傳說。

9. 《孟子》〈萬章〉上：「萬章問曰：『人有言，至於禹而德衰，不傳於賢而傳於子，有諸？』孟子曰：『否，不然也。天與賢則與賢，天與子則與子……舜、禹、益，相去久遠，其子之賢不肖皆天也，非人之所能為也。』」

10. 《韓非子》〈五蠹〉：「夫古之讓天子者，是去監門之養而離臣虜之勞也，古傳天下而不足多也。今之縣令，一日身死，子孫累世絜駕，故人重之。是以人之於讓也，輕辭古之天子、難去今之縣令者，薄厚之實異也。」

同根生」之情，雖然各地人種經歷長久演變已成遠親，而文明
進展卻有殊途同歸之勢。文明是精神取向，人種是生理特徵，
而精神高於物質，肉體條件不是文明創作的決定性因素（主
宰），東西社會的差異並非體格所致，遠古人類活躍的狀況與當
地後來的歷史成就關係不大。如此，即使元謀人確有一百七十
萬年之久、縱然北京人是當時最聰明有成的求生者，這也不是
什麼「華夏之光」，而河套人與山頂洞人是否為中國民族之先祖
實無關宏旨，甚至彩陶文化與黑陶文化亦非中國文明所以先進
或偉大的原由（與「三代」無涉），總因文明的可貴乃在於其極
致表現而不在於歷史初期之狀，「好漢不提當年勇」，史前真蹟
豈是求知者津津樂道的事。雖然，中國文明確為東方奇葩，而
其起源甚為不明，華夏文化似乎從天而降，中國歷史突然開始
──夏代之無徵使為學者無所適從──此一異象難以理解，只
能從天意啟示尋味（至少有「不知為不知」之教訓）。真理具有
超越性，人事並非全然可以理解，即使單就人的觀點而論，歷
史亦充滿不可知之事，因為史料常有缺失疏漏（歷史初期尤
然），令人無法據以斷言；由此可見，治史不能全憑資料，理性
與常識的應用總為首要，否則必陷入存而不論的懷疑主義，更
有自誤之虞，畢竟人事是天道的產物，未識神焉知生。

　　歷史是人類生活的事蹟，人生的存在早於文字的發明，故
歷史不以記錄為限，然而缺乏文字記錄則論史的依憑幾無，所
以學者總以文獻為判定一地歷史起始的根據，如此中國歷史從
甲骨文時代（商朝後期）起算，至今僅得三千七百年（以黃帝
傳說為準則增加千年而仍不滿五千）。以常識而論，文字的發明
絕非短時可成，事實上世上文字的成立經歷漫長的過程，這是
因為「象形」（pictograph）是一般原始的文字型式，象形文字的

簡單自然乃人性所趨，卻不符人心所需，終因無法大用而廢，
於是複雜的文字代之而起，這即是拼音系統 (orthography)；如
此艱辛且耗時的「實驗」是「窮則變」以至「變而通」的歷程，
可見史上最早的文字資料均暗示「其來有自」的久遠先河，亦
即該文明的出現理當甚早於文獻初現之時，尤其考量拼音文字
需要嚴整的規則（文法）、而表意文字 (ideograph) 必須突破象
形的窠臼，更知其事不是立就11。中文是世上唯一由象形文字
轉化成功之例，此事不僅獨特而且艱難，其費時當不少於拼音
文字的建立，再者甲骨文中六書俱備、單字眾多、且具書法藝
術，顯示其先已歷長久演進過程12，由此可知中國歷史的開始
應遠早於商代，而文字證據缺乏正提供後人一個「大哉問」的
靈感與「思無邪」的考驗13。此外，中文又是世上唯一沿用數

11.《周易》〈繫辭〉下：「上古結繩而治，後世聖人易之以書契，百官以
治、萬民以察，蓋取諸夬。」
12. 甲骨文的字體與篆書接近，或說篆體是中文早期的書寫型式，然而篆
書不可能是最早的書體，因為篆書的筆畫不是由簡單的直線構成，它
特有一種繁複性、嚴整性、藝術性、及神聖性——故今人刻章常用篆
體字——此乃因應正式的場合而生，並不符合人性傾向、自然風格、
乃至物質條件，可見篆書出現之前中文使用已久，而類似隸書或楷書
的簡明字體應為中文成熟後（不是象形階段）的最早寫法，惟其藝術
性當時絕不顯著或重要。易言之，以書法藝術而言，篆書先於隸書而
隸書早於楷書，但以書寫方式而言，隸書或楷書式的形體應出現於篆
書之前，這表示中國歷史必遠在甲骨文時代以前開始，而隸書與楷書
乃是美術化的中文書寫型式（絕非僅為簡化）——草書即是據此發揮
的變體——此為中文發明之後甚久才可能產生的書法(古人必以實用
優於美感)，世上書法以中文的藝術性為最高，這是前說的輔證。
13.《周易》〈繫辭〉下：「易之興也，其於中古乎？作易者，其有憂患
乎？」

千年而義法不改的文字，這使中國歷史富有一脈相傳的連貫性與個體性，令其族民別有認同感與神聖感，從而使治史者易於藉此「通古今之變」以「究天人之際」，並可將之對比於西洋歷史而體認人類文明的「大同」意義。

　　基於民族自尊心，近代中國學者對於中國歷史的特殊性頗多強調，在論及文明起源問題時，中國人種的獨立生存（意謂中華民族自有始祖）及其農業發展之獨樹一格（意味中國民族性與眾不同）近乎「傳為美談」；此種表現實為人之常情，但其舉常暴露中國文化缺乏理想主義與理性精神，反而可能貽笑大方且遭來「夜郎自大」之譏，畢竟「小時了了大未必佳」14，文明的偉大不在於如何開始而在於如何停止（極限反映極致）。真理是普世的正義，而普世性與超越性相當，超越性是超越現實的境界，此非知識可以掌握；中國文明較西方更趨現實而忽視理智，所以中國的特殊性當然強於西方，因為理性為一貫而經驗限於時地。相對而言，中國歷史先盛後衰，西方文明先弱後強，求道者不以成敗論英雄，凡夫反是，因此現代中國學者強調中國之殊異以自壯，西方學者則以中國西化而不覺其可敬可貴，或者東西學者皆以物理治史而簡化中國，此為當今中國史研究陷於偏枯的主因。總之，中國文明是獨特的、神秘的、重要的、普及的，中國人難以自知而外人難以了解中國，皆因不能超越東西便無法認識東西，中國是東方上國而西方是世界霸主，難怪中國不易為任何人所深知。

---

14. 錢穆《國史大綱》第一章第一節：「在此六十年之發現中，尚不見西北地區有舊石器時代之遺址，則中國民族中國文化西來之說，可以不攻而自破。」

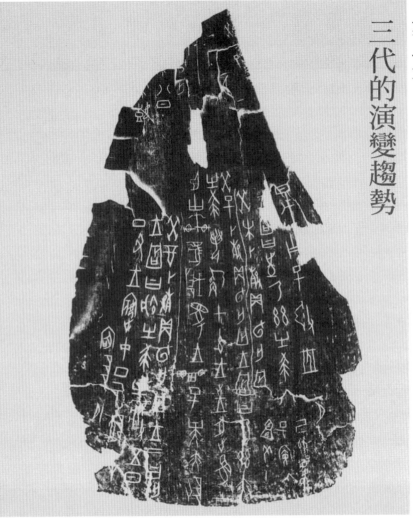

甲骨文

第二章　三代的演變趨勢

第一節　夏朝的歷史定位

　　夏朝 (c.2200–1800BC) 是中國歷史的「正式」開端，這一方面是指中國道統觀有此認定，另一方面是指學者頗覺夏朝為可考的史實，雖然強調驗證的「疑古」派堅持夏朝之說為不可信。《詩經》與《尚書》皆言及夏朝，孔孟亦有肯定夏朝之說 1，而考古發掘方面也不缺相關的推論（例如煤山文化與二

---

1. 《論語》〈八佾〉：子曰「夏禮，吾能言之，杞不足徵也；殷禮，吾能言之，宋不足徵也。文獻不足故也，足則吾能徵之矣。」《孟子》〈盡心〉下：「由堯舜至於湯五百有餘歲，若禹皋陶則見而知之，若湯則聞而知之。」孔子之意並非「有史料即可斷定史事」，而是「文明進化有其道理，若知其理，則即使史料闕如亦可推論往事之義」，如此，孔子相信夏禮與殷禮有其一貫的理路或相承的精神，並（自知）能解釋其內涵意義，無奈史料短少，所以無法示人真相。此說感慨凡人總持「眼見為憑」的經驗主義立場，而不能善用理性良知以識道，其見以為夏朝文化即是這般可以常識推斷而無需資料證實的事情（若有文獻可徵當然更好）。同理，孟子對於夏朝的可信亦有類似見地，其說認為事理比實情更有價值，故商湯事蹟之合理使人一聽便知其人不虛，而禹與皋陶所為較為奇偉，有關的史料且甚為欠缺，所以吾人必需多加體驗乃能認識，由此可見孟子亦覺夏朝盛事絕非虛假。孟子又云：「由文王至於孔子五百有餘歲，若太公望散宜生則見而知之，若孔子則聞而知之。」（同上）此說更明白表示人事可信與否主要繫於其合乎道理的程度，孔子得道，有識者一聞其行便深信其人真確，根本無需求證其實，然無知者即使親近聖人而擁有大量資訊，也必「有

里頭文化），似乎夏朝是一個「呼之欲出」的古事，在精神上與心理上都令人深切期望。此事所以受「左右」二派人士共同認可，乃因衛道者欲以夏朝示範，呈現立教行善為天經地義之情，勸人效法，而務實者欲證明歷史發展有跡可尋，商朝的典章制度與物質建設必有所本，故夏朝應非子虛烏有。然而中國文明至「夏朝之時」既不先進也不原始，其文治與武功均非偉大，所以論者不能奢談夏朝的成就，加以夏代史事難以考證而流於粗略不清，終使一切關於夏朝的敘述止於簡單的事理，缺乏啟示與實證的價值。

正因夏朝的存在缺乏直接的文獻紀錄以為證據，這反而使其作為中國第一王朝的地位「渾然天成」而無動搖之虞，蓋人有追本溯源（追根究底）的本能本性，商朝既有史料可徵，則商朝之前狀況為何便成為人們必要探索的事；在此追問之下，一個假設性或想像性的答案自當出現以為解釋──正如追究原因終將歸根結柢而認定「第一因」──即使此種解答僅有「替代性」的用處或價值，卻總是不可或缺的課目；何況夏朝無當時的記載可稽，後人對其設想雖不能證實也不能推翻，這予人相當自由的餘地發揮所見，於是各方說法儘管不一，但夏朝為中國歷史起始階段的觀點乃成公議（「華夏」為中國的代稱），難以避而不談。由此可知，若夏朝如商朝一樣有史料證明其實，則學者必又推想夏朝以前之局，此種「其來有自」的因果觀念使人所論的歷史初階常為「死無對證」的「盲文」時代，非此無以安人之神。就哲學意義而言，人有知則必有所不知，知識

眼不識泰山」而忽視其所見（不信就是不信），故曰「由孔子而來至於今百有餘歲，去聖人之世若此其未遠也，近聖人之居若此其甚也，然而無有乎爾，則亦無有乎爾！」

來自真相，而真相超越現實，人所不知高於人之所知，這雖不意謂無知是知識之本，卻表示可知者不能滿足求知之心，不可知者的存在竟是知識可以維持的條件，夏朝的真實性原是基於必要性，這是其歷史定位所以出現的緣故。

　　流傳至今的夏朝大事主要是政治之類，這表示凡人對歷史的認知以政治問題為本（東西皆然），同時顯示商周時代的巨變是邁向國家統一形勢的發展，至於夏朝的文教則後人所知甚少2，這一方面是因其事乏善可陳，另一方面是因中國傳統的靈性意向原本不強而後來（尤其秦漢以下）更衰。傳說禹的行蹤遷移既頻且廣（山西），至啟則有定居之勢（河南），顯示由游牧改為農耕的生活轉變，同時民族的混合開始成形，國家粗具規模，其情雖非「禹貢九州」一般盛大，但已超越原始的部落孤立格局。關於夏朝的傳說所以富於征戰之事（如禹討三苗、啟伐有扈、少康逐有窮、桀征有緡等），這應是商周時人為說明或合理化當代政局形成之由所致，據此中國古代領土逐漸由黃河中游流域向外擴張（尤其東方），其中夷夏爭霸的形勢蔓延至西周乃消，反映「天下一統」之前諸夏結合的程序。夏朝對先秦的論古者大約只有填補歷史空隙的作用，而人心既以現實為重並且當時大勢是國家統一，故夏朝歷史的呈現不免集中於政治拓展，其實是為中國「固有」的領域奠基，這證明夏朝傳說不論錯誤如何終竟是「必要之惡」3。

---

2. 《禮記》〈禮運〉：「孔子曰：『我欲觀夏道，是故之杞，而不足徵也，吾得夏時焉。』」
3. 《尚書》〈湯誓〉：「予惟聞汝眾言，夏氏有罪，予畏上帝，不敢不正。」

第二節　商朝的文明層次

　　傳說商朝的歷史有六百四十年 (c.1751–1111BC)，然其信而有徵者不過其半，此即甲骨文所涉及的商朝後期二百七十年間事 (盤庚遷殷至紂亡國)，且其所記之史實並不多，故商朝雖可謂中國信史的開端，但商朝歷史仍模糊不清 (以金文為根據所得知的周朝史事亦甚微少)。唯以甲骨文所載考諸漢代史書可見，古時有關商朝的傳說大致可信，這證明中國歷史當始於商朝之前許久，並且古史傳說的合理性與人文價值甚高而不容忽視。如此，商史研究不應陷於 (限於) 古蹟考證，而應善用文明進化的概念加以解釋 (須知商朝去古不遠)，否則必有「見樹不見林」之弊，或有「嚴謹有餘而精確不足」的問題；尤其文明初期的政治性與社會性事蹟對後人啟示不多，實不必細究，而其宗教性與文化性表現與近代差異甚大，若不能以通識常道理解之，則多誤判，這正是當今古史觀念的偏失所在。

　　商朝之得名由於其駐地，這反映其時定居生活尚非普遍，亦即農業仍不發達而游牧猶為要務，故有以所在地為族號之情。傳說成湯建立商朝之前其族曾經八遷，昭明首度安部於商 (河南商丘)，後人又數次移徙，成湯滅夏時還都於商，然後商朝四度遷都乃亡，此事與國力興衰有關，但經濟問題必非次要，雖然政治因素的重要性與時並進而終為至大。商朝最後一次遷都 (1384BC) 是盤庚駐殷 (河南安陽)，此後將近三百年商邑不再易地，其經濟規模迅速擴增——傳說聚眾百萬——顯示農業社會已建立穩固，昔日經濟支配政治之局如今轉為政治支配經濟 (hence 'political economy')，國家型態清晰可見。商末朝野風氣敗壞，官民均有奢侈放縱之情，此種快樂主義 (hedonism) 實為

人性常態，但其表現並非自然，蓋生計需求及良心要求皆不容縱慾，政治的腐化與經濟的繁榮同出，才可能造成普遍的人心墮落，否則「百里殊俗」，群害難以蔓延；姑不論善惡，商末的頹風其實反映中國物質文明整體的進步情形，因為此景不可能見於游獵及畜牧的時代，其「酒池肉林」之風需農業經濟興旺（曆法完備是一證）乃可維持，而且政治不盛則社會關係不密，社會不親則風俗難以流行，可知商朝滅亡時國家發展已經久年4。

　　關於商朝數度的興衰，歷史解釋總以統治者的德行為據，有德則國運昌隆，無德則國勢頹敗5，其說無疑是善有善報而惡有惡報，此見不可能為虛假，但事實不可能如此合理，這種道德化的史觀顯示中國文化的理想性自古即非高遠，畢竟道德是人事問題，其天性不及知識與宗教（甚至藝術）之旨。不論如何，商朝的政治史奠定了中國史學觀點的典型，人物臧否從此成為治史的主題，學者的思想雖富於善意卻少有創意。

　　商人以商為「中土」，自稱「中商」或稱「大邑商」，其外為「東土」、「西土」、「南土」、及「北土」等「四方」，總共「五方」（周人嘗自稱為「西土之人」）。此種說法並不稀奇，因為本位主義的立國觀點實為人心自大的平常表現，所以其說與事實

---

4. 商代的青銅器工藝甚優，然平時青銅器的實用價值絕不及象徵意義，當時的工具主要是由木石甲骨製造，青銅的用途乃在於儀禮、兵戎、裝飾等，其政治性意涵甚為重大——銅器上的獸形花紋亦展現此種權威——而科學與時俱進，商朝後期青銅器的製作勝於前時（兼有文化含意與軍事功能），其國家建設莫不然。

5. 《尚書》〈盤庚〉上：「邦之臧，惟汝眾；邦之不臧，惟予一人有佚罰。」《墨子》〈兼愛〉下：「（湯曰）萬方有罪，即當朕身；朕身有罪，無及萬方。」

經常不符（商朝領域中含有諸多部族乃至異族），卻與「唯我獨尊」的態度永遠相合，「中國」一說正是由此心念而來，然則商朝可謂中國觀念的創建者。商朝縱有中國的觀念，卻乏中國的威權，畢竟商朝只是部落聯盟而非一統帝國，封建制度的存在證明中央集權尚非鞏固，城邦自治則為實情，雖然此狀是邁向國家統一的過程（西方的封建制度則是帝國瓦解的產物）。封建制度必有共主，商王（自稱「余一人」）以個人聯結諸侯的方式 (personal union) 組成政體，其盛衰與人事關係的協調情況相應，英雄主義顯然是普遍的政治信仰，實力或眾望 (charisma) 乃為奪權之資與主政之具 6。傳說夏朝王位繼承之法是父子相傳，此說應非事實，蓋夏朝政權鬆散不定，長治久安之計於此尚無可能（仍非必需），且商朝王位猶有「兄終弟及」之情，反而較前代落後，這顯然不合常勢；事實上父死子繼之制是大國宏規（必要之惡），此於政局草創之時不可能確立，故商代後期始見王子嫡庶之別，其法日趨嚴格，以至於最後四朝商王均為嫡長子（稱為「大子」或「小王」）繼位。就社會情境而言，兄終弟及之法呈現眾人共創事業的開張架勢，父死子繼之制則表現承先啟後的守成格局，前者當然在後者之先出現，而其轉變並非突然，故有兩者雜用的過渡階段（據說商代三十一王中傳子者僅十三），然後長子繼承制 (primogeniture) 才可能建為定案，此

---

6. 卜辭與《尚書》諸篇（尤其〈盤庚〉〈湯誓〉〈牧誓〉〈泰誓〉等）所示商王地位崇高與武力雄厚之狀應非實情，此種誇大的告示乃為政治常態，少有可信者，何況商朝的法律絕不嚴密（專家甚至認為商代無法），統治者的權利既未能由此體現，其勢力顯然因人因時而異，唯王權強大一說確實展現凡人野心之巨，因為這是古今中外皆甚常見的官方謊言或政治宣傳。

時政權必已樹立穩定7。商朝末期（尤其武丁以後）政治敗壞，
但其國家規模與實質卻同時趨於成熟，此情絕無矛盾之處，蓋
「人能弘道，非道弘人」，人治不同於法治，以長期歷史來看，
中國至商代後期時王朝型態乃備8，然組織與制度的完整不能
保證善政良策，其時統治者的失道無德竟是千古的亡國慣例9。

　　封建制度與階級制度如影隨形，此景可能意味朝廷的政治
控制深入民間，也可能意味政府支配力量不強（故以此分治之
法結合國家），商朝的情況當為後者，因為中國在此之前未曾統
一，商代封建是政權初步建構的形式，而非中央集權衰落後的
應變方法。商代諸侯已有「方、伯、侯、子、男、田」多種等
級，此與後來周朝定制或西方封建之法均極為相似，顯示政治
是人性共通的作法，罕有特例，所以一國歷史初期的政治表現
多與後世無異，常使人誤認其奠基之功而以為有重大的影響力。
商代假借封建之道以立國，其社會階級化的程度甚高，意欲將
所有人納入同一體系以顯國家完整，所以在現象上或名義上，
商人似乎較周人更不平等；如甲骨文中可見「眾」「百姓」「萬
民」「民」等詞，前二者的地位高於後二者，此種區別至周代時
逐漸消除，顯然「大眾化」是自古以來的歷史大勢。不論如何，
商朝的政治結構絕非緊密，名實不符的情形常有，盡信史料字
面者必當自愚，不然則周朝較諸商朝的「退化」狀況乃無從解
釋。

　　同樣展現初民社會風情者是商朝的家族制度，誠如所有原
始社會皆重視家族關係（印度與非洲尤可為證），商朝的政治力

7. 《公羊傳》〈隱公元年〉：「立適以長不以賢，立子以貴不以長。」
8. 《荀子》〈正名〉：「刑名從商，爵名從周。」
9. 《左傳》〈宣公十五年〉：「恃才與眾，亡之道也；商紂由之，故滅。」

不大，乃需以社會性因素強化之，而最重要的社會組織即是家族，因此促進家族團結等於鞏固政治次序。農業使定居生活興起，定居生活使家族關係親密，家族擴大則其聯繫之方益形重要，於是區別輩分的「宗法」產生，此與商朝王位繼承辦法的建立相互應和——正如宗廟與宮室形制一樣的意義（社會與政治結合）——更增其普世性與神聖性。宗法流行必以農業社會為背景，而宗法興於商末，可見其時經濟以農為主而畜牧早已降為副業。務農需要大量勞力，於是家族的組織與動員必用心從事，除了宗法之外，重男輕女與一夫多妻乃成常規，這不僅能整飭秩序（質）而且能增加人口（量），其所慮實為集體生存，並非私利，更非歧視，蓋文化不優則注意求生，豈有餘力以精神偏執之方征服他人。家族為自足的團體，由此單位組成廣大的社會，是為國家（部落聯盟是家族整合），商朝是以社會造成的政局，不是以政權造就的民氣，所以商代與其說是封建社會不如說是氏族社會。氏為族號，這是中國人有名有姓的起源，而任何群體皆由個人組成，可知人應是先有名（代表各人）後有姓（代表家族），商代是中國家族興起的時期，也就成為中國姓氏開始的階段。即因商代是氏族社會，故其時不可能為奴隸社會，蓋氏族的體制富有社會性，奴隸的身分具有政治性，氏族社會的時代政治力量不大，而政治力量不大則不能維持或控制一個奴隸階級（少數的奴隸不足以形成奴隸社會）；事實上奴隸社會若非宗教與戰爭所致便難以產生，宗教是信仰問題，戰爭是政治問題，此二者在商代均不強烈，其勢不可能使大量奴隸存在而有運作延續之道10，何況奴隸社會是非常的世態，

---

10. 零星的奴隸是史上常情，奴隸成體則非常態，畢竟人有獸性而無奴性，奴性一說乃是道德批評，並非事實，而獸性即令人不堪長期為

若其事為真則古人傳述必夥，豈待今人為此爭辯。

　　商代有許多作風成為後來中國文化的特徵，例如右衽、束髮、佩玉、祭祖、占卜、嗜酒、席地而坐、甚至十進位制（十貝為朋而十朋為百）等，這些行為雖皆與物質條件相關，但絕非深受其限制，而是具有頗強的意念──包括美感、價值觀、認同態度、信仰精神──因其思想為後人所接受，故這般作法沿襲不絕，終至形成傳統。然而商朝文化畢竟不高深（藝術形象以動物為主是一明證），其為後世典範的地位不崇，將之誇大者實有輕視中國或輕視文明的過錯，抑或懷有物質主義的傾向卻不知天高地厚，這是研究古史的專家常有的偏差。根據考古發現的「外來」物品（如銅、錫、玉、貝、甲）可見，商代交通貿易頗為發達，這並不證明商朝的國威遠播或經濟繁榮，卻是表示當時中國各地已多有人居，而交流既是人情所趨，物慾且為其性，財貨往來實甚自然，未得以此論定商朝強大，不然則商代社會的原始性又無法一齊解釋。最足以顯示商代文明層次者是商人的信仰，甲骨文所示者為卜辭，這證明商朝文化含有強烈的宗教性，但上古人類本來富於宗教情懷，此為舉世一致之情（近人不信神是歷史異象），並非商朝文化特殊之處，信仰內涵方才呈現其與眾不同所在。商代流行「多神信仰」，這不是先進的宗教（即「一神信仰」），然商人兼信「天神、地祇、

───────────

奴，除非有強大的優勢武力為恃，奴隸制度實在不可能推行。如此，商朝若為奴隸社會，其文化特色必極顯著，或者其異常現象必多，學者豈未得有聞。商代罪犯與戰俘可能淪為奴隸，但此情絕非普遍，亦無法造成制度，若奴隸的用處是陪葬與犧牲，這將導致奴隸嚴重不安且無以為繼，然則奴隸不務常業而數量多變有窮，更不能構成社會之一部。

人鬼」，這已超越「自然神」（地祇）觀念而有「政治神」（天神）信仰，其想大約處於「公共神」與「個人神」之間，不上不下，有假性的天人合一意向；此種信仰型態屬於正常的宗教發展過渡期，本無獨特性，但商朝對於人鬼尤其重視（甲骨文大部分是祭祖的卜辭），常以之為溝通天人的媒介，然祖先崇拜實為非宗教的人本立場，可見中國文化早已富有現實主義，這才是商人信仰的特點。除了落後的社會之外，世上主要文明皆不將祖先神格化，僅有中國與羅馬帝國是例外，而羅馬的祖先崇拜歷史且不久（改信基督教），可見中國的信仰既特別又原始。中國人對上帝的探索從商周以至唐宋持續不斷，卻一路消沈而終於失敗，此後祖先崇拜更成為漢族首要的「類宗教」，反而阻絕一切信仰的提升，這是商朝在中國文化史上最具決定性的舉措。

第三節　周朝承先啟後的角色

　　周朝事蹟已有大量的文獻資料可以考證，這使其歷史定位易於確認，並且周朝的「時代完整性」又使其成為能高度「資治」的歷史教訓首案，由此可知歷史與史學密不可分，缺乏記述的時代甚少存在的意義。商朝是中國第一個有史料可徵的時代，但因其文獻不全太甚，商朝的歷史價值極為有限，加以商代文化層次不高，更使其重要性減少，幾無「史學史」上的地位。相對於此，周朝的歷史呈現「政治、經濟、社會、文化」各方面的變化軌跡，足以令人視為獨立的學術範疇，不至於陷入「以管窺天」的困境，且能一覽中國文明的思想止境。事實上周朝（尤其東周）是中國歷史古典時期的開端，其宗教信仰、

哲學、文學、政見、甚至科學，均朝向中國文化的勝境發展，乃至有極致的成績，雖然這也意味中國文明的境界並非至高且其極限頗為早出。

商周的文化關係顯然遠較夏商的關係密切，而商周的地理距離卻較夏商遙遠許多，這表示三代的傳承有逐漸強化之勢，其因是文明具普世價值與提升動力，愈高級的文明愈有同化與進學的趨向，故夏朝影響商朝的力量不如商朝對周朝的作用，或者商朝效法夏朝的積極性不及周朝請益於商。易言之，歷史是文明進化的過程，後起之秀常為「青出於藍而勝於藍」，所以商取代夏的程度不如周取代商，亦即周重視商的程度強於商重視夏，進步的速度愈來愈快，前代遺產的價值也是愈來愈高。夏朝值得商朝學習的地方少於商朝值得周朝學習之處，抑或商朝的影響力優於夏朝，故夏商相去不遠而其關係不密，商周相去極遠但其關係甚深。如此，周朝所繼承的古代傳統必較商朝所得者更盛，其引導或啟發後世（秦漢）發展的力量當然大於夏商，這顯示後進者的憑藉（優勢）既多，其負擔（責任）亦重。

傳說周朝始祖姬棄是偉大的農師，族人尊奉為神（后稷），此說意味周朝以農立國，早已遠離游牧時代，其晚於夏商乃顯而易見。周人早期的遷徙主要是與戎狄鬥爭所然，這是農業社會與游牧部落的求生對抗局勢，周朝去古不遠一情由此可見，而其興起之因則為文化的先進（整體而言農業社會的國力必強於游牧部落）。周朝崛起之初並不與商朝為敵，卻是有求於商，蓋當時中國進化至農業生活的部族不多，「好漢學好漢、英雄惜英雄」，周朝與商朝一時沒有利害衝突而有互惠之緣，既然商為大國，周之稱臣（受命為「西伯」）實非勉強。周人視商人為異

族，但在文化上卻極力引進（子曰「周因於殷禮」），這是中國
所以為中國的精神立場，絕非種族主義，商周聯姻的政治性意
義並非和談而是合作，雖然二者的地位不盡平等。周人「商化」
之處甚多，若文字不在其列，則最重要者當屬祀典與宗法，周
人的最高思想（世界觀）既取自商人，其文物體制以及生活風
習之仿照商土更不在話下，此情未必表示當時中國政治次序嚴
整或東西交通繁盛，卻可證明周朝創建者富有「見賢思齊」的
文明觀。

　　周朝初年政權尚不安定，王位繼承仍無定法（傳子之制自
周成王以後乃立），於是強者執政乃為常態，其道以競爭求勝為
慮，故有「立賢」的表象——例如太王立王季、文王立武王、
乃至周公攝政——不得以此為禪讓之屬，雖然周初確有「以德
服人」的政治觀念（厲王時的「共和」猶有此意11）。武王伐紂
以為民除害為名（見《尚書》〈牧誓〉），其說醜化商末朝政，所
言竟為空洞零散之罪，這顯示周朝舉兵實為擴張奪權，為「合
理化」其政治野心，乃有此種誇張的宣傳。牧野一戰「血流漂
杵」（《尚書》〈武成〉），周之克商有如滅世，孟子因而質疑道：
「盡信書則不如無書，吾於〈武成〉取二三策而已矣；仁人無
敵於天下，以至仁伐至不仁，而何其血之流杵也！」（《孟子》
〈盡心〉下）顯然周朝的「官方說法」有其矛盾，但此種現象
實為政治言論的常態，因為政治含有必然之惡（原罪），所以政
見與政策不能完善無失（必有所犧牲），武王伐紂可能有不義之
處，然其美化程度也反映周人發兵的不安，這已是高度的政治
良心表現。周並非憑牧野之戰一舉滅商，而是在此之後逐步招
撫商人，且以封建之法漸次收編商土（尤要者為周公封國），一

11.《國語》〈周語〉上：「防民之口，甚於防川。」

方面開墾一方面武裝，終於建立幅員廣大的國家（包括「甸、侯、賓、要、荒」五服），但其實絕不是中央集權的統一帝國（有「周索」與「戎索」不同的統治方式）。

　　周代社會是中國史上最具嚴明階級分別者，此為周朝承先啟後之一大徵象，蓋商代社會已有階級化傾向，而秦朝為強化帝國一統之局乃廢除封建制度，居於二者之間的周朝便成為古代貴族社會演進的轉折點；這並非表示周代之後中國社會的平等性遞增，而是意味秦漢以下社會的階級性表現，由封建身分改為文化優勢或經濟條件，亦即政治地位與社會權勢的關係逐漸疏離，然則周代是階級社會發展的「物極必反」關頭。中國的封建制度絕不如中古歐洲之嚴格，其因當是政教結合（caesaro-papism）程度的差距，畢竟嚴格的階級制度需有宗教信仰為其根據或基礎，亦即宇宙次序與人間次序相互呼應，方可造就完整的「金字塔型」社會結構，而中國文化既乏上帝觀，其人際關係自不可能如此組織。周代貴族有王室、諸侯（公室）、大夫（氏室）、士（無封土而有食邑）各等，然其制不甚明確——如「公、侯、伯、子、男」五爵的實行頗有疑義——而王室權力則甚為有限，同時平民是社會人力的主體，其下的奴隸人數不眾也非經濟要角，諸種階級並未構成整齊嚴密而逐層增減的單一體系，雖然整體上確有「天下一家」之勢。周代的國家較商代更為充實，商代的諸侯是眾部族，周代諸侯則為周室封建之邦（多達一二百國），政治的名分至此儼然成形，即使「溥天之下莫非王土，率土之濱莫非王臣」（《詩經》〈小雅〉「北山」）一說不是事實，卻合於名義，這表示周朝雖非帝國但其志向或氣象已展現若此，秦統一中國所持的世界觀顯然源遠流長12。實際上周代王室對諸侯國的控制力不大，但除了君臣

關係與宗族關係之外，姻親關係也是聯繫周王與各地統治者的重要因素，在此公私名分的結合下，周朝確實具有國家的模式。

周王與諸侯的關係類似諸侯與大夫的關係，這顯示周朝「國中有國」的階層性組織，誠如諸侯可能與周王疏遠乃至對抗，大夫可能僭越諸侯而獨攬大權13，此種政治鬥爭情勢使周朝的家族性降低而公共性增加，由此新建的政權更富有國家的體制而褪去部落的色彩。大夫是諸侯的附庸，原來二者大都為同族（魯鄭宋三國是範例）——以諸侯為主故稱「公族」——然至周代後期（東周）「以家為國」的格局逐漸讓步於「能者主政」的態勢，於是與諸侯異姓的大夫時有獨裁專權者，此就封建制度而言是篡奪之舉14，但以國家建設而言則為汰弱留良的進化15。大夫所以可能與諸侯對抗甚至凌駕於其上，乃因大夫所控制者形同一小國，有土有官有軍有民有稅，故可能擴充力量而成為大國，東周時魯「三桓」、晉「六卿」、齊之田氏均是此類。由此可知，中國的統一是封建崩解而強者奪權的結果，這

12. 《左傳》〈昭公七年〉：「天子經略，諸侯正封，古之制也。封略之內何非君土，食土之毛誰非君臣，故詩曰『普天之下莫非王土，率土之濱莫非王臣。』天有十日，人有十等，下所以事上，上所以共神也。故王臣公、公臣大夫、大夫臣士、士臣皂、皂臣輿、輿臣隸、隸臣僚、僚臣僕、僕臣臺、馬有圉、牛有牧，以待百事。」

13. 《詩經》〈小雅〉「出車」：「昔我往矣，黍稷方華，今我來思，雨雪載塗；王事多難，不遑起居，豈不懷歸，畏此簡書。」

14. 《論語》〈季氏〉：子曰「天下有道，則政不在大夫。」

15. 例如齊國名臣管仲與晏嬰均不屬於公族，卻有舉足輕重的地位，晉國因獻公斥逐同姓，使其大夫多成異姓，甚至六卿專制（大夫之輔政者為卿），而秦國自穆公以後大量引用客卿，其族人在政治上並無重大權勢，此類務實或勢利的作風確令國力強化，從而使國際競爭更形激烈，終至侵略兼併造成一統帝國，是為秦朝。

是「健全」的政治發展，不是以教領政的文化創作。

周代階級制度中處於貴族最底層的「士」，雖非平民——士庶不並列 16——但絕非穩坐尊位，士是具有晉身潛力的「待教者」，其前途決定於個人的成就，頗需「自我實現」，甚有「白手起家」的任務。士的出現顯示社會進化已達完整的次序或結構，蓋士為貴族與平民之間的銜接者，成功可使其升遷，失敗可令其破落，此種窮達有理的境遇（類似近代中產階級的處境）深具人文意義，身世與德能既皆為生機，命運之外努力得以決定一切，然則社會可無僵化之虞。士為貴族之末，往往淪為平民，如此士非貴族之正宗，卻終究屬於貴族，這表示周代確為貴族社會，士不論如何卑微仍有別於庶，此法實為強調貴族身分乃受之於天或得之於王。士是「有為者亦若是」的人格，此即君子，士的角色由武士轉為文士，這一方面是歷史演變所致，另一方面是文明進化所然，前者是指周代君主所器重的人逐漸從力士改為智士，或說周代社會愈到後期愈是以文用武，後者是指人之自壯先武後文，求生然後求道或安身然後立命確是古代文化的進行歷程；此二者實為一致，所以秦漢以後凡士之名皆謂文士，無需特別加以定義，武士一詞則漸成專用，並非士之通義慣例，且因重文輕武為開化所必然，偃武修文乃君子之德，而武夫習文方足以為武士，但文既高於武，習武易而學文難，以致「秀才遇到兵，有理說不清」，文武對立成為中國統一

---

16. 《論語》〈季氏〉：子曰「天下有道，則庶人不議。」孟子將士庶合稱（《孟子》〈梁惠王〉上：士庶人曰「何以利吾身？」），這顯示士的地位本來不高，其勢且愈來愈低，但名分上士仍與庶高下有別，二者的識見尤不可以等量齊觀，士庶畢竟非一，其合稱亦未必為孟子之世之風。

後的恆常世風。

周代晚期封建制度已有瓦解之徵，此時階級變動不居、士庶混同、民眾不安、工商興起、貨幣（貝與金）流行，傳統社會型態因競爭大行其道而動搖，連奴隸的處境都與過去甚為不同。商代奴隸數少事簡，周代奴隸則量大命乖，其政治性與經濟性用處大增，戰俘可以迫使為奴亦可以要贖致富，獻俘賜奴乃成術數籌略，而奴隸從事生產工作（如「隸農」「釁妾」）已為常態，賣身捨命因此竟是求生之方；由周末奴隸分工之細與應用之盛可知，當時社會實有解放之勢，蓋嚴格的階級制度必伴隨固定的社會角色，於是各人執業守成不改、互動關係循例不變、集體秩序有條不紊、禮教權威共遵不易，絕無靈活交涉之況。周代奴隸雖多卻非大眾，奴隸可以活用反而是奴隸不成定法的徵兆，此即周代既非「奴隸社會」且有「資本主義化」的傾向，所以奴隸是可以善使的動產，而有為才是出人頭地的本錢，這便是「舍我其誰」（《孟子》〈公孫丑〉下）一語豪出的時代。

中國的自覺至周代時造成「夷夏之防」以及「東夷」、「南蠻」、「西戎」、「北狄」諸說，顯然所謂「中國」或「華」是文明者自尊之名──不能自重者即淪為蠻族（例如戎有姬姓）──其本位主義兼含精神與物質二方面的優勢，所以中原本是華夷雜居之局，但諸夏卻彼此認同共屬中央上國，而視落後的夷狄部族為散佈四邊；此種想像意向表示農業是人類社會進化的關鍵，其與游牧之別常為文明所以異於野蠻的定義根據，周朝有此歷史性問題（周朝興衰常呈現於華夷關係之治亂），證明其時確是中國文明初步大定之際，商代政局尚無如此嚴重的文化對抗，則顯示當時中國文明猶在草創之中，可見周代之後中

國統一實為大勢所趨，正所謂「天下惡乎定？曰定於一！」（《孟子》〈梁惠王〉上）

第四節　三代的傳統及其變遷

　　傳說三代的地理關係是夏居中、商位東、而周處西，此說正誤難以確定，蓋三代若為相互傳承，則其版圖位置不應對立如此，而三代若無連貫相繫之情，則其興亡先後應非交接，將之對比實為誤導；如此，三代之說必有失誤或誇大之處，其彼此對應的格局頗不自然，而質疑者卻不多，這是因為三代一說富有解釋歷史進化之道的功用，於是簡化在所難免，何況文字資料僅及三代後期，難以立說。就政治而論，三代似非循序漸進發展而連成一氣[17]，然就文化而言，三代確有逐漸提升的態勢，此因政治的物質性強於文化，其受命運支配的程度亦大於文化（故有「成王敗寇」的無情事變），而文化的精神性勝於政治，其「盡人事」的素質遠多於「聽天命」（例如創作需憑學習而不能仰賴靈感），所以政治的變遷常較文化無理而劇烈，此在古代尤然。三代的政治史未必可信，但三代的思想史大致可知，事情間斷與史料欠缺使政治實況不明，而同樣的情形卻對思想（尤其是最深刻的思想）的研究妨礙不鉅，因為思想顯然較政治更富有共同的問題意識與追求目的，以「人同此心而心同此理」之念探討古代思想，必較其用於政治歷史更為有效，如孟子說「五百年必有王者興，其間必有名世者」（〈公孫丑〉下），其意亦以為「理比事明」。由此可知，三代的起承關係應以文明

17.《左傳》〈昭公六年〉：「夏有亂政而作禹刑，商有亂政而作湯刑，周有亂政而作九刑，三辟之興皆叔世也。」

的意義視之，而不必以歷史的真相究之 18。

　　傳說「夏尚忠、商尚鬼、周尚文」19，此見甚為有理，但學者若誤解其意，則此說即與事實不符、更違論合理，這種錯誤主要便是出於考究歷史而輕忽文明的學術專業觀點。所謂「忠、鬼、文」並非政治性的「效誠、祭祖、崇法」，而是思想性的「虔誠、奉古、敬事」，質言之，從尚忠轉為尚鬼再改為尚文，其實是從「信仰神明」變作「崇拜祖先」再趨向「專務人文」（周人所信仰的神明主要是人鬼出身而其最要者為社稷）20，這是中國宗教世俗化的早期發展，或是中國人文主義的先進成長，亦可謂為中國上帝觀念的探索失敗21。與「夏尚

---

18. 《墨子》〈耕柱〉：「夏后氏失之，殷人受之，殷人失之，周人受之，夏后、殷、周之相受也，數百歲矣。使聖人聚其良臣與其桀相而謀，豈能智數百歲之後哉，而鬼神智之，是故曰『鬼神之明智於聖人也，猶聰耳明目之與聾瞽也。』」

19. 《禮記》〈表記〉：「子曰：『夏道尊命……殷人尊神……周人尊禮尚施。』」《說苑》〈脩文〉：「夏后氏教以忠……殷人教以敬……周人教以文。」《史記》〈高祖本紀〉：「太史公曰：『夏之政忠，忠之敝，小人以野，故殷人承之以敬；敬之敝，小人以鬼，故周人承之以文。』」

20. 《禮記》〈禮器〉：「夏立尸而卒祭，殷坐尸，周旅酬六尸。」其道由莊嚴轉趨親和，從而逐步人性化。

21. 上帝一詞始見於周人典籍，這顯示周代宗教（形式上）確較夏商更進一步，但上帝觀本不可能早出或突出，而需由多神信仰歸納得來，所以周人即使是中國最先體認上帝存在者，這也不表示當時盛行一神信仰 (monotheism)——至多是單神信仰 (monolatry)；事實上，上帝觀念超越一般人性觀點，並非世俗自然之見，周代雖有上帝一說但絕未成為主流，此說乃由先人長時探索發明所致，不是周人獨創，更非民眾共仰，而上帝觀念未從此大興，正是周人不重真理的明證，因為求道者一旦發覺上帝便不可能不堅信。

忠、商尚鬼、周尚文」傳說相仿者是「夏尚黑、商尚白、周尚赤」一說（《禮記》〈檀弓〉上），黑為反色、意味渺茫不知，白為無色、代表還原素樸，赤為血色、象徵生命活力，三者所謂乃是「天、地、人」或是「神、鬼、人」，總之是從上而下的宇宙造化或為自古至今的歷史演進，其以人為本的思想與時俱增[22]。若三代有其延續的傳統，則忠鬼文三者當為相承而改的文化精神，不然則三者各自存在並無脈絡，又何必將其相提並論；三代文化相沿的說法必是以周代為本的「反推」觀念，此種推敲相當有理，因為商朝頗為可知而文明進化有其必定的歷程[23]。事實上前說興起於漢，而漢人的宗教信仰已不如前代之盛，其人本觀念則在獨尊儒術之下日益強化，此情乃繼「商尚鬼」以至「周尚文」之勢而來，並非革命突變，似無不妥；但因人具神格天性，務實過度令人不安，於是自我認可與醒世勸化二舉皆可能出現，這即是「夏尚忠」一說提出的原理，聞者不論以忠為事主或敬神都能受用進益，故其說得以流行。「商尚鬼」與「周尚文」皆為有憑有據的歷史事實，「夏尚忠」則為難以證明的觀點，可見此說是後人「以古釋今」之作，既有可能誤會也有可能中的，其差別關鍵實在於心術之正邪，因為智慧是不能責求於凡人的條件。

　　三代是中國國家觀念與實體成形的時期，易言之秦統一以前中國尚不是一個國家，然秦帝國的建立是基於三代經營國家的成果，中國並非突然立國，而中國成為一個國家之後，歷代即使有分裂的亂局，人心總以統一的中國作為政治重建的標的，

22. 《論語》〈衛靈公〉：「子曰：『行夏之時，乘殷之輅，服周之冕。』」
23. 《禮記》〈檀弓〉上：「夏后氏殯於東階之上，則猶在阼也；殷人殯於兩楹之間，則與賓主夾之也；周人殯於西階之上，則猶賓之也。」

可見三代是「中國」的塑造者。中國的成立含有精神（質）與
形式（量）二方面，於此三代的承繼關係極其明顯，亦即夏商
周以發揚舊貫逐步統合其文化與領土，樹立了主流傳統與廣大
國度，使族群關係與人民共識日漸親近，以致中國成為朝野共
仰的政體。在此演進過程中，中文產生最大的感化力量，而家
族發揮最直接的整合作用，二者交融的產物便是姓名的流行。
人本來無名無姓，姓名是社會性要素，人數不多或人際關係不
繁則用以區別彼此的稱號並不重要，此時名較姓更有需求，然
僅為識別人我的名號必不莊嚴且多雷同，甚無獨立的意義，誠
可謂「有名無實」；待人口繁衍眾多之後，私名益顯重要，然唯
名不足以分辨各人及肯定自我，於是姓乃冠於名上，以增人格
自尊，而有此大號者必為交際界的要人，一般小民實無指名道
姓的處境，可見姓較名貴而名比姓多。造就民族主義的因素以
宗教及文字為首要，中國文化的宗教性不強，文字乃是中國民
族意識凝聚的主因，於是姓名便成為國民認同的關鍵，所謂非
我族類即是姓名難辨者,而互通姓名無礙者即是同胞。簡言之,
當中國的姓名規範成立時，其國家認知也大約確定，雖然政治
統一不必因此立刻出現。

　　在中國，姓名的興起代表族群人數的遽增與文字的流通，
而三代便是姓名發展以至定案的時期，其間中國的民族與文化
趨於一體，兩者相得益彰。名的需求早於姓，亦即名是原始的
文化而姓反映複雜的關係，此事在古史上的現實意義是姓具有
重大的政治功能，蓋名代表個人而姓代表族群，古代社會的集
體主義甚強於個人主義，所以有名無姓的時代是初民社會，有
名有姓的社會則為規模廣大的政治環境，也就是部落交通繁盛
的時期。以政治史而言，姓的重要性遠大於名24，所以姓的演

化較名更多繁複之情，名是個人的代號，姓則暗示個人的背景或身分，此情在古代尤然。社會簡單則人僅需有名，社會發展導致姓漸成必需，先有姓者乃是社會地位較高者，因為重要的社會交際發生於大人物（部族的代表）之間，小民固有人際關係，但其事影響力不大，所以姓的普及為由上而下擴展。古時中國先有姓而後有氏，最早用姓者是族長，尤其是大族長，此為族際交涉所致，其後隨著社會關係開拓深遠，族繁離異，小族亦需要代表其部的稱號，於是氏應運而生；如此，姓為大族號而氏為小族號，姓在氏之上，同氏者必同姓，同姓者不必同氏，同氏不婚而異氏不必可婚，氏的功用原本與姓相同，只因姓不敷需求，乃有輔助之氏。對應於此，周代的諸侯本有其姓，其下的大夫則有其氏（故曰「氏室」），大夫原與諸侯為同姓，然諸侯唯才是用或任意舉人使異姓大夫（客卿）崛起，姓與氏的關係因此逐漸疏遠，亦即家族在政治上的作用開始（緩慢）減少。據稱，諸侯所部之族其號為姓，大夫所部之族其號為氏，此種分別當非始於周朝，因為如此整齊之制不可能在短時內成立，其發展必由來已久，況且姓氏的出現是因應現實變化所需，並非共同設計的規則所然，故姓氏差別在實際上恐亦不能如此簡明。當姓氏之別定型時，其制同時轉趨沒落，蓋姓氏分別是社會關係擴大而政治名分強化的結果，但政治社會繼續發展必使國家的公共性及規模增加，於是「國民」的意義提高而「族人」的意義降低，姓氏分別自然隨之鬆解；在此過程中，姓氏趨於混同，而姓為大族號，故所有人終皆有姓，氏為小族號，尊貴者持之以自顯，然國家益為公開化則姓氏之分愈不嚴格，最後姓氏竟合而為一（氏併入姓），無有差異，這大約是在秦漢

24. e.g. the election of Louis Napoleon Bonaparte (later Napoleon III).

第三章

春秋戰國：中國古典文明的建立

德侔天地道冠古今

刪述六經垂憲萬世

孔子像

第三章 春秋戰國：
中國古典文明的建立

第一節　春秋戰國時期的歷史特質與重要性

　　西周起於翦商而亡於蠻族（犬戎），前後歷時三百四十年 (1110–771BC)，東周始於平王東遷而滅於秦國擴張，為時更達五百餘年 (770–256BC)，二者合計竟有八百五十五年，一個朝代如此長命不僅是中國之極且為世所罕見，其理必非尋常；事實上，周代國家並未真正統一，政權鬆散，王朝有名乏實，中央集權既是虛假，諸侯自安，各方勢力可以相安無事，全面性的地方反叛乃不需要，所以周朝能久保形式，不為眾矢之的，而與強者共天下，連漢唐帝國也不及其壽。周朝是城邦聯盟的政局，其長久存在反映「樹大招風」而「事緩則圓」的人事道理，此情乃人性表現，實非正理，不足為訓；且歷史發展有不可逆之趨勢，時代性並非人為，行事有其時機，時機一去事倍功半，散漫的政治社會是上古常態，但一統帝國必將取而代之；晚周的列國爭戰便是中國統一前夕的當然風雲，這同樣是人性表現，惟圖霸者自信天命在己，乃多有義利之辨，此為軍事最道德化的時代 1。周朝歷時雖久，但脈絡並非延續不斷，其持久之情顯示抗周者無一有宰制全局之力，其紛擾之景則表示周王室亦無維繫政治秩序之能，朝野不諧卻可以相處，顯然階層

---

1. 《左傳》〈昭公三十二年〉：「社稷無常奉，君臣無常位，自古以然……民不知君，何以得國，是以為君慎器與名，不可以假人。」

體系的社會觀念是從政者的成見，沒有革命的條件便應接受傳統（至多調整現狀），否則結構崩壞，反叛者也受其害，可見周朝之久存原非奇蹟而是俗例，只是其事較可能發生於部落自治的封閉世態中。

　　周朝立都於鎬京（宗周）而以洛邑為東都（成周），平王政權東遷，學者乃名之為東周，此事以後見之明看來竟是中國文明長期東向（乃至南向）發展的開端，這雖不是出於周朝的謀畫而是迫於無奈，但就整體的文化與經濟情勢而言也是必然或自然的趨向。周朝所在本是中原的西陲，既然物資以東方為多，而外患以西方為烈，西周亡後王室的去路自是向東。由此可知，周人崛起於惡地，乃是「生於憂患」的結果，正如秦國先世（莊公）以討西戎有功而受封為「西垂大夫」，其後（襄公）逐退犬戎而據有其地，以至嬴政消滅六國而統一天下，亦皆是吃苦求生所得之效力。此理顯示政治的取向與經濟有別，政治中心常與經濟重鎮不同，因為政治所求者是支配的力量，而經濟所求者是享受的條件，前者重視人心，後者重視物力，二者鬥爭的精神與處理的對象有異，政治謀權而經濟圖利，所以政治領導者常需帶頭抗外，經濟營作者大都妥協安內，其社會立場實非一致。中國歷朝京城常接近邊疆，此與對付外患的態勢有關，頗顯政治風發之氣，內地的經濟因而得以休養生息，且能支援國防，可謂義利兩全。如此，周朝東遷固有益於延續國脈，但已失為政之德，周室在東方未獲諸侯擁戴，即因其貪生之餘又與民爭利，統治者既乏威望，列強求霸乃成亂中之序，無可厚非。

　　春秋戰國誠為中國的古典時代，其義有二，一是國家的統一，另一是文化的定型，前者導致秦朝帝國，後者造成儒家獨

尊，以一統帝國推行儒家思想，既鞏固政權且弘揚大道，這便是中國立國精神的體現，也是中國傳統維繫的格局[2]。秦漢帝國的統一觀念來自春秋戰國時期，統一天下需要武力也需要理想，心物合一乃可有為，而儒家思想提供治世的原則，物質文明促使征服終於兼併，二者共進必有大同世界之產生，是為中國。秦漢帝國是春秋戰國文化的實現者，然精神高於物質，春秋戰國在文明史上的地位當優於秦漢，而且秦漢以下中國學術思想的層次並未超越先秦，孔孟學說實為東方的至理，故春秋戰國是中國古典文明的盛期，秦漢歷史雖非中古文化的表現，但只堪為古典時期的尾聲。中國文化由儒家定型之後改變極少，甚至有退無進，直至近代西方文化東來才使中國傳統大動，即因中國在文明進化上罕有階段性的巨變，故其歷史分期向來不明，而恆以朝代為時序之名，缺乏進步觀 (idea of progress)。然而中國文明絕非幼稚淺薄，其於史上提升固不多，卻早已達到人文主義 (humanism) 的顛峰，春秋戰國以後文化的定型雖有僵化之弊但也有持久之利，所以中國歷史有古典的正道大業（見山是山）而無中古的反動背逆（見山不是山）——政治與經濟的興衰動盪當然不免——以致現代化的發展也不能自生自主（見山又是山）。文明的上古性舉世皆同，古典方是決定文明大義的關鍵，中國文明缺乏中古性 (medievalism) 與現代性

---

2. 戰國歷史因為秦始皇焚書（尤其是六國史記）而造成嚴重的文獻難徵問題，以致戰國史事有時較春秋更為模糊不清，且其觀點常以秦國立場為主——司馬遷為《史記》即不得不然——頗多曲筆，此種政治干預學術的文書檢查 (censorship) 必於國家建立之後才可能出現，秦朝既是一統的帝國政權，其文化政策乃不可或缺，為整頓人民的思想，故有此舉，可見戰國時期對中國國家意識的形成具有重大的影響。

(modernity)，其要旨精華乃集中於古典文化 (classicism)，可見春秋戰國在中國史上具有立本與代表的雙重地位。

　　春秋戰國「去古未遠」而開新風氣，故為古典文明的創建期，這大約是當農耕全面取代游牧而帝國即將吞併城邦之時，於此菁英文化為解釋及導引世變而展現各式的真理觀（含宗教信仰），地方主義逐漸為普世精神所替換，現實的中國隨理想定型，其況雖不完美，但其道確是「止於至善」。西周以前文獻稀少，春秋以下史料遽增，這是中國文明的突破表現，其所以如此當與文字的流通及思想的貫通有關，雖然此一巨變又與國家整合所造成的挑戰或啟發有關；當中國成形之際中國文化應運而生，似乎渾然天成，並無長期的醞釀或準備，所謂「祖述堯舜」其實是「自我作古」，何以中國的天才集中出現於春秋戰國，此乃無法盡以人智理解。先秦諸子常有「託古改制」之言（不限於政論），這顯示其時雖去古未遠，但精神上春秋戰國所繼承的古代文化實在甚微，故觀念發明者需藉先賢之名推廣其說，並由此呈現所言「放諸四海皆準」而非私意，以促使中國初建時統治者能立下良規範例。由此可知，中國的古史傳說頗具用心，其善意使「愚民政策」(obscurantism) 富有啟蒙性，豈是「封建思想」一語可以道破。春秋戰國之前即使不是中國文化的「黑暗期」(dark ages)，也絕少可以借鑑的學說理念，這對求知者而言固然是一種缺陷，但束縛因此亦無，百家爭鳴所以可能何嘗不是由於教條尚未存在；可見中國古典時代的出現是學者靈感匯集的結果，其與前人關係不大卻又宣稱關係匪淺，實因「人同此心而心同此理」，論道者縱令有所創發，亦不以為獨知，畢竟天啟使人聰明而聰明使人自卑。總之，春秋戰國「去古未遠」的意義是「遠古已去而新猷已出」，亦即「上古結束而

古典開始」，對此時人有所察覺，故當世立言者一方面提倡超越時空的真理，另一方面則強調知識是超越古人卻非反對古道的見解，這便是「五百年必有王者興，其間必有名世者」（《孟子》〈公孫丑〉下）一說提出的歷史背景 3。

第二節　政治霸業與國家統一

　　春秋與戰國的分期乃由於春秋而非戰國，蓋孔子作《春秋》，專記魯國史 (722–481BC)，然其事義理深遠，受人重視，故論史者以春秋之年為東周前期，東周後期 (480–221BC) 則因戰事頻仍而被稱為戰國時代。歷史發展並非突變而為漸進，突變無理而漸進有跡，歷史演變有其脈絡，可以啟示天道，足見歷史之行必有神意安排，雖然人事變遷大都能以理性了解。東周的歷史趨勢乃繼西周而來，戰國的歷史趨勢乃繼春秋而來，其間並無驟然生變之情，但論者常為展示世道轉化之理而誇張個別史事的重要性，以致西周與東周之別及春秋與戰國之別往往為人所強調，其爭議又造成史學疑案，益增學術之亂。相對而言，文化上的巨變較政治、經濟、社會等方面更為可能，東周特殊之處實在於思想，至於人性與物性作用較大的事情，其變化速度並不驚人，其可知性亦甚高。周代是封建制度興滅的

---

3. 「王者」是統治世界的明君，「名世者」是闡明世運（解釋歷史且執行天道）的聖人，有可以治世的君主不如有可以示理的智者，「天未欲平治天下」則王者不出，然名世者猶可能降生於亂世，可見真理高於現實，而憂患不足以蔽賢，「鑒往」未必能「知來」但必可「勝今」，這是古典時代才有的問題意識，因為上古之人苦於求生而無暇問道。

時期，亦是國家建設持續強化的過程，東周政治史主要即是王室為諸侯所傾而諸侯為大夫所奪的事蹟，從春秋至戰國的時勢實為一致，只因周王地位一落千丈而帝國一統呼之欲出，乃令人深感風雲變色，似乎大局改於一夕，其實則為列國長久爭鬥的結果即將分曉，並非突然有變。

　　周王以部落共主立政，其勢原不顯赫威重，隨著各方角逐霸權的局面漸明，周王的領袖地位自然愈為名不符實（吳越楚三國早已疏離），春秋諸侯「尊王攘夷」乃為自壯而非護主[4]——略有「挾天子以令諸侯」之意——此與大夫操縱公室而不篡立一情相同，顯然周王無能控制天下而強者亦無征服天下之力，故有此「勢力均衡」(balance of power)，和平尚得維持。春秋時代的霸政始於後期（自齊桓公起），這顯示封建體制不是突然崩解，而諸侯爭霸一方面危及封建之局，另一方面又維持其狀，因為爭霸是假借既有的政治秩序以奪取實際的主宰權位，此即霸主欲取代周王而為有力的統治者，其意並非推翻周朝，卻是「借屍還魂」有所作為。春秋前期，「南夷（楚國）與北狄（山戎）交，中國不絕若線」（《公羊傳》僖公四年），於是乃有諸侯霸業之起（晉較齊更有卻狄拒楚之功），此為義利兩全的攬權，不得單以政治鬥爭視之（宋襄公的「愚忠愚信」可以為證）。雖然，春秋霸業畢竟人治多於法治，其英雄主義色彩甚濃，霸主終是一人而非一國——齊桓公與晉文公而非齊國與晉國（齊晉公族內鬥及大夫竊位為當世最慘烈者）——所以霸業的持續性不大，挑戰者時時出現而人亡政息。春秋晚期諸侯國中漸有大夫奪權之勢（氏室凌駕公室），此情宣示封建制度必定

---

4. 《左傳》〈僖公二十五年〉：「狐偃言於晉侯曰：『求諸侯莫如勤王，諸侯信之，且大義也。』」

覆亡，蓋諸侯爭霸乃以「鞏固領導中心」（公室扶持王室）為號召擴張私門，其舉仍可「名正言順」，然大夫奪權名不正、言不順、而事竟成，這使政治倫常大壞，必然需要改弦易轍以維秩序，現狀乃不可能久存。時至戰國，氏室篡位（例如韓趙魏三家分晉）已出，封建難以保全更遑論推展 5，競爭求勝的原則使階級名分的作用大減，各國獨立更使貴族的「世界性」權威喪失；在國際對抗的形勢下，建軍備戰與君主集權成為要務，人才拔擢因此盛行，所謂「布衣卿相」與其說是平民高昇不如說是貴族沒落，君尊臣卑之局於此已經浮現。

　　戰國的爭戰遠較春秋時代惡劣，以道德而言，其事之不善無庸質疑，然以政治而論，此情恐為「必要之惡」(necessary evil)，蓋政權出於暴力，而取代城邦的帝國更需以力服人，因其為史上首度的統一建國，於此教化的作用（以德服人）並不大，故脅迫為不得不使之手段，雖然征服者幾無此種「良性認知」 6。春秋之國為家族政權，戰國之國為強人政權，前者立於部落盟約，後者出於「叢林法則」（故有衛侯自貶以求自保之事），此勢所以不是歷史退化，乃因真正的國家並非豪族分治而是中央集權之局，而古代國家既然不可能由文化共識建立，便只有透過「第二度的武力征服」創造（城邦政權原先也是以此法樹立），此時競爭激烈，征服需為全面，用武乃難免殘酷。戰

---

5. 周威烈王二十三年 (403BC)，王室正式冊封韓趙魏三家大夫為侯（周安王十六年 (386BC) 齊國大夫田和亦受封為侯），這是「成王敗寇」的十足寫照，而其促成者竟為擁有最高統治名分的朝廷，更可見政治之醜陋，如此，若稱周代封建乃亡於周王的「反封建」，似無不可。

6. 《史記》〈田敬仲完世家〉：「田常言於齊平公曰：『德施，人之所欲，君其行之；刑罰，人之所惡，臣請行之。』行之五年，齊國之政皆歸田常。」

國時代軍國主義橫行，弱肉強食固為不義，但文明並無「反淘汰」的情形，這是因為當時列國的文化素質其實相去不遠，而且戰事與學術分途發展，追逐權力者即使輕視知識也不至於反對文化——如「養士」雖不為講學卻有興政之望——學者文人至多被視為不切實際，尚無「反動」(reaction) 之虞，何況治理大國的君主甚有利用士子之需（執政而須箝制甚至迫害知識份子乃是一統帝國建立之後才有的事）。

　　原始的社會重武輕文，原始的政權以武制文，古時文武合一不是智勇雙全而是出將入相，蓋文明精神必重文輕武，文武合一絕非天人合一，動武是人的原罪，學文卻為求道，將文武並列齊觀乃是開化未深的現象。春秋時代軍政相等互通（執政者文武兼備），這已超越原始文化甚多，其發展方向當為以文治武，但因戰國爭霸，軍事孔殷，以致文武平等之勢仍延續不改，只是軍政逐漸分離（兵書興起），似有專業化情狀。事實上，文不必專業化而武不可專業化，文指導武乃為正當，文非專業則武為副業，其專業化且有賴科學發達，此非周代實情，可見戰國的軍政關係不是良緣，雖然這確是文明進化的必經過程。

　　戰國時期所謂「變法」乃是放棄封建制度而改採功利主義式的強國政策，這使「法家」成為當令之道，然列國君主實非愛法勝於愛儒，而是求權甚於求義[7]，故有此論功行賞之國策，亦即法家並非以學理獲得青睞，卻是以效用贏得肯定（這當然顯示法家其實缺乏精深的思想）。列強在戰國時代稱霸者先後是魏齊秦三國，然秦國能脫穎而出且統一天下，絕非因其改革最力或求勝最殷——此乃諸國共同的態度——而是因其一心擴

---

7. 《史記》〈商君傳〉：「苟可以彊國，不法其故；苟可以利民，不循其禮。……治世不一道，便國不法古。」

張，並不深受傳統文化觀念約束，也少陷溺於享受既得成果的物慾中，似乎秦國只是上天注定的帝政創建者，其餘略無可觀之處，對此秦君竟不甚介意，故得專注且持續其併吞政策而終於成立（政治性）中國。三家分晉是春秋步入戰國的時勢徵象，而魏國既是三家之勝，其首先稱霸在精神意義上實甚自然；魏文侯率先變法圖強，既尊師重道（師事子夏）又急功好利（引用李克吳起），顯露次序重建的端倪。魏國強盛之後傾心於統一三晉的大業，這一方面是戰國式的征服行動，另一方面是春秋式的政統維護，二者實有衝突之處，但這正是春秋以至戰國的文化過渡表現，亦即歷史變遷的漸進本質。魏國伐趙伐韓，均因齊國介入而失敗，於是魏乃與齊媾和，兩國君主相會於徐州（334BC），彼此稱「王」（魏惠王與齊威王），經「徐州相王」之後，諸侯群起效尤，周王的封建共主地位更加衰落，「戰國主義」則更為盛行。齊國取代魏國成為東方霸主之時，秦國亦已稱霸於西方，二者遙遙相望，一時尚無交戰之需，於是齊湣王與秦昭襄王競相稱「帝」（288BC），顯示「人心不足蛇吞象」的權力慾念、以及國家統一勢在必行的政治氣氛，二王隨後又去帝號之舉正證明中國是戰國群雄的 「先見之名」 (foregone conclusion)，其實現只是時間早晚的問題。魏國的霸業以統一三晉為宗，齊國的霸業則以統一天下為的，其野心更大（伐燕滅宋侵楚攻晉），其冒險更巨而損失更慘（燕秦韓趙魏五國聯軍幾乎滅齊），此事反映戰國七雄終究不能並立，文化發展只能促進政治運動而無法阻止之。

　　秦國變法為列國中最遲者，這表示秦國本是封閉保守的舊邦，而變法恐亦不是秦得以統一天下的主因，秦所以成功乃由於其「執一」之性（長久堅持法家之政），其情符合歷史大勢故

爾。秦國被東方列強視為化外之族，然文化落後竟無妨於秦之
致勝，可見中國一統政權的成立是時勢所致，其立國精神絕不
及當世中國文明（上層文化）之素質，由此亦可知神意高於真
理（天高於道）。秦國的壯大頗受惠於東方人才（如商鞅與呂不
韋）的貢獻，這又證明中國統一表面上是秦國的作為，其實是
中國人共同的盛舉（國際人才流動自春秋以來早已成俗）。自秦
孝公至秦王政一百四十年間，秦國新政方針有二，一為「東
化」，另一為「強化」，此乃半文半武的改革，其旨在於立效，
故非自相矛盾而是雙管齊下，雖然結果絕非兩全其美，卻有「一
以貫之」的功用（如商鞅見誅而其政沿用）。簡言之，秦國的強
大不是由於道德而是由於性格、不是由於勇敢而是由於單純、
不是由於富裕而是由於樸素、不是由於好戰而是由於粗悍，所
謂「路不拾遺」並非廉潔而為死板，秦人若此——「古之民也、
古之吏也、古之士大夫也、古之朝也」（《荀子》〈彊國〉）——
實非教養優良，卻是想像力貧乏，故易於驅使而可致效 8。秦
國之外絕非無一強國、更有文化勝地，然列國常暴起暴落而少
長期穩定，或者思不務實而耽於異想，以致偏安一隅或偏執歧
念、不能大有作為，如楚與秦最為相似，但其精神取巧使政治
日非，終究不如秦國守拙之功 9。政權出於武力，中國的統一

---

8. 《韓非子》〈內儲說〉上：「公孫鞅曰：『行刑，重其輕者，輕者不至、
　重者不來，是謂以刑去刑。』」《商君書》〈農戰〉：「夫民之不可用也，
　見言談游士事君之可以尊身也、商賈之可以富家也、技藝之足以糊口
　也，民見此三者之便且利也則必避農，避農則民輕其居，輕其居則必
　不為上守戰也。」

9. 與列國開化之勢相反者是趙武靈王 (325–299BC) 的胡化運動，其「胡
　服騎射」政策雖頗有武功，但大害文治（武靈王本身即死於內亂），
　這是飲鴆止渴的強國險招，絕不可能改良社會（反文明則必退化），

先有形式（國家）後有內涵（立國精神），以先進文化為號召在征戰上反而難以成功，秦國收服列強的憑藉除了物質條件外竟不多精神因素（《呂氏春秋》的「無為而治」觀點象徵此道）──心理與習慣尤為其重點──這證明秦確有天命。

　政治性的競爭引發建軍運動，經濟性的競爭則促使工商發展（雖然以農立國仍為本務），春秋至戰國的經濟趨勢是「資本主義風氣」漸長，其現象包括工人與商人由貴族御用轉為自立謀生、土地由貴族壟斷轉為人民私有、都市興起、貨幣流行等，由此國君的稅收更增，從而使軍國建設益為積極。競爭是東周社會變革的主因或主力，此一原則誠為「盜亦有道」的立場，封建制度的推翻因此獲得相當的合理化依據，其惡亦因此減少，蓋列國競爭乃圖建立新政治次序（故非「自由競爭」），這確是時勢所趨，難以「傳統」之名反對其事，畢竟周代傳統實不深厚。簡言之，競爭造成淘汰、淘汰導致統合、統合趨於統一，春秋戰國的國際關係隨著霸權的強化而簡化，秦國既不可挑戰（武力不及）、挑戰且缺乏目的（理念薄弱），列國對秦「輸誠」雖非精神認同，卻是「識時務者為俊傑」的政治倫理，這便是「合縱」（聯手抗秦）先失敗、而「連橫」（個別親秦）後有成的緣故，畢竟天下統一已勢不可逆，權落誰家對失敗主義者實無關緊要，魯仲連「義不帝秦」所成者唯義而已，並無扭轉局勢甚至延緩投降之效。春秋有一二百國，戰國僅有一二十國，列強兼併的結果使疆土大拓而國界分明，同時分封之法停止，郡縣式的統治逐漸浮現，秦國統一中國之前列國的內政已有帝

故趙國在戰國末期儘管有力抵抗秦國，卻陷入秦國「遠交近攻」與離間敵營的計謀中，而終於慘敗（長平之戰），這證明「知識就是力量」，沒有知識而有力量最是危險。

國性的規制，顯然競爭與集權是政治運動的韻律。

　　政權的基礎是武力，武力強弱的關鍵在於武器，鐵製兵器的殺傷力甚大於銅器，所以鐵器時代是古代帝國出現之時，中國亦不例外。東周時鐵製兵器成為戰場主力，國際關係大為緊張，統一天下的武力既出，各國的武備競賽乃不可免，這是「形勢比人強」的時代轉捩點，也是物質文明勝於精神文明的歷史階段（古典文化建立後絕無「物重於心」的思潮）。戰爭不能單以物質條件致勝，而需兼重精神態度，並且物質文明不可能單獨發展而與精神文明分離，因此鐵製兵器的使用必與戰場局面的轉變一齊發生，就東周史實而言，這便是戰爭的大眾化或平民化。春秋以車戰為主，戰國以步戰為主，這顯示戰爭原為牟利奪權的手段，出戰本是貴族自壯的特權與士庶晉身的機會，如此參戰者裝備必多而對抗不至於一決生死，勝負既分則輸贏可定而利害各取，何必為難，此乃春秋車戰的局勢；至戰國時，政治的公共性大增，富有私人性的封建制度式微，同時物力開發更勝於前，因此戰爭愈為公開化與激烈化，於是戰場主角變為平民，平民數眾而武備有限，故為步兵（所謂「農民軍隊」），因其思想短淺，戰爭乃一發不可收拾。

　　戰國後期時秦攻伐諸國並非無往而不利，然秦國既已有獨霸之勢（尤其自秦趙長平之戰後），列國多無趁機反擊之想，僅有彼此救亡圖存的同情心，這絕不能團結各國以拒秦，因為中國從無「為內鬥而合作」的道理。秦在消滅六國之前先亡周室，此事若非偶然便具深意，蓋周王至戰國時權威幾已喪盡，其位猶存殆與其「無力干預而有名可用」之情相關，然則周祚斷絕之時即是霸主有感其體阻礙新朝建立之時，故周朝的滅亡未經大戰，而是自我了斷（王室請罪且獻土於秦）或是被人取消（赦

王死後無敢繼位者），雖有掙扎，卻乏激動。周室結束 (256BC)
之後，封建共主既亡，諸侯的政治名分關係亦失，此時中國處
於真正的「無政府狀態」(anarchy)，秦統一天下的行動乃更無
理論性障礙；列國雖為自保而聯合抗秦 (241BC)，竟無「名正
言順」之氣可用，聯軍以原屬化外的楚國為盟主，尤見其精神
力量不足，於是秦國更有「當仁不讓」之由。秦王政主事以後，
六國在十年之間即一一滅亡，此非秦王能力過人所致，而是因
為諸國早已心力渙散，無有逆勢反攻之圖，其不滿份子且多奔
秦以效命於征服天下者，所以在秦國威脅利誘之下，各國紛紛
敗陣，不多死擋（趙楚二國稍有抵抗而齊國不戰即降）；中國首
度統一的軍事行動竟是如此快速簡易，其情近乎「反高潮」
(anti-climax)，這不僅表示交戰雙方的實力懸殊，而且表示戰後
新局原為各方所期（默認）——不論好惡憂喜——因為東周數
百年歷史發展至此，早已呈現一統帝國是政治競爭最後的人性
目的。

　　中國的封建制度是部落聯盟的政體，其原始性與地方性甚
強，於此「諸夏」雖得以結合，但各國交流也頗受限制，可見
封建制度對「中國」的形成兼有促進與阻礙之效。春秋時中國
的範圍不大且其成分不純，戰國時封建制度已壞，政治統一與
文明教化同時增進，中國的範圍因此開展甚多，其文化且趨於
一致，吳越秦楚四國的「中原化」尤為盛事，這表示中國人本
是一個民族 (nation) 而非種族 (race)，因為華夏與夷狄的血統差
別不明、而其信仰差異則甚顯著。文明的同化原為善事而不必
視為「文化的競爭」，蓋觀念提升或精神上進是合於道理之情、
卻非強迫可致之功，而競爭是出於獸性的態度，文化的競爭乃
為心術不正之事，不僅無謂也未必造成優勝劣敗（正常淘汰）

的結果。東周的政治競爭是強大的趨勢，文化競爭隨之而起，
此非良緣，但因當時一般文化素質不高，此種競爭確實促進凡
夫的能力（凡人在相當程度內尚稱可教）。東周社會的平等化是
統治者集權爭勝所致，亦即勢力不盛的貴族全面沒落造成平民
崛起，在「唯才是用」（人君的文化政策）的原則下，有德有能
者可以發跡，因此教人者與求教者並出，這是春秋晚期教育開
始流入民間的文化環境、也是遊說之風開始盛行政壇的社會背
景。教育是文化推廣的根本憑藉，文化推廣有助於強國、或是
強國必定注力者，東周文化有長足的進步，這一方面是政治需
求使然，另一方面是學者問政所致，二者共同促成「中國」的
建立10；畢竟立國需有立國精神，政治不能與文化合作則無以
弘大，中國的建立顯然是文武之士通力共謀的成果，而所謂「周
遊列國」不僅是獻計求位者的功課，更是傳道淑世者的任務。

第三節　諸子百家與中國文化取向

　　春秋戰國是中國學術思想的創發及極盛時期，此情表示中
國文化的層次未達世界極致，同時表示中國文明發展改變不大
（有古典而無現代）、甚至有退化之跡（唐宋以後尤其頹敗），
蓋求道不進則退，前人既有高明的識見，後人未能發揚光大以
超越舊貫，便將於沿襲模仿之中逐漸失去傳統精華而一步步沈
落；另外，中國文化於東周時突然百花齊放，其先似無醞釀與

---

10. 《史記》〈趙世家〉：「（趙武靈王胡服騎射）［公子成］曰：『臣聞中國
　　者，蓋聰明徇智之所居也，萬物財用之所聚也，賢聖之所教也，仁義
　　之所施也，詩書禮樂之所用也，異敏技能之所試也，遠方之所觀赴
　　也，蠻夷之所義行也。』」

探索階段，卻是「不鳴則已一鳴驚人」，這顯示諸子百家富於天才，其原創性觀點所以頓時叢出，當與文字使用的成熟有密切關係，且與中國思想趨於現實主義息息相關，因為各家均針對人生態度立論而少追究超越性真相，故能於一時之間紛陳所見。在中國思想史或文化史上，「先秦」一詞代表「基本教義」(fundamentalism) 或古典觀念，這反映秦漢以後文化思想的突破闕如，歷代中國士子學習的對象與探討的課題大約不脫春秋戰國的哲理——尤其是孔孟之說——所謂「漢學」與「宋學」之辯，其實只是「奉守原始儒家」（即基本教義）與「兼重詮釋成績」（即傳統主義 traditionalism）之別，不僅差異不大（輕重拿捏的問題而已），並且信仰無殊（皆獨尊孔門）。由此可見，先秦是中國學術的奠基期，然先秦實非秦代之前所有時間，其文化性重點乃在於春秋戰國一段，這是中國人生觀完整提出的時代，也是中國哲學最高境界出現的時期，宋明理學並不能與之爭輝，因為理學只是放棄上帝信仰的新儒學，其簡化與物化實為中國文明處於精神困境下的自寬方法。

　　春秋之前中國幾無學術可言，孔子之後中國僅有一個學派可道，然則何以中國思想在瞬間從蒙昧進於開化，此乃中國歷史的神秘性，除了以天意解釋之外別無他法，蓋孔子雖為聖人卻非全能，中國文化因其言而大放異彩，但仍難以從此自由自在。觀乎《尚書》《詩經》《周易》等古籍，其見簡潔平易而其辭艱難深奧，然文字乃為思想表達之用，可知孔子之前中國文字的發展已相當完備，而中國思想的層次則有待提升，畢竟思想需有知識支撐，空有工具而缺乏能力仍無法成功，孔子的偉大即在於詮釋舊聞（材料）以開展新知（意境），《論語》之用語簡易而含意精深可以為證，孔子自稱「述而不作」的內涵亦

在此。文字與思想具有高度的互動性，人發明文字本為表達思想，然這不意味文字為主而思想為從，因為文字的發明有賴思想，而文字的法則結構又有啟發思想之效，所以文字的素質若高，其思想必不淺薄。春秋以前中國的文字已頗為成熟，這表示當時的思想絕非幼稚，但高深的思想主要是求知的心得，並非由文字的精煉可致，而見解不佳的文章不易傳世（物質文明粗陋的上古時期尤然），故孔子之世所能利用的文獻甚少，顯然知識累積不豐則著作難出，孔子見識超人，乃能以刪訂六經創造豪學。易言之，孔子之前中國文獻大約限於政治性檔案（如尚書）與文學性教材（如詩經），其價值主要在於史料參考與文字教學，所以周代古文典雅精緻，其知識則嫌不足──「盡美矣，未盡善也」（《論語》〈八佾〉）──畢竟當時學文習字者皆是貴族名士，於是語句自然高雅不俗而內容未必深奧超俗。

　　思想有賴知識提升，然知識提升思想的程度有限，其困難一方面是人的智能本非完美，另一方面是知識增長需要經驗，時間愈少則知識受限愈大，春秋戰國所承繼的文明遺產不多，諸子百家對理性的應用乃更形重要，而這確實是東周文化所以壯麗的原因。先秦學者的理性主義精神甚強於後世，亦即秦漢以下中國文人的經驗主義態度愈來愈盛，這使諸子百家之說成為中國思想的典範，而其理想性難以為繼，真理的超越性觀念後來更不可得，中國文化的發展日漸繁複，其實卻益為簡單，故曰「典型在夙昔」。春秋戰國的學說相對於後代頗富有理論性，這不僅顯示當時的學者較為講理，並且顯示其說所獲得的傳統資源並不多，各家彷彿在選定特別立場之後即可依理推展而自成一格，於是理論的完整性或涵蓋性便成為判斷該說優劣的關鍵。既然諸子百家的人文性甚強（宗教性不高），各家學說

的相關性與對比性必定顯著，若論超越現實的真理則言人人殊
而莫衷一是，若論現實人事的利弊得失則標準具體而好壞可考，
故春秋戰國諸家關連緊密，其問題意識相近，主張雖不一，但
思想範疇重疊，以高下評定之，即可見其本末主從關係。如此，
儒家是諸子百家中最先崛起者，其因實甚合理而其理實甚明白，
蓋儒家是完備的人文主義思想，此乃中國思想的典型與極限（或
極致），儒家一出，眾多反對者與批評者隨之而起，所謂「爭
鳴」其實是「連鎖反應」，這是各方有所依憑而得以自明的情
境，故有此盛況，可見諸說絕不如儒家之勝，而眾家之興也非
艱辛漫長的問道歷程。

　　關於諸子百家的起源，舊說以傳統、地域、職業三項緣故
解析，姑不論其說正誤優劣，此情顯示中國文化的現實性甚濃，
故論者認為思想與環境關係密切，而有此類問題與答案。學者
常以「挑戰與回應」(challenge and response) 的命題觀點，解釋
春秋晚期以來諸家學說一時並興的異象，其說雖不誣──事實
上頗為合情──但在道理上已先排除天性良知決定人心一情，
甚有經驗主義的知識論偏見，乃至有唯物主義的宇宙觀謬妄，
其自誤誤人之害極為嚴重。愈是高遠的見地愈是天資所然，反
之則愈是「環境決定論」可以證明之事，諸子百家的超越性概
念微弱，以人性立場或經驗路數加以解說自然相當有效，但此
道不僅以偏概全並且罔顧最可貴的人格，誠為得不償失，尤其
儒家是最富於天道信仰者，執此「物化」思想以理解之，必定
大為貶抑而扭曲中國文化的精神。論者多以為諸子百家是封建
制度崩解過程中貴族學術流落民間的結果，此見殊不可信，因
為能「商品化」的知識絕非真正的知識或是高明的觀念，而且
西周並無如此高深的學術可以「推銷」，何況東周民眾大都目不

識丁，豈能接納此種上層文化的思想。文明進化固然有利於學術流行，但先秦的時代條件絕不足以使思想的傳布突然大展而其素質快速提升，若知求道者必傳道，則知孔孟必不待社會平民化之際方始施教於世；政治與經濟的變遷可能影響小人甚鉅，但對君子並不構成支配性作用，可知法家、縱橫家、陰陽家、名家、墨家、乃至道家或許深受時勢轉變的牽動，然儒家之大者絕不然。總之，諸子百家是中國文明對於生命問題的最佳答案，其說即使少有超塵拔俗之見，也不得以為基於世故或出於物慾，當人不重其義卻積極認定其說起源，必陷於以己度人而笑談史事的自瀆醜態中，可不慎歟。

　　儒家思想是「究天人之際」的人文主義，此乃文明的正統觀念或基礎信念（東西皆然），所以儒家在諸說中最先出，這不僅是必需也是必然，蓋若無人文主義作為根本，則文化沒有立足之地（出發點）、其發展亦失目的，同時由此誤入歧途的各式異端難以產生，文明等於無從進行。儒家既為文明基準，則儒家乃是大家而非一家，事實所以不然是因人不盡然合理而欲各逞己性，這便是儒家受困的原罪。儒家的優越性表現於人文主義的「君子」理想，其完整性則表現於「六藝」（禮樂射御書數）的全才教育，孔子不是以教書為營生職業，而是以傳道為一生責任11，這證明儒家有「超凡入聖」的完人精神，然則各

---

11. 子曰：「自行束脩以上，吾未嘗無誨焉。」（《論語》〈述而〉）此說表示施教需要受教者授權——而不證明孔子以知易貨——「自行束脩以上」即是孔子可以認定的授權行為，若無此節則傳道者不能「得理不饒人」示訓，因為神意猶在真理之上，替天行道乃認命而為，豈可「好為人師」，何況論者所說之理即使正確，聽者未必有能力承受，如不考量神意安排而逕行對人指點，恐將陷人於難。

家絕不可能超越儒家（反儒家者無非病態），因為儒家已是人文思想的極限。儒家的核心理念乃是「仁」，所謂仁即是人文主義精神，或是「人為萬物之靈」應有的一切態度，仁既是人所以通天應物的思想，其義實不止於道德而涉及神格，此即仁的境界介於「真」與「善」而必為「美」，故仁為「三達德」之首，高於智與勇而通貫其下。仁是出於真理知識的情操，義是因仁決定的責任，有仁者必有義、有義者必有仁，然儒家的上帝信仰不足，故仁的地位實在義之上，因為人本立場的最高觀點不得不是仁，而義的不近人情唯有在吾人領會神意時方感其偉大。事物有高下輕重，真理則貫通一切，可知宇宙有上下體系而人間次序應以此建立（人道呼應天道），孔子強調「正名」即是傳揚「萬物各得其所」之理，這不是簡單的政治名分問題，而是嚴肅的認命負責問題。簡言之，儒家是中國思想中最接近真理的觀念，其求道與行道作為最為正確而壯烈，若此情仍令人失望不滿，這只是表示中國文化的缺陷甚大，或者表示人文主義仍非至道。

　　求道者必傳道，所以「學而優則仕」，孔子看來極其關注政治，此乃淑世精神的表現，絕非因其熱中為官；須知古代菁英主義盛行，入仕者不必媚俗而可行道，君子乃應善用天資救人，豈能置身事外而自命清高。春秋戰國時代儒者仕宦多不發達，然其思想最令人敬，這顯示現實與理想衝突之時，凡人都取勢利之途（漢朝以下獨尊儒術實為義利兩全），但正因此孔子乃於問政失敗之餘，可盡心於著述立言大業而成就非凡，這又證明天才不可能小用。儒家思想適合為政，其證據之一是儒家為政治中人「敬而遠之」，因為政治是必然之惡，從政者對儒家又愛又恨正表示儒家思想是改善政治的正道；但人性放情縱慾，握

權者乃圖迴避「克己復禮」之說而強調專制高壓為必需——其
舉又可以政治原罪合理化——儒家思想因此常招高談闊論之
譏。政治是人際事務，廣義的政治幾乎是所有的人事，同時政
治權力又是人間最強的支配勢力，所以學者論政（尤其古代）
是自然且重要的作為；然則儒家不是偏好從政，而是最能釋政，
因為儒家思想涵蓋真善美各領域，並有積極示範的態度（知行
合一），亦即最足以呈現「為人」之道。總之，儒家所論為諸子
百家中最完備者，其說不僅崇高且為可行，故統治者在政權安
定之後若欲頒佈立國精神，則不得不以儒家思想為尊，雖然立
國精神未必是執政時的真實依據。

　　在戰國之時孔子已有「聖人」的聲譽，這顯示儒家早被公
認為最合於道理的學說，然而孔子絕不自命為聖人或以聖人為
完滿，這是因為孔子既懷天道信仰又有原罪感受，乃不以為人
可自恃自足而創造完美世界。人文主義雖信人性本善或主人具
天性，但更深知人非完才，其所致力者是發揚極致之德以自強，
而非圖求上帝拯救，如此君子特有積極而悲觀的精神，儒家所
謂「知其不可而為之」正是此意。人文主義上探天理必然察覺
神意可畏而漸增宗教情懷，孟子相對於孔子即展現此種人格，
這意味孟子的論道層次較孔子更高，雖然就整體表現而言孟子
之見實不及孔子（例如孟子的美感不如孔子）。孟子所以為儒家
道統之傳人，乃與孟子闡釋人性本善之說關係密切，蓋人文主
義必主性善，孔子的道德思想奠基於此，孟子從而申論之，實
有立教弘道之功。道德問題是人有良心而非完人所致，易言之
人有缺失乃應改善，道德觀隱含原罪觀，人性本善之說表示人
雖具善良的本性但猶有惡質，發揮善性以減少惡行是人的道德
義務，可見人文主義的提升必然產生服從神意的誠心。孟子的

原罪感表現較孔子更強，其上帝信仰亦然，這是（史上）人文主義發展的正確情勢，然孟子遠較孔子不得後人認同，這又是中國文化世俗性強烈的證明，或是中國文化自秦漢以後上進失敗的證據。孟子若為正道則荀子當有偏差，然荀子絕非孟子之反義，而是見解次於亞聖的儒學12，所以其說注意人性之惡，而原罪感卻頗為不足。上乘的人文主義弘揚「人為萬物之靈」的意義，其次者則著重惡性的節制，荀子不得為儒家主流即因其強調禮法而忽略理想，將人文主義變作教條主義，於是「儒家法家化」，道學境界下沈而思想僵化。雖然，荀子仍屬儒家正統（荀子亦崇孔），因其「禮憲說」肯定知識教化之力與人格向善之義，並不陷入旁門左道而爭權奪利，由此可知儒家確是正派，追隨者即使心得有限也不至於迷失，只是智能不優者於此不易感動，其性格反而易於嚴厲化（孔孟的熱情少為信徒所識），此為人文主義不究天人之際所必使然。

　　依附儒家而生者以墨家為最，墨家看似最敵視儒家，這其實是因墨家出於儒家而與儒家思想相近，為彰顯自我且批判「似是而非」之見，墨家乃極力攻訐儒家以求正身。儒家是正確但非極致的真理觀，因其上帝信仰不足，儒家的宗教熱情或神聖感有限，而常陷入「中庸之道」的溫和態度與退縮立場，此乃儒家的致命傷，亦是批評者可以著力之處，墨家正是將儒家思想推展至極的表現；墨家相對於儒家，非如「青出於藍而勝於藍」，蓋儒家的極限是中國文化的困境，墨家並未超越或補充儒家，而是將儒家極端化，偏執天人兩側（極右與極左），既不務

---

12. 《荀子》〈性惡〉：「故性善則去聖王、息禮義矣，性惡則與聖王、貴禮義矣；故檃栝之生，為枸木也，繩墨之起，為不直也，立君上、明禮義，為性惡也。」

實也不脫俗，卻頗激進而反常。簡言之，儒家的缺陷是墨家的生機，人文主義未能臻於天人合一之境，便將淪落世俗，或是陷於迷信偏激，後者可能因前者而更加惡化卻不自知，此即墨家處境。在西方，所謂「犬儒派」(cynicism) 實為蘇格拉底 (Socrates) 學說的扭曲性變體 ('Diogenes is Socrates gone mad.')，其理與墨家誇張儒家相似，均是領略不了正義鋌而走險的偏鋒，激動有餘而志氣不足，難以啟蒙民智。諸家之名皆由其所事而起（職業一說實不恰當），唯獨墨家不然，這既可證明墨家之說甚不可行（知行不一）、且可證明墨家缺乏獨立見地（名實不符），蓋墨家攀附儒家以生，其理論基礎並非自創，又以反儒為旨，故觀點無法一貫而體系始終不清，如此學說自難名之以專業，乃需以人物為號 13。墨家出現反映儒家有限，墨家可謂是中國文化的病徵，然儒家已是中國最高明的思想體系，墨家反儒畢竟不能自存，所以墨家早亡（入漢即衰）而儒家終登正位，這顯示「瑕不掩瑜」而「過猶不及」。

　　墨家富有宗教性，但墨家既以儒家為意，乃深陷於人事觀感中，而更少超越性問題的省思，此即墨家重視宗教組織勝於宗教信仰、重視律法勝於教義、重視平等勝於自由（「尚同」）、重視團體勝於個人、重視行動勝於知識、重視感性勝於理性（「兼愛」）、重視和平勝於正義（「非攻」）、重視禁慾勝於節慾、重視鬼神勝於天道（「明鬼」「天志」）、重視人力勝於命運（「非

---

13. 墨家不論是墨徒（墨為輕刑）之言或墨子（墨非姓氏）之言，均與信徒所務事業無甚干係，縱使墨家成員可能以工人為主（時人常以刑徒為工人），這也不表示墨家是社會主義者，因為除了理論有異之外，工人在當時絕不比農民更為「進步」而有理想（工人仍未形成一個特殊階級）。

命」），其自相矛盾之處甚夥，例如既尚同又尚賢、既重情又非樂、既非攻又備戰、既節約又苦行、既信神又非命、既避世又入世、既務實又嫉俗，如此雜念交錯只因「為反對而反對」，缺乏根本意識與終極關懷14。儒家人文主義引發天人交戰，其情是緊張或艱辛，但絕非矛盾，墨家反儒本是程度問題，結果陷於教條主義，有激情卻乏感動，固執而不虔誠，故多混亂衝突，適得其反。墨家不至於為「物質主義宗教」，但確是「世俗性信仰」，其弊不僅是淺陋而且是迷信，這是因為墨家鑑於儒家有失而企圖以激化之法求全，竟未能以求知解惑，以致更加簡化問題而故步自封。雖然，墨家的失敗象徵中國「人本宗教」建立的失敗，這使先秦文化的世俗化趨勢更無移轉可能，同時孔孟的上帝信仰也未獲後人發揚甚至認識，所以秦漢以下儒家竟成「無神有主」的善政學理，其節制暴君的作用少於助上愚下，此為人文主義不進則退之遺害（誠如天人交戰而不從善則必反其道而行）。

　　墨家與儒家相關而非相反，與儒家對立者實為道家，蓋道家為自然主義，此與人文主義背道而馳，儒家強調「人為萬物之靈」的責任，道家則主張「人與萬物合一」，一上進一退縮，二者顯然不相為謀15。道家與儒家之對峙，可由莊子與老子疏離之勢見得，亦即老子的人文精神或入世態度猶強於莊子，莊

---

14. 《墨子》〈魯問〉：「子墨子曰：『凡入國必擇務而從事焉，國家昏亂則語之尚賢尚同，國家貧則語之節用節葬，國家憙音湛湎則語之非樂非命，國家淫僻無禮則語之尊天事鬼，國家務奪侵凌則語之兼愛非攻，故曰擇務而從事焉。』」

15. 《史記》〈老子傳〉：「世之學老子者則絀儒學，儒學亦絀老子，『道不同不相為謀』，豈謂是邪？」

子的自然主義思想是原始道家進一步發展的結果，由老子至莊
子所呈現的「反璞歸真」傾向反映了道家逐漸遠離儒家的本性。
相對而言，儒家是進取的真理觀、道家是棄世的人生觀，儒家
發揚人的天性、道家宣揚天的物性，儒家意欲兼善天下、道家
只管獨善其身，儒家要求盡人事、道家心想聽天命，儒家「知
其不可而為之」、道家「退一步海闊天空」，儒家企圖立命、道
家尋求安身，儒家追求理想、道家輕忽現實，儒家深覺原罪、
道家美化缺陷，儒家重視知識、道家以知反智，儒家提倡文明、
道家持守拙性，儒家堅持道德、道家迴避正義，儒家由善論美、
道家不辨美醜，儒家天人交戰、道家清靜無為，總之儒道差異
不是程度的問題而是本質的問題，難怪中國史上注力於事功而
受挫的文人常由儒家遁入道家，而所謂儒釋道三教的關係常為
釋道合作共抗儒者，儒道之別其實是「做人」與「做鬼」的差
異。墨家是以儒家為對象的異議者，道家是自絕於儒家的流浪
者，所以墨家晚於儒家乃是事實上的問題，而道家晚於儒家卻
是概念上的問題（未必是事實）；蓋儒家所訴求者為人之良心，
逃避良心的行為可能出現極早（然則道家早於儒家），但未有良
心則人無需逃避良心（因此儒家早於道家）；由此可知，能辨事
物本末的儒家才是正道，以專業求道的墨家實為迷途，而以人
性弱點引導心思的道家則是異端，因為人不應為物自貶。

　　傳說孔子曾求教於老子，此事恐為道家所捏造（孔孟墨荀
均無論老之言），然其義顯示儒道之見本有關連，亦即老子的人
文關懷原與儒家相似，但道家畢竟一步步出世，先是憤世嫉俗，
然後玩世不恭，終至於冷眼旁觀而自命瀟灑，其不學無術之病
日漸惡化。據說道家「出於史官」，這表示其道本非離群索居、
卻是富有世故之性或「世智」（worldly wisdom），老子所言實為

「入境脫俗」之意，深明現實不幸，但未識人類受苦的神聖意義，以致一味申論「明哲保身」之理，似有慈悲，其實無情。老子是（抑或象徵）善意有餘而知識不足的人，人生的醜惡使其灰心，自尊心與同情心又令其所有智能均投注於「識破紅塵」一事，此乃自慰慰人之舉，原非大張旗鼓的宣告（《老子》僅五千言乃因理窮而非道精）；然世上心有餘而力不足者比比皆是，以致此種高明巧妙的失敗主義竟成盛氣凌人的處世箴言，「清靜」轉身而為「清高」，弱者一變扮作力士，至此道家儼然可以獨立，殊不知「內儒外道」總較「外儒內道」可行。即因老子是入世的失敗者，其出世乃為後續的動向，故莊子與老子雖無人事上的承傳關係，但莊子確是老子的精神產物，老莊的差異並不表示道家變質，卻證明「逃避」一久必成「反對」，莊子若未傳達道家的原意，實因其旨在於展現道家的真相。莊子的人格與老子迥異，其形象為涉世不深或不受世染的天之驕子（莊子的歷史感極少）16，富有貴氣與主見，彷彿在老子精心呵護與教育之下，乃有高談闊論而浪漫不羈的莊子，於是可知道家的心態可能出於不同的緣故（儒家則為有志一同），但其內情總是良心猶在而乏有為之力。

　　道家以避世為超世，實有「眼高手低」之弊，其師法自然之說不是無稽便是淺薄，常以人性曲解物性，根本是自命式的快樂主義。道家既不信神明也不重人力、既非唯心亦非唯物、既不強調善舉也無法肯定惡行、既有厭世態度又有救世理論、

---

16. 《莊子》〈大宗師〉：「不以心捐道，不以人助天，是之謂真人。」《莊子》〈馬蹄〉：「夫至德之世，同與禽獸居，族與萬物並，惡乎知君子小人哉？同乎無知，其德不離，同乎無欲，是謂素樸，素樸而民性得矣。」

號稱物極必反但未主中庸之道、輕視知識教化卻特有真理論述、
雖有天人合一之教竟無視死如歸之心、提倡無為而治但非順其
自然、一方面樸素節約另一方面隨性恣意、似有信仰終非虔誠，
凡此錯亂均是由於道家追求心靈平靜之法只是不為已甚以防困
阨，其為「脆弱的好人」之想甚為明顯。道家是隱含挫折感與
自卑感的人生觀，因其契合凡人失意時之心境，故能永存不
衰17，而道家的人性化取向——較諸儒家尤其顯著——由其流
弊可見一斑，這不是怪力亂神便是敗德縱慾，顯然道家的問題
不是自相矛盾而是自我憐憫，道家並非宗教卻要奢談超生，後
果當然是「失去控制」。

　　與道家性格相背者是法家，道家是自然主義而法家可謂人
為主義，道家希望順心適意，法家企圖揚志振氣，道家無為而
法家建功，以政治立場而言法家當然遠較道家可行，因為政治
必立法以樹威。法家是狹隘的思想，因其在意者不過社會成就，
至於宇宙真相則非其所重，法家歷久不衰顯示中國文化的現實
性甚強，連帝王推崇道家（或道教）都需以法為之，可見法家
是政權的立場，其名譽或許不高但地位從未崩落。法家雖普受
統治者重視，但中國人民的守法精神向來不嚴，這表示法家只
是政論，其見難以深入人心，畢竟政治不如文化崇高或重要，
法家可以樹立社會規範、卻無法造成風俗習慣。法家的提倡者

---

17. 老子之說在戰國時期並非顯學，自漢代以後才有盛行之勢，此因戰國
　　至秦乃是中國邁向統一的重大政局，其風積極且激進，故不利於道家
　　傳布，時至漢初，中國的政治體制與文化格局確立，標準既定，優劣
　　對立、成敗二分，進取失利者已無另謀生路（轉移陣地）的去處，於
　　是反主流或反現實的態度隨之而起，這即是道家得以滋長的環境，況
　　且此時（及其後）儒家當道而為正統，與儒家意向相反的道家乃成不
　　進則退的主要歸宿。

持有菁英主義，其作法富於愚民政策18，久之法家竟將人物化，甚至執法本身也陷入自我設限的規定中（作法自斃），於是人為萬物之靈的意義大失，本末倒置成為法家常見的流弊。法家僅是社會思想而非哲學觀念，其於百家之中得有一席之地，實因春秋戰國是「政治問題的盛世」，所以為法專業引人注意，然法家缺乏立論的學術性基礎，其適用範圍甚為有限，深受功效與經驗的牽制。如此，法家為開展其識見，常攀扯儒家以自壯，使人以為法家反儒或相儒，事實上法家僅是儒家思想中的一小部分——有「法家化的儒家」而無「儒家化的法家」——儒家未必否定法家，但在輕重緩急的權衡下，儒家多不支持法家作風，這是儒法糾纏的一般緣由，法家其實也不必以儒家為敵。立法需有思想根據，法家不足以自給，乃常援引諸子之見，其所使用者以儒家為主，陰陽家次之，道家則為例外，顯然法家是「用」而非「體」，其內部差別主要在於所重課題（領域）而非觀點（概念），所謂法家起源不一即是因此。

　　法家是務實的政見，政事多樣，法家派別亦多，或重經濟（如管子與晏子）、或重執法（如李克與商鞅）、或重統馭（如申不害與慎到），若無所不論而圖一以貫之（如韓非），則其觀點必為雜糅而難免衝突，因為法家的思想層次本來不高，勉強進行真理論述當然捉襟見肘，以致東拼西湊、說法混亂、簡化問題、且以反為正而難以直言。法家原是簡單的施政主張（有「治大國如烹小鮮」的樂觀），但一方面由於法家欲自我充實，另一方面由於政治複雜險惡而不易與，法家之說乃從強調法治進而探討權謀，於是技巧與威勢成為新題，人際關係在形式規

---

18. 《韓非子》〈五蠹〉：「明主之國，無書簡之文，以法為教，無先王之語，以吏為師。」

則之外更有妙用；此種術數化發展固然呈現法家的成熟，但更暴露法家的原罪，蓋人既具理性又不盡講理，徒法不足以自行（法家與道家的結合實無可能 19），法家遊走於心物之間而不知所終，唯恐自我超越造成自我推翻，總因真理不是法則而人不可犯法。法家類似墨家既親儒家又反儒，但法家不似墨家信仰宗教，所以法家攻擊儒家之方與墨家相反（法家物化而墨家神化），墨家將儒家極端化而法家將儒家微小化 20，如儒家講求「君子」、法家推尊「君王」，儒家以聖賢為主、法家以凡人為本，儒家肯定人性本善、法家著重人性之惡，儒家慈悲為懷（愛人）、法家擔心受害（畏人），儒家關注教育啟蒙、法家強調教訓約束，儒家追求理想、法家看重實效，儒家希望義利兩全、法家圖謀名利雙收，凡此皆顯示法家是「取法乎下」的俗儒，儒法並非相違卻有開閉之別，可見法家缺乏創造性與完整性，實為人生偏見。

　　與法家貌合神離或神似貌殊者是陰陽家，法家與陰陽家皆認為世事運作有其規則並提示其道，然法家所重是統治功效而陰陽家所思是生命安樂，一方入世務實而另一方侈談超世，但因陰陽家缺乏超越性問題的意識，其黨亦急功好利且深涉政治，故陰陽家與法家的差異與其說是本質（精神）不如說是程度（形式）。陰陽家言是宇宙論，其探索課題甚為廣大，但事實上陰陽家總是高談闊論而輕忽現實瑣事，同時目標卻極鄙俗，所求不過福利，這使陰陽家反而成為目光如豆的術士，其說空洞虛玄、

---

19. 道家相當程度是「無政府主義」(anarchism)，而法家無疑是「政治至上主義」(cf. Caesarism)，二者的價值觀顯然相去甚遠。

20. 《韓非子》〈二柄〉：「明主之所導制其臣者二柄而已矣，二柄者，刑德也。」

缺乏常識、理性薄弱、氣質污濁。陰陽家鄙視營生工作，又乏
偉大理想，一心以為掌握秘訣妙方即可以逸待勞而無往不利，
誠為怠惰投機的迷信妄徒，難怪陰陽家競相以神奇鬼怪之譚討
好諸侯，忝居「清客」卻不安於室，常冒險求功以致身敗名裂。
陰陽家不是真正的修行者或宗教家，心靈平靜非其至望，飛黃
騰達才是所欲，而世人既以權利為重，陰陽家乃以致效捷徑為
號召，殊無學習求知之方，可見陰陽家與法家實為殊途同歸或
異曲同工，均是人性主義而非人文主義。

　　陰陽家的宇宙觀是二元論 (dualism)，這顯示陰陽之說絕非
真理（真理為唯一），然而中國文化本乏絕對主義精神，陰陽家
的二元論其實也不徹底，因此陰陽之說竟可與無極或太極的觀
點結合，而造就一元論式的 (monistic) 宇宙觀，這又表示陰陽
是籠統含混的理論，其知識性不及想像性，其想像性又不及現
實性。雖然，二元觀確是流行的俗見，即使二元論未能發展為
嚴格精密的思想體系，但此說以學術之名提出，對於凡夫既有
的相對主義 (relativism) 錯覺甚有助長作用，因此陰陽家可說是
中國思想的敗類，其誤導之罪不能以「願者上鉤」開脫。世上
無一事物能獨立自足（原罪的呈現），相對互補之情隨處可見，
這使人自然以為真相乃是二元，陰陽一說即是此種粗見；然陰
陽並非具體事物而是對應的二體，其抽象性實非得自經驗或直
覺而是相當的知識，所以陰陽家能為人信仰，其害亦由此產生。
稍能深思者皆知真理為一貫之道，陰陽二元不可能為終極真相，
有鑑於此陰陽家乃強調陰陽互動是宇宙運作之方，而避談超越
陰陽之理，這使陰陽之說錯誤減少，但其破除卻更無希望，由
此可知「似是而非」最為反道。

　　陰陽之說不論第一因或最後果，僅注意於世事變遷的過程，

其見乃不免陷入循環觀，而重視每一階段的特殊性質以及人當採取的相應措施，於是解釋萬物生成變化的傳統「五行」說（可見於《尚書》〈洪範〉）被陰陽家轉用，成為「五德終始」論，從此開啟中國政治上的假道學。五行是物理而五德是人文，陰陽家言原為粗淺的自然主義，入迷者進一步曲解自然法則乃造成人性化的神秘主義，其說正逢列國兼併統一的政潮（鄒衍是戰國晚期人物），頗有助於合理化當時君王「代行天道」的爭霸事業，故能流行於朝廷（此情也可證明中國統一之勢至此已極顯明）。陰陽家的五德說自秦以下成為改朝換代的理論基礎，這是中國文化中接近西方「君權神授」(divine right of kings) 說的思想，然其信仰層次則大為不如，尤其五行相生相剋之道易於任人調整解釋，缺乏崇高的理念與權威，其「濫用」屬於「將錯就錯」的作法，有時竟可以救濟弊政而善導昏君——此即「陰陽化的儒家」（不是「儒化的陰陽家」）之所為——可見中國的迷信所以不嚴重乃因中國的宗教不高深，而中國的宗教所以不高深乃因中國的知識不精確。正如法家是儒家的一部份，陰陽家亦非獨立於儒家之外，儒家的完整性最高但終究有所不足，以致其他各家皆有發揮的餘地，卻又未能超越儒家而光大正義，法家與陰陽家即是如此；只是法家務實太過而陰陽家虛想太多，兩者皆論理不力而立功心切，所以為害大於成事，反而有賴儒家滲入其中或「援儒飾法」以矯正其失，這證明百家終歸一家而儒家就是諸子。

第四章

秦朝：中國統一的初步實驗

萬里長城

第四章　秦朝：
　　　　中國統一的初步實驗

第一節　秦朝政治規劃的帝國精神

　　古今政體的發展歷經城邦、帝國、民族國家、以至國際政府，此為人類社會共同的進程，然則帝國出現的階段乃是歷史的古典時期，先前國家尚未統一，而此後文化規模定型，其建設具有塑造一國傳統的作用，可謂開國之業。城邦時期的文化素質仍甚粗陋，此時「大同世界」的觀念絕不可能實現，甚至其政權形式也難以產生，而城邦一過竟成帝國時代，國體由極小突變為極大，可見帝國是霸權而非淨土，帝國建立之所賴主要是物而非心，或說由於人民之屈服而非心靈之開化。學者對於秦國得以統一天下的原因討論多矣，然此種論述傾向物質主義而忽視天命問題，亦即凡人注意優勝劣敗的現實條件，卻不覺歷史趨勢有所必致；既然城邦的部落聯盟將隨文明進展而改造為一統的帝國政權——國家初步統一乃經武力征服故不可能為民主共和之制——秦國只是天定的稱霸者，實無必勝之理 *1*。然而正因第一帝國必是戰爭兼併的產物，其致勝憑藉自然是強大的武力，這使秦國成功之道看似無他而須為物質因素，此事的誤導性甚大，因為真相畢竟猶在事實之上，並且道德觀念受

---

1. 《金石萃編》〈秦繹山刻石〉：「追念亂世，分土建邦，以開爭理；功戰日作，流血於野，自泰古始；世無萬數，陀及五帝，莫能禁止；迺今皇帝，壹家天下，兵不復起。」

此扭曲極為嚴重。如此，世上的第一帝國皆有「物化的原罪」，這一方面是指統一政權的建立是憑以力服人的霸道，另一方面是指世俗價值觀因此更趨於現實，這雖不必是統治者的本意動機，卻必為其施政的立場，可見政治是必然之惡。統一國家的手段難免為暴力，然「馬上得天下」與「馬上治天下」並無因果關係，以德服人且是安定民心的必要措施，秦國黷武的合理性顯然低於秦朝施暴，所以秦代歷史的重點不在於其建國過程而在於其治國方法或立國精神，畢竟人皆有獸性，思想則因人而異，一個朝代的價值主要是其文化創作而非軍事成就（軍事成就既不能模仿也不應學習）。簡言之，秦的宿命是用武創業，其缺乏文治固亦為天生弱點，但絕非是別無選擇所致，秦有統一中國的「苦勞」卻無提升華夏文明的「功勞」，這是因為秦人之勢利與後人相同，其學養卻不如前人，以致秦朝能樹立中國政權的標準，但無法傳揚先秦的政治理想。

　　城邦是小國寡民的政體，帝國則是廣土眾民的政權，城邦制一變而為帝國制，這從演化的觀點而言似不合情，此事所以如此實因人慾狂野，蓋慾望若無理性節制引導則將放縱不已，早期國家範圍的大小乃由軍事實力及政治野心決定，而當鐵器發明之後，強者的征服武力大增，從此政權擴張的物質性限制驟減，精神自大更得實現，各方競爭的結果終於造成一統天下的帝國。秦朝的產生正是中國帝國必然出現的成果，所以秦代政治規劃當然是為鞏固帝國命脈，這使獨裁專制或中央集權成為秦朝的本性本能或結構性問題，不可以平常的倫理案例視之。秦朝的創舉幾乎都是因統一而起，如皇帝制、郡縣制、水德說、小篆與隸書的推行、乃至焚書坑儒之令等皆然，而秦朝的重大措施亦出於強化國防武備及社會控制的考慮，如營建首都（彰

顯中央)、興築馳道（連繫地方）、整修長城（鎮定邊疆）、銷兵夷險（掃除逆黨）、發行錢幣（管理經濟）、統一度量衡（頒訂標準）等即是，秦代歷史的政治性特別強，這顯示秦朝始終處於建國的狀態，無暇思索教化大業。秦朝的「暴虐」或秦始皇的「暴君」形象實有雙重原因，一是國家初次統一當然需要嚴格控制以安定新局，二是人民——尤其是舊時六國權貴——以原來較為自由的處境（獨立的地位）衡量新政自然深覺受限；這是時代演進必定的改變，任誰都是無可如何，所以高壓統治是秦代的原罪，而「與民休息」卻是漢初的特權，「前人種樹，後人乘涼」，秦代歷時不久而舉措激進（二者互為因果 2），誠屬開創性的非常狀態。

　　「王」已是至高的統治者，然「皇帝」竟成至尊之號，這一方面表示人性虛榮，另一方面證明人具有或需求神格，蓋稱王者既夥，征服群雄而爭霸於天下者乃不滿於沿用舊名，於是富有威風貴氣的皇帝一稱便成為「王中之王」（王上之王）的頭銜；然而自大者有其自卑之心，稱帝者一高蹈即感孤獨，「比上不足而比下有餘」，又驕傲又失落，若有受命承恩的優越意識，同時卻乏替天行道的神聖信念，「天子」與「霸王」的角色混雜，義利難兼，名實不符，以致心虛性暴，行為乖張而無所適從。皇帝與上帝相關，以皇帝自命者暗示通天能力，此即「奉天承運」之說，其意是上帝為宇宙主宰而皇帝為人間主宰，這雖不是理想世界的型態，卻是現實的世界原則，也就是「最理

---

2. 秦朝若持續久遠，其政治控制的嚴屬程度必因「正常化」而降低，畢竟「長治」才能「久安」，教化需取代威脅方可撫民厚生，秦朝短壽不是由於缺乏治國宏規，而是治國宏規建立過程中叛變已起，此乃「非戰之罪」，時不與也。

想」的政治格局。世上畢竟國家林立，不僅王侯眾多，皇帝亦
不少，因此稱帝一事的精神境界並不崇高，其實際謬誤也不嚴
重，帝位的得失如同「成者為王而敗者為寇」，乃無重大的天命
意義。如此，中國統一之前皇帝之名已出，但因其情與現實相
去太遠，故使用此稱者未久即廢，可見稱帝本是政治性娛樂，
僭越的問題非其重點，既然皇帝一名只是「大王」之意，有名
無實反而自取其辱，所以稱帝終究成為「市場現象」，亦即贏家
壟斷。政治的遊戲規則既是實至則名歸，秦統一天下，其統治
者當然稱帝，事實上秦王至此不僅稱帝，更有永除諸王而唯我
獨尊的「不共戴天」立場；所謂「秦始皇」非指特定的人格個
性（與後世廟號不同），而是單表「秦朝的第一個皇帝」，由此
暗示繼位者將名為「二世」「三世」「四世」以至無數 3；這等
於說秦是中國的永久代稱，皇帝則是其王的唯一名銜，而中國
又為天下重鎮，故秦始皇即是世界最高主宰的奠定者與推展者。
由此可知，皇帝與其說是一項制度，不如說是一種意圖，天人
合一的理想既不可能出現於政治，有德有能者即使為王也不以
皇帝自況，而禪讓之法若得實行，皇帝制度確可以愚民政策推
行，但聖人執政實無機會，故制度化稱帝必非賢君傳承，皇帝
的好壞終究只是機率，最高統治者如何自許才是皇帝一職定義
的依據。

　　周王是封建國家名義上的共主，秦帝是中國一統實質上的
領袖，皇帝高於國王的歷史現象不僅是統治範圍的大小，而且

---

3. 《史記》〈秦始皇本紀〉：「制曰：『朕聞太古有號毋謚，中古有號、死
　　而以行為謚，如此則子議父、臣議君也，甚無謂，朕弗取焉。自今已
　　來除謚法，朕為始皇帝，後世以計數，二世三世至於萬世，傳之無
　　窮。』」

是支配力量的強弱；最早的統治者稱王是自然之舉，但其權勢不大，以致後來獨霸者不滿於王號，乃有皇帝一名的發明，可見「帝政」必較「王政」集權（極權）。先秦是中國的封建時代，秦代以後中國恆以郡縣制度為體，其政治環境的差異顯然是國家統一與否，蓋封建之法是統治者「心有餘而力不足」的權宜策略，此種分享權利的作法不合於政治野心所望，一旦有力足以控制天下的強者產生，封建制度必然瓦解；於是中央集權便成新政，郡縣制度乃為常態，未有對峙僵局之起則封建再無可行之機，何況在統一形勢出現以後，政權角逐者問鼎之志必是囊括天下，而不可能以偏安一隅為滿，如此中國封建制度亡於秦朝帝國建立，而歐洲封建制度起於羅馬帝國衰落，其理實為一致 4。郡縣是地方行政區劃，郡為大地方政權，縣為小地方政權，如此伴隨郡縣制度興起者是官僚體系 (bureaucracy)，蓋統治結構既繁且密則官僚為數必多，官為大吏，僚（吏）為小官，法治與人治相應，中央與地方連結，政治組織成為金字塔型，皇帝專制顯然需有官吏配合，高高在上並不能深入民間（始皇凡五巡狩）。由此可知，郡縣與封建之別在於分治與自治，分治者受命於朝廷，自治者自立政府，以中央立場而言，前者是直接統治而後者是間接統治，或說前者是個別人身（國民）的支配、而後者是群體成員（臣民）的控制，國家虛實顯有不同；郡縣制度是統一政權的成立要素，封建制度是模擬一統的聯合政體，秦朝廢封建而行郡縣是大勢所趨（秦孝公以來

---

4. 中國的封建制度存在於統一形成之前，歐洲的封建制度則存在於統一出現以後，此種差異僅為現象而非本質，因為封建與統一是相反之勢，何者在前何者在後是上天的安排，然衝突者不兩興，秦朝結束封建而羅馬衰微乃有封建，這是可以理解的人事。

擴土皆為郡縣），實非政治辯論的決議——李斯獨排眾議而蒙始
皇偏祖以成 5 ——所以秦室的內亂較史上更少理念之爭而更多
民間影響。

　　政治含有強烈的人性，然人性含有神格，所以政治固多惡
性卻非全惡，事實上政治的虛偽乃由於政客假公濟私必圖合理
化，於是「假戲真作」常有，當事者往往在自欺欺人時「優入
聖域」，彷彿自我昇華，瞬間天人合一而義利兩全，涉及公共性
愈深者愈可能出現此情，故政治與宗教向來未曾絕對分離（若
然則政治將顯得無比粗俗），古代尤然。人力有限，秦得以統一
中國當有其天命，此種奇蹟感與始皇的自負稍無衝突（驕傲者
不因有感天助而氣餒），反而愈使秦政趨於「威嚴化」，這便是
五德終始說首度被用於立國制度的文化背景。據稱周朝屬於火
德，代周而起的秦朝當為水德，水剋火表示秦滅周，所以秦制
應展現創作性而非承接性（符合帝國首創之實），依此色尚黑、
數尚六、事統尚法、歲首改為十月，此種看似無用而迷信的規
劃實有增進秦朝權威及其神秘性的作用，否則秦以力服人的粗
暴本質盡露，更不利於官民相安。秦朝的水德論雖有將政治神
聖化的價值，但其說本是一種宇宙循環觀，這表示秦朝不可能
永存不亡而終將為後起者所取代，可見裝神弄鬼當為鬼神作弄，
水德論甚有自害之虞；政治與宗教結緣若非造福於民則必自招
厄運，秦末起事者多有假借天道為亂之情，此開中國改朝換代
以暴易暴的淫象，於此秦朝一方面是受害者，另一方面卻是造
孽者。

5.《史記》〈秦始皇本紀〉：「始皇曰：『天下共苦戰鬥不休，以有侯王，
　賴宗廟天下初定，又復立國，是樹兵也，而求其寧息，豈不難哉？廷
　尉議是。』」

　　帝國是武功的成果，然文治乃為帝國的命脈，秦統一天下之後其文化政策遠較國防政策更為成功，這證明先秦本來就有「定於一」的精神傳統，只是中國是誰家的天下卻為永不可期的事，故秦朝能開啟兩千餘年的政治規範，其政權卻僅維持十四年 (221–207BC)。民族主義的促成因素以語文及宗教二者為要，中國的宗教一向不盛不明，因此語文便成為中國國家認同的主要憑藉，秦朝最重要的文化政策是「書同文字」，這是必然之舉，也是眾所矚目之事。中文發展至秦已歷時久遠，因國家未統一，文字的寫法用法難免分歧，然而中華民族亦以共同的語文凝聚思想，終使統一成為共識，屆時文字的核定也成為自然的期望。秦初統一文字並非藉以提高故秦國的文化地位（「罷其不與秦文合者」是政治性的觀點），而是將上層文化設定為普遍的標準——所謂「隸書」絕不是為了「施之徒隸」而是便於學者 6 ——其菁英主義承襲傳統，可使新朝易於為各地士人所接納。統一文字是塑造國家認同的首務，但治國的文化政策不止於此，立國精神的提出是更進一步的鴻圖，此事在秦一時難以達成，然其統治者對此顯有掛念，這便是「焚書坑儒」所以發生的緣故。簡言之，漢初「獨尊儒術」是中國立國精神的頒訂，秦代「焚書坑儒」則是立國精神尚未確認時掃除反政府文風的行動，亦即秦朝即使未能肯定其文治方針，但對於何為違背國策之情勢卻十分明瞭；焚書坑儒絕非出於秦廷本意或秦政設計，而是臨時鎮壓反動勢力所採取的非常手段，此事反映政治為必然之惡，但不表示秦朝原有反對知識份子的立場，焚書坑儒實為「遊戲規則」不清所致之政災 7。焚書源於學者批評

6.《說文解字》〈敘〉：「是時秦燒滅經書、滌除舊典、大發隸卒、興役戍，官獄職務繁，初有隸書以趣約易，而古文由此絕矣。」

時政（博士淳于越倡導重行封建），丞相李斯因此主張禁止議政，連帶立法燒毀富有思想（尤其是政見）的書籍，既然焚書是政治性措施，六國史記乃為取締重點，詩書與百家語非其所重，醫藥、農業、及卜筮之書更非禁例；焚書的宗旨是強化統治權威（此法實非秦朝創舉），其道與西方限制言論與出版自由的慣例相同，而因秦朝是中國的第一帝國，淪為平民的舊日貴族特別不滿於新局，對此焚書的宣言是「以吏為師」，而其警告則是「以古非今者族」，絕無安撫之意。秦朝焚書對於中國文化傳統的破壞有限，因為焚書令本無「反知」之圖——此由其重視「實用」可知——令行期間秦廷的史官與博士官執業依舊，宮中圖書猶在而儒生學習不輟，而且焚書令起於始皇三十四年，距秦亡僅六年，其所作用實甚疏淺，何況齊魯等文化重地在始皇死時已非秦朝所能控制；尤其秦火旨在鞏固政權一統，並不留意於學術內部的探索（如百家語富含政治觀念卻較詩書古文更受忽略），學者專心研究而不招搖即無危險，顯然焚書令對於文化事業阻礙不大，難怪漢朝建立之初未立即廢止此法（至惠帝除挾書律時已歷二十三年），而這也可能與焚書令的高度「政治價值」有關。

　　焚書主要是政治問題而非文化問題，論者以為焚書是儒家對抗法家而失敗的結果，此見不虛，只是忽視統一帝國初建時

----

7. 《史記》〈秦始皇本紀〉：「（丞相李斯曰）古者天下散亂，莫之能一，是以諸侯並作，語皆道古以害今、飾虛言以亂實，人善其所私學，以非上之所建立；今皇帝並有天下，別黑白而定一尊，私學而相與非法教，人聞令下則各以其學議之，入則心非、出則巷議，夸主以為名、異取以為高，率群下以造謗，如此弗禁則主勢降乎上、黨與成乎下。禁之便。」

專制的必要性，而且忽視儒法本質上並無二致的實情（法為儒之一部分），然則焚書一事若可以儒法相抗解釋，其說應當強調二者對於秦朝中央集權看法之異，這又牽涉雙方切身的利益問題（例如仕途）。政治是妥協的藝術，亦是分配的藝術，統一帝國固然必須屈服各方，也需調和各界，為政應有全面性或完整性的法理而不能偏倚一途，如此儒家自然成為秦朝立國的大法，法家反而不能維持其舊有的壟斷地位。秦國擴張期間法家可能為至道，然秦朝統一天下時儒家不得不為政綱首選，始皇執政雖未特別標榜儒家，但其引用儒生及採納儒術的態度甚為明顯，此於治國理念的宣揚上尤其可見（如琅琊石刻之所示），這不表示始皇對於儒家尤有好感，卻是證明獨裁者也須「公事公辦」而迎合禮教，否則統治者不能自我表彰便將自我醜化。易言之，秦始皇接受儒家與其說是知識觀點所然、不如說是政治原理所致，這是第一帝國必要的作法，不是秦朝特殊的選擇，然則儒生實際上對秦政的威脅若大於襄贊便非當局所容，「坑儒」事件即是由此而起。正如焚書非因學術問題導致，坑儒亦非由儒家士子招致，誠如焚書是為箝制民間議政，坑儒也為消滅異議份子。坑儒之災是方士非議始皇所惹起，由此引發朝廷對文人廣泛的忌嫉，受害者是「思想犯」而非思想家，儒生實非其主體，可見坑儒是「殺雞儆猴」的政治迫害而非打擊儒家的文化運動，同時可見儒家實有統領各家的優勢，故各式旁門左道常竄入儒門以自壯，乃有如此不分青紅皂白的坑人意外。

　　秦始皇為中國第一帝國的創立者，其暴虐與有為乃息息相關，因為「統一」並非「大同」，亦即不是人心開化的結果而是軍事征服的產物，所以秦政不得不以「控制」為旨，若始皇施行開明統治，國家恐將立即分裂，可見秦始皇的暴君罵名含有

偏見，畢竟「倒行逆施」不可能建國，而殘暴者不可能有為。
秦始皇既信神又驕傲，此種不虔誠的宗教態度實為一般中國人
所持，並不稀奇，可怪者始皇積極開創而以為「常職既定後嗣
循業」（東觀刻石），其「有始無終」之見絕不能自遣，這證明
秦政固然暴虐但非無道，始皇所為豈是私心自用。秦始皇屢次
巡視國內，北伐匈奴，南征百越，封禪泰山，整頓風俗（行同
倫），凡此要事均非無能者所欲為，且秦朝官制簡約，皇帝權大
任重，若非統領有方而處置得宜則主政者必以繁難癱瘓，何有
跋扈之機；由此可知，秦朝工事奢華（秦國文化原本質樸）亦
有其政治理由——宮室、陵寢、刻石、鑄像、馳道、漕渠諸作
皆講威儀——因為「令人耳目一新」需要相當的物質力量，而
這正是天下統一之初經國者亟需造成的印象。始皇在位僅十二
年 (221–209BC)，國家體制組織已頗完備，這顯示秦政絕非荒
誕惡劣（為時未及腐化之日），而且大臣實權取決於皇帝信任的
程度，法治之外更有人治，足見秦始皇絕非昏君，其作為是否
恰當雖仍可議，但統治原則的確立乃功不可沒。

　　秦制中央三大臣——丞相、太尉、御史大夫——各掌政、
軍、監察諸事，權限分明而互不統屬，無制衡之義也無勾結之
虞，確有菁英專制的簡潔特性，而御史大夫監察對象不及丞相
（御史大夫實為丞相的助手），顯示行政權高於司法權而包含立
法權的貴族政治 (aristocracy) 本質，不論此道能否運作良好，
其為正統大法殊無可疑。秦朝眾卿之中有掌理禮儀者（奉常）、
有掌管刑法者（廷尉）、有處置夷務者（典客）、有負責防衛者
（郎中令與衛尉）、有管理財政者（治粟內史與少府）、有治理
京師者（內史與中尉）、有治辦皇室事務者（宗正、太僕、詹
事、將行），各種職守應有盡有，極具大國規模，然而有關朝廷

維護的業務特別繁多，這又反映秦政方由封建格局脫穎而出的
事實，同時暗示中央政府樹立威權的強大意志。秦代地方官制
與中央類似，民事、軍備、與獄訟是三大政務，行政長官常兼
理軍事與法務而獨當一面（督察郡政的「監御史」並非常置），
顯示「控制重於教導」、「政治優於經濟」、或「安全勝於自由」
的社會情狀與價值觀念，這也是帝國初立之際的當然現象。總
之，秦政一切以維護帝國權威為宗旨，這與其說是蠻橫不如說
是警備，畢竟第一帝國必為霸道成果而人民未必逆來順受，統
治者於此持有戒心乃可謂負責，危機意識既是其政治良能，則
「反應過度」實較「措手不及」更為正當。

第二節　秦政失敗的文化意義

　　秦朝是中國邁向一統帝國的初步實驗，其失敗似為注定，
因為國家的建立是政治必然的趨勢（凡人既具歸屬感也有認同
需求），而政治是人性的表現，並非超越現實或絕對理想的追
求，所以一統帝國是相當自然的歷史現象，不似「大同世界」
之可望不可及；但政治活動是權力運作，人人均欲求權力則政
權無法無限擴張，其安定乃是權力關係處於均衡的狀況，此情
並非靜態而是動態（互動性）的平衡，故隨時可能調整（變
動），帝國既非政治的中庸之道也非優勢的永固之局，「合久必
分」乃為其宿命，第一帝國的處境尤然；再者，人有人性（惡
性）也有天性（善性），政治是原罪的行為，其本質不良，但可
以改良人生，帝國是政治野心的產物，卻也是文明進化至某種
程度時才可能產生者，然則帝國需要智識支持，僅有武功而缺
乏文治必致帝政崩解，這確是第一帝國的正常的危機 8。易言

之，帝國是政治發展史的早期大事，其物質性或暴力性甚強，
而精神性與文明性不足，此情有如生理發育快速的小孩，「四肢
發達而頭腦簡單」，或是「身體苗壯以致衣服緊迫」，在身心不
諧的緊張情況下，當事者的行為必有不當而易於造成衝突，全
面的破壞或失敗因此常出，唯經此教訓之後，健全的新生乃為
有望，這便是秦朝早夭而漢朝長命的緣故。總之，秦朝是政治
性中國的奠定者，然中國所以為中國主要是由文化力量促成，
第一帝國的武力足以立國，其文化則不足以持國，可謂僅擁「半
壁江山」；況且統一是前所未有的社會秩序，人民對此政治新局
本需調適之時，若無成功的教育或無萬事的巧合，「天怒人怨」
當使秦朝岌岌可危，其速亡堪稱合理；由此可知，漢朝帝國得
以長存，一方面是因統一已成社會習慣，另一方面是因政權的
文化基礎已固，然則秦朝之短壽確是其為中國第一帝國的「鐵
證」。

　　秦政當然不是有創無因，事實上秦國多得列國之士貢獻，
而秦朝沿襲戰國之制者亦甚多，但秦統一天下，世局廣開，即
使秦政有因無創，「量變造成質變」的效應也使事情大異於前，
這表示「應變」是秦朝深受考驗的難題，不論秦政是否出於古
法。充分呈現第一帝國特殊處境（險境）者是兵制，蓋統一為
前所未見，此時政權的鞏固尤其需要大量兵力，故平時徵兵制
成為秦法；這個非常手段所以可行實與上古「重武輕文」的遺
風有關，亦即戰爭原是「生產行為」，從征乃有利可圖，因此徵

8.《史記》〈秦始皇本紀〉：「（太史公曰）牧民之道務在安之而已，天下
　　能有逆行之臣，必無響應之助矣，故曰『安民可與行義，而危民易與
　　為非』，此之謂也。貴為天子、富有天下，身不免於戮殺者，正傾非
　　也，是二世之過也。」

兵不難。在文明未盛之前，部落爭戰頗多而出戰與出身（發跡）關係密切，於是戰事為貴族專業，平民在其中的角色不重；此勢自春秋以後逐漸轉變，農民軍隊興起，但以戰功進身仍為謀生捷徑，故秦朝徵兵猶有「歧視」（排斥）下民之法。秦初動員甚眾，優先徵調者是富強人家（閭右），因其不敷所需，原非徵召對象的賤民──罪犯、贅婿、商人、以及貧戶（「閭左」）──均成服役者（漢武帝「發七科謫」乃延展此勢）；兵員擴充本有制度公正化的意義，但在當時卻成軍人身分降低的惡兆，以致減損秦兵的戰鬥力量，可見以文治取代武功是第一帝國必要的措施，而此舉可能危及政權，秦不安定實屬原罪。正常或正當的政治必重文輕武，但政權的創建主要憑藉武力，這使開國之時常有武勝於文的變態，然後又有文武鬥爭之情，所以第一帝國必需善導文武關係乃能安定政權；此時軍人地位的調降勢在必行，而這必引發武夫──尤其是所謂的「開國功臣」──的不滿，故帝國初期的政治常為安置將士而難以有為（漢唐宋明皆然），其託辭正是「與民休息」；始皇執政無此為難，這竟成為秦朝功過成敗合一（同源）的原因，蓋秦初積極為帝國永業建設，稍無妥協忍耐之意，民政軍事化的結果文武俱傷，但國家統一卻增進不少，可見秦是中國成立的代價，不論值得與否。

秦的興起是靠軍國主義 (militarism)，這原本為不計一切求勝的犧牲態度，因為人為萬物之靈，其命不是為物質成就而存，卻是為精神價值而活，稱霸是政治企圖，而政治野心是一種獸性（有如動物爭奪地盤之舉），所以軍國主義是以靈性自殺之氣強化鬥爭實力的作法，其成功並非好事，且將自取滅亡。秦國全民皆兵，此非實務而是意向，其以男女老弱各為一體的「三軍」制恐不可信，但精神上秦民確被統治者視為戰力而已，這

　　秦朝帝國威嚴的維持與始皇個人息息相關，始皇年方五十即歿，未及確立太子而亡，其死乃在出巡路上，可見事出意外，天命絕秦。秦政是英雄的作為，其制度因文化傳統不厚而難以深植人心，始皇死訊一出，秦朝權威便開始動搖（故趙高與李斯在二世即位前極力隱瞞始皇之死），這顯示秦政的成敗高度繫於人治，法律的作用絕非自動或超然（故趙李二人敢於矯詔易儲）。始皇生前出祭舜禹，其心顯有大志，為政欲以宏規，但因見識不足而信用趙高，以致後繼非人，國政崩於一時，此事又證明第一帝國非以法治立業。人治需藉法律行政，法治需由人材推展，人治與法治固不可絕對二分，秦始皇主政以人治為本而以法治為輔，然其用心實在於樹立永恆有力的法治，以維帝國千秋萬世常勝；此即始皇自知政治大業非雄才不能經營，但英豪並非世代相續，秦朝永命終需依賴壯盛的法治，故始皇所為實是「以強人明法」，便於後人「以明法強勢」，希冀弱主仍可持勝。據稱始皇臨死指定長子扶蘇繼位，扶蘇原為坑儒一事諫諍而受罪外放，似乎扶蘇在始皇眼中為有仁少謀、尚待磨練，故其處分是出為監軍（使與蒙恬交），以強化統治者之人格，此事暗示始皇對於秦朝政統抱有「術德兼備」的期望。秦始皇培育繼承人的失敗一方面是因時間不足，另一方面是因心力不足，後者乃由始皇立法樹威尚且不及所致，而此情又與秦國的文化粗陋有關，可知變法而不設教仍不足以興邦。

　　秦二世胡亥的無道與無能甚為明顯，其縱慾恣為與史上許多昏君相似，然「暴政必亡」一說不足以解釋二世喪國之速，於此秦朝的特殊處境具有關鍵性的作用；蓋當時中國統一未久，抗拒帝政的力量猶鉅，統治者稍有怠惰失察便可能引發挑戰，而二世所為似以業固勢大而有恃無恐，其禍當然遠甚於一般皇

族敗家子之所致。二世較諸始皇更有殺氣而更少理念，至此尚法淪為尚刑，不僅儒家精神消失，連法家都失其風格，然則二世亡國的原因與其說是殘暴不如說是無知，因為缺乏觀點的獨裁專制才可能造成全面的反叛，而帶著思想的「恐怖統治」必有相當的支持徒眾。二世即位時年僅二十一，才疏學淺，曾不足以治國，此與始皇歷練豐富形成對比，可見胡亥當國極有賴於元老輔佐，但其舉竟反是（斥逐大臣），可謂自毀長城，這表示秦朝畢竟是以文治低劣而敗，非因武功衰弱而亡。二世登基不久叛亂即出，陳勝吳廣起事，假冒扶蘇名義以為號召，此情亦顯示胡亥的名望不隆，而「個人魅力」(charisma) 卻是第一帝國統治者必備的條件，故始皇一死秦朝便陷入危境，繼承者無威信則更顯「大勢已去」，於是不滿者皆成造反者，因為維護國家統一至此仍未形成一項文化傳統。

陳勝與吳廣叛變之後自立為王，呼應此勢者甚眾（楚地尤多），一時之間趙燕齊魏等地均有稱王者，由此可見一統帝國仍非民意所屬，雖然封建制度也非人心所望（六國的復建只是反叛者奪權的便宜口實）。從秦末各地叛亂的情況看來，秦朝的統一建國事業成就有限，這不僅是指秦廷廣受攻擊，而且是指造反者以復舊為名生事，顯然秦政未能將「中國」的國家意識普及民間，所以此時各方反叛的怒意怨氣相近（一統政權造成全國性反抗），但竟無另建新朝之說，卻有各自為政之想。秦末變亂的爭權奪利表現實與其他亂世之情相同，然其規模之大則不多見，此景乃是中國初次統一而行政失敗所致，並非意味秦法特別惡劣，卻可表示國家定型向非自然而是人為，所以當改朝換代時投機者甚眾，必待大勢粗定以後乃有務實性的政治行為（如妥協或投誠），這即是陳吳不諳軍事竟率先起兵的緣故。二

世在位時反秦的暴動雖多，但力足以奪權者主要仍是舊貴而非新軍，同時秦兵絕非不堪一擊，其勢猶能掃蕩一般叛黨（如章邯所部破敵甚眾），此情顯示秦末局面有戰國之風，然則秦朝無法鞏固政權的原因實為帝國維持不易，秦室本身的腐化並非主因，否則豈有二世一即位變亂便出之理；論者以為陳勝之敗與其利用楚將項燕之名舉事卻不立楚後而自立一事有關，此說合於實際的程度難以評估，但確不可忽視，因為「亡秦必楚」的傳說意謂秦國統一天下絕非眾望所歸，其勁敵（如楚國與趙國）尤有反攻復國之志，故秦朝衰亂時顛覆政權者必以六國之後當先[9]。

　　在反秦團體中勢力最盛的舊權貴終屬項羽，項羽為項梁之姪而項梁為項燕之子，這表示抗秦者原以戰國貴族後裔為主，所以平民出身的劉邦在得勢之初也歸附項梁以求定位（自居下位者未必力小）；項梁勢大之際尋求楚懷王之孫以立之（仍號楚懷王），又立韓室後人（韓成）為王，同時新生諸王相互救助乃得勉強保全，由此可見戰國政局實已無法重建，但秦末爭霸者仍需以封建舊貫號召方易於成功。項梁戰死之後項羽以戰功贏得各方推尊（包括章邯投降），然其暴行也使人心失望，另一方面劉邦西進關中，未遇大難即入秦都，其舉似有德澤；項劉相較顯示德能相濟才可服眾，不然則奪權者必能勝於德，而且當時封建遺緒也使項羽更受認同，故劉邦建國終須以力服人。漢

---

9. 「左派」學者認為，秦末「農民起義軍」未能成功的原因之一是貴族的依附導致「革命領袖」腐化，此見僅有的價值是指出當時反秦勢力頗出自戰國舊主，至於貴族污染平民一說稍無可信，蓋人性相同且具惡念乃能彼此刺激誘導，如此農民將領與其說是受人誤導、不如說是自己墮落。

朝的建立乃憑藉武力而非假借傳統，這使帝國真正統一，正統
不至於有名無實，若項羽成功則帝國統緒將斷絕，中國文化也
難以隨政權擴張而推展，畢竟項羽的稱霸態度不如劉邦的稱帝
慾望可以繼承秦政。當劉邦入關時，趙高殺二世而改立其姪子
嬰為「秦王」以求和，這表示秦末的政治動向大約是「反秦復
辟」而非「開國代秦」，故秦廷自貶可以為求生之計，然劉邦對
此不理而終於滅秦，第一帝國最後還是由第二帝國所繼承。秦
朝實以「文化趕不上政治」而亡，其繼承者若因此回歸戰國舊
局，則將使文化與政治的發展成績兩失，蓋文化上的大同當然
較政治上的大同更為高尚而難於達成，如此政治統一必然先於
文化統一而出現，但帝國一旦建立便將提升文治，於是文化乃
隨政治而興，此非兩全卻為兼得，故第一帝國失敗之後只有再
建統一新政，方可於文化上繼往開來而推進文明歷史。劉邦建
漢並無前述精神，但至少其舉不是反時勢，項羽分封即使別具
用心，然所為不僅違背人情世故而且違背道德義理，不論二人
優劣或楚漢相爭的形勢好壞，單從命運而言項羽不如劉邦順利，
這似乎早已由項羽的「人定勝天」想法注定 10。

　　秦滅之時項羽的權勢最大，然而項羽竟無稱帝之意，卻以
霸主地位分封諸侯，此事不合理之處不在於項羽分封失當，而
是在於項羽既無統一天下之想則不需重建政治次序，這不僅是
「名不正、言不順、事不成」的問題，並且是不合時宜又不利

10.《史記》〈項羽本紀〉：「項王自度不得脫，謂其騎曰：『吾起兵至今八
　歲矣，身七十餘戰，所當者破、所擊者服，未嘗敗北，遂霸有天下。
　然今卒困於此，此天之亡我，非戰之罪也。今日固決死，願為諸君快
　戰，必三勝之，為諸君潰圍，斬將刈旗，令諸君知天亡我，非戰之罪
　也。』」

己的作法；蓋秦時帝國一統雖仍未穩固但已成趨勢，反秦者另立新朝以「取而代之」猶可，或者共約恢復先秦舊局亦可，若徘徊於新舊之間而建立「雜霸」政權實為最壞安排，因為此種既非帝國一統也非封建聯合的怪態必不安定，一決勝負的成王敗寇鬥爭終將進行。封建制度有其統一的名義，項羽分封卻缺乏國家形式或政治結構，其舉不復古不創新，非以實力為憑亦非以傳統為據，半義半利、情理俱貧，既不理想也不現實；此景顯示秦朝的建設已使帝政成為不可逆轉的新猷，所以項羽即使意欲復舊也難以確實，於是其私心與公心糾纏不清，所為不前不後而畢竟是「反動」(reactionary) 11。權力慾望使人必得至尊地位而後已，然項羽竟以列國分立為滿，此種異常的人格表現若非由於項羽個人之病，即應以時代特性為解釋之理，亦即秦政使人以為統一與封建皆不可行，故秦漢之際的政局僅得為過渡性的模糊狀態；但以後見之明可知，秦朝對帝國大業的推展實為有成而非落空，因為項羽的分封是「假性封建」（無主）12，同時是無名有實的霸政，或是即將引發爭霸稱帝的前

---

11. 秦滅之後，項羽自立為「西楚霸王」且封王十八，原諸侯國分裂為數倍（秦楚各分為四），同時各國部將多有受封而佔地更大於舊主者，另外關中（故秦土）由秦朝三降將（章邯、董翳、司馬欣）分領，劉邦則被牽制於巴蜀漢中，而齊相田榮與趙將陳餘均未封王，凡此皆不合情理，令人生怨；然項羽自身在此局之中並不佔據統治者的高位（僅控魏楚九郡）、或掌握絕對的優勢（所屬部將封王者僅英布與田安二人），可見其意不盡是自利，項羽之誤實因見識粗淺而非居心不良，統一非其所重，國際抗衡亦非其所思，「自戀」則使其忽視時勢而誤解現況，顯然項羽是不識時務的時代產物，其失敗可謂自陷。

12. 項羽分封時 (206BC) 推尊楚懷王為「義帝」，使之似有共主地位，然其封地極小，顯無權威，而分封已定之後 (205BC) 項羽更將其殺害，

情，總之是趨於統一而非重歸封建的形勢，雖然時人可能不以為然。易言之，項羽的失敗證明秦朝的成功，或者劉邦的勝利象徵秦朝的正當，秦朝敗於項劉是因為帝國文化尚不充實，而項羽敗於劉邦是因為霸王無法反對帝政，這誠然是「非戰之罪」。第一帝國的原罪是不得民心，而其貢獻是使人習慣帝國的存在，此事的代價是「暴政必亡」，然其歷史教訓當是「為政以德」而非「仁政不成帝國」；楚漢相爭的意念雖不由此而發，但其結果卻顯示違背天意的思想絕非善意，項羽有霸氣而無野心，「天予不取，反受其咎」，更遑論其知不足以治國。

第三節　秦代的歷史遺緒

　　秦世的歷史意義是「中國」的實現，在此之前中國不可謂分裂，但確是不具體，秦朝使中國成為政治實體，隨之出現者是中國文化的定型（儒家取得主流地位）；原來中國文化本乏理想性而富於現實性，所以中國政治體的產生是中國自顯的關鍵，然則秦代是造就中國的物力，或為中國入世的媒介，必有繼承者發揮後效。秦代既為中國國家體制建立的初度，必具重大的承先啟後角色，其歷史遺緒影響後世政治甚為深遠，這根本上是「結構性」的作用，或說是天命設定。秦朝是中國文化成形的政治性表現，亦即中國文化若不成熟便無「天下惡乎定」的問題意識可言，如此政治統一不能出現，秦朝無由產生；然文

自毀封建體制，使劉邦得以假借此事號召諸侯伐楚；可見項羽缺乏確定的政治目的或遠大的天下觀，劉邦則有征服列國而追求帝位的強烈慾望，如此楚漢相爭原無可能以「楚朝」的建立告終，項羽的眼界既不高，宜其成就有限。

化的文明層次高於政治，故秦朝的出現一方面配合文化發展，另一方面卻阻礙文化提升，此即政權必要求文化為政治服務，使文化受限。易言之，文化的一統性發展原本較政治的一統性更快速，而當文化促成政治統一之後，反受政治限制而失其求道的純粹性，此時政權鞏固的需求既導致文化的推展、又造成文化的扭曲，必待政治安定以後文化才有較為健全的發展環境。如此，秦朝引用儒家施政，同時壓制學術自由，必求士人擁護官方，使文化素質難以提高；隨著統一帝國逐漸確立，文治有所增進，文化發展乃更有恢弘的氣象，政教不諧的問題趨於緩和；然秦廷突遭變故而亡，新朝必須持續秦政未完的立國事業方可長治久安，可見漢代絕非以反秦為命。歷史本為漸進變化的過程，革命性的轉變在古時尤少，所謂歷史教訓可為直接可為間接，不論如何後世總需依循前代發展脈絡調整，而不能以推翻傳統的手段躍進；秦代的失誤主要是技術性問題而非本質性問題，其統一政策在原則上乃為必然而正當，故漢朝以下中國政治史的取向並無反秦特質，卻有「批孔揚秦」的意外事情。

　　秦朝是中國的第一帝國，其政治規模自然為後世王朝視作標準（基礎）而欲加以超越，蓋權力慾望是人性所趨，秦朝政權的成就刺激繼起者的比較心，且提供其追求相等成績的正當化（合理化）理由，難怪秦朝版圖遠大於戰國時期列國領土總和（即華夏範圍），卻成此後中國疆域的「原型」，統治者常引以為評量本朝武功大小的依據。易言之，秦朝塑造了中國民族主義的典型，其國家體制成為中國政治傳統，這未必由於秦政優良而值得效法，卻與政統可以擴充而不可以縮減的「偽使命感」關係密切。在精神上，秦代之後的朝政可能與秦政不同，但在形式上，秦朝所達到的成就是歷代皆需看齊甚至加大者，

使沒有傳道的動機，也因政治需求（如立法與勸善）而間接推展了中國文化的傳統；至少一統政局使諸子百家學說受到測驗試煉，其普世性與完整性於是呈現為可行性而高下立見，此情並非春秋戰國的環境可以充分證實，可知秦代是促進中國道統現身的重大時機。終秦之世，政治與文化的結合並不緊密，然秦政的失敗與其統治觀念或信仰態度關係不深，但為政不可能與思想無關，秦政的失敗主要是因「想太少」而非「想太多」，其啟示重點在於「何為非」（無知敗行）而非「何為是」（知則有行）；後人由此當知避免重蹈覆轍，卻無需另闢蹊徑，因為秦政之失原是程度問題，其趨向則大致無誤，難怪漢初因應秦朝遺禍，其政風先是無為然後大有作為，此乃「休息以便振作」的行動，抑或使人民安然習慣帝政而暗中加強專制規劃的策略。總之，秦朝政治是後代帝國必循之法，秦代文化則是為後世開路的試驗，秦以「承先」而得統一天下，其速亡當然具有（產生）「啟後」的效用。

第五章

漢代：中國傳統的確立

漢代畫像

第五章 漢代：中國傳統的確立

第一節 漢朝政治與中國確實的統一

漢朝是中國第一個穩固的皇朝，這表示漢朝是中國真正統一的時代，其長治久安之局——歷時四百年而盛期三百年——不僅是人力的績效，也是形勢使然，此即天下統一的印象已化為人民的國家觀念，官民對立與新舊對抗的緊張性遠較秦代緩和，在「共襄盛舉」的社會關係中政治乃能正常建設而累積成果。劉邦建國顯然是以延續帝政規模為念，而非圖求恢復封建或列國分立，其與項羽「鬥爭到底」的行動早已展現此心，初都洛陽而終歸長安之舉亦有此意。劉邦為中國首位平民出身的皇帝，此事若非偶然，其道理必非淺，蓋秦末六國遺族紛紛反叛，所求限於復位，精神上實無取代秦朝之力，當是時唯有不受「封建思想」限制的「野心家」才能符合時勢而建立新朝，這即是劉邦崛起的天命1；易言之，以復國為號召的舊權貴在叛秦之際，既得力於其主張也受制於此，終究無法大展宏圖，然旁觀時局而羨慕權位者反可競逐一切利益而少牽掛，劉邦的平民身分固為「本錢不足」，卻也「包袱不大」，故易於投機冒險以探大寶。劉邦建漢之後兼行封建，此乃迫於皇室尚無實力

---

1. 劉邦原名劉季（家中排行第三），既有天下乃易名邦，少時「觀秦皇帝，喟然太息曰：『嗟乎！大丈夫當如此也！』」（《史記》〈高祖本紀〉）由此可知，劉邦的權力慾望甚強，或因其家世寒微，所思無繫於業統，故有縱情放懷之想。

獨攬政權，誠為權宜之計，故當王朝勢力充實時（武帝），中央集權與帝國統一稍無妥協之處，其「家天下」作風較秦室更烈，中國政治格局從此大定而形成傳統。

　　秦始皇統一時全國有三十六郡（其後增至四十一郡），劉邦建國時漢朝僅控十五郡，其餘分封諸侯，異姓王有七，各領數郡，列侯多至一百四十餘，享有一縣之部分稅役（無統治權），如此看來漢初統一似非確實；然而皇室為帝國首領的地位無可質疑，其封建顯然是為酬庸功臣，並非出於分治之制，而列侯少就封地，且為朝廷的擁護者，此情與周代封建相去甚遠，若說漢初封建破壞統一，不如說封建促進漢朝建立（劉邦以諸侯擁立而稱帝）。漢初封建是國家邁向實質統一的必要過程，這一方面是因秦朝所創的統一局勢猶未穩固，另一方面是因劉氏實力仍不足以獨裁，然漢朝既立，主從高下的政治結構出現，待以時日朝廷當可擴充其權而達成真正的統一，諸侯畢竟不能久安於其位。終劉邦之世異姓王僅餘其一，代之而起者是九個皇族王國，所謂「白馬之誓」——「非劉氏而王者天下共擊之」——其實聲明漢朝絕非封建政權而必將推展帝制，此與秦朝由「始皇」傳遞「二世」以至萬代的帝號安排意思一樣。漢初諸侯王的消滅只是一般權力鬥爭的表現，然誅殺功臣之事從此幾成歷代開國常態，這不僅是人心險惡的證據，也是統一必求徹底的政治問題，可見漢代以下中國確已遠離城邦階段而深入帝國時期。

　　與封建並行的漢初政策是「無為之治」，無為與封建其實皆是帝政難以推行之下的權宜作法，既然朝廷尚無大有作為的力量，無為一說便成「與民休息」的善意設計，掩飾中央無能的窘狀，其政實與道家學說的認知無甚干係。道家乃是無政府主

義，此與現實格格不入，更與追逐權力者的心態衝突，漢初立
國所求無非是秦政一般的威勢，豈可能在功成名就時反而遁入
空門；何況道家思想絕不粗淺，並非創漢諸人所能曉，對此輩
而言「無為」尚且實在可行，但「無為而治」則不知所云，可
見所謂無為之政必有隱情。無為即無所作為，故「推行無為」
乃是自相矛盾之說，然漢初無為之治竟有名相蕭何與曹參膺其
任或當其名，這表示無為成為一種政策實非正常，「刻意罷手」
當有苦衷。蕭曹二人並非道家名士而是政治中人（襄贊劉邦奪
權的功臣），其處世態度甚為現實，「蕭規曹隨」不是自由放任
的精神，而是無可如何的感受；此時朝廷對於諸侯王國、豪強
商賈、乃至外族異國所以消極無為，乃因缺乏實力干涉（全面
控制）而不得不爾，觀念問題絕非其中要點2。漢朝是平民登
龍所造，不是傳統貴族建立的政權，其統治者的觀點簡陋粗鄙，
而老莊思想若非老練深沈 (sophisticated) 即是天真浪漫 (naive)，
根本與凡夫的俗心不合，也不同於一般樸素農民的意念，所以
漢初無為必是現實所迫，因為反秦者絕不是為求清靜而起事。
事實上政治化的道家名為「黃老」（戰國以來即然），此因道家
厭世，而世俗性最強的表現即在於政治，以致欲以道家為政者
攀附黃帝，使老子之說呈現經世濟民的偉大使命與悠久傳統，
這無非是以黃帝的教化性「補充」道家的出世性，其虛偽不言
而喻，可見假託黃老之名施政者必為「外老內黃」，亦即政治考
慮遠多於人生省思3。無為政策的採行與儒學興衰實無重大關

---

2. 《史記》〈平準書〉：「天下已平，高祖乃令賈人不得衣絲乘車，重租
　　稅以困辱之。孝惠高后時，為天下初定，復弛商賈之律，然市井之
　　孫亦不得仕宦為吏。」其政先表態、後務實，並非真正重農抑商。
3. 黃帝象徵文明開創的努力，老子代表人生省察的失望，二者俱是歷史

係，卻與執政者的修養頗有關連，蓋儒家興衰與政權的擁護與否關係甚大，其間因果難以斷言，漢初以道家為政並非由於儒家不盛（秦代儒家猶興而法家依然當令），而是由於統治者才學低劣，其輕視儒學且以道家自美乃是「半文明」之相，顯然儒家的知識性高而道家的信仰性強，一實一虛，於是不學無術者之所選常出於「附庸風雅」的拙技，何須當真。雖然，漢初「得以」無為實因秦制完備，此即漢廷無能嚴格理政卻可以一依舊規為法而免於自暴其短，易言之無為其實是因循，漢制沿襲秦法，幾無新創，惟其行政寬鬆疏緩，使人不覺朝廷無措而感其恩情，這確是簡易的政治收買辦法。由此可知，漢朝的帝國主義與秦朝無異，只是力有未逮，尚不能徹底實行，待國家蓄勢已足之時，中央集權必成新獸，這便是「文景之治」推翻「無為之治」而不免刻薄寡恩的緣故。

　　劉邦死後呂后干政，卻行無為之策，此種怪象所以出現是因漢朝並非傳統貴族政權，強者執政的「叢林法則」勝於禮教

發展的成就，然其間差別有如「積極與消極」（進取與退守）或「理想與現實」（完美與缺陷）的對比，後人將黃老並稱，除了用以美化老學之外，實有迴避原罪的傾向；因為老子質疑文明之見確具相當知識，而黃帝的傳說無從解答厭世者的困惑，結合二者或許能創造「無為而無不為」的精神形象，但絕不能改善「苦於人文主義而反對認真做人」的道家心情，或「困於知識而忌諱深究」的反智主義。黃帝是假設性（不是想像性）的人物，老子是概括性（即代表性）的人物，二者皆不是真確的個人，然而黃帝是理性推度的產物（有如人以「第一因」為上帝），老子則是歷史發展的成績；前者在理念上是完美之體，後者卻是「兩害相權取其輕」的心得，如此黃老交融也無法提升道家，畢竟對人而言黃帝的真實性甚少於老子，且老子的原罪性在對照黃帝的完美性之下只有增無減。

勢力，於是外戚掌權的機會大增，而其薄才淺識使其難有作為，故託之無為，由此可知漢初政治的原始性頗明（亦即人性表現甚烈）。呂后死後，創漢功臣聯手反擊，消滅諸呂而擁立文帝，此一政變一方面顯示「以力服人」的政權本質，另一方面卻強化皇位繼承的正統性，使漢朝的帝政權威更為鞏固。文帝主政重兵重法，力圖解決漢初封建與無為所致之統治不實問題，在此情形下賈誼與晁錯的改革建議乃得提出，這是漢朝成立以來真正（首度）的治國規劃，故其實施無法立即而徹底（有待武帝之時）。賈誼的思想以儒家為本，其改制主張是為正名分，所論關於正朔、官名、服色、禮樂等問題似無實用價值，卻有重大的政治意義，王道基業因此可以奠定，而霸權本質從此可能退去；賈誼的〈治安策〉（陳政事疏）深究當世實務的利弊得失，此與其改制之說（理論性觀點）大異其趣，可見漢初政治名實俱虛，建國工作需於朝廷地位穩定之後開展，或於皇室子弟教養粗成之後進行。賈誼的「眾建諸侯而少其力」、裁抑豪強、對抗匈奴、推行文教、端正朝儀等諸種建言，實有同一旨意，此即樹立正大的帝國政風，而革除漢初官場的草莽氣息，其想是以儒家作為立國精神。相對於賈誼的全面改造意見，晁錯的政治建設主張偏重中央集權一事，其法且為強硬不貸，而以削減諸侯王國的領土為要，此事顯示國家實質統一的時機已臨，先前的權宜安排如今不能再續，否則漢朝難以名世4。晁錯的削地政策引發七國之亂，此距漢朝開國已五十餘年，顯然封建與郡縣並行絕非久計常態，終需一決去留，而諸王以討伐晁錯為名反叛，這似已注定其失敗，蓋此舉承認漢廷的統治地

---

4. 《史記》〈吳王濞傳〉：「[鼂] 錯為御史大夫，說上曰：『……今削之亦反，不削之亦反；削之，其反亟，禍小；不削，反遲，禍大。』」

極有為暗示霸主代行天道而不自覺的運勢，由此中國在世上的
角色開始顯著呈現，但其道統未必為人認識，因為「立功」者
的神恩必不如「立言」者，孔孟處世不利乃因偉人超凡入聖，
而權傾一時的人對社會的啟示實少於誤導。

　　所謂漢武帝的變法或新政其實是「正常化」而已，這是說
漢初政治實為病態或非常情況，武帝所為是帝國皇朝自然之舉，
以「雄才大略」稱之實有過當。論者以為武帝是賈誼思想的推
行者，此說不是誇張即是偏執，因為賈誼所議乃是大國正業，
而武帝施政為盛王威重，二者一致本是當然，不必有所相沿，
所謂「公事公辦」是也；若論實務則發展文治、推崇儒術、矯
正官紀、整飭諸侯、管制頑民（商人與游俠）、改革曆法、拒斥
匈奴等均是漢初當為而未為者，武帝及時從事，甚是合理，何
須以信仰視之。漢武帝所為（包括迷信）與秦始皇在事實上與
精神上皆極其相似，這顯示中國實質統一至漢初以後方才徹底
達成（再次確認），而始皇與武帝所為均屬時勢所趨或為「結構
性問題」，並非個人私意可以決定，然則此後中國政體已確立不
移，分裂乃是非常與無奈的情狀，中央一統成為標準的政治理
念。漢武帝首創「年號」，其即位次年 (140BC) 始稱「建元」元
年，此事表示帝王的自覺或自負（人本觀點）增加，而其天命
感受則減少，不似秦始皇的稱號含有「萬世一系」的歸屬性或
「天人相應」的單純性，並不特別自我標榜；武帝建元的世俗
性含意甚明，政治的神聖性因此更降，二者權衡可見帝國的權
威雖長，其永恆價值與絕對地位卻有所折損，既然武帝此舉是
為彰顯個人的支配力，其最初年號名為「建元」而屢次改元，
便不足為奇（唯此能令人一再注意）。漢武帝廢除秦曆而改採夏
曆 6 ——此即「太初曆」或「三統曆」——以正月為歲首，在

形式上漢制與秦制不同，在精神上二者實非對立，蓋漢朝欲在秦朝之後建立永久的帝國，其法一方面須繼承前代，另一方面則須展現新猷；漢初尚無超越秦政的實力，乃以承襲故制維持體面，至武帝時漢朝羽翼已豐，便刻意展現超越秦法的風格，其實絕非推翻舊貫卻是強化傳統，故劉邦以為漢承秦之「水德」，武帝認定漢剋秦而應主「土德」，兩者異曲同工。漢武帝施政主要著眼於壯大統治基業，此種用心與秦始皇無異，然權位至尊者不喜行為表現與人彷彿，故表面上武帝與始皇不盡相同，其思想則如出一轍。漢武帝的自尊自大隨處可見，其剷除諸侯之法是「推恩眾建」以明升暗貶（王子封侯分割王國），此乃利用人性好名之心削弱其權，反映武帝自身既好名又好權的人格；營建陵寢（茂陵）一事不僅自籌「陰宅」，且迫人遷就而為「陽宅」（陵地置邑並移富戶於此），直呼「一人得道，雞犬升天」，根本是「以力服德」，作鬼猶想做官；武帝打破漢初封侯拜相之例（以功臣及其子弟為相），用人不拘一格，似有唯才是舉之意，然其所命丞相十三幾為庸人，只以「奉法遵職」稱旨而顯，無非假公濟私。總之，漢武帝的作為是「以目的合理化手段」(The end justifies the means.) 一般的正當，其實缺乏善意或使命感，卻有達成目的的奇效，這表示政權的追求並非好事（對不可能由錯所致），而武帝確有弘大中國的天命，雖然此命不是好命。

　　漢武帝主政講求權威，嚴刑峻法，搜羅聚斂，黷武好戰，慕勢貪功，戀己迷信，活像個虛曷的霸王，愈成功愈失落。表面上武帝所有暴行都為征伐匈奴而起，實質上武帝所為意在增

---

6. 《論語》〈衛靈公〉：「顏淵問為邦。子曰『行夏之時，乘殷之輅，服周之冕，樂則韶舞，放鄭聲，遠佞人。』」

光顯榮，因此念最可於外戰中實現，故討伐匈奴成為義利兩全
的藉口 7，其想甚是虛浮，其害卻無比慘酷。漢武帝的心態具
有強烈的貴族氣，其重抑商賈而輕制地主顯示傳統的階級立場，
其執意開疆拓土的宣威政策表現傳統的文化立場，其「以百姓
為芻狗」的役使民力行為援引傳統的統治立場，凡此盡是扭曲
性的菁英主義，然此種病態暗示武帝已有秦皇一般的權柄政績，
否則其「有為」相對於漢初以來的「無為」，將使人無所適從而
抗拒不從。誠然，漢武帝獨尊儒術的作法名不符實，如此虛偽
平添毀污，似無必要，可見其事含有隱情，此即漢朝政權至武
帝時已相當壯大，於是立國理念需要標舉，乃能促進且美化統
治威嚴，然此舉既出於政治謀略，其執行便不可能（無需）認
真確實，所以尊儒之策常限於形式或口惠，而任命儒者為相（如
公孫弘）也有削弱相權用意。由此可知，漢武帝之不誠並非虛
偽更非矛盾使然，而是政治原罪所致，這絕非表示武帝無惡，
卻是表示武帝是「適時」的政治人物，其「充分」的政治性格
是其成敗的共同因素；顯然武帝一方面擁有控制國家的力量，
另一方面懷有收服天下的志氣，後者涉及「長治久安」或「以
德服人」的問題，所以武帝在霸道之餘企圖展現王道，乃有言
行不一或情理不諧之相。易言之，以缺點而言，武帝不仁不智，
以優點而言，武帝希求智仁，兩者結合便顯得乖戾，此種渾濁
個性自非聖賢，但在建國一事上卻有大功，可見政治應為文明
效勞。漢武帝晚年發佈守仁安民的「輪臺之詔」(89BC)，表達
「為政以德」的善意，這與其說是「改邪歸正」的省思，不如
說是「自我作古」的留念，因為武帝尊儒的宣告早已表示其於

---

7. 《漢書》〈鼂錯傳〉：「夫卑身以事彊，小國之形也；合小以攻大，敵
　　國之形也；以蠻夷攻蠻夷，中國之形也。」

　　仁政有所認知，卻遲至此時方才展現具體推行之意，大概武帝一生傾心於「功德圓滿」，唯當立功已無更盛的希望時，立德乃成必務之餘事，人君威風凜凜卻影響短暫於此可見一斑。

　　漢武帝死後幼齡的昭帝繼位，武帝的親信霍光以「大司馬大將軍」領尚書事，進而攝政，丞相無法發揮其為主官的作用，這顯示中國統一以來皇帝向為持法行政之所依，在其獨裁之下朝臣不必具有制度上的權力，人治乃是政府——尤其是中央政府——運作的最高原則，法治只是人治的產物或現象。如此，國家統一的確定主要是靠權威的樹立，法律的備置並非關鍵，中國政治不安定顯然與「皇帝制度」息息相關，蓋皇帝既為獨裁，制度乃不能加以限制而只能加以擁護，然則制度不成制度又藉人壯大，甚為矛盾；易言之，皇帝凌駕制度卻利用制度自重，其專制因此合法化且制度化，這使制度兼受肯定與破壞，同時使「成王敗寇」成為至道，於是法律或次序隨時可能重建，權威虛實不明而變化難測，治亂乃無定數，太平竟是偶然。由此可見，中國統一的局勢有確立之時，中國政治的安定則不然，前者是中國人對於國家規模的認同，此為人性自然的意向，後者決定於民情合理的程度，此非凡夫重視的問題，所以秦漢之後統治者恆以統一中國為望，然分裂鬥爭卻是中國政治的常事。漢武帝確保了中國統一的格局，但其作為也使統一限於人治而缺乏法治的保障，此後帝國的憂患不是封建主義，皇朝的擔心卻在於梟雄的挑戰，故昭帝的無為政策實與漢初貌似神異，其別即是力不足以統一者必然無為，而勢足以控國者亦可能無為。

　　即因帝國一統在漢武帝以後已成問政者的共識，然權力的遊戲規則仍是強者自取，所以武帝之後中國政治的各種亂象——如外戚、宦官、權臣、藩鎮（軍閥）、黨派之擅國——開始

以體制性或結構性問題出現，這是「亂中有序」的反相（有序而亂），賊者「盜亦有道」，玩法弄權，彷彿政治舞台一立政客自當盡情演出。中國統一之前，政治競爭追求霸業，此時實力重於法規，問鼎者各憑本事奪權，優勝劣敗似為常理；秦漢統一以後，政局已定而秩序鞏固，於是權利鬥爭者需藉制度使力，成功常因投機，勝負愈不合理。標準既定則好壞立見，法律既成則忠逆可辨，漢代人心並不更惡於古時，然其政治醜態幾有開例之勢，此乃經由國體官紀大佈的襯托而彰顯者，非必世風日下所致。如此，漢宣帝一方面勵精圖治而依法行政（善用能臣且尊重相權），另一方面認可外戚的威勢（誅滅霍氏卻另舉他人）及宦官的與政（重用弘恭與石顯）而不改革陋規，清濁同流，甚非大方；此情所以出現當與漢朝的平民政權素質有關，亦即創漢之人粗鄙，在其建制設教時，統治者的蠻橫霸道猶盛，公事法辦與私心自用並行（假公濟私），積習既久竟成慣例，以致政出二途、情理不一。漢朝的建立者將政權視為戰利品的程度顯然高於傳統的貴族，因此漢代政治的公共性與法律的權威性均不及秦代，「家天下」的心態使漢室內亂不斷，政績的累積也不豐；似乎漢朝在養成其自身的貴族文化之前，權力的鬥爭性及獎賞性難以降低，文治乃無法深植，這造成王莽以外戚篡位的機會，由此政治的理念竟得提升，可見劉漢執政的失當。

　　不論漢室原來如何野蠻，只要政權持續，漢朝必定逐漸開化，具體而言這便是儒家的政治地位興起，以至於成為社會主流。漢代的賢君如同其他朝代一樣稀少，然漢代之強盛乃史上少見，可知人定不能勝天，大勢所趨出於神意，政治的興衰畢竟不能以理盡釋。雖然，盡人事才可聽天命，漢代政治的改良總求得理，儒家成為文化至道實為自然，至西漢晚期外戚攬權

或天意，往往造成更多衝突而顯得無情，使人在根本上懷疑儒家為政之允當。王莽一方面推行善政（濟貧講學），另一方面進行鬥爭（封爵除敵），此情證明王莽過於關心人道公益，其理想顯然限於社會改良（六筦五均）而不及精神解脫（禁售而非禁絕奴婢），所以王莽的淑世手段激進而強悍（尤其井田制），反有不近人情之害9，同時王莽的教育政策卻甚為疏漏空虛，曾不足以啟蒙人心。王莽特有天人相應的觀念，對於超越性問題毫無體認，似覺「名正則言順、言順則事成」，改革一旦開始即為自動，監督與控制乃非必要；如此，新政重名義而輕實務，施行不以漸進之方，用人隨便，處事消極，終究敗於「自貽伊戚」與豪強鉅商的對抗。自其奪權稱帝的過程可見，王莽確有相當的天道信仰，但知識缺失使新朝之政「言過其實」，甚至帶有迷信色彩，既不能嘉惠民眾，又令士子失望，只落得義利兩敗，甚是可惜。若就文化環境而論，王莽之崛起得力於「天人互動」的更化思潮，其見以為政治興革應配合時運，世道無有常盛不衰之情，當權如同當令，為君必具天命；然則王莽受禪變法乃是上層社會的民主運動結果，象徵漢代政治歷史的趨向，或為漢代政治傳統的產物，不可單以個人一時野心解釋，此即

---

8. 《漢書》〈食貨志〉下：「莽性躁擾，不能無為，每有所興造，必欲依古得經文。」

9. 《漢書》〈王莽傳〉中：「（王莽曰）古者設盧井八家，一夫一婦田百畝，什一而稅，則國給民富而頌聲作，此唐虞之道、三代所遵行也。秦為無道……逆天心、詩人倫，繆於『天地之性人為貴』之義……。今更名天下田曰王田、奴婢曰私屬，皆不得賣買，其男口不盈八而田過一井者，分餘田予九族鄰里鄉黨，故無田今當受田者，如制度。敢有非井田聖制、無法惑眾者，投諸四裔以禦魑魅，如皇始祖考虞帝故事。」

新莽反映皇朝老大之狀。以政治標準而言王莽是篡位者，以文化觀點而論王莽是行道者，這並不表示王莽所為正確且良善，卻暗示其舉頗「情有可原」，蓋政治有其內在之惡，任何意圖以執政淑世者均不得不為惡以行善，王莽自認當仁不讓，乃必奪權而施惠；此事實有「聖人政治」之風，符合儒家「禪讓」思想與當時士心，但偉人絕不可能將錯就錯以便改革，王莽即使用心純真，其手段畢竟不良，誠非君子之德，故新莽失敗既非「殉道」之屬，其「毀道」影響且非王莽畢生之善可以彌補。雖然，王莽是罕見的「智君」，反對者可以為「姦」，但不可以為「愚」（姦則不愚），其勤政有為的表現較諸漢初政風，顯示「質」「文」之別或「野」「史」之異10，這是漢代演進的清楚趨向與成績。不論如何，新朝的歷史地位甚為重要，其制深具理念，非一般爭權奪利之政可比，王莽即使迂闊也絕不鄙俗，中國政治雖未因他而淨化，但「政治目的為何」的問題從此大彰，這是文明進化所亟需的反省；惜乎新莽的失敗常使人反而認定為政應少論道而多務實，或使人以為儒家政見不可力行而復古乃為反常，此後政治的理想更不可得而聞，可見新朝雖非太平盛世，卻是最具統治善意的個人式政權11。

---

10. 《論語》〈雍也〉：「質勝文則野，文勝質則史，文質彬彬，然後君子。」

11. 論者常謂新莽失敗的歷史教訓是「治天下不如安天下，安天下不如與天下」，從此自由放任的政策更受肯定，改革則愈非必要，中國政治的保守主義與無為精神越來越盛；此說實有過於簡化之病，蓋事理若在則天下必合理乃得太平，否則「治理」、「安定」、或「配合」天下的作法均無所適從，可知王莽之失不是干涉太多，而是所施不盡得理；事實上保守主義是認命從天的立場，以此為政者或「治」或「安」或「與」，因勢利導，唯神意是從，非必無為而治，後人有鑑

　　新朝 (8–23AD) 末年飢民作亂者無數，這證明王莽執政的「基礎性錯誤」甚多，否則不可能引發如此普遍的民變 （民怨），再者此情又反映中國統一政局成立已久的事實，因為帝國初建時的敵人不可能是一般民眾 （秦末造反者主要是六國遺族），而流民為亂自此亦成為改朝換代時的常景。原來「赤眉」「綠林」「銅馬」諸股皆僅是飢民暴動，並無政治企圖，然亂事既出，劉漢後人（或假此名者）迅速藉機起兵，逐鹿中原的奪權鬥爭隨即展開，於是經濟問題轉為政治問題，革命的美名與人性的惡質以千篇一律的型式結合，重現滅國與建國的「例行公事」。反莽各派大都以復興漢室為號，其間衝突分裂且非重大，這顯示新朝改造政治思想的成果甚微，或說帝國萬世一系的想法頗為平常，所以西漢消滅的過程近乎無聲無息，而東漢建立的過程也非波折重重，王莽對劉氏而言似為皇族一員（出於階級意識），劉秀再獲帝位亦乏復國意義（限於階級利益），漢朝在史上的政治地位顯然高於其文化地位。

　　劉秀建立東漢的憑藉無非武力，學者論其勝利之因不外舊貴條件，這包括漢廷後裔的身分、太學生的資歷、豪族的支持、乃至深沈的政治謀略——例如不吝與人爵位、隱藏個人野心、禁止士兵劫掠、國號猶訂為漢——由此可見一統帝國的格局如今已為政治典型，而漢室亦已自成貴冑世家，所以出身於前朝的要人最具奪權爭位的優勢，這是後代政變時的常態，幾為傳統。劉秀在天下未定之時即自行稱帝（漢光武帝），其後逐一消除各方割據勢力，然東漢建國的政策頗為消極，似以維持現狀及確保皇權為念，並不大刀闊斧改革以開新風氣；可見劉秀得權是藉助於舊業陳規，或是得力於豪強妥協，其「無為之治」

於莽政失誤而反對改革，非愚則誑。

與西漢初期不同者乃在於中央控制力量較強，而這正是平民政權需要長期聚積威勢的表現。易言之，劉漢的「自我貴族化」至武帝時大體完成，然舊貴猶存而新貴又出，豪族社會成為漢代世情，皇室地位並非高高在上，外戚且可能瓜分其權勢，所以西漢亡於豪族而東漢亦出於豪族，新政府非以除舊佈新造成，恢復原狀當然是其動力與潛能。如此，東漢乃是一個暮氣沈沈的朝代，劉秀的立場不文不武、不古不今、不寬不嚴、不動不靜，其政總以防備叛變為旨（重用尚書以卻朝臣、扶持刺史以控地方、取消都試以免民變），少有高貴的理想，又非順應俗情（解放奴隸卻姑息巨戶、簡省政務卻優遇重臣、表彰氣節卻不加大用），只圖保全漢室而延續之，甚無創作，此景證明東漢是西漢的遺產，缺乏特質卻仍有活力。漢代政治社會的豪族性大約與時俱增，皇室藉此結構而鞏固其位，然朝政也因此難以奮發有為——東漢解鹽鐵禁乃是一大例證——光武帝所為不過（豪族間）權柄易手之事，絕無革命之義，經此調整漢朝雖又得安定，但國家發展更乏光明的目標，難怪東漢的盛世是（只能）在初期，因為「為政以利」只會越來越壞而不可能突然轉好。

　　東漢初期國策一方面崇儒一方面崇法，恩威並濟，社會安定，然政治實乏理想目標，並無值得稱道的大事；至章帝時，處事寬厚而少執義，心嚮道德卻不嚴命，於是外戚與宦官又開始縱恣，可見不學則無術、無知則無行。「明章之治」過後朝政陷入惡相，然東漢並未立即衰亡，其祚再經一二百年乃滅，論者常謂東漢「亡國之遲」是因士風淳良所致，此見實有矛盾之處，而且全無天意的考慮，殊不可信；蓋東漢士人若特具節操則其舉必定高貴，如此政治（士人政府）豈可能腐敗而需士人

忍辱負重以維國脈，顯然後人對於東漢士風頗有高估，或是對於朝野關係太過低估（誇張官民差異）。中國宗教並不深刻，中國政治的現實性因此尤強，此即中國政教合一的程度不高、或「神權制度」(theocracy) 的色彩不濃，然則「人亡政息」的狀況在中國尤為頻繁，於是政治興衰之理不明而世道常變，成也個性敗也個性，似乎統治者的良窳正是治亂的關鍵。易言之，政治缺乏目的則人治必勝於法治，其成就不一而為時不久，難以期望，故政治史若不細述事實，在論理上便常有「微不足道」之困。東漢政治少有可觀之處，這不僅是因其成就不多，並且是因其理念不宏，其事若可「一言以蔽之」，此即「爭權奪利而作法無奇」；就人性觀點而言，此情甚為平常，但就歷史觀點而言，此情不甚平常，因為這是中國統一成為定局以後才可能開始的「老生常談」。如此，光武與明章等三帝少有英雄才幹，卻能平治天下，其中人力因素絕不如西漢前期之盛，這證明帝政傳統樹立之後國家安定所依賴的治術必然減退。

　　漢代內朝外朝之別開始成形，這顯示中國文化中公私之分不甚嚴格，亦即理性精神不足或人慾太濫，於是政治的醜陋極為顯著，宦官的存在及擅權尤可為證，雖然這是中國政治歷史已步入「成熟」階段才有的現象。權力的追求是人性本能，政權的建立是「由私而公」的過程，所以內朝的出現與人性取向相符而非反常之事；然政府既為公署，政權成立時當僅有外朝而無內朝，只因統治者未能大公無私，故常於公廷之外聚集親信，是為內朝；如此，內朝乃在外朝產生之後興起，這是主政者自壞制度的惡舉，而法律與道理既失尊嚴，內朝為亂便成常情，直如慣例12。人皆有私，權力慾望是政治性私心，為政以

12. 《唐六典》〈三師三公尚書都省〉：「初，秦變周法，天下之事皆決丞

公甚是難得，但人亦有良心，節制私念相當可能，中國政治的
自私行為特別嚴重，這是文明之恥；然政治的腐化須於政權結
構中進行，國家初立時政治即使不清明也非敗壞最甚，中國政
治的「典型」亂象自漢代開始叢生，其背景乃是帝國統一已經
久時。易言之，漢代政治的醜惡其實是政治環境定型後的表現，
蓋人性皆同而不可能一時惡化，中國政治規模一形成，中國文
明的缺陷自然呈現於此，外戚、宦官、權臣、藩鎮等諸種政治
惡相紛紛出現於漢朝，這與其說是漢代政治特別敗壞，不如說
是中國政局至漢代大定。歐洲從中古以下，內朝化作外朝乃有
國家（政府）之成立，中國則自秦統一以來，朝廷既建而內朝
隨之以出（於是有內外朝之別），二者差別是由於封建制度存在
的時間遲早不同；然西方政治的公共性顯然強於東方，中國的
「家天下」統治狀況反映其文化或民族性不甚講理的缺失，所
以呈現人心私慾最盛的宦官與外戚問題罕見於西方，而權臣與
藩鎮則舉世皆有。此類問題尤以宦官最為可恥，蓋宦官絕非後
宮所必需（可以其他方法或手段致用）——誠如肉刑不是正當
的刑罰——其制實含有人的獸性（以生存優勢為榮），然宦官既
為常人所鄙夷又為君主所重用，甚是病態，中國士大夫（朝臣）
常不敵宦官，這更顯示中國文明的扭曲性，雖然宦官得勢與皇
帝粗野有關而與道統禮教相違。上述各種政治弊端的作用愈到

相府，置尚書於禁中，有令丞掌通章奏而已。漢初因之，武宣之後稍
以委任，及光武親總吏職，天下事皆上尚書，與人主參決，乃下三
府，尚書令為端揆之官，魏晉以來其任尤重。」《後漢書》〈李固傳〉：
「李固云：『今陛下之有尚書猶天之有北斗也，斗為天喉舌，尚書亦
為陛下喉舌；斗斟酌元氣、運平四時，尚書出納王命，賦政四海，權
尊勢重，責之所歸。』」

漢朝後期愈大，這表示東漢雖不如西漢平靖，但就帝國一統格局的發展而論，東漢確較西漢安定，否則政治上的「搞怪」行為無由滋生（例如東漢時徵兵法猶在但實際上卻行募兵制，這表示國家形勢已定而無需大軍持扶，但同時以募兵自壯的軍閥竟亦成患而危及帝政）13。總之，中國的政治越成局越腐化，這是因為政治是必然之惡，而中國文明的理想性或宗教性太弱，故其政治活動愈盛則人性作祟愈烈，西漢是中國帝政建設完成（確立）之時，東漢便成為中國政治首度全面營私舞弊的時期。

　　東漢後期外戚與宦官亂政，二者鬥爭而宦官勢優，終致朝臣企圖聯合外戚以消滅權宦；此情表示漢代政府的公共性已經樹立，但人謀不臧，乃常有假公濟私的敗行；而因宦官干政的名分較外戚更為不正，且其學養亦遠遜，故朝臣趨於與外戚合作以謀反正。論者常謂東漢士風優異，此說不免有誇張之處，其實是東漢政治的公開化勝於前代，士人在受社會矚目之下乃特有自愛自負的表現，於是批評政事的「清議」成為時尚，學者（太學生）藉此自我標榜且間接預政，裡外交道，氣節因而浩蕩。清議即是政論，此風反映政治與輿情互動之勢，或是政務公事化的趨向，而漢末朝政既壞於後宮，當時清議自然仇視外戚與宦官；清議出於士人，其所親以朝臣為貴，外戚次之，宦官則不見容，而宦官既然權勢最盛、外戚且與朝臣不諧，清

---

13. 錢穆《國史大綱》第九章第五節：「秦漢初年政府有幾處亦只是一個家庭規模之擴大，整個朝廷初從家庭狀態中蛻化而出，那時自不需另要內廷私臣乃至於宦官。……宦官亦在當時王室與政府之判分下得到其地位，一面是文治政府之演進，一般官吏漸漸脫離王室私人的資格而正式變成為國家民眾服務的職位，一面則是王室與政府逐漸隔離而易趨腐化與墮落。」

議之敗以及朝臣之毀似可預期。清議的出現象徵中國文人政府
或士人政治的成熟，清議的失敗則證明中國文明的理性與制度
性不足，東漢政治的敗壞正是「法立而人不守法」之情，這不
是原始的惡，卻是高等的罪。漢代外戚亂政先於宦官，而漢祚
愈窮宦官為亂愈熾，此乃「名不正則言不順、言不順則事不成」
之例，由其正當性體制 (legitimacy) 的政治背景可知，漢代法律
已備，故玩法弄法之事多有，官場中「清流與濁流」之別也從
此產生而不絕於世 14。朝臣講理守法的程度高於外戚而甚高於
宦官，然外戚得勢的時間早於宦官，所以在漢代政治腐敗的過
程中，朝臣與外戚的衝突先於朝臣與宦官的對抗而起，士大夫
所受的迫害則以來自宦官者為大，「黨錮之禍」即是其終極災
難。漢末朝士聯結外戚以制裁宦官，此為權衡之舉，無可厚非，
但世人不識善惡斟酌之義，多以為「天下烏鴉一般黑」，朝士乃
隨宦官得勝而身敗名裂，由此「政治性犬儒主義」(political
cynicism) 的風行又可見漢代政治已極成熟。政治有其原罪，成
熟的政治不僅不是完美的政治，且為無從改善的政治困境，從
此政治惡行將以常態演出；漢末政治亂象雖與主政者昏聵有關，
但人性之惡原是政治之由，法制不足以造就良政而不法卻必定
造成暴政；漢朝的政治盛世是帝國富強而非天下大同，其弊當
然是仗勢欺人而藉法造孽，這竟是中國政治史「見怪不怪」的
惡例首塗。

---

14. 《後漢書》〈楊震傳〉：「宰司辟召，承望旨意，招來海內貪污之人，
受其貨賂，至有臧錮棄世之徒復得顯用；白黑溷淆，清濁同源，天下
讙譁，咸曰財貨上流，為朝結譏。」《抱朴子》〈審舉〉：「靈獻之世，
閹官用事，群奸秉權，危害忠良……故時人語曰：『舉秀才不知書，
察孝廉父別居，寒素清白濁如泥，高第良將怯如雞。』」

第二節　漢代文化與儒家主流地位的成立

　　學者常謂古時學術屬於官業，教育乃為公務，官師合一，受教者限於貴族，直至春秋時期私學興起，民間才開始出現文化事業；此說雖非錯誤，但甚為膚淺，蓋文化與政治同時發展且俱為菁英主義，所以古代學仕相交[15]，並非以官治文，或政優於學；事實上文化的層次高於政治，在國家建立之後，政治的進步甚為有限，文化的進化則大為開展，官學既已不敷所求，私學乃因此盛行。學術原是為政的憑藉，政教合一是最早的政情或最初的文風，然政治的惡性（原罪缺陷）甚強於文化，或說政治的成就遠較文化更易達到，故政教合作有時，難以長久共榮；帝國鞏固以後，政教關係即逐漸變質而惡化，此即以政領教成為新制，政治干預學術之害頻生，於是政教對抗竟成文化的良性現象，原來政治求權而文化求道，兩者畢竟有異。一統帝國初建時，政治甚需藉助於文化以立法敷教——故秦始皇禁絕私學而欲統一學術（「欲學法令者以吏為師」）——但此種文治終非以真理為的，乃必反而妨礙知識，所以任何文化政策皆有功過相對的問題，「獨尊儒術」何嘗不然。總之，真理是貫通萬事萬物之道，政治有其道，文化有其道，政治之道與文化之道在一定程度內相符相應，故古代政教經常結合（官學一說之不當在於忽略原委而重政輕教）；然世上義利無法永遠兩全，政治之道的真理性甚低於文化之道，二者總有分離對立之時，這即是帝國成立之際，秦漢在中國文化史上的關鍵性地位正由此出。

　　一統帝國成立時，政教關係的良緣難以為繼，其善如何維

---

15. 《論語》〈子張〉：「子夏曰：『仕而優則學，學而優則仕。』」

持在最佳狀況（或說其惡如何降至最低程度）有賴統治者的好意，因為政權是人間最大的勢力，帝國時期的政教關係乃由掌政者決定而非學者作主。秦代文化政策的政治性太強而文化性太少，這是帝國初建時的原罪，畢竟政治尚未安定則學術不能任其自由；所謂「正統」其實是「政統」，而「道統」實際上無法獨立於其外，秦朝在崇法之餘猶有親儒表現，此已難能可貴。漢初的政治課題與秦世相似，其作法亦相去不遠，然而在維護政權安定的考慮之外，漢初文化政策的理念顯然不如秦朝遠大，所以漢雖一仍秦舊而於諸子百家各立博士，但秦廷偏倚儒家，漢室卻推崇道家，可見漢初文治甚為簡陋，因為儒家為百家之母而道家是棄世之見。帝國初創時無暇顧及教化大業，但政權鞏固需要文明計略，秦朝「先法後儒」是正常的作為，漢初「兼重法道」卻是自相矛盾且自斷前途，蓋政治良窳皆由於有為，無為即是非政，有「俗儒之政」而無「無為之治」，難怪秦以法壞而亡國，漢以威重而改制，強政之方莫非文化，豈有避世而能淑世者。

　　儒家是中國最優的思想，也是其最可行的政見或立國精神，儒家成為中國文化代表實為理所當然（古代菁英主義使「反淘汰」一情罕有），事實上自戰國以來儒家即隨統一趨勢的興起而展現其為人倫圭臬的本領（法家只是儒家的一種作法而已），秦朝雖未宣告儒家的至尊地位，但已開始實行此道，漢朝較秦朝更進一步以帝政治國，其正式獨尊儒術乃成必需，這使漢代文化自然是（注定為）正統之性。中國須臻於真正統一，儒家才可能獲得獨尊的地位，因為立國需有正大崇高——就政治而言是「冠冕堂皇」——的理論（有如現代的「憲法」），而在爭霸的過程中此事難以顧及，故當帝國已然確立時，足以解說所有

人事問題而成為凡人行為準則的道說，便應運化作「國學」或「官學」，於是儒家僅以其完備性即得膺選，更遑論其「當仁不讓」的動力。如此，秦代及漢初未頒訂儒學為國法，乃因朝政尚不穩固，力有未逮，而漢武帝將儒家「霸權化」非因知性賞識，卻因政治敏感與現實考慮16，這是武帝蒙恩之跡，畢竟「以誤會行善」也不至於造孽，或者「錦上添花」未必增色但總非破壞。即因儒家得勢為自然而必然，武帝獨尊儒術實非「厥功甚偉」，但以教育的立場而言卻必須讚揚有加，此乃「天人有間」的實例，不論如何，武帝之舉絕非奇蹟壯為，無庸美化。簡言之，漢武帝所為只是承先啟後，並非開創（無革命性轉變），故尚儒政策一出，千古相沿不改，然同時儒家未因此思想精進（孔孟之說後儒未曾超越）、或果真獨尊無敵（道家常受帝王偏愛），可見奉儒是「行禮如儀」之舉，有口無心而美中不足，從此「教條化」成為中國道統的護持與敗筆。

　　漢武帝既以政治立場「罷黜百家，獨尊儒術」，則「上有政策，下有對策」，儒家仍難以行道而百家卻易於轉進，此即儒家位高權輕，無力發動改革，然各家以名易實，紛紛竄入儒家而得自保；這證明儒學本是人文大全，諸家在範疇上不脫儒家卻在觀念上歧出，學術統一的政令使儒家獲得應有或原有的正統地位，因此非儒者競相重返儒家而持異議，並無自我衝突或裡

---

16. 《漢書》〈董仲舒傳〉：「武帝即位，舉賢良文學之士前後百數，而仲舒以賢良對策焉。……『春秋大一統者，天地之常經、古今之通誼也，今師異道、人異論，百家殊方，指意不同，是以上亡以持一統、法制數變，下不知所守。臣愚以為諸不在六藝之科、孔子之術者，皆絕其道，勿使並進；邪辟之說滅息，然後統紀可一而法度可明，民知所從矣。』」

外不一之感。雖然，政權是世間最大的勢力，人若無超越性追求，其思想必受政治影響而不能獨立，尚儒政策既立，諸家難免逐漸沒落，其學說與文獻一併散失（墨家已先亡），漢初以下士風確實不同於以往，儒學的繁複化與世俗化是其中一景，「復古更化」則渺不可見。獨尊儒術是文化政策，而文化政策必重教育，所以漢武帝在排除他家而單設五經博士之餘，也置博士弟子員（五十人）而成立太學，由此中國正式的教育制度開始出現，這是統治由武入文的正常化措施，絕非奇謀。古代貴族社會的取才方式是菁英薦舉，菁英文化之下的求知方式則為自學而非就學，任官非以文憑為據，學校制度——尤其是關於基礎教育者——乃不發達；漢代太學生雖可經考課入仕，但由此發達者並不多（補吏為郎而已），蓋博士弟子原為崇儒政策的產物，講學或育才非其本意，故學校教育不因儒家位高而盛行。漢武帝獨尊儒術象徵統一帝國步入文治正軌，這是政權安定的表示，但非漢朝教化成績斐然或文化理想崇高的證明，由此士人政府（相對於武夫朝廷）開始成形（「封侯拜相」轉為「拜相封侯」），然若說「自此以來，公卿大夫士吏，彬彬多文學之士矣」（《漢書》〈儒林傳〉），這顯然是「操之過急」的讚美。

　　霸主可能以私心治國，但無法盡以私人任事，行政需有官僚，帝政尤需大量官僚，秦朝是草創的帝國而漢朝是穩定的帝國，故漢代的選才任官作法當較秦代完善；然漢代去古未遠，貴族社會的色彩猶濃，同時文官考選制度籌辦不易，而儒家文治理想亦不可能一時大行，所以漢朝（尤其前漢）官場的公共性未必強於秦朝。科舉考試興起於隋唐，此時氏族社會已沒落，一統帝國的政制更達三度確定，可見文官選拔方法雖不難發明，但其全面實施絕非簡易快速，必待國家格局樹立良久而政治運

作相當合理之後，官僚考選的方式才可能推展廣大。文官即是國家公務員，其取才標準不止於能力，也涉及思想趨向或觀念立場（認同問題），故當立國精神不明時，文官選取難以成為定制；漢初無為政策使任官之事不是循例（賞選）便是徇私（自辟），並無大計，而獨尊儒術以後選才依據顯現，任官之道逐漸成形，此景可於太學的急遽擴充見得。儒家的用人理念是「選賢與能」，這實為常識而無需爭議，但政治充滿私心，統治者眼中的賢能常為「忠奸雙全」，此即忠於自己而富有成事的奸計，故先秦以來人才歸向多元而君臣關係不定，益增國際詭譎紛紜之氣。秦國能統一天下與其「唯才是舉」的實用主義政策緊密相關，然秦朝既立，其所求不能只是富國強兵的長技，而須有為政理民的見解，但因秦祚太短，未及深入治道，文官制度乃無足觀。漢代選舉有詔舉與察舉二法，然詔舉本為皇朝臨時意圖而非定案——東漢始定為常科（茂材）——察舉則是地方定期推薦（孝廉）而其用不大，可見漢代選官任才的體制乃經長期「合理化」過程方才確立，其間假公濟私與虛應故事之情不難想像。詔舉與察舉均非文官考試，其性質乃在個人推薦與公開選拔之間，顯示漢代政府由古入今的法治化歷程，所以詔舉與察舉的相關規定有趨於嚴格之勢，同時考試的成分日漸增加，科舉制度自此隱然呈現，雖然選舉舞弊也隨之叢生而破壞其所依附的制度。所謂「官僚化」(bureaucratization) 包含任官制度與辦公規範二者，前者為形式而後者為精神，於此若乏「天下為公」的態度則「官僚化」便成「官僚氣」，更為欺民；然而凡人正氣不足，官僚不可能個個有德，官僚化乃欲塑造「制式化的循吏」，而非責其盡善，於是法理標準成為關鍵，漢代選舉制度發展緩慢殆因尚儒政策不實。簡言之，漢朝政治的自私性或

十四家，其勢深入東漢而不衰，顯然求知能一以貫之者幾無，學者僅得各守本分，維持所習之舊貫，因而學派規模延續久遠。漢代經學原來皆為今文經，今文經學既以釋義為主（古文經學以陳事為宗），其分家情況反映「道不同不相為謀」之景，然道為唯一，諸經理同，學者論經各自為政實有不當——此由朝廷贊成更為不倫——但因漢時道學已衰而「務實」風氣更勝於前，故治經多元反而被視為學術盛況，甚是可歎。與此弊相似者是今古文經學之爭的政治化，因漢朝統一學術，為政府所認可的知識研究成為官學，其餘則為私學，而今文經學先於古文經學出現，其官學地位早已建立，於是古文經學的挑戰不僅涉及觀念也帶有利益問題，論學之事演成奪權，這確是「帝國文化」的一種表現[17]。漢武帝獨尊儒術之前，執政者對於學術若非抱持實用主義即是興趣缺缺，在此環境中百家爭鳴的機會自然較多；一統帝國決定文化政策之後，不符立國精神的學術皆受排斥而難以活躍，當局所主的學派則難免政治化而失其知識純粹性；由是御用學者與民間士子對立的狀況大起，文人相輕的社會局面從此展開而永與政權同在，今古文經學之爭即是其勢首例。易言之，獨尊儒術造成官學，官學造成私學，私學爭取權位，權位之爭造成政潮，政潮使學術變質，今古文經學的知識差異後來已不如其政見衝突之烈，這證明漢代文化深受帝政影響，儒家雖成文化正統，其道卻以此而損。所謂官學其實是「入仕的教育條件」——官學乃因學官而立——今文經學迎合時務，

---

17. 《漢書》〈楚元王傳附劉歆傳〉：「夫禮失求之於野，古文不猶愈於野乎？……義雖相反，猶並置之，何則？與其過而廢之也，寧過而立之。傳曰：『文武之道未墜於地，在人；賢者志其大者，不賢者志其小者。』今此數家之言，所以兼包大小之義，豈可偏絕哉！」

古文經學亦求入時，其復古之議實具政治意圖；而古文經的研究成績雖逐漸超越今文經（可以馬融為標），終漢之世古文學家的政治地位卻無法與今文學家平等，可見帝國總是以政領教。鄭玄治經以古文為本而兼採今文學，其說支配魏晉以後經學傳統，至此今古文之爭乃以古文經的官學化告終，而今文經竟逐漸銷聲匿跡以致全部失傳（公羊傳除外），這又證明政治與學術的結合使文化不得自由，蓋知識所求是永恆真理，當「此一時彼一時」的文風出現時，其背景必是「時勢造英雄」的政風。以學術專業而言，古文經取代今文經確是進步，因為事實是論道所據，放言空談必然失理；以文明精神而言，今文經學讓步於古文經學實非提升，因為求知的目的是道理而非事蹟，拘泥於證據者不能悟道。漢代經學從高談闊論變成計較字句，其間利弊得失一時不見分曉而難以分說，但從整體歷史（後見之明）來看，中國文化的發展於此顯然逐步喪失理想；畢竟訊息不如知識而求學須當立志，今文經學的沒落象徵求道傳統的式微，古文經學的興起呈現求知態度的技術化，而信仰一失則愈有為愈有限，人豈能以自滿為功 18。

　　漢代經學流行時讖緯之說也成風潮，一問道一亂道、一講理一迷信，取向相違者竟可同興，這表示漢代文化處於「究天人之際」而不虔誠的情境，其實是上帝信仰開始式微而現實主義猶未當道的過渡狀況，於是真理探討仍具古風卻乏新意，福

---

18. 《中庸》第四章：「子曰『道之不行也，我知之矣，知者過之，愚者不及也；道之不明也，我知之矣，賢者過之，不肖者不及也。』」若將事實與道理相對而以知識為真相（中庸），則智者論道、愚者論事，一過之、一不及，皆非得宜；但「知者過之」當然優於「愚者不及」，可見論道較論事為高，然則今文經學竟較古文經學為佳。

祉追求雖扭曲人心但不葸神，而總體取向竟是去天存人。論者
常謂讖緯之學是「陰陽化儒家」或「儒家陰陽化」的表現，然
儒學本是人文主義而人文主義是文明基礎，所以儒家可能陰陽
化（由人入天），但陰陽家不可能儒化（由天入人），可知讖緯
是儒家提升失敗的產物，卻非陰陽家成功的徵象。讖緯所寄託
者是今文經學而非古文經學，今文經出於學者傳述，其體是微
言大義（解釋），古文經出於原典考查，其性是章句訓詁（記
錄），前者重內涵而後者重形式，顯然今文經學較具問道價值也
較有失道問題，讖緯自此而出可能為善也可能為惡，這是心靈
的冒險也是進化的常軌，亦即秦漢思想對傳統觀念的效法與挑
戰。人文主義的極限是上帝信仰的開端，儒家的天道觀理應發
展為一神論，然此事至秦漢時落空，逆轉而起者是「非啟示性
宗教」(non-revealed religion) 或人本式信仰，從此中國文化的現
實精神愈來愈強，其多神信仰益盛，無神態度益明。先秦思想
頗有「問天」情懷，孔子信神但不語怪力，孟子的天命觀較孔
子尤烈，然其說未必更精，超越性真理既難以申論，一神教不
藉「奇蹟」乃無以成立，中國的上帝信仰未出終究是神意所然。
秦漢建國一依強權，上帝觀念日趨淡薄，但人畢竟不能自信而
無所信，因此「天人相應的宗教觀」取代「天人合一的求道觀」
而興起；於是儒家即使未能指示終極真相，也能指引人生希望，
讖緯之說（以及災異觀）雖是錯誤的「經學致用」（假天道說人
事），卻有強烈的道德期望；由此可見儒家陰陽化是「心有餘而
力不足」的思想迷失，畢竟人不當為「善」而犧牲「真」，或為
「善」而塑造「真」19。

19.《春秋繁露》〈必仁且知〉：「天地之物有不常之變者謂之異，小者謂
　　之災，災常先至而異乃隨之。災者天之譴也，異者天之威也，譴之而

第三節 漢代的傳統性與獨特性

漢繼秦強化一統帝國的政局，而帝政的推展一方面是傳揚東周以來的趨勢，另一方面則需開創新風，加以漢朝建立者出身於民間，其政既要從乎貴族文化又必表現草莽格調，所以漢代文明的傳統性與獨特性皆甚顯著。任一時期均有承先啟後的性質或角色，漢朝的時代性所以特殊正是因其承先啟後的意義尤大，此即漢朝確立了中國文明的主流型式或綜合風格；其代表精神是儒教，然庶民文化（如道教）也得以舒展，上下次序既固，各式立場得以自保，從此社會型態（不是社會狀態）更為安定而可長久。漢代去古未遠，其傳統色彩猶深，但國家已經融合，新政情改變人民的生活方式20，在古今各方的調和下，漢朝文明呈現華夏文化的制度化風貌，於此諸子百家雖由儒家統攝，但中庸（妥協）之情因「人非聖賢」而成為常態。總之，漢代是「傳統中國」的成立期，至此不僅上古早已遠去，古典也完全結束，文化的實驗階段終止，政治規模取代學說而行，世界觀從天道思想轉為社會倫理，人生問題由盡己變作從眾，文明的理想雖頗淪落，生活的價值卻益為確實；「可行性」是漢人習古的發現，亦是其非古的根據，此後中國自我作古，政教二分，天人更疏，議事即「卑之，毋甚高論」21，處世則自滿

不知乃畏之以威，詩云『畏天之威』，殆此謂也。凡災異之本，盡生於國家之失。國家之失乃始萌芽而天出災害以譴告之，譴告之而不知變，乃見怪異以驚駭之，驚駭之尚不知畏恐，其殃咎乃至，以此見天意之仁而不欲陷人也。」

20. 《漢書》〈食貨志〉上：「文帝即位，躬修儉節，思安百姓，時民近戰國，皆背本趨末。」《史記》〈貨殖列傳〉：「夫用貧求富，農不如工、工不如商、刺繡文不如倚市門，此言末業貧者之資也。」

而不知畏神，這是東西文明趨向大步分離的開始，也是秦漢帝國傲視天下的時刻，可見成功不必是可喜的事。

顯示漢代承古而變古之一例為道教的創立，蓋道家為失望於人文的厭世無神論，然道教竟藉用老子之說以成案，這證明道教不是復古而是竊古的偽學，其思想既乏歷史觀也無超越性。宗教是人性所需，先秦文化富有宗教性乃是自然之情，但秦漢時現實主義日增，中國的上帝信仰不進反退，以致佛教趁隙流入，稍稍填補人心望神的空虛感，顯然唯物主義令人不安，宗教終究是文明必要的元素。學者常謂道教的產生與佛教流行的刺激有關，此說誠為合理，因為中國傳統的宗教發展至漢代越來越淡薄而少神聖性，於是半天半人的佛家思想成為最合適中國人心的宗教觀而迅速傳布（佛教實為無神論卻較中國信仰更多宗教性），這使本土的民間信仰既受打擊且受啟示，因此陰陽術士假託道家並參考佛教而造就道教，以爭取「愛國」的信徒（東漢桓帝崇拜黃老之舉使道教更獲生機）。道教的出現與流行表示中國文明的宗教情懷不強但非絕無，如此中國的宗教難以自生而需外來啟發以成；道教可謂中國的民族宗教，此乃「民間信仰」而非「國教」（二者在西方常為合一），其存在不過聊備一格，普及性甚低；然則道教所代表者並非古代信仰發展的成績，卻是先秦宗教進化失敗之後順應世俗需求所拼湊的簡易宇宙觀。不論如何，道教畢竟是中國第一個——也是最後一個——較為完整的本土性宗教，其出現兼含承繼與背離傳統的意義，或顯示中國古典文化未竟問道全功的缺陷（儒學限於人本觀而缺乏上帝觀）；所以道教出現於古典時期結束之際的東漢，

---

21. 《漢書》〈張釋之傳〉：「釋之既朝畢，因前言便宜事，文帝曰『卑之，毋甚高論，令今可行也。』」

此為「新中國」形成之初，當時現實主義凌駕理想主義，佛教乃得以開始影響中土而誘發道教（理想主義的宗教是強調超越性境界的上帝信仰）。簡言之，漢朝是中國一統政權確立的時代，自此儒家思想是政府標舉的立國精神，道教信仰則是對應於此的非官方主張，其勢有對抗也有補充正統觀點之意；此情所以產生實與儒學在知識上的不足有關，也與統治者以理行政的誠心不足有關22，難怪道教的興盛總因朝廷扶持，而一般人民對道教的信仰常不如「儒教」。顯然遠大的政治需有恢弘的觀念為襯，政教合一是最佳的治國文化，秦漢帝國開啟中國的政治盛世，然先秦學術不足以提供「德配天地」的宗教，因此獨尊儒術未能收服人心，「神化」作法終究難免；本來教化性的愚民政策已有「造神」作用，而世間愚者更求神秘主義的安慰，由是道教似有應運而生的一日，其結果即使不孚眾望也為社會所不可遺，這便是道教在中國史上具有一席之地而不盛不衰的緣故。

帝國已成定局則改朝換代亦成常態，其勢甚至含有某種規律與型式，帶有宗教信仰而規模巨大的民變即是帝政衰亡時的特徵，此景以東漢末年黃巾之亂為首例，顯示國家既然統一則叛國作亂者自然有另建帝政的野心，而立國需要主義以為號召，於是道教式的民間信仰便成為最常見的造反訴求思想，由此可

22. 漢獻帝末年曹操征服漢中五斗米道的盤據勢力，卻禮遇其首張魯而封之為萬戶侯，此後五斗米道且流行於士大夫之間，而與張角的太平道形成上下相對的道教派別（道教成為叛亂工具乃因統治者偏信及教義詭圉）；由此可知，道教是「不登大雅之堂」的信仰，但其說對於知識份子而言具有範疇性或本質性的吸引力，這是由於儒家「未知生焉知死」的非宗教觀造成問學漏洞，所以中國學術大家少有道教信徒，卻也少有不涉佛道者。

知漢代確是中國「典型政治史」的奠定時期。道教所以常為變亂之論乃因其說簡易不經（正經深奧則人不親）而富於民族文化色彩──佛教的無政府主義及外來性質使其不易成為「革命理論」──然道教祖述老子而老子有反政治態度，故道教與政治的糾葛實因其立教者俗念太重（黃巾賊滅漢建朝的意圖非常顯著），非因信仰觀點使然，而造成此種政教關係的環境乃是漢朝政局，可見道教變作反叛的根據主要是權力鬥爭所致。易言之，有一統帝國乃有全面叛亂，有立國精神乃有造反學說，有中央集權乃有「直搗黃龍」，有嚴刑峻法乃有鋌而走險，官逼民反之至不出於封建時代而出於統一王朝，漢末因此成為「流民與信徒合一」的犯上首義。從來有霸道便有逆行，法愈密則違法愈多，漢朝承繼傳統而建大邦，其意本非開創，但其政以「量變造成質變」，所施仿古竟為新制，連帶帝國反對者的世界觀也大開；因上層文化下達，下層大眾有樣學樣，於是宗教變成迷信、求食變成奪權，二者結合使作亂變成「起義」，顯然中國變亂史不是始於漢代，卻是從漢代以後才變得重大。雖然，大政常為菁英活動，民變成功者幾無，西漢末年起事之人多藉劉室名義行動，東漢末期崛起之雄乃是藩鎮軍閥與地方大吏，「亂民打先鋒而豪強收戰果」成為此下政權更迭的常景；這顯示帝國傳統是貴族主義，所以中國僅有的兩個平民皇帝一是確立帝國政制的漢高祖、一是推翻異族統治的明太祖，兩人均為皇朝體系的重建者，其處境分別是統一未為共識與舊貴淪喪殆盡，於是稱帝者可能出身寒微。

　　漢代在歷史上的承先啟後地位亦呈現於其史學成績，此即漢代史學表現「古代史」與「通史」的探討意識，或說漢代是中國史學正式成立的時期，從此歷史紀錄不僅大為完備，歷史

演變意義的解釋更成要務，這顯示漢人富有時代性自覺，其於過去與未來的認知也遠勝於前人。人欲自我認識必須認識外在世界，相對於個人的非我領域包括當代社會與人類歷史，若能由此認識自我則其於宇宙中的定位自當顯現，而未來之勢亦將因此更可了解，雖然「鑒往知來」是不盡可能的事。漢代是「古代中國」過渡至「傳統中國」的變遷階段，於是中國的古典時期進入尾聲，而從此形成的文化格局持續二千年之久，幾乎使人以為漢代若非「現代中國」的開端，也是「典型中國」的始祖 (這表示中國並無明顯的中古時期)。名義上秦朝是中國的第一帝國，然實質上漢朝才是中華帝國的開展時代，中央一統的中國與列國分立的華夏在文明性格上差異甚大，漢人既於古今之別深有所感，其歷史觀自然不同以往，這即是「中國通史」的概念起點。「歷史」的意義或價值與時俱增，漢代史學所以勃發不僅與統一新局有關，且與去古已遠有關，易言之漢代學者的處境使其可以結論古史而預聞未來，故歷史思想大興，益增漢人自知之明。漢人尊春秋為經，同時致力於歷史研究，這一方面使經史分途發展，另一方面又使史學層次提升而直追經學境界，顯然處事求理便是問道，史學即使不能經學化也能傳道 23。漢人的歷史感造成「三皇五帝」傳說的定案，蓋漢時通史觀點既出，追本溯源的遠古情狀必須究明或設定，否則歷史之始無法交代，史觀便難以成立 (正如《聖經》必須以「創世記」開始)，可見漢代流行的古史神話並非漢人迷信的證據，卻是漢人治史求備的輔證。代表漢人歷史意識之極致者無疑是司

---

23. 《史記》〈太史公自序〉：「太史公曰：『先人有言，自周公卒五百歲而有孔子，孔子卒後至於今五百歲，有能紹明世、正易傳、繼春秋、本詩書禮樂之際，意在斯乎！意在斯乎！小子何敢讓焉。』」

馬遷的史記，該書所載起於黃帝而終於漢武帝，凡二千六百年間事，頗有「通古今之變」的豪情；然東周史事至漢已多不詳，其先事蹟更為渺茫，並且諸夏尚未統一時文化雜遝且多野蠻，故史家的論道大志難以實現，僅止於「成一家之言」。史記以記傳為主體，這表示文明乃由少數菁英造就，然真理真相隱含於歷史大勢中，此非個人傳記所能彰顯，史記的成就在於呈現中國古史的大義，其失敗則由於古代文明曾不足以明示神意安排或歷史全豹，所以司馬氏「究天人之際」的心得若非罕見便是無奇。史記的體例成為此下二千年中國「正史」的典範，但其通史理念無法遺傳，歷代正史均為斷代史之作（以漢書為首），這正證明完整的中國始於漢代，而漢代之前是中國的起源，因完整者必複雜而起源者有跡可尋，故中國第一部史學巨著乃是撫今思昔的通史，而效法其功的後來作品卻不得不為限期回顧的朝代典故。總之，史記的繼往開來角色暗示「先秦」是中國形成的過程，而「漢後」是中國運作的歷程，如此漢代的傳統性即為促成中國統一的古風本質，而漢代的獨特性即是維持中國一統的新式標準。

第六章 魏晉南北朝：中國文化發展的挫折

洛神賦圖

第六章　魏晉南北朝：
　　　　中國文化發展的挫折

第一節　魏晉南北朝的政治亂象及其
　　　　歷史意義

　　帝國一統格局的確立不等於國家統一形勢的長存，卻是國家分裂之後重新整合的依據與脈絡，此為「人心望治」所期之一事，所以秦漢帝國滅亡之後乃有謂「話說天下大勢，分久必合，合久必分」（三國演義首回），太平雖不能永保，統一至少可以再建，這是中國人的新認知、甚至是新責任。一個民族能產生分合相間的說法或觀點，其國家必已經歷長久的政治變遷而猶得存在，這表示「中國」的觀念至魏晉時已深植人心，其國勢且非外力所能完全屈服，故中國統一似為理所當然或遲早可成，雖然在漢朝滅亡後無人能預期此事實現之時（必至隋唐乃有「分久必合」的充分信念）。漢末曹操掌權，朝廷威嚴不彰而地方割據嚴重，然曹操「挾天子以令諸侯」，志在統一天下，不欲偏安；同時孫權與劉備雖屢有衝突卻願結盟以圖滅魏而二分天下，其實亦是追求逐步統一，並非以裂國自立為滿；由此可知三國交戰紛擾不是為了「爭霸」而是為了「定于一」1，

1. 三國之中以魏為大，其國勢政情與漢朝最似，司馬氏奪權之途與曹氏篡漢相仿（皆假禪位之名），看來帝國政治的表現方式大同小異；蜀國之力雖最小，但統一天下的行動卻最積極（數度北伐），大概蜀不

於此人性醜陋暴露無遺，但天命的驅使也潛伏其中。正因統一
是三國政治的終極目標，當三方強弱勝負尚未達到「大局已定」
的形勢時，精神性訴求（文化號召）在此戰場中的作用甚盛，
「以德服人」確有其改造現況的力量；一旦武力成為決勝關鍵
而小國發現「大勢已去」時，「不嗜殺人者能一之」的宣傳說法
便改成「沛然誰能禦之」的認同觀點，於是「識時務者為俊傑」
的主張其實為服從強者以促成統一；此情即是蜀臣譙周建議降
魏而不附吳的緣故，由是可知三國一致的立場與衝突的原因乃
為相同，此即「統一天下捨我其誰」，難怪三國關係亦敵亦友，
有如好漢與英雄的決鬥。三國對於其境內及鄰近的異族均加以
討伐治化，如魏國之制匈奴、鮮卑、烏桓，吳國之制山越（揚
州）、南越（交州），以及蜀國之制南蠻（益州）等，皆屬列朝
所圖要務，其政策頗具秦漢以來的建國風格或武功觀點，此種
漢化事業證明三國在精神上富有「代表中國」的意向，所以國
際對抗不僅是爭地盤更是爭地位，亦即追求承繼漢代的正統

圖此則乏立國意義與求生機會，況其以漢為號，本不當僻居一隅；吳
國既不及魏國之壯也無蜀國之志，常因內部不靖而無暇他顧甚至臣服
於魏（孫權未曾北伐），然其政策顯與國際大勢配合，頗具中國一統
的成見。魏之滅蜀（263AD）及晉之滅吳（280AD）均甚迅速（順利），
兩國君主皆出降以終，其臣子轉而事晉者亦不少（尤其吳臣），無多
亡國之痛，這顯示統一是三國時人的共同期望；魏滅蜀二年之後司馬
氏即篡位建晉，此事與拓展統一大局相關，頗有「新人新政」的暗
示，自後晉之伐吳只是遲早的問題，故吳亦有與晉一決存亡的體認
（孫皓雖荒淫卻銳意北討）；顯然三國是中國一統政權更替過程中的
臨時局面，惟帝國再現有待時勢推移與英雄領導，並非民意可決，從
漢末紛亂至晉統一天下將近百年，這不是必然的規律，卻是可候的變
遷。

（「五胡亂華」象徵此舉的施展與失敗）。魏晉南北朝所以長期分裂，不是因為列國有自安之意，而是因為各國皆無力平定天下，顯然封建制度至此早已成為古道，諸朝缺乏妥協共存的想法，苟全的心態或許多有，但聯盟互容的立場始終無法出現，故中國只待有朝一日征服者收拾所有亂局，在此之前一切政況均屬暫時，而人性投機好勝，國際爭端乃層出不窮。中國是一大國，統一本非易事，若不論天意，中國的安定需要吏治清明與教化普及，同時又需武備強大以防邊患（偉大文明的巨大原罪）；然文武終有相斥之處，文修則武偃，其兼顧之道必為霸政，而霸政虛偽，其文治不實，畢竟難以造成長久盛業，這即是漢朝帝國衰敗的緣故。魏晉南北朝之久亂不能盡以理解，但中國文明盛世的維持既然不易（宗教不盛是其一因），漢朝結束後儒學與軍力一併疲敝而胡人兵勢卻更見壯盛，其結果自不可樂觀；然則魏晉以下騷動久時實不如隋唐再度統一令人驚異，蓋人定不能勝天，「自作孽不可活」，然合理未必吉利，中國又得重建是由於秦漢的遺澤，更是由於上天的設計。

　　三國的政治較東漢良好，此情與其說是三國勵精圖治、不如說是東漢腐敗嚴重，雖然東漢朝政的敗壞確實使三國有所警惕而注意除弊（例如魏文帝詔令禁止母后臨朝）。事情愈繁則管理愈難，國家龐大則統治不易，中國既是廣闊的帝國，其政本來難以維持精實清明，蓋人治與法治兼修乃為善道，制度隨規模擴張而乏英睿領導即有腐化之虞，然則東漢的頹廢幾乎是帝政的原罪，因為人性嗜利偷慢而智者從政向不如意。如此，三國政治優於東漢實有結構性因素，此即小國寡民較可為治，何況三國若非以興漢為旨即以統一為志，其政可謂處於建國階段，尚未功成意滿，乃較無老朽的問題。同時可知，三國為政即使

勝於前朝，但其國家領域三分天下，並無一統盛勢，均不足以
代表中國或與東漢相提並論，顯然質量未可截然分離，量變與
質變互動，三國相對於東漢恐不是「質優量小」一語可以結論。
中國政治史上最重大的正統問題始見於三國時期，這表示三國
皆為「不足的中國」，或者魏蜀吳皆以合併他國為盼，然則三國
在精神上是暫時的局面，也是中國首度的分裂期，其歷史特殊
性乃由秦漢統一之情所塑造。

　　政治需有文化支撐乃能弘大，秦漢帝國發展的結果文官體
系與學術體制日漸壯盛，由是貴族社會變為士族社會，政治鬥
爭常為「文人相輕」的反映，朝臣的權勢乃較外戚及宦官更為
持久穩定（未必更為強大），此為士人政府的常態，但就形式或
現象而言確是政治的進步表現。三國之中魏國的士族政治性質
遠盛於吳蜀，這是因為中國早期的文明重鎮在於北方，三國時
華南仍乏治學世家，其官場自非士族的天下。論者以為曹操因
其宦者家世而敵視門第，此見當非正確，蓋曹操頗具文才學識，
其心乃以「精神貴族」自居，何況治國有賴俊傑，曹氏若以士
族為仇即無異於自壞長城；所謂「魏武三詔」強調唯才是舉而
不重節操，其意並非摧抑士人以提倡法家，卻是招賢與能而間
接認同士族的地位 2，畢竟有知乃有德，拔擢能者如同肯定學
者（有才無品實為庸才）。貴族（廣義）的產生需要政權與學養
二要素，開國者可能不是貴族，但其後人未久即成貴族，因為
皇室子弟既有特權也受教育。如此，曹操或許嫉妒士族，然操

2.《三國志》魏書〈武帝紀〉注（建安二十二年詔）：「今天下得無有至
　德之人放在民間，及果勇不顧、臨敵力戰，若文俗之吏，高才異質，
　或堪為將守，負污辱之名、見笑之行，或不仁不孝而有治國用兵之
　術，其各舉所知，勿有所遺。」

子與士族已極親近，魏文帝施行九品中正制（官人法）不僅是
為拉攏士族，也是為自我認定（晉武帝認同士族的程度因其出
身相似而更增），於是「擁漢派」與「擁曹派」的隔閡驟減，與
復漢室的號召對於曹魏政權的威脅也隨之大降。由此可知，「貴
族」與「士族」其實相去不遠，貴族勝於士族者是權力，士族
勝於貴族者是聲望，然而貴族並非不治學，士族也非不入仕；
政治與文化的互動本來密切，貴族是在位的士族，士族是在野
的貴族，二者實為相通，這便是魏晉時期最為重要的官民關係。
相對而言，「士族」是文化性家族（治學求知者）、「世族」是社
會性家族（累代發達者）、「氏族」是政治性家族（出身豪門
者），然其實是三位一體，並非不同之黨，這顯示中國至此早已
遠離「比武」的時代而進入規矩嚴整齊備的傳統中，於是富者
愈富、優者愈優、有則盡有、力通四方，所以世道是階級高下
不等而非專業各有長短，亦即次序重於類別。總之，秦漢帝國
已立下一統秩序，魏晉雖是分裂之世，其時代精神仍循舊貫而
作，中國文明的發展脈絡並未於此中斷 3。

　　相對於三國政治之可觀，晉朝政治甚為腐敗，此種轉變頗
有合理之處，蓋晉朝實為魏國延伸的政權而非新創之業，建國
需有積極作為，新朝乃不可能以老朽之政開始，故魏國猶有生
氣，由魏滋生的晉則因承恩仗勢已久而不知自強，反有積弊難
返之災；此情不僅可以證明「生於憂患死於安樂」之理，也可
以證明三國所務是統一事業而非偏安計畫，既然魏國已奠定霸
政的基礎，受惠於此而獲得天下的晉室可能養尊處優以致驕奢
淫佚，可見「前人種樹後人乘涼」未必是善緣，除非守成者知

---

3. 《宋書》〈恩倖傳〉序：「周漢之道，以智役愚，臺隸參差，用成等
　級；魏晉以來，以貴役賤，士庶之科，較然有辨。」

道創業的用意。易言之，魏晉一貫，魏之有為與晉之腐化猶如
開國氣象衰微以後放縱習氣橫生的傾向，似屬政治輪迴，未為
奇景，雖然當世士族不能以此自解而歸咎於皇室無知。晉初朝
臣多薄陋不德之人，這看似時勢所趨，但君子並不隨波逐流，
可見世風不論如何惡化，各人仍有行善的自由，與世沈浮畢竟
是個案問題或偶然狀況（非謂數少），不得視為歷史演進之必
然；如此，晉政敗壞的原因應以政治結構或本質的觀點探討之，
而不當以列舉個人惡行的方式證明之[4]，然則「權力使人腐化」
(Power corrupts.) 一說頗可解釋晉朝所以自始頹廢的道理，此即
晉朝實屬「後魏」。晉朝開國之君是司馬炎，然其基業乃成於先
人司馬懿及其二子（師與昭），俗諺有云「司馬昭之心路人皆
知」，這即顯示晉武帝立國之前司馬氏早已有奪權的行動與實
力，可見司馬炎即位幾為坐享其成；而司馬氏篡魏的機謀與曹
氏篡漢相似，「一脈相傳」的邪道加諸最終的大勝，其獲利者豈
能不受害而為害，此所謂「不仁而得國者，有之矣，不仁而得
天下，未之有也。」（《孟子》〈盡心〉下）總之，晉朝的腐化先
於有為，此種病態證明晉朝只是一個形式上的新政，實質上晉
朝是漢末政治鬥爭的產物，缺乏開創性與獨立性，其餘孽成分
則甚濃，而野心竟不及能力，所以晉廷之於國家有如敗家子之
於祖業，後果不堪設想；此事也說明帝國一統的傳統至此已不
可易，故爭權者不得天下不罷休，同時經由朝廷內部篡奪以開
國之舉亦成慣技甚至慣例，其想是「擒賊先擒王」，有中央便有
地方，難怪權貴之後可能一舉失國或一舉得國卻於其所失或所

---

4. 《晉書》〈劉頌傳〉：「自近世以來，為監司者類大綱不振而微過必舉，
　微過不足以害政，舉之則微而益亂，大綱不振則豪彊橫肆，豪彊橫肆
　則百姓失職矣，此錯所急而倒所務之由也。」

得認識無多。

　　政治的進化當為由私轉公，中國統一以來郡縣取代封建的程度與時俱增，漢朝的宗室與外戚雖有擅權亂政之舉，這畢竟是人謀不臧的問題而非法制所致，如此曹魏政權即使用心不公，其節制皇室的措施仍具「大國風範」，並不逆勢操作，可見政治上的「識實務」含有順從天意或認命的部分，未可一味迎合人性或媚俗。晉代朝政的一大錯誤是同時遠離神意與民情，而沈溺於自滿之感，其道是高度的「家天下」，此即大封宗室諸王以領兵統民，同時裁撤州郡武備並減少其自立（自治）性；晉朝施政顯然不識大體，頗有「分贓而治」的味道，於是皇帝不尊、外戚蠢動、諸王放縱，因階級次序不固而尚賢精神又不足，以致上下交相賊，爭權奪利卻無所作為 5。論者以為八王之亂起源於賈后專政，而賈后專政由於惠帝無能，惠帝愚鈍早為人知，然「立嫡以長不以賢」的原則使其得保太子名分而繼位，以此晉初惡運似因傳統權威主義而起；此說所釋僅及問題表面，蓋法治以人治為本，人惡則政惡，法善不及政善，惠帝無能未必使賈后及八王興亂，魏室抵制外戚而晉室扶持外戚，兩者皆成禍，可見吉凶難測，唯有依理行事最得無咎。晉朝缺乏開國氣象或建國理念，其權力慾望則不少於前朝，所以晉政一方面擁護傳統以自壯（如藉「禪讓」得位），另一方面卻違背傳統以自利（如藉「封建」攬權），取向不一而目的不明，當然無法成功。

　　晉朝政治的投機性極強，而其冒險性則極低，這使漢末以來胡人南侵之勢益盛，不僅中國一統局面因此破壞，用夏變夷

---

5. 《晉書》〈祖逖傳〉：「逖進說曰：『晉室之亂，非上無道而下怨叛也，由藩王爭權，自相誅滅，遂使戎狄乘隙，毒流中原。』」

的文化力量也未發揮。晉室諸王作亂頗有借力於胡兵者（尤其司馬穎），同時士族投靠胡人（如劉淵）以圖事者亦復不少6，這不僅顯示中國尚武風氣式微，而且表示中國文化尊嚴衰落，雖然就文明的擴展而言此情似為常態，因為先進的文明必棄武興文，其進步也將以接近極致（極限）而減緩。顯然胡人漢化一方面證明華夏文明優於異族，另一方面則暗示中國的優勢不可能長保，至少其與胡族的差距將逐漸縮小，此乃文明發展的必然現象，或可謂文明的原罪。以政治問題而論，五胡亂華的發生是由於中國的分裂與衰敗，以及中國統治者對於胡族的援引（利用），此景與春秋戰國的情況形成對照，蓋東周爭霸者以攘夷振威，魏晉朝廷則以結胡助勢，前後轉變歷時甚久，居其間者乃是中國統一帝國的首度興亡，可見五胡亂華所反映的變化主要是在華而不在胡。五胡亂華與其說是外敵入侵不如說是中國內亂（胡人早已內附），或者說是胡族漢化不足之下的臨時性衝突，因為胡漢交融為大勢所趨，即使有此對抗中國也不能改採排外政策，故郭欽與江統的徙胡論難以實行，畢竟文明上國沒有自閉的道理7。五胡亂華一事與羅馬帝國末期蠻人南侵相似，其情皆是先進文明同化異類失敗的後果，且均為古典陷入中古之際的災禍，這顯示文明只是文化提升的成績，並非理想完美的境域，所以「質勝文則野」的力量極可能征服「文勝

---

6. 《晉書》〈劉元海載記〉：「太康末，[劉淵] 拜北部都尉，明刑法，禁奸邪，輕財好施，推誠接物，五部俊傑無不至者；幽冀名儒，後門秀士，不遠千里，亦皆遊焉。」

7. 《晉書》〈北狄匈奴傳〉：「侍御史西河郭欽上疏曰：『……裔不亂華，漸徙平陽、弘農、魏郡、京兆、上黨雜胡，峻四夷出入之防，明先王荒服之制，萬世之長策也。』帝不納。」

質則史」的社會；既然「文質彬彬」的至善世界（君子之德）難以達成，先進文明對於落後部族實有需求（如武力與勞力），落後部族對於先進文明亦有所依靠（如工具與產品），而在此互賴關係中強弱與優劣未必相合，「反淘汰」的意外動亂乃無法避免。

五胡興變之前漢化已久，其政權且因漢人合作而得以長存，所謂五胡亂華並非胡人消滅華夏文明，而是中原衰落引發漢化者據地稱雄，此事所呈現的中國文化優點實多於缺點，雖然胡人建國的目的不是發揚或復興中國文化。五胡中漢化最早者為匈奴（羯屬於匈奴族），以此匈奴勢力先盛，而五胡中漢化最深者為鮮卑（尤其慕容氏），以此鮮卑勢力最強，至於羌與氐乃是久居中國西部的舊族，因長染華風，故其亂之摧毀性最微，由此可見五胡所以能壯大實得力於漢化，其「用夷變夏」的行動絕不多。五胡所為其實是建立中國式的政權以為己用，或者是追求先進的生活方式以便自主，易言之胡人叛晉是為享受而非破壞，其所推翻者是權威而非文化，所以劉淵自稱漢王（淵父冒用漢姓），其政以興復漢室為名（祭漢帝而不祭單于），此乃義利兩全之計，並非陰謀。胡人得以攀附華夏始祖或繼承漢朝為號召進行政爭，這反映晉朝的文化聲望確實低落，故當西晉滅亡（永嘉之禍）後，劉淵後人劉曜乃改國號為趙，並「認祖歸宗」改祭冒頓單于，不再以漢民自居，畢竟華北已成胡人的天下，而其漢化一時難以更進。雖然，胡人統治中原不能不尊重士族，其盛況均由漢人促成（如石勒用張賓、符堅用王猛），但因政治與文化時常相左，胡漢衝突乃為「十六國」史之特色，此情就政治而言是一種失敗，就文化而言則是成功的代價。如此，胡人漢化的過程是政治動盪，胡人漢化的終點則為胡人消

失，因為中國向來是以文化為準的領域，胡人漢化自然使其血統亦與漢人混同而不能維持原狀，這是精神勝於物質的又一證據。

相對於胡人部落社會邁向中央集權之勢，中國士族社會趨於地方割據之局，這正是中國不敵胡族的政治性背景，然以文化而論此景顯示中國遠較胡族先進，蓋國家統一總憑「以力服人」，而在政權穩定的情況下能與朝廷抗衡者必有賴於「以德服人」，此為爭輝而非分裂，或是知識力量在人際關係上的作用。東晉較西晉更富於士族社會的性質，才名俱薄的司馬睿（晉元帝）能得國乃因王敦王導兄弟扶持，所謂「王與馬共天下」正是東晉初期之情，而事實上豪門——尤其王謝庾桓四家——的支持或認同始終是皇室保全其地位的不易關鍵 8，東晉政權誠可謂「勢力均衡」的結構（故王敦逆叛而王導仍受重用）。勢力均衡本難以長久維持，東晉政情乃時常陷於強人變亂的困局中，中央甚受地方（尤其荊州）威脅而伸展困難，豪傑亦因朝廷舉措保守而無法大有作為（北伐受阻），整個國家有氣無力、不知所終，連鬥爭都缺乏精神 9。西晉為時五十年 (265–316AD)，東晉倍之 (317–420AD)，然東晉的國力與文風未必勝於前朝，其持久實為遷延之跡，亦即天意使然而非人力所致。東晉時期北方胡國絕不安定富強，但晉朝始終不能收復故土，這不僅是

---

8. 《晉書》〈王導傳〉：「導因進計曰：『古之王者莫不賓禮故老、存問風俗、虛己順心，以招俊乂，況天下喪亂、九州分裂，大業草創，急於得人者乎？顧榮、賀循，此土之望，未若引之，以結人心，二子既至，則無不來矣。』帝乃使導躬造循榮，二人皆應命而至，由是吳會風靡，百姓歸心焉。」

9. 《世說新語》〈政事〉：「丞相（王導）末年略不復省事，正封籙諾之，自歎曰『人言我憒憒，後人當思此憒憒。』」

因兵力不足，更因心力不足，蓋豪族安於現狀而反對改造之舉[10]，皇室疑懼北伐者奪權而求鞏固現狀，有志於立功之士又多無立德之節，其願不遂則怨望聚生，於是討胡不成者往往倒戈而轉以朝廷為敵（如祖約與桓溫之所為），北伐變成內亂，造反似有其理，成王敗寇之實由此畢露（劉裕北伐然後篡晉乃為範例）。總之，東晉的隱患在於既得利益者與白手起家者的矛盾，這大約是士族與寒門的衝突，也是晉室缺乏正統身分或強大優勢所造成的「分贓政局」；於此合作是為各取其利，所以國家不能長治久安，而得勢者萌生異心亦屬自然，可見東晉衰而不亡絕非有幸，因其元氣潛能不壯卻浪費尤甚。

　　五胡十六國與晉朝對峙的局面最後變為「南北朝」的形勢，至此中國不僅又趨於統一，相抗的二方——劉宋與北魏——且均以武功開國，富於「現實政治」(realpolitik) 或「強權政治」(power politics) 的性質，而較少機謀性與承襲性，此景雖非氣象一新，但較諸晉初確是「正常」許多。劉裕出身寒門而非望族，其勢得自征戰，屢平變亂（孫恩、盧循、桓玄諸黨），北伐之功（滅亡南燕及後秦）尤其冠於前人，實力足以當國，稱帝自然而然。鮮卑拓跋氏以班賜將士之法勸戰，其族人野蠻顯武，隨役擄掠（大量迫人為奴），聲勢驚人，太武帝拓跋燾藉此攻滅五國而統一中原，所施可能不德，但所得非以僥倖。如此，南北朝的開端是由追求事功而有力者所建立，這雖不是美好的政情，但相對於漢末以來篡弒奪權的連續亂局而言，南北朝的出現使政治的「遊戲規則」稍得穩定，投機反覆之惡因此略減，

10. 《晉書》〈范甯傳〉：「昔中原喪亂，流寓江左，庶有旋反之期，故許其挾注本郡。自邇漸久，人安其業，丘壟墳柏皆已成行，雖無本邦之名，而有安土之實。」

此種「盜亦有道式的改良」絕非善圖，卻是「不幸中的大幸」，令人暗自稱慶。

　　南朝的士族政治已不如晉代盛行11，劉裕所行為帝政常規，亦即中央集權而抑制大族，由是皇室控制重鎮（尤其荊州與江州）與軍隊，寒人出路大增，國家益為安固，宋文帝承繼此業而加以善導乃有「元嘉之治」。雖然，政治常態並非良政，良政需以學成，知識不豐則道德不篤，為政以德即是統治以智，宋室教養貧乏，其政終不足觀。劉宋皇族內亂甚烈，其篡弒奪權（骨肉相殘）之事叢出，此情與士族政治的式微未必有關，卻與門第精神的缺乏息息相關，畢竟恃才傲物者亦多霸道，而自尊自重者不以侮人為喜12。南朝統治者大都出身於寒素家族，其為政並無高見壯舉，至多僅是勤儉樸實——如宋武帝（劉裕）、齊高帝（蕭道成）、梁武帝（蕭衍）——此景且多限於開國之初，隨後諸王縱慾恣行，皇位鬥爭屢屢發生，人性醜陋暴露無遺，歷史教訓幾失作用，顯然南朝政治不振實與文化不興

---

11. 《昭明文選》沈約〈奏彈王源〉：「自宋氏失御，禮教雕衰，衣冠之族日失其序，姻婭淪雜，囷計廝庶，販鬻祖曾，以為賈道，明目腆顏，曾無愧畏。」

12. 論者以為南朝皇室所以內鬥慘烈乃因信仰偏差（迷信佛教）或思想偏執（濫用玄學），此說不盡可信，因為觀念錯誤未可激發殺親之風，畢竟父子兄弟之情富有天性，人性並不仇神，而人道服從天道，殺害至親實為病態，絕無可能形成習氣，劉蕭皇族的醜惡內亂若非神意所使即是人慾所致，豈為信念或教育的問題。常理無法解釋奇蹟異事，極端的權力慾望可能使人不擇手段奪權，但為此骨肉相殘而連續發生則是變異之災，合理者由人主，不合理者人無從知，可見萬事萬物皆是天心使然，南朝的政治變態何嘗不然，否則類此之事理當層出不窮，因為相同的人格缺失比比皆是。

互為因果。南朝帝王於學術教育著力最鉅者乃是梁武帝，其建設國學成績頗優，以致高歡（北齊高祖）說：「江東復有一吳兒老翁蕭衍者，專事衣冠禮樂，中原士大夫望之，以為正朔所在。」（《北齊書》〈杜弼傳〉）然梁武帝畢竟見識不足（皈依佛門又置身帝鄉），以政施教的效果亦甚有限，南朝的文化優勢相對於北朝主要是「正統性」（政治性）而非知識性（文化性），其感化人心的成績未必勝於北魏積極的漢化政策，加以清談餘風耽誤，南朝的政治始終未因「斯文在茲」的形式條件而淨化。南朝盛王的作為不在於改革、也不在於教育、卻在於北伐（宋文帝、梁武帝、陳宣帝），這顯示南朝的政治水準尚處於「統一過程」，此時立國精神猶未確立，文化事業並不重要，政權既不安定，「叢林法則」乃為常理，故篡奪反叛不斷，何況外患不止，搶功據位似如當仁不讓。梁武帝寬待子孫，欲以避免宋齊二朝骨肉相殘之事，不意諸王爭位益熾，其惡更甚，東魏降將侯景為亂所以劇烈非因其實力強大（外人憑藉不多），而因梁朝宗室不僅觀望不救且圖加以利用以便奪權，由此可見情不能以情養而須以理調，南朝政治敗壞可說是豪門欠缺家教的結果。

　　相對於南朝縱恣之風，北朝憂患意識使其政治較為振作，畢竟文化落後者統治先進者必須時有警戒，久之則當「從善如流」以自我提升乃可維持優勢，易言之北朝不能永圖「以漢制漢」而須主動漢化方能自保，這是南朝所無的進步動力。北魏自太武帝死後國勢逐漸式微，孝文帝大力推行漢化實有救亡圖存之需，此時拓跋氏立國已經百年，鮮卑族人數量仍不眾，異族常有叛亂，而漢人成為國家主體，同時經濟由牧轉農，生活方式與內地無殊，於是漢化自然開展，有如風俗傳播，無需鼓吹，但因國力日衰，執政者乃以加速漢化為復興之道，此非臨

難冒險而是重振旗鼓。孝文帝的漢化政策與其說是激進不如說是徹底，蓋中國文化本來富於中庸精神（宗教性不強），胡人漢化其實是進化而非異化，且因其事早已漸進發展，孝文帝所行主要是促進而非改造，亦即完工之舉，故改姓氏與屏北語等終極作法於是出現，這顯示在精神意義上北魏的漢化已達大功告成之境，不論其實際功效如何。邊族漢化證明中國文明的優越性與普世性，然漢化絕非富國強兵的保證，因為人類原罪或世間缺陷使良善者未必壯盛，正行不必成功，所以漢化的績效不可為評判中國文明優劣的證據，北魏未以漢化而壯大（孝文帝死後衰亂益甚），然其南征豪情顯示教化確為有力。由於北魏南北區域漢化程度不同，其認知差異及利益衝突引發內亂（六鎮之亂與爾朱榮之亂），終致高歡及宇文泰（均為爾朱榮舊屬）崛起而魏分東西；高歡為胡化的漢人，而宇文泰為鮮卑武夫，二氏皆以兵奪權，又藉文飾自美，其漢化政策是為拉攏士族而起，誠心不多，然則北朝興衰實與漢化關係不深。高歡政權以胡人為主，宇文泰政權亦然，但高歡自稱渤海高氏以號召漢族，宇文泰則自稱為周朝的繼承者並以周禮之名立制（虛設而已），顯然北朝的民情終將導致漢人執政，畢竟統治者不能高高在上以支配社會，而藉漢化收買人心的作為若必致效，則其執行者只有以身作則一途。漢人在華北的優勢兼含質與量二者，北朝政權的穩固既需武功也需文治，北周文化遠不如北齊（關西名門甚少於山東）而北齊文化又不及江南（梁陳），故周滅齊之後竟改採齊制，而隋代周之後乃以南朝傳統為範；如此，中國再度統一不僅是華夏文化當令並且是漢人當政，因為漢化者即是漢人（誠如猶太人是一種信徒而不是一個種族），而大一統帝國不可能由蠻族設教，正所謂「天下無道，小役大、弱役強。」（《孟

子》〈離婁〉上）

　　宇文泰專擅西魏朝政二十餘年，其子（覺）繼之當權而篡位建周（北周孝閔帝），此後宇文護專制，威脅皇室，直至周武帝誅護親政，國勢乃定；隨後武帝伐齊，統一北方，進而圖陳，盡取其江北之地，正當北周大有作為時武帝去世，繼位者（宣帝及靜帝）昏庸妄為，政權竟瞬間淪入漢人之手。楊堅出身於士族高門，其女為宣帝后，靜帝即位不久楊堅便以外戚當國，此時反楊勢力紛起（遍及國土大半），尋皆殄滅，於是楊堅盡除周室諸王，廢帝自立，是為隋文帝。自王莽以下，藉禪讓名義奪位者皆經長期設計，而楊堅從專政至稱帝不及一年，此因漢族權貴在北朝後期已掌握政柄（包括府兵），且楊氏不僅宰制關中（宇文泰勵行關中本位政策）並得山東名門支持，故能「順理成章」適時取代宇文氏的虛位。隋朝建立後統一大業之要僅是伐陳一事，此時陳雖有正統名譽，但隋並非胡廷而是漢室，並且巴蜀與關中俱為北方所控（侯景之亂以後的形勢），其勢在精神上與物質上均足以平定天下，何況陳朝國力薄弱而隋朝宣揚傳統文化（廢除北周制度而恢復漢魏法統），難怪隋滅陳時南人反抗不多。楊堅篡北周而建隋，其事之成不僅由於機緣也基於實力，這表示五胡亂華只是中國自身一時頹敗所致，胡人並無征服漢族或改造其文化的能力，所以北方政權終究重歸漢人，胡人則因漢化而融為華胄，此情符合文明進化的常理，畢竟落後者追求進步而先進者無可野化。隋滅陳而統一中國，其主因當然是北方武力勝於南方，但這不表示南方文化必勝於北方——所謂「文弱」非謂文盛則武衰——卻表示北方文化相對於南方實不遑多讓；因為野蠻無法凌駕文明，「不仁而得國者，有之矣，不仁而得天下，未之有也」，五胡無法征服南朝即是此

理，隋朝豈能單憑武力取得天下。論者常謂隋文帝統一中國甚有維護華夏文明之功，至少永嘉之亂以來二三百年的國家分裂因此結束 (311–589AD)，生民苦難得以稍解，看來爭霸而成功者似有天命且有世德，令人不得不重視；楊堅雖非聖王，其運卻顯，可見神意猶在真理之上，然而違背真理必非天性所囑，中國文明是東方的極致，自不可能滅於諸胡，漢族復興乃為必然，楊堅未有弘道之志，但其崇道之姿使其霸業具有生機，此所謂「順天者昌」。

第二節　魏晉南北朝的文化取向及其精神困境

　　秦統一天下而廢除封建制度，加以漢朝獨尊儒術，於是中國的「貴族」逐漸為「士族」所取代，政治性的權威改由文化性的權威決定，然政治既為世上最大的勢力，政治權威並不因此臣服於文化權威，文化權威反而支持政治權威，使政權更具雄厚的基礎。易言之，士族取代貴族雖使政治名分上的貴族消失，但社會實質上的貴族仍繼續成長，亦即士族變為新式貴族、或貴族以士族之姿立身，中國文化的菁英主義絕未從此消滅，雖然菁英主義的素質或程度確隨政權的開放與教育的推廣而降低。士族的興起一方面表示文教普及，另一方面則暗示文化趨於俗氣，因為凡人資質本難以問道，求知者眾乃有士族，而學者一多，學術標準必然惡化，知識教育無有中庸之道，文明進化當有「反淘汰」的危機。

　　學術推廣則就學者益多，然人眾不使真理易曉，而求知不

能得道令學者喪氣，所以文化傳播必致「人道衝突」，其結果總是人以簡化道理效己，這不僅是「強不知以為知」，更是「裝神弄鬼」；蓋無知實因理性不足，理性不足卻以逸待勞而主反璞歸真，此乃虛偽的「深入淺出」，其實是誇大本能以順從人慾，此即魏晉「清談」之質，較諸漢代「清議」可見道學發展的惡化。清議是「真理的實踐」，清談則是「實踐的真理」，前者為行道而後者為論道，固然清議的內容（政見）就知識層次而言不及清談（玄學），但清談的觀點錯誤甚大，其理絕不如清議之所據；此情顯示由漢入魏時中國文化精神一方面世俗化、另一方面卻更不務實，雖然這並非矛盾之事，因為傳統探究「天人之際」（超越性真理）的努力即使失敗，也不可能由此一改而為唯物之說。清談是「求道專業化」的一種錯誤，其「為真理而真理」或「就真理論真理」的態度將天道與人事分離，既乏超越性問題的認知，也無面對現實狀況的精神，所論處處矛盾，所想時時間斷，總是以人為天，結果自我愚弄；清談者，高談闊論而引證低俗，將旁觀認作客觀，將疏離當作清高，偏向唯心立場又覺到底是空，反對物質主義又不信靈魂永恆，深知人為物靈卻甘心與草木同朽，雖願順其自然竟無意放棄自由，可見清者不談而談者不清；如此「混濁的靈感」或「簡單的雜念」乃是道學觀點墮落過程中的心緒，於是「超凡入聖」之志衰微而「巧同造化」之想興起，知識的價值降低而情感的作用增加，上帝信仰沈淪而人本立場強化，不學無術的問題與「心法」一同產生 13。清談實為空談，其說混合儒釋道三家，此乃儒家沒

---

13. 流行於魏晉南北朝的駢文相對於漢賦，即呈現知識窮相及其所致之
「華而不實」風采，易言之漢賦是具有道學思想的文藝，駢文則為缺
乏真理觀念的美術，因為「是真的就是善的、是善的就是美的」，而

落而佛家與道家興盛的思想史現象，亦即「超越性真理觀」轉變為「天人一致觀」的過渡性表現，此際中國文化雖尚未淪為無神觀，但確已放棄理想主義而趨於自然主義。清談是哲學之風，而精神在物質之上，故清談雖與社會實情有關，卻絕非政治所致，然則漢末以來亂世對清談的影響猶不如清談對世道的影響。凡人可能因失望於世情而出現老莊之心，但感觸未足以建立知識——「真」高於「善」而「善」高於「美」——避世的態度不能造成真相的發現，所以清談即使受政風敗壞激發，也不可能因此觀念大展而思想深入；早期的清談暢言自然，後期的清談奢言超然，前者為棄世，後者為達觀，顯然清談的演變是從儒入道再從道入佛（黃→老→莊），其旨趣乃以「物」易「人」而自「物」通「天」，此為宇宙觀的改變，曾非政情所可促成。如此，晚期清談者集權位與虛懷於一身的怪象其實是清談定見（結論）的反映 14，因其真理觀念畢竟錯誤，所以有此

「是美的未必是善的、是善的未必是真的」，所以漢賦即使不盡真也必有美，然駢文「美則美矣而未大也」（《莊子》〈天道〉），這是整體菁英文化沈淪的表現，不是個別文人創意有限的問題。駢文富於莊嚴之氣或絢爛之華，此就文學造詣而言確為高深，但就義理而言卻是空虛，而語文本圖表達思想，「有話說不出」固為缺失，「以辭害意」更是不幸；駢文之麗顯然是學術有成的產物，惟因知識無法更進而靈性難以發揮，故其為文不是有形無神便是言過其實，「盡美矣，未盡善也」（《論語》〈八佾〉）；駢文的特性或缺陷並非自發而是遺傳所致，此即漢代真理探索只能沿襲成見而未能突破，魏晉士人乃「移道作文」，以學問為藝術服務，因而有此「空靈」之構。

14.《晉書》〈王衍傳〉：「魏正始中，何晏王弼等祖述老莊立論，以為天地萬物皆以無為本。無也者，開物成務、無往不存者也，陰陽恃以化生、萬物恃以成形、賢者恃以成德，不肖恃以免身，故無之為用，無爵而貴矣。」

異態，這就是非標準而言固為不當，但其合理之處是當事者「知行合一」的企圖及其失敗下場。正因清談是出於不上不下而非義非利的思想，故難以流行久遠，何況求道不進則退，清談之風終究讓步於現實主義，這便是隋唐帝國的時代精神；不幸者世人以成敗論高下的偏見使其認定隋唐文化勝於魏晉，從而使中國文明的發展更快速庸俗化，可見清談誤國只是一時，責效誤事卻是隨時。

　　魏晉南北朝時期中國文明擴張已久，於是文化同中有異的狀況愈為顯著，這尤其表現於南北對比，此情固然與晉室南渡的變局關係密切，但其實卻是華夏文化長期拓展的自然情勢，否則原來「南蠻」之風絕不足以與中原傳統對照相較而可論及其間差異。世族與寒門的對立不僅是權勢地位之別，也是文化教養之別，此種對立在南北二地均存在，但以南方尤為鮮明，蓋南朝士人之中既有世族與寒門的貴賤分別、又有北籍與南籍的優劣分別，兩者相互作用造成激化之效，以致世族在社會階級與思想態度二方面均與寒門相去甚遠。北方漢人不論士庶皆淪為異族統治的臣民，相同的政治名分使世族與寒門高下之別減少（絕非平等），因其面臨共同的大敵，二者同情互助之處乃多，觀念也趨於務實而少玄思，雖然此景也與北方養尊處優的大族多已南遷有關。隨晉室南渡者多屬豪門，其物質條件或社會勢力既盛，精神立場或心靈意向亦較高傲，加以政權乃北人所屬而南方學術原從北方傳入，故南下的北方世族頗懷優越意識，南方原有世族不為所重，更遑論寒門土著。東晉之前清談已成士風，而「敗兵之將不可言勇」，南渡的高門習氣難改，「逃難求榮」的事情又使其避談實政，故其心思乃愈加逃世 15，

15. 《顏氏家訓》〈涉務篇〉：「吾見世中文學之士，品藻古今，若指之掌，

但因所求不是超越性真理而所據卻是世俗性優勢（出於現實而反現實），南方貴族的知性矛盾或靈性扭曲誠為中國思想史上的一大病態。相對而言，北方世族重視學以致用的經術，南方世族重視自我調解的玄理，前者論德而後者言美，似有「道不同不相為謀」的分殊，然其實乃是程度的差異或是處境的影響，並非本質相反；因為南方世族來自北方，其說不是創於南方，而傳統學風本有務實派與致理派之別，南方世族的特色只是當時主流文化路數移植的結果──分類造成對比──不是固有的南北差異表現。事實上世居南方的士人原與北方一樣，有注重論心或治物的不同流派，而其學且與北方交流相承（菁英文化少有地方主義），惟中國文化的現實精神強烈，傾心於玄學者絕非多數，故南方文化的哲學性特徵實是「比較」所致，或是南北兩方論道之人「齊聚一堂」所致。總之，中國文明起源於華北，南北文化本來有異，但經秦漢統一與教化開展，華南在魏晉之時已與北方學術一致，只是文化層次仍有不及；然中國的形成本是北方同化南方，當南方足以在文化上與北方分庭抗禮時，這必是中國歷史已經長期進化之後，此事本身即為可貴的成績；即使此時南方整體素質尚不如北方，其重要性卻已大增，而且北方菁英的南下造就一時南勝於北的盛況，此乃無從否認的事實──其明證是南朝高於北朝的「正統」地位──可見「英雄不怕出身低」，精神貴族才是真正的貴族。

傳統之道皆主菁英主義，魏晉南北朝的豪門是政治性貴族

及有試用，多無所堪⋯⋯。晉朝南渡，優借士族，故江南冠帶有才幹者，擢為令僕已下，尚書郎中書舍人已上，典掌機要；其餘文義之士，多迂誕浮華，不涉世務，纖微過失又惜行捶楚，所以處於清高。」

（封建制度）取消之後的社會性貴族（世族）或文化性貴族（士族），因其政治勢力仍大（氏族），故實質上與古代的特權階級一脈相傳，非屬革命性新象或失常的病態；如此，世族社會固有不公之處，但大致上確為「有能則有勢」的合理體制，這正是北朝政治勝於南朝的原因，蓋前者肯定世族或與世族合作的程度高於後者，尤其南朝進寒門而退世族的作法根本是倒行逆施，其事乃不可問。易言之，寒門的學品一般不如世族，雖然世族絕非完美。文明進化追求至善，至善者無所不善，故菁英主義應持全才或通才理念而非專業化取向（雖然菁英主義有保守精神），先秦的貴族制度演變至魏晉南北朝的世族社會，實有權限減縮的趨勢，「優則全優」的狀況愈來愈少，專家的形象則相對強化；既然權威所及的範圍日損，政治、社會、經濟、文化各方面的強者乃漸形獨立（孤立）而不相通，世俗化與大眾化的現象已隱約可辨，這是世族盛極而衰的內在緣故，蓋世族社會實為貴族社會沒落過程之一景，標準降低所致的榮景豈能長青。菁英主義是「英雄惜英雄」的立場，所以菁英主義有內斂本質而無外擴傾向，因為英雄愈多則英雄之間的認同愈少，菁英愈多則菁英愈失優勢，掌權者愈眾則其權愈輕，可見菁英主義須與保守主義互長，其伸展與自毀無異；菁英主義既有如此原罪，菁英主義的降格推行乃無可避免，這注定菁英主義的成功必造成失敗，故魏晉以來的世族地位愈隆，其實權愈小，此種名不符實的問題反映於「胥吏政治」與寒門掌兵的普遍現象，孰強孰弱不言而喻。魏晉去古已遠，世族的力量主要在文不在武（故為士族），然而魏晉南北朝又是紛亂的世界，於是軍人政府頻出，文人不能永保資格；南朝建國君主（劉裕、蕭道成、蕭衍、陳霸先）均是由行伍起家的寒士，其與貴冑大家既

對抗且妥協的情況畢竟呈現世族式微的大勢；然則侯景對豪門刻意的摧殘並非世族沒落的主因，而陳朝君臣多為南土平民一情（宋齊梁三朝皇室俱為僑姓），卻是世族沒落的收殮儀式。北朝世族衰微的速度雖較緩，但貴族社會的沒落既為歷史趨勢，北朝世族絕無起死回生的可能，何況北朝世族所以生機較盛乃因其政治用處較多，當胡人政權逐漸瓦解時，世族為生的條件便隨之惡化。正因貴族社會的沒落是時勢必然，南朝世族較北朝先衰實甚合理，蓋南方的世族社會較北方更為成熟或更具貴氣，其式微當然更早開始。相對而言，先秦的貴族社會是政教合一之制，魏晉南北朝的世族社會是政教分離之象，隋唐以後的士紳社會又有政教合一之徵（藉科舉考試入仕），但早期的政教合一是以教領政，後期的政教合一則是以政領教，文化與政治的主從地位倒置表現了文明精神的消沈，此為舉世皆然的進化挫折。士族的出現代表文化的發達，士族與政權的疏遠則暗示社會的庸俗化，二者齊觀可見菁英主義因擴張而頹廢的危機，如此秦漢以至魏晉的歷史發展是中國文明的衰退，其勢即是「古典」陷入「中古」的轉變，唯有物質生活不合於此情（故凡人常不覺有變）。

　　魏晉南北朝的文化大事是佛教的流行，此景一方面顯示中國文明強烈的現實性，另一方面呈現中國文明自秦漢以後愈為現實化的趨勢，蓋佛教是世上主要宗教中超越性教義最淡薄者（故不符印度信仰傳統而難以取代印度教），其深受漢族接納正因人本主義為中國思想之宗旨，然此事得以實現必待儒家天道觀念衰微至上帝信仰淪喪之後，而這即是中國古典階段結束時，或是秦漢盛世過去以後。先秦儒學是探索終極真理的道識（諸子百家的精神皆然），漢代經學是崇奉儒家思想的「道統之學」，

後者雖有「為往聖繼絕學」的誠心，但其知未能超越前賢而日
漸僵化與退化，以致魏晉以下學者轉趨自由放縱，唯心主義（乃
至虛無主義）的觀點因此漸增，這便是佛學滋生的文化環境。
論者常言佛教自東漢初傳入中國後並無重大發展，至漢末以下
喪亂不斷，佛教乃乘勢而起，成為撫慰人心的普遍信仰；此說
實非卓見而僅為現象之論，因為亂世未必激發宗教，由此出現
的信徒且未必熱愛佛教（可能更信天神），何況繁榮之時佛教常
益加興盛。佛教能流行於中土主要是因價值觀念而非民生狀況，
或說是因文化而非經濟，其中必含無神思想及厭世心態，此種
意向正是秦漢以後中國的士風　（東周是中國上帝信仰最盛之
時）；這是說佛教的流行乃是文人所趨的結果，民眾的認同實非
關鍵，同理，佛學與儒學的相似才是佛教得以傳揚於中國的主
因，佛家與道家的一致——雖更勝於前者——卻是次要的緣故。
早期佛僧頗與清談者論道，魏晉玄學富於道家格調，而道家較
儒家更接近佛家，然則道家似為推展佛教的主力，其實卻不然，
因為在信仰問題上愈是相近者愈有相斥之情，並且佛教在中國
發展首先要克服的事即是「獨尊儒術」的道統，故就佛教立場
而論　，儒家認可佛家之處的重要性遠高於道家與佛家的相同
處16。易言之，中國自發的宗教原本由儒家領導（孔孟是超越

---

16. 魏晉南北朝時帝王信佛毀佛之事屢出　，除了政治性及經濟性因素之
　　外，文化衝突乃為根本事由，其中儒佛之爭顯然重於佛道之爭，如北
　　魏太武帝信道滅佛主要是為表示「親漢排外」的政治姿態，道教信仰
　　非其主因，又如北周武帝兼禁佛道二教，事實上卻偏重滅佛，因其顧
　　慮乃是儒釋相異，佛道對峙非其所重。道教是模仿佛教的信仰贗品，
　　信道者一般並不認真投入，所以佛道思想雖相近，但其互重或相抗之
　　情實不嚴重；儒家精神是人文主義，此與佛家消極為人的態度形成緊
　　張關係，相處困難，故追究之下必有所黜陟；由此可見，藉道滅佛者

雖高貴卻無以偉大；佛家對於儒家的「抒困」一方面是主張自救而不待他救、另一方面是認定由人自生的世界而省略事物造化的問題，此種「天人合一」的宇宙論使人自由自在，不愁外務；如此，佛家其實無法取代或補充儒家，因為佛學竟是反智主義，其解脫之道不過是「自助式的想像」，所以終極真理的探求成為妨礙成佛的「知識障」，彷彿「眼不見為淨」乃是有眼之患而非純淨不易。總之，佛學對儒家最大的魅力是「將人擴充為天」的道術，這化解儒家「知其不可為而為」的窘境，但此法是「以善代真」，絕非得計，必定自愚，難怪當魏晉儒學淪為唯心論時佛教才開始深得人心，而由儒入釋者竟渾然不覺佛教的宇宙觀實為不重物質的物質主義！

第三節　魏晉南北朝的中古性

　　歷史分期中的「中古」實不見於中國，此因中國文明的性格現實而單一，其發展脈絡穩定而漸進，持續性既強，變化不大，並無顯著的「反古典」取向，所以「中古」階段難以確認，連帶使「現代」時期或「現代化」表現也不清楚。然而中國歷史畢竟也是一段演進的過程，細察其勢仍可見轉變之跡，既然世上主要文明均有其相通的本質與特殊的本色——此即該文明的古典性——由此衍生的「去古」趨向大略可謂為中古性，於是中國歷史亦隱約呈現「數典忘祖」的時勢。中國古典文明的重點有二，一是上帝信仰的探索，二是國家統一的建立，前者是求道的學術，後者是求生的事業，二者本來關係緊密但逐漸疏離，其因是上帝信仰沒落之時國家統一卻強化，結果中國社會日趨現實，宗教不足以凝聚人心，而帝國也難以長治久安。

魏晉南北朝是去古漸遠的中古式新局，此時國家分裂動盪、佛教開始興盛並本土化、華北地位下降而華南的重要性大增，中國傳統文化因定型化而精神不振，最要者真理觀念已無法提升，文明不僅世俗化，且需另創非超越性的新世界觀與切實可行的新生活模式，值此轉變關頭，百家爭鳴再現，三國可觀人物（典型人格）所以眾多即是此由（唐宋人物之盛亦是同理）。魏晉南北朝的亂象是歷史轉折的現象，這不只是由於政權淪替，更是由於思想轉型，然時人理想既不高而慾念又熾，經過長久競爭，一統帝國竟可重建，但文化目標已大不如前，隋唐文明有力有美，然其智識與道德卻遜於古代，可見中古的退化主要是因為心衰而非物弊（勉強而言隋唐是中國中古後期）。

　　代表三國以後中古性文化興起一情的人物非諸葛亮莫屬，蓋諸葛亮深具儒家君子風範，卻力不足以超越孔孟，乃有退隱自了而不問世事之心，這是求道不進則退的精神現象，也是古典文明無法提升以致衰敗的象徵。諸葛亮的學識雖高，但其境界未能突破儒家人文主義的困境，在得道不成且感世風難正之下便生絕俗之意，後因劉備力請而認命出山，鞠躬盡瘁，死而後已，充分表現盡人事而聽天命的仁者風骨，這證明諸葛亮確是中國道統中僅次於朱子之流的聖賢（一流人物不可能居於政治高位）。傳說諸葛亮足智多謀而舉事出神入化，其實是諸葛亮雖才華出眾，行事卻持重謹慎，此種保守主義作風顯示其人深有敬畏天意（自知有限）與悲憫蒼生（為人著想）的胸懷，這正是儒家「究天人之際」的極限感呈現 17。世人對諸葛亮的誤

---

17. 《三國志》〈諸葛亮傳〉：「亮才於治戎為長、奇謀為短，理民之幹優於將略，而所與對敵或值人傑，加眾寡不侔、攻守異體，故雖連年動眾，未能有克。昔蕭何薦韓信、管仲舉王子城父，皆忖己之長、未能

解或美化反映了學者逃避中國文明原罪的實情，此即儒家人文主義缺乏上帝信仰，以致其真理觀無從解釋一切，而充滿能者多勞卻意義不足的悲劇性，一方面世間之惡無法剷除令人喪氣，另一方面「知其不可為而為」的必敗義務使人困惑迷惘，天人交戰總無圓滿結局而終有所失；此種無奈即是諸葛亮的心境與處境，其痛誠非凡夫所能承擔，於是想像性的樂觀說法出現，諸葛亮竟被塑造成超凡入聖、情理一致、義利兩全、天人合一的奇才，以化解「善無善報而惡無惡報」的道德問題，同時避免「天道與人道衝突」的知識疑難，這是傳統道術陷於絕境時信眾自我救贖的行為。總之，諸葛亮代表一般儒家思想的極致及極限，中國文化發展至此既已成績斐然卻又後繼無力，於此人文精神甚是高貴，真理真相竟反而不彰；因為儒者不覺原路有誤，但不知前途何在，乃轉而以簡化聖賢之說為功，其實是以退為進，畢竟墮落，諸葛亮的形象便是由此因緣所致的「美麗錯誤」。

　　傳統社會是菁英社會，然菁英的特色有時代之別，或者時運不同則任務有異，上古的菁英「以力服人」，古典的菁英「以德服人」，中古的菁英「名正言順」，現代的菁英「自求多福」；易言之上古社會的開創性強，古典社會的確定性高，中古社會的形式性多，現代社會的變化性大，故上古顯貴白手起家，古典名士卓然成家，中古貴族守業持家，而現代俊傑另立門戶。就政治性或制度性而言，中古的菁英社會最為穩固，亦即最獲保障（官方承認而眾民仰慕），這誠然是文明發展有成的結果，或是古聖先賢對後世的餘蔭，所以中古菁英所受的挑戰性為史

兼有故也。亮之器能政理，抑亦管蕭之亞匹也，而時之名將無城父韓信，故使功業陵遲、大義不及邪，蓋天命有歸，不可以智力爭也。」

上最小，其普受服從的程度卻是歷代最高。先秦封建制度雖使
社會階級化，但當時中國既未統一，中央集權甚微，因此階級
社會的嚴整性及影響力實非巨大，其時貴族具有政治名分卻缺
乏精神上的權威，可謂名實不符。秦漢帝國廢除封建制度而推
行平民化的統治政策，於是政治性貴族消失，階級差異的重點
乃由「貴」轉「富」，然而實質上的貴族卻同時開始（重新）建
立，畢竟階級意識是人性所有，官方不以法律設定貴賤，民間
自然將以其價值觀及競爭力造就實際的階級，再經強者入仕取
得政治名位一途，一個名實兼具（但名實各自存在）的貴族社
會便逐漸產生。如此，秦漢統一之初雖廢止階級制度，然人情
世故使其實復興，學者常謂門第形成於東漢，又說魏晉南北朝
的士族（或世族或氏族）社會起源自東漢，這確是因為舊貴族
消滅之後新貴族的出現需要醞釀與培養的時間 18。先秦封建制
度的名義勝於實質，魏晉南北朝的士族社會則為無名有實的封
建制度，此乃人類文明的中古性表現，蓋菁英主義與階級制度
一致，傳統精神既然強調上下次序，士庶之別自應日趨嚴明，
當其情最合理之時便為古典，當其勢陷於僵化之時便為中古；
先秦的封建制度是草創性的階級社會，難以盡善卻懷有希望

18. 學者指出東漢以來造成士族社會的因素頗多，這包括庇蔭任官之制、
仕官子弟進入太學的特權、察舉制度的偏私、九品中正制的推行、魏
晉朝廷與門閥的合作、經學研究的家傳私授、乃至農業技術改進所致
之地主騰發（土地兼併愈盛）等等，此種說法並非錯誤卻是混亂；蓋
上述原因亦可為士族社會發達的結果（互為因果），而不必是前後有
序，可見歷史變化既非出於物理也非出於人謀而是源於天意，然則士
族社會的形成似有脈絡道理，但又不是如影隨形，因其趨勢經久乃
顯，故需醞釀之時，其間徵兆常反映果而非顯示因，不可認定為事
由。

——雖然秦漢的一統化政策破壞了階級社會的天道性——而魏晉以下的「類封建制度」(pseudo-feudalism) 乃是不正當又固執的階級社會，其理想性或改善的可能均微19，誠為好古而反古的中古立場。相對而言，南方士族的聲勢高於朝廷、北方朝廷的聲勢高於士族，如此南方朝廷追認士族的社會地位（中正於士人不論已仕未仕均加以品第）、而北方士族的社會地位乃由朝廷判定（石勒、符堅、慕容寶、拓跋宏均曾詔定族籍）；然唯有名氣者可能因無位而權威淪喪，名位兼具者可能以此名望更盛而去位無損，於是南朝士族逐漸為官方所挫而勢衰，北朝士族則入仕掌政而終究征服胡廷，這證明社會地位與政治權力難以分割，士族長期在野必無法維持優勢。由此亦可知，魏晉南北朝的士族社會不是健全的狀態或正常的現象，其出現實為中國歷史發展的波折所致，亦即秦漢帝國覆亡而統一政權難以重建的產物（貴族政治的實質無從寄託因而生變）；因為胡人入侵、國家分裂、以及豪族遷徙導致政情與民情歧異嚴重——政治勢力與社會勢力極其不符——所以階級關係緊張且多變，必至天下大定之後乃能再度確立，這正是中古的過渡性特徵或轉型表現，非偶然際會。

　　文明發展至古典時期即達於精神上的極致境界，然則秦漢時代過去後，中國歷史便步入衰退狀況，所以五胡亂華發生於中國的中古階段實為合理，這不僅是由於中國文明退化，且因

---

19. 《晉書》〈劉毅傳〉：「上品無寒門，下品無勢族。」左思〈詠史〉二：「世胄躡高位，英俊沈下僚。」九品中正制始於魏文帝時、終於隋文帝時，歷時三百六十餘年，其流弊雖多，可行性竟高，可見士族社會頗合於現實（世道民情），並非高度的「人為」設計，雖然這不是至德美事。

胡族漢化而壯大。「古典」象徵美好或呈現標準，但其自身絕非完美，所以古典文明未必是國力強大之世（例如雅典為西方古典代表而其勢不敵落後的斯巴達），卻極可能為野蠻部族所征服，由此綱紀崩解、思想畸變、生計亦改，這便是中古情境，須待傳統規模再造乃有貫通新舊的文化永業，所謂現代即於焉開始。就物質狀況而言，中國的中古是華南開發及經濟重心南移的盛期，就精神取向而言，中國的中古是由超越性信仰轉為唯心主義的過渡期，此二者均有其長期發展的原動力或內在趨向，也有其外來或突發的刺激因素，這即是五胡亂華的衝擊；然由後見之明可知，五胡亂華實為中國的中古現象而非其成因，因為只有高級的文明才有完整的歷史，中國有古典乃有中古，胡族則無古典亦無中古，胡族南下是受中國吸引而非主動追求，中國進入中古則是潛能所趨而非應變所致。古典是古代最佳的文化，所以古典是古人無法超越的層次，能繼續提升則仍在造就古典，而不能媲美前賢便將數典忘祖，從此中古即悄然出現；魏晉之人無意推翻古道卻無力再創盛況，不知不覺中文化發生變異，夷夏之防漸疏，胡漢交流使漢人離開傳統而胡人接近華夏，中古乃因士族失神而起。中古是漢人招致、不是胡人帶來，中古發展終究造成新中國，於是胡人由異族變為平民，漢人則成分更雜而特質愈少，中國絕未胡化，但也無法嚴拒胡風；如此，漢化所代表者既是中國的優勢也是中國的缺陷，因為儒家所主乃是同化而非漢化，並且漢化向來不是中國積極的政策，其勢之興反映中外優劣差距縮小或強鄰壓境。不論如何，中國畢竟是文化上國，五胡亂華主要是政治性災難，其影響絕不深遠，胡人兩次大舉南侵——前秦苻堅 (383AD) 與北魏太武帝 (450AD) 南征——均敗於兵少的南方，此與南北漢人合作的立

場關係甚大，這證明中國是一個文明體，外人可能加以干擾卻不能分裂之。中國的中古始於中國衰弱之際，此時外患趁虛而入，中國的真相益為不明，必待其重新自我發現時，中古方能結束，中古的歷史意義也才能顯現（故不解「現代性」則不知「中古性」）；誠然，南北朝的國勢大約是北強南弱，其間疆界逐漸南移，終至隋朝以北方政權統一中國，然隋室為漢世族，隋政又以南方正統文化施教，至此中國「失而復得」，中古的轉折突現其形。中古是一個亂世，這兼有心物二層含意，而其精神內涵尤為重要，所以隋唐帝國盛世可納入中古，兩宋則以其文化優秀超脫中古；同理，道教雖於晉代以後蓬勃發展，但其創造性或深刻性均甚不足，故不得視之為「中國式宗教典型」而賦予古典價值；由此可知，魏晉南北朝「儒、釋、道、玄」四家爭鳴之景亦不可認作思想盛事，因為這是傳統精神淪替下的怪象，並非學藝豐富的生氣。總之，中古是古典後繼無力所生之變相，其情不僅是衰微而且是混亂，中國文明發展的變化性原本不大，加以胡人南侵所致之紛亂尤烈，「內外有違」使中國的中古不易辨識，僅能從學術傳統的轉化一窺其態，至於政治與經濟所示的中古風格則微不足道；這證明中國文化的現實性甚強，因為「知行合一」是信仰表現，信仰愈淡則觀念與行為的落差愈大，中國的宗教情懷不篤而信仰固定，其生活方式或行為模式乃少有巨變，而中古既是反省性的文明轉型，中國的「中古化」當然在道學傳承中較可見得。

第七章

隋唐帝國：中國文明的重整與轉變

唐代壁畫

第七章 隋唐帝國：
中國文明的重整與轉變

第一節 隋唐政治的傳統性與新趨勢

政治缺乏目的性，強大的國家與衰弱的國家在政治本質上實無差別，隋唐帝國的威勢雖遠勝於魏晉南北朝的政權，其統治理念或行為態度並未迥異於前人，可見政治變化常為「形勢比人強」，執政者不論多有主見都得「行禮如儀」而不能一意孤行，故隋唐政治絕非值得大書特書之事。雖然，隋唐帝國的盛況為史所罕見，其理富有教育（鑑戒資治）的意義，而且「量變造成質變」，隋唐壯盛的物質文明確實引發精神文明的變化，至少其形式規模成為後世好大喜功者競相仿效的標準，然則隋唐政治亦具新猷，不當視為故事重演。萬事萬物均有其宇宙定位，重複若非不可能即是別有啟示（故重複並非真實），隋唐帝國彷彿是秦漢帝國再世，其為政之道相似、價值觀念一致、人性表現無殊，然學者若能由歷史發展脈絡尋思其義，必另有發現，這表示存在者既非虛假，吾人不僅不應視若無睹，且應重視其個別之性，方可領會一貫之理。

隋代立國雖短 (581–618AD)，富強安和的時間卻佔大部分，其盛世被治史者譽為空前 [1]，然隋室政策並無傑出之處（人事之優者不過節儉），有此成績主要還是時勢所趨。隋代時勢特別有利於國力者是「分久必合」的統一趨向以及江南的開發，前

---

1. 《文獻通考》〈歷代田賦之制〉二：「古今稱國計之富者，莫如隋。」

者未經嚴重戰禍（周滅齊及隋滅陳均甚順利）而後者增進華北經濟（黃河流域與長江流域一同興發），加以世族門閥社會沒落使朝廷「令行禁止」，國家資源與人力乃得有效利用（戶口掌握可以確實）；於是輕徭薄賦、鹽酒解禁、倉貯漕運、甚至刑罰寬弛等不必出以德意而可基於報酬，所謂「取民有制」實為「需索有方」，隋文帝教養不多而識見不高，卻富於治績，這若非得力於運氣便是由於迎合「政道」(politically right)，而此二者均暗示隋代興隆甚有時勢之化。廣義而言，秦漢是中國首度統一之時，隋唐則為中國再度統一之世，二者相隔三四百年之久(219–581AD)，其間物質文明發展不斷，而政治競爭即使不是愈演愈烈、爭霸野心也是愈挫愈勇，所以隋唐統一的艱險程度實不下於秦漢，正因此隋唐帝國建立時，其勢力必極為巨大（否則無法收服各方），這使隋代相對於魏晉南北朝當然是一個起死回生的盛世。如此，隋朝富強可說是拜統一之賜，或者說隋代繁榮乃是文明成就的累積效果2，累積所得而統一應用，其力量自然超越前時，可見隋文帝成功非因有德有能，雖然隋煬帝失國確因無德無能。

隋朝政治可觀之處其實只是「正常」的表現而非優異的作為——這表示政治之病態甚為普遍而幾成常態——隋政的敗壞亦不過是人性放縱的結果而非特立獨行所致，顯然隋代的成就

---

2. 相對而言，秦統一天下是藉助於東方各國人才，隋統一天下則是藉助於北朝長期的政權基業增長，前者為空間因素（橫向）、而後者為時間因素（縱向），秦所恃是他力、而隋所恃是自力，秦帝國象徵「全體同意」、而隋帝國反映「一地優勢」，所以秦朝著力於鎮壓反對者、而隋朝中央集權並不費力，如此隋代乃較秦代更有太平之氣，但這卻（確）是前人長久經營的遺澤。

除了再造華夏統一之局外實乏善可陳；由隋代的歷史意義缺乏獨特性一情可知，其時既非古典亦非現代，而是最顯歷史重複性的「中間時期」（中古），然則比較秦隋應強調其異而非其同，因為歷史不可能重演而隋代的地位（重要性）絕不如秦代。隋朝的政治措施延續北朝，但其文化立場取法於南朝，此因政治是強者作主的權力運作，而隋帝國的建立既是「北方統一南方」，隋朝政治當然成為「北朝化（式）」取向（例如隋法沿襲北周者主要是府兵制）；然隋室缺乏文化素養或學術能力，並且北朝的文化素質不如南朝，更要者隋朝既圖展現「正統復興」的氣象，其文化政策不得不為認可南遷士族之學風（例如隋禮承襲梁禮），這確是一舉數得；文化政策亦屬政治，隋朝尊崇南方文化並無損於其統治權威（隋朝大臣多為北周舊貴），何況此舉有助於南士歸心而促進國家統一，可見隋室以漢人奪胡人之位又奉行傳統文化，這似乎是南北朝亂世的最佳結局。隋朝政統出於北周，然隋朝捨北周官制而採行北齊三省制（南朝亦用此法），三省制乃是秦漢以來的傳統產物（漢魏官制）3，這顯

---

3. 三省制的形成反映人性自私之實，蓋尚書、中書、門下三者均為行政機關而依序興替，原來尚書至曹魏時成為「宰相」般的公共權位，於是皇帝另外任用私人以出其令，這使中書由「秘書」之職逐漸凌駕於尚書而據施政實權，待中書正式取代尚書而成新宰相時（西晉），類似的狀況重演以致門下在南北朝時期變作真正的行政總管，如此「以私制公」使皇帝始終維持其超乎國法的崇高地位，「成王敗寇」的政治倫理於焉顯露，中國人不守法的民族性也隱然呈現。然而政治又有妥協的特質，當三省演化成形之後，無一可以專制，所有長官均得宰相之位，隋法乃立為「中書出令、門下審議、尚書執行」，三省似乎各得其所而平等合作，其實是門下較具優勢（政事堂屬於門下）而皇帝總為事主，權力依然由實力決定（故三省關係及各自權責無法徹底

示隋法是「識大體」的取向，其創作之實雖遠不及仿效，卻富有回歸正途的抉擇意義。此外，隋朝的地方制度一去魏晉以來州郡縣三級化且其區域減縮而數量大增的亂象 4，重建秦漢地方二級制的常規（州縣或郡縣），這是一統帝國中央集權的自然設計，也是革除好名虛榮的政風所不可不為者，可謂義利兩全。強化統一的另一措施是開鑿運河，此事既促進南北交通又鞏固首都地位，兼具經濟與政治效用，實為建國大略，絕非遊樂之計（得不償失），卻有軍事用途（東征高麗經由永濟渠），其歷史意義相對於秦造長城更有開發中國之功 5。總之，隋朝的優點或成功原因是「服從常識」，這使其人才欠缺的問題未造成政治大害，且使中國的重建可以正常進行而無偏激之患 6，於是歷史進化又得加速（唐代成就由此出現）；但此事畢竟不是楊堅用心良苦所使然，卻是其主見無多的意外成效，故當主政者專制獨裁以致人謀不臧之禍惡化時（三征高麗違背常識最甚），隋朝的平庸性便顯露無遺而立即成災，這即是隋代迅速滅亡的緣

　　釐清），中國的法治因人治缺失而難以端正，故隋唐官制雖備，吏治卻未以此澄清。

4. 《隋書》〈楊尚希傳〉：「竊見當今郡縣倍多於古，或地無百里，數縣並置，或戶不滿千，二郡分領；具僚以眾，資費日多，吏卒人倍，租調歲減，清幹良才，百分無一，動須數萬，如何可覓，所謂民少官多、十羊九牧。」

5. 皮日休〈汴河銘序〉：「夫垂後以德者，當時逸而後時美；垂後以功者，當時勞而後時利。……故天下事，不逸不足守，不勞不可去，致其利害，生於賢愚之主，自古然耶；則隋之疏淇汴、鑿太行，在隋之民不勝其害也，在唐之民不勝其利也。」

6. 《通典》〈選舉〉二：「大業八年詔曰：『頃自班朝治人乃由勳敘，拔之行陣、起自勇夫，蠹政害人寔由於此，自後諸授勳官者，並不得授文官之職事。』」

故。

隋朝毀於煬帝（楊廣），而煬帝之病主要不是好大喜功卻是自大奢侈，此患固為人性通病，但主政者自大奢侈，其害無限，乃可亡國。自大者必無能而奢侈者必無德，無德無能而操政柄，後果不堪設想；好大喜功者較自大奢侈者更富有理念，其治國未必成功，然縱恣而無心則只得失敗。隋煬帝不如秦始皇樸實堅毅（始皇好大喜功實含政治使命感），卻因粗通文學而狂妄輕蔑（權高而妒才），其為紈袴的身分與格調正好造就敗家子的事蹟，這在道德問題上絕少討論的價值，然從長期歷史看來，竟有深遠的象徵意義；蓋以浮華之性葬送亂後一統的新朝江山者乃視帝國天下為無物，此時必已去古甚遠（早期國君也不可能以文才自負），亦即中國政治早已陷入分合交替的循環中，以致楊廣既有龐大的國家資源可以揮霍，又無敗國殘民的「新穎」罪惡感 7。隋煬帝營建東都（洛陽）具有肆應統一新局的政治意圖（作法與秦始皇營建咸陽相似），但其假公濟私的逸樂心思恐為根本事由，此種陰謀病態可能得逞當與國家規模宏大先進有關，這表示楊廣的惡德是一種「優越的政治病」，因為節儉固然不是帝國初建時重要的政風——誇耀卻是此時常用的樹威方法——但奢侈絕非統一再造時必要的格調。中國是地大物博的國家，隋朝且是中國統一早成慣例的時代，於是帝王個人的善惡賢愚影響國計民生甚鉅，隋煬帝原本少有可觀之處，只因其舉遺害太廣，資鑑作用由此而起，竟使楊廣成為「典型人物」，這確是「時勢造英雄」的歷史效應。例如楊廣奪嫡之舉並非史

---

7. 《貞觀政要》〈辯興亡〉：「（唐太宗曰）隋文帝不憐百姓而惜倉庫，比至末年，計天下儲積得供五六十年，煬帝恃此富饒，所以奢華無道，遂致滅亡。」

上特例，但在大一統帝國新立之時法規制度尤為嚴肅，於此違禮亂紀最有悖逆之惡，楊廣矯飾仁德而陷害兄弟以竊國幾成後世皇子爭位的模範，這是「歷史罪人」的天然紀錄，對於懷有類似惡意者深具啟發性；由此可見，中國歷代皇位鬥爭所以頻繁且醜惡，並非因為長子繼承制 (primogeniture) 闕如，卻是因為其法失效，而此情之生又與奪位慣例息息相關，唐朝富於「玄武門之變」雖非楊廣之法遺傳所致，然楊廣之心顯為李世民之流所得。

　　隋末變亂多至百餘起，災區之大史所罕見，這顯示煬帝失政是其亡國主因，一統帝國的規制則非人民反對之的，蓋「逐鹿中原」絕非易事，叛者數眾反映民不聊生的慘狀，其奪權成功之望既微，「官逼民反」總是為了生計而不為政柄。雖然，造反勢力之大者例為舊貴（如楊玄感、李密、李淵、蕭銑）而非飢民，其稱帝稱王者頗不少，援引突厥之勢以自壯者亦多，似乎群雄咸有代隋之志，不覺隋朝可能長存。李淵（時任太原留守）以恢復政治秩序為號召，藉平亂起兵，遙尊煬帝為太上皇而立其孫（代王楊侑）為帝，並不公開反隋，卻圖收編官軍且招安民力；其法富有政治心機，然才略未必高明（如史書之所述）8，初時李淵聲勢不盛，但進入關中之後地位突出，此情證明帝政乃為國脈，「循序篡位」正是奪權捷徑。唐朝的建立是在煬帝一死而代王立即「禪位」於李淵時開始 (618AD)，這表

---

8. 《大唐創業起居注》卷一：「帝素懷濟世之略，有經綸天下之心，接待人倫不限貴賤，一面相遇十數年不忘，山川衝要一覽便憶，遠近承風，咸思託附。」卷二：「義兵取人，山藏海納，逮乎徒隸，亦無棄者。……賞宜從重，吾其與之，諸部曲及徒隸征戰有功勳者，並從本色勳授。」

示隋唐政權頗有一脈相傳的關係，其狀與漢之代秦極不相類，由此可見中國政治發展至隋唐時定型已久，「革命」在改朝換代中早就渺無音訊。唐高祖即位時建元「武德」，兼有「以力服人」及「以德服人」之意（唐廷以寬容態度招降而以嚴酷手段滅敵）9，既暗示政權的暴力本質，又宣傳統治的合理精神，正如唐取代隋乃藉文武雙管齊下，明擁暗棄，一方面守舊、另一方面佈新，其實是「換湯不換藥」、「新瓶裝舊酒」，總以利先而奢談義利兩全，這便是傳統政治的例行性新說，司空見慣。

　　李世民奪嫡即位一事當然失德，但若就政治本質來看，便知強者當有權，而李世民既是打下大唐江山的主力，其奪位執政乃為合情（雖非合理）；然則唐太宗之後皇位繼承鬥爭不斷，這似乎是李世民首開惡例所致，其實卻是權力競爭持續其武鬥原型的結果；於此政治內情的公開化與醜陋人性的正當化才是惡因，「有樣學樣」只是現象而非關鍵，「成者為王」畢竟各憑本事且各有異志。李世民以「玄武門之變」奪權成功，此即「槍桿子出政權」的實證，蓋玄武門為唐京軍事要地，掌握其兵即據武力控制都城，唐室數次政變均以此決勝（例如中宗復辟與玄宗集權），於是「政治地位原為暴力性優勢」的情實一再演出，骨肉相殘的人格病態以權力問題而論竟非異常（自南朝至隋唐其亂不止），如此「政治的標準」怎堪聞問。正因「以力服人」是統治真相，唐代皇室內鬥不斷有如生存競爭不止，其勝敗未與善惡相符，卻與強弱相應，此種淘汰作用使帝政免於淪入無能之人（羅馬帝國的崛起即有類似之情），雖然理想的國家不可能由此產生；事實上，盛唐出現之時宮廷鬥爭甚烈，唐朝

9.《資治通鑑》〈唐紀〉十四（貞觀二十一年）：「（唐太宗曰）自古皆貴中華、賤夷狄，朕獨愛之如一。」

統治者縱使缺德卻有雄風，若其施政能從善如流或信用賢士便「如虎添翼」而易於成功，這正是唐代盛世形成的背景，可見帝王的勢力廣大但影響力未必深遠，因為「勇者不必有仁」。然而有助於國力維持的皇位競爭不可為「惡性競爭」，但所謂「良性競爭」終究不真（「君子無所爭」），政治鬥爭的好壞竟決定於現實效用，而功利與正義有所不牟，好勝且將不擇手段，故以競爭為至道必陷於惡鬥而敗事，唐朝的衰世雖未必為政爭直接導致──正如唐朝的盛世並非即由政爭所造──然政爭不息豈可能益世日進或以善終了。

　　初唐政治的胡風猶存，國家由強人領導似有生氣，然政治安定日久則文化事業必勝於武功，於是立國形勢轉變，統治者為征服者的地位或力量不能長榮，政務制度化的結果新人輩出而舊貴漸去，唐朝至高宗時宮廷已由鬥力改為鬥智的官場。從此，內朝與外朝疏離、文武分途愈甚、華夷之防日嚴、關隴優勢減少（所謂「關中本位政策」沒落）、東南地區壯大，於是出將入相之事不再、科舉成為仕進要途、府兵衰敗、藩鎮興起、皇室腐化、宦官擅政又起，在此變局中（唐高宗至唐玄宗）武則天頗有助長之力，其以婦女干政而篡位建國的特例，顯示唐代政治趨勢的轉折極為詭譎險惡。政權是實力角逐之所得，然而「牝雞司晨」向為禁忌，女人持國的機會本來甚微，如此武周的成立可以證明唐朝政治的原始性及傳統性均極強，蓋弱肉強食是人類社會的「自然狀態」（state of nature）而強者不必為男子，並且武則天致勝的手段是假借固有的體制與信仰，又利用長久以來政爭發展的取向與不滿份子的意向（扶持山東江南文士以抗關隴貴族）10，有應付也有引導。古典文明之前的價

10.《陸宣公集》〈請許召臺省長官舉薦屬吏狀〉：「[武則天] 開汲引之

值觀是「有能即有德」，當時男尊女卑的風俗並不強盛，因為女子亦具相當的求生能力或競爭力；歷史發展至社會結構定型時，男人主導的形勢已成，於是「女子無才便是德」一說產生，此種歧視乃為集體進化的流弊，並非個人性立場；如此，北朝的「女權」勝於南朝，這其實是胡人文化層次不如漢人的證據，而唐室的「女性雄風」表現也證明其政猶多蠻氣。不論如何，武周政權畢竟不符正統文化或主流思潮，其出現堪稱奇蹟，亦即非天意無以成之，唯史事總可以後見之明勉強解釋，然則武則天得以稱帝是中國文明脈絡發生巨變的產物，或為儒家思想陷入窮途末路的結果。求道不進則退，儒家原為高尚的人文主義，其「究天人之際」的省思因未能發覺上帝，反而逐漸人本化（世俗化），於是儒家的不足或失誤暴露，偏差的宗教性信仰由此興起，玄學、道家、與佛教皆盛，此類觀念不辨萬事萬物在宇宙中的定位，「男有分女有歸」之想崩解，自由或抗爭的精神愈演愈烈，終使女流稱霸成為可能，雖然其事確屬意外。

　　佛教本為無神信仰與無政府主義（佛學本非宗教），所以佛教原無可能造就神權政府 (theocracy)，但信佛者可能迷失而執政者常不虔誠，因此具有內在矛盾性的「佛教政權」竟非罕見。武則天一方面事佛一方面專政，看似沒有衝突，其實是藉佛毀儒以自我合理化（自稱「聖神皇帝」），這正如武則天即位後並不強調或彰顯其為女主的「性別意識」，乃為武氏利用傳統而反傳統的投機表現，總非另有全盤的擘畫。由此可見，武周缺少

門，進用不疑，求訪無倦，非但人得薦士，亦得自舉其才；所薦必行，所舉輒試，其於選士之道豈不傷於容易哉？然而深責既嚴，進退皆速，不肖者旋黜，才能者驟升，是以當代謂知人之明，累朝賴多士之用。」

革命性意義，卻富有「封建思想」，其心態主要是自利，重建政治次序實非所重，故武則天既篡奪唐睿宗的帝位，又立之為皇嗣（其後改以中宗為太子），顯然其念是「彼可取而代之」而非改革既有體制（遺制曰「去帝號，稱則天大聖皇后」）。武則天推崇佛教是為自我合理化（「正名」），而非設教施政乃至傳道淑世，故其舉少有排斥道教而刺激人心之處11，同理，武氏提倡進士科是為壯大其執政的後盾（擴增支持者），而非推翻唐初以來的制度法統，故其謀不圖消滅世族社會也未改變統治原則；尤其進士科考試重點由經術轉向文章一情，雖有武氏個人的偏愛與私心為其動機——「重文」是為「輕武」（制衡功臣集團）也為「反儒」（避免禮教約束）——但此事既符合文興武衰及儒學沒落的大勢，且利於治世全才的出仕，誠為公私兩便，不必視為個人性或創造性政策。武則天稱帝而心虛，其政絕不輝煌，但為掩飾「無法無天」乃特別宣揚「有法有天」，結果則是「務名而不務實」（官名、地名、及服色的更易竟為當時要事），虛

---

11. 正因武周政策缺乏新意，武則天乃更需宣傳其治國理念，故有制曰「釋教開革命之階，升於道教之上」（《資治通鑑》〈唐紀〉二十（天授二年），原文見於《唐大詔令集》〈釋教在道法上制〉），此令不論是否徹底推行均無關宏旨，其舉甚具象徵性卻甚少實用性，大張旗鼓以周告天下反而透露統治者為政無方的窘狀，或是得權不義的虛驕。即因武氏倡佛實為政治宣傳之舉，其令絕無抵制道教而觸犯民情之意，故在〈釋教在道法上制〉發佈之後又有〈條流佛道二教制〉（《唐大詔令集》）或〈禁僧道毀謗制〉（《全唐文》），申言「佛道二教，同歸於善，無為究竟，皆是一宗，比有淺識之徒，競生物我，或因愍怒，各出醜言……自今僧及道士敢毀謗佛道者，先決杖，即令還俗」，由此可見，武則天主政亦乏深刻的立國精神，不論其成敗如何，並無巨變之勢。

有其表（大開仕途又濫賞濫刑只為樹威），這便是史書所載武周政績乏善可陳的緣故，並非後人厭惡女權以致刻意湮滅其功（若然則唐史論述於武周前後必特有突兀不明之狀）。武周絕非昏君暴政，然其遺惠甚少而遺害頗多，這表示武氏政權的出現是「結構性意外」而非「英雄造時勢」，亦即武周實為傳統政治的變相，缺乏改革或突破的歷史意義，所以武則天不免被置於舊式的價值觀之下受人議論，其風評自然（當然）不佳；同時武氏顛覆陳規之舉成為惡例——其後韋后、安樂公主、太平公主等貴婦亂政均得武則天「啟發」——激起各式異議者放縱抗爭，徒增事理混淆與社會不安，此情證明武氏之禍主要是以破壞規矩惡化政治的暴力性質，畢竟傳統是含有弊端的最佳習俗。

　　李隆基發動政變重建唐朝而登皇位，其法雖亦粗暴，但國體政制得以恢復，五十餘年的唐室女禍於是結束，正常的統治由此再行，文明進化的大勢乃足以造就「開元之治」（玄宗實非明君），可見人謀不臧甚有害於太平，天災並不是亂世的主因。以治國能力而論，武則天不及唐太宗、唐玄宗又不如武則天，太宗以下官場亂象日增，冗員、貪枉、奢侈等問題惡化，對此玄宗改革不多，但稍加節制而崇儒尚法，久之竟有休養生息的良效（據說此時天下戶口方才勝於隋代盛期），顯然人民未期於仁政而只盼暴政不出。玄宗朝既是唐代盛世也是唐代步入衰世之時，自此隋唐相沿的制度衰落而新法興起——彍騎（募兵）取代府兵（徵兵）而兩稅法（私產制）取代租庸調法（均田制）——不合時宜的舊規消滅對於國運兼有利害，這表示唐室早期的征服力量或統治優勢，乃得自北朝固有的威武（政治傳統），但因唐朝畢竟是以漢人文化為主的政權，顧此失彼的政策終使國家整體發展受阻，所以唐朝改制必然處於今非昔比之境而其

計乃得自全。唐朝有求於外族又自居為上國，胡人叛變不成竟可重獲權力（史思明叛後投降猶受封為歸義王范陽節度使），唐代的胡漢關係似惡還佳，其實繫於漢族武力的強弱變化；然而隋唐正統畢竟立於中國文化的傳承，故華夷之防逐漸嚴明，其勢與唐朝衰微並進，以至於宋代出現強烈的華夏本位主義，可見晚唐是中國歷史的「近世」先兆。安史之亂以後，西北荒殘益甚，藩鎮割據，河朔胡化 12，外族入侵，政治史上的長安與洛陽時代將盡，同時東南經濟的發展超越中古規模——所謂「自然經濟」改進為「貨幣經濟」（商勝於農）——其為政治與文化重鎮的地位迅速興起；於是文武對立、胡漢對抗、乃至以古非今的精神氣氛漸增，儒家傳統的強化與物質文明的躍升一齊出現，然「以力服人」的權力鬥爭也繼續開展，在此亂局中宦官勢力竟因皇位角逐者的私心自用而大為擴充，使得社會開化曲折多變。唐朝帝國的「世界性」其實是胡風而非古典主義 13，

12. 《新唐書》〈史孝章傳〉：「大河之北號富彊，然而挺亂取地，天下指河朔若夷狄然。」

13. 論者常認為唐朝開邊的武功更勝於漢朝，就形式（量）而言此見可以成立，但若從精神（質）而論事情恐非如此，蓋漢朝的華夏本位立場強於唐朝，或說漢代「中外」之別重於唐代，所以漢朝對外開拓的難度或阻礙高於唐朝，況且漢朝的外敵為一統的匈奴，而唐朝的強鄰為分裂的突厥，如此漢朝擴張所需憑藉的實力猶大於唐朝；質言之漢朝開疆較諸唐朝不僅更有賴武力優勢而且更具同化意念，或說唐朝武功含有的「外交」成分（相對於「軍事」行動）多於漢朝，如此大唐帝國盛期的版圖雖比漢世更廣，但其組織鬆散且為時短暫，曾為唐朝控制的異族並未深刻漢化，而唐朝的胡化卻頗為顯著，然則唐朝較漢朝更有「國際政權」的性質，亦即更少「中國」的實質；相對而言，唐朝較漢朝更為浮華，或者漢朝較唐朝更為務實，漢代去古未遠乃多先秦傳統的保守態度，唐代在五胡亂華之後乃多文化交流的人性俗氣，

當唐代的國際化色彩逐漸減少時，中國的正統文化逐漸復興，
於此唐朝國力式微，令人誤以為尚武是富國強兵的原理、而儒
學是缺乏效益的空論；事實上唐朝的衰落是暴政必亡的事證，
不重禮教正是其勢不久的原因，所謂「中國本位文化」的建立
乃是儒家道統的重振，這是理所當然之事，但因此事來得太遲，
所以唐朝病入膏肓而無可救藥，其死豈為崇道所致。簡言之，
唐朝以霸道建國，亦以霸道亡國，其理是以武力得天下者將因
武力不繼而失天下，這是人性「好逸惡勞」的自然後果，因為
奪權是求「以逸待勞」的優勢，開國者企圖「一勞永逸」乃需
力戰，而有國者鬆懈放縱便成常情，結果當然是「死於安樂」，
有如報應輪迴；唐室利用胡勢而崛起，又因胡勢崛起而失國，
這表示華夷之別即是文明與野蠻之分，胡人重武輕文的態度使
其常處於鬥力的狀況，唐朝有進化之途而文武不能雙全，故親
唐之胡可能反而亡唐（安史亂後胡族將領叛變常與朝廷猜忌相
關），否則唐朝「騎虎難下」，亦是一死。

　　安史之亂以後，唐朝倚賴藩鎮或受制於兵將的程度大增[14]，
帝王昏庸亦成常情，在上位者務求自保而在下位者競爭權利
——此由「招安」政策之盛行可知（安史降將變為東北五鎮節
度使）——國家陷入半割據狀態（達一百五十年之久），公私分
別漸泯，因獨霸勢力未出，唐朝覆亡乃以五代十國的紛擾為繼。

　　漢朝武功較唐朝更富有義利兩兼的動機，所以漢唐一樣企圖征服朝
　　鮮，但唐朝的作法顯然較多霸氣而較少謀略（唐太宗親征高麗乃為耀
　　武揚威故不顧群臣勸阻），可見大唐之大大而無當（虛胖）。

14.　《白氏長慶集》〈策林〉三：「夫欲分兵權、存戒備、助軍食，則在乎
　　復府兵、置屯田而已。……一事作而三利立，唯陛下（唐憲宗）裁
　　之。」

晚唐政局並非軍事統治卻是武夫分領，朝廷仍有文才，鎮帥盡是粗人（非屬胡族便為胡化），教化政策難以推行，地方自治也不合理，顯然軍閥政權是以武力維持獨立，猶無能以文治號召統一，只得叛變而未得建國（失意士子可能出走河朔但多無革命企圖），故唐室可以苟延殘喘於一時。以下犯上是藩鎮常見的內亂，而朝廷往往追認其成就（以篡弒成功者繼任節度使），同時節度使之位亦漸有世襲跡象，其驕者甚至稱王稱帝，這表示唐代後期政治次序瀕於瓦解，強者奪權的改朝換代徵兆已出，唐廷與豪鎮的關係有如敵國外交，於是爾虞我詐似無道德問題，因為生死興滅才是當下大事。晚唐藩鎮雖多恃勢為亂，但其個別力量不足以壟斷大局，唐室姑息軍閥之舉非由無力討伐造成，卻以精神頹廢導致（牛李黨爭開端於和戰之辯），故憲宗可能重振中央一統權威，但「元和中興」僅得十五年(806–820AD)，是所謂「人亡政息」。憲宗以後河北三鎮（盧龍、成德、魏博）又叛，唐廷對此幾已無心再理，國家形同分裂，然藩鎮與中央的對峙既消，其獨立地位鞏固，內部鬥爭卻從此惡化，反而更無威脅唐朝之勢，此一怪狀證明晚唐帝國早已名不符實，其情乃是由於人性嗜力好權而當時並無凌駕群雄的一方　（包括唐室）。當東方藩鎮衰弱時民變興起，黃巢之亂造就李克用（沙陀部酋）與朱溫（流寇降將）的霸業——亦以節度使之名稱雄——同時關中藩鎮亦開始與朝廷為敵，整個華北陷入軍閥角逐帝政的戰局中，一如故事，乏善可陳。

　　唐代後期與藩鎮割據同時出現的亂象是宦官干政與朝臣黨爭，這些事情都是傳統政治的常勢或一般人性的表現，其道理並無特殊而深奧之處，顯然唐朝的衰亡近乎歷史規律，統治者的私心有成有敗但不可能常勝，所以天下分合不斷，「風水輪流

轉」因此竟成世俗的信仰（半理半意）。宦官的存在顯示人性極其醜陋，這不僅意味權力是一種獸性的支配慾（奪人生殖繁衍之望），並且呈現統治者自大自私的宰制心態（無能、任性、又不光明正大），更因宦官絕非皇室安全所必需（後宮管理不是非太監不可），可見宦官亂政實為征服者弄權的自然人禍，難以視為意外15。唐代宦官之禍所反映的政爭醜態尤為顯著，此因皇位繼承制度始終不固，人際關係的作用對於新君之生影響甚鉅，故冀求得位者莫不結黨營私以自壯聲勢，於是諸王與近侍串通奪權乃為常例，宦官擁立自肅宗以後便成登基之道，少有例外（如唐德宗）；此情與唐代前期的禁軍擁立之事（玄武門之變）雖有別，但其聚勢謀變的「人和戰略」如出一轍，且唐代後期的京師兵力（彍騎衰敗後神策軍取而代之）亦控於宦官之手，宦官監軍之制又使其可以藩鎮為援，政權與暴力猶是不解之緣（「人作之合」）。唐順宗時太子李純（憲宗）藉助於宦官與藩鎮的力量以逼退之法就位（永貞內禪），然後宦官之勢大漲，反有威脅皇權的實力，憲宗與敬宗竟皆死於其手；由宦官扶植的文宗雖有剷除閹黨之心，但政治名分既已虛弱而權力鬥爭更形粗暴，故文宗聯合大臣以制裁宦官的行動居然落敗（甘露之變），朝廷直如黑社會。論者以為唐玄宗以後關隴集團為朝廷主體的局面漸廢（關中本位政策式微），由此內朝（皇室）與外朝（相臣）疏離，造成閹寺崛起而成為君主心腹，於是宦官擅權之機出現，其勢乃大；此說表面得理，其實失義，蓋宦官得權原本由於帝王寵信，二者主從地位之別甚明，只因爭位者依賴閹黨成功乃有自瀆授權之患，可知私心使人猥瑣，盜者之道終將害

---

15. 《新唐書》〈宦者列傳〉序：「小人之情猥險無顧藉，又日夕侍天子，狎則無威，習則不疑，故昏君蔽於所昵，英主禍生所忽。」

己，而其從犯為何絕非要因；易言之，宦官的壯大源於當政者任用私人的惡念，外戚得勢的緣故亦然，關隴集團的分解或內廷外廷的疏遠並非唐代宦官亂政的起因，人性自私竟是大權旁落之由，故聖人論政首重名正言順。晚唐疵政以宦官為首惡，其時黨爭實附著於宦官內鬥之局，故當宦官統合時（宣宗以後），黨爭亦息並轉而共抗內廷；然朝士始終不敵宦官，在政局已成戰局時，南司（朝臣）對北司（宦官）的反抗只能以引入藩鎮之力嘗試突破。藩鎮、宦官、及朝臣既成唐末政局三主角，軍閥當然是其中主宰，畢竟政權出於武力，求權者必需擁兵乃可自重，故宦官與朝臣均勾結藩鎮以相鬥爭，而其勝負實可預料且無關緊要；蓋奪權者需求名義但以力服人總有優勢，在此政爭中朝臣較宦官更獲藩鎮青睞，然宦官一滅，文官即為武官征服，於是唐朝政權成為軍閥的禁臠，改革未曾實現而革命無由出現。由此可知，不當的手段未可以目的光正之，為惡不可能是行善之道，正確的目的無法以錯誤的手段達成，知行合一，心好則事不壞，政治改良可能出於意外，但從來不是陰謀的產物。

　　唐朝的滅亡是漸進而全面的衰敗結果，並非突然，在宦官亂政、朝臣黨爭、及藩鎮割據之外，又有地方民變，共同造成國家瓦解與天下大亂，這表示李唐帝國原本體質強壯而資源雄厚，乃能歷經長久的消耗才終於毀滅[16]，其情暗示中國一統政權至此已具豐富的控制經驗，人民且大都習以為常，固非一時

---

16. 《全唐文》劉允章〈直諫書〉：「國有九破，陛下知之乎？終年聚兵，一破也；蠻夷熾興，二破也；權豪奢僭，三破也；大將不朝，四破也；廣造佛寺，五破也；賂賄公行，六破也；長吏殘暴，七破也；賦役不等，八破也；食祿人多、輸稅人少，九破也。」

風吹草動可以顛覆。唐朝的內憂外患雖多，然其亡國因素就現象而言乃在於經濟而非政治，此即民變乃是唐朝所以覆亡的近因，或說東南財賦的喪失竟為唐室的致命傷，這證明中國文明重鎮至唐末時已轉移於華南，並且政治與經濟已高度結合或密切互動——「政治的經濟性」或「經濟的政治性」大增——以致經濟衰亂與政治腐敗共作，而其「結晶」即為亡國的民變。安史之亂以後，唐朝的命根已非軍隊而是賦稅（兵將可能反抗政府而財收必為中央之利），同時東南經濟卻也開始深受動亂破壞，肅宗時袁晁興變於浙東，懿宗時裘甫又起事於當地，稍後龐勛為亂於江蘇，僖宗時王郢叛而禍及江浙與福建，然後黃巢造反更大略江南（從者大增），晚唐元氣於是衰竭[17]，軍閥趁虛自立，只待霸者再行統一。唐代後期經濟趨於「資本主義化」（市場自由化），此時均田制崩解，以金錢為財計之主的兩稅法取代以土地為民生之本的租庸調法，由是商尊農卑的形勢興起，貧者愈貧而富者愈富的情況突顯；是故唐末民間變亂普及之廣為史所未見，興事者常以均平為號召——如王仙芝自號「天補平均大將軍」而裘甫與黃巢亦有類似之議——其「流寇」形式且是創舉，此誠帝國政治「商業化」之惡果。

　　黃巢為亂，中央無力討伐，同時「藩鎮未一」，唐室竟須求助於叛逆的沙陀人（李克用）與投降的亂黨領袖（朱溫）以滅賊，隨後討賊軍相攻，因之藩鎮交兵，唐室僅成觀戰的「首都中立國」，且深受強鎮控制，新朝已在醞釀之中。唐末軍閥以李

朱二人為首，李克用聯合宦官（楊復恭）以自壯、而朱溫聯絡朝臣（宰相張濬與崔胤）以自顯，李以擁唐為名乃得政聲，但其勢終究不敵朱營，於是異族與宦官之威頓挫，中國正統由此稍獲保全（嚴夷夏之防）18。朱溫獨霸後遷昭宗於洛陽（此為中國文明重鎮南移之兆），進而弒之以立其幼子（哀帝），同時誅逐朝士（白馬之禍），準備篡位；未久 (907AD)，哀帝「禪位」於朱溫，唐亡，梁朝建立，都開封，唐代東都洛陽至此變成西都，時勢丕變而武夫恣行，中國文明亟待拯救。唐朝滅亡之景極其醜陋，後梁之興毫無光明，固然政權向憑武力建設，但五代之始尤為野蠻，此非常態，蓋朱溫朝廷不僅是軍事政府，更持反文化立場，其自噬國本乃是必然，可恨者卻是其「同歸於盡」的毀良心機19。唐朝的衰敗實因重武輕文，宋朝的孱弱則因重文輕武，二者雖皆有失，但相較之下優劣立見，既然有國不能永恆，為政不以德則持國之義大減，故興文之宋猶勝於講武之唐，畢竟武威一去即敗而文教一萌即發。

第二節　隋唐文化的轉型性風格

隋唐是中國歷史由「古代」進入「現代」的過渡期，其風不古不今而兼有舊貫與新猷，於是文化正統雖在，但傳統並不

---

18. 唐末閹黨消滅殆盡，宦官職務全罷，然宮府之事未因此而廢，可見宦官絕非政治的「必要之惡」，其用誠為中國文化之恥。

19. 《新唐書》〈裴樞傳〉：「[裴樞] 俄貶登州刺史，又貶瀧州司戶參軍；至滑州，全忠（朱溫）遣人殺之白馬驛，投屍於河……。初，全忠佐吏李振曰：『此等自謂清流，宜投諸河，永為濁流。』全忠笑而許之。」

深厚，而新式社會雖興，其取向卻仍未定，如此隋唐所具有的中國文明代表性既不充分也不明確，雖然隋唐的時代性極富於轉變特徵。「牛李黨爭」反映的隋唐變遷趨勢甚為強烈，在此社會新秀雖尚不能取代傳統貴族，但新貴的出身由「門第」改為「中第」似已成定案，科舉入仕之途的興起象徵文治勝於武功的政治進化觀，其情即使遠不及理想，也深具價值，因為理性是人所以為萬物之靈的關鍵，而知識是一切人事改良的主要憑藉。雖然，科舉當令並不保證政治從此清明，事實上進士輕薄而不如世族中人確是唐朝官場之一患（牛黨的見識與教養遜於李黨），並且科舉取才之道乃是理性主義路數，上帝信仰與保守主義在科舉盛行時難免趨於沒落，這終將導致菁英統治的墮落以及社會的庸俗化，而造成更大的政治災禍。黨爭出於人的政治性格，自古而然，唐代牛李黨爭本乏新意，但因其身分對立的特色乃致重大的歷史意義，此即貴族的政治性降低而其文化性增加。正是因此，牛李黨爭的出現並不意味朝士的政治勢力強化，反而呈現其政治地位的低落，蓋精神與物質難以兩全，文官的性質愈為純粹則其武力條件愈少——此即所謂「文弱」——而政權的本質既然是暴力，朝上文人相輕只令掌兵者（宦官與藩鎮）更加坐大。李黨代表魏晉以來的世族，牛黨代表新興的文人，前者是政治故家，後者是文化新傑，二者有異有同，可能相互傳承，亦可能彼此對抗；然相對於宦官與藩鎮，牛李兩黨乃為同類一體，這表示文武終究有別而朝臣應是國士，議政者勞心，不當與勞力者一般見識甚至爭權奪利。李黨的貴族氣或保守性強於牛黨，牛黨的理性開明精神勝於李黨（對於藩鎮割據與外族侵擾問題李黨主戰而牛黨主和），李黨重經學而牛黨善文學，二者先後接續的關係顯示文明歷史發展的趨向，此

即自古典性至現代性的演進，就政治社會的轉變而言則為「民主化」，因其改易是大勢所趨（注定），故最終李黨失敗而牛黨勝利（此情反映於科舉者乃是明經科遠不如進士科熱門）20。牛李黨爭起於憲宗朝而終於宣宗朝，此時朝政控於宦官，朝臣相鬥而決勝於內廷之局，這表示牛李黨爭的文化意義重於政治作用（誠如「紙上談兵」是論理而非動武）；然則牛李黨爭表面上止於宦官「合為一片」之時，其實卻未曾結束，因為人事起滅迅速而人心延續久長，政治可能重演（偶有間斷）而文化一脈相傳（沿襲不斷）；牛李黨爭所具之時勢必於事件停息後繼續進行，直至新局大定方才告一段落，此即宋代「文人政治」的樹立，由是士紳取代貴族成為社會中堅，雅俗之別漸減。

　　隋唐是古代貴族社會轉向近代平民社會的過渡期，這不僅是隋唐包容異族的「世界化」取向所致，更是中國歷史內部自有的「世俗化」趨勢所然，但因前者為突發的特性而後者為隱伏漸進之風，故學者常以為隋唐文化的平實格調主要來自「胡化」的影響。文明的精神本是菁英主義，然文明開展必定導致菁英主義的鬆弛，中國貴族社會自封建制度瓦解後只有趨於解放而不可能強化，所以秦漢的貴族是掌握政權的傳統世家，魏晉的貴族是朝野相通的名門士族，隋唐的貴族則為科舉出身的民間英才，一路發展下來，貴族的貴氣愈來愈弱，地方與中央對立的力量減少，朝廷成為貴族養成所，未得皇室提拔的文人乃與庶民相去不遠，這便是社會平等化的跡象。嚴格而言，貴

---

20. 《舊唐書》〈武宗本紀〉：「李德裕曰：『朝廷顯官須是公卿子弟，何者？自小便習舉業，自熟朝廷間事，臺閣儀範、班行準則，不教而自成；寒士縱有出人之才，登第之後始得一班一級，固不能熟習也，則子弟成名，不可輕矣。』」

族是一種政治身分，未具體制性封銜則不可謂為貴族，但廣義而言，貴族是居於社會優勢的群體，只要擁有強大的人際影響力即可視為貴族之流；如此，中國史上的貴族乃由政治性地位轉為社會性地位、再轉為文化性地位，此即秦漢以來貴族的政治勢力或獨立權威日漸式微，以致貴族不依附政府便失優勢。原來貴族集政治、社會、與文化上的優越地位於一身，而當一統帝國的政治權威逐漸鞏固時，社會與文化愈為「政治化」，於是貴族愈來愈需法權的加持乃能立身，未仕或致仕的貴族有清譽而乏實力，僅得為「鄉紳」而已。古代貴族富有割據一方的勢力，後代貴族則離朝廷（京城）愈遠愈為卑微，漢代地方郡守與中央九卿官位相等（皆二千石），而唐代官場顯然重內輕外，刺史不過三四品，縣令之選更薄，同時地方官自辟屬吏之權已收歸吏部；然朝廷對地方監督的程度亦有所增（唐代各道觀察使的權力大於漢代各州刺史），而監察官又以「泰山壓頂」之姿逐漸變成地方長官，地方政府乃由二級制（郡縣）進為三級制（道府、州郡、縣）；如此，金字塔型的控管結構使上下關係愈為嚴格，官品的清濁由是顯現，尊卑分流而難以交通，就中胥吏位低事繁，反而以此掌握實際的處分權，因其有責無名，常玩法弄職，益增政治的無理與無情。由此可知，中國統一以後帝政推展使皇朝高高在上而官民之別擴大，在社會「平民化」進行之時貴族「中央化」亦興，二者相長卻又對抗，這實為政治與宗教分離發展（亦即政治漸失理想）的必然後果。

　　文明前期的貴族因其政治優勢而得以就學，中古以來的貴族則是因其學識過人而得以入仕，二者雖皆學仕合一，但前者「仕而優則學」、後者「學而優則仕」，其出身顯然高低有別。隋唐科舉興盛以前，士人是「準官員」，此後則為「求官者」，

知識份子的政治地位顯然下沈，這是封建制度式微之下社會競爭強化的自然結果（士商關係變得緊張）21，正如保守主義沒落而自由主義興起，必使「英雄不怕出身低」成為流行的新說。漢代「察舉」與「詔舉」實為朝廷向世家大族選才，唐代「制舉」類似詔舉，但其「鄉貢」與察舉已頗不同，因為鄉貢是經由科舉考試而得的晉身機會，並非憑藉門第或名聲以出仕，而且制舉並不定期辦理，鄉貢則經常舉行，由此可見唐朝遠較漢朝更為「平民化」。在制舉與鄉貢之外，唐代又有「生徒」入仕一途——有似漢代博士弟子員之用——然生徒為出自中央官學的豪門子弟，常人無從由此求進，而隨著政權更加開放，科舉日漸成為仕宦大道，生徒的前途終竟不如鄉貢（何況官學教育一向不精實），於是向民間取才的科舉變成正統的「文官考試」(civil service examinations)，頗具世界性的文明意義。參加鄉貢者「懷牒自列」於州縣，幾無資格限制，不需已仕者推薦，此法必需基於高度的理性主義教育觀，實非一般人性所持，中國有此創舉乃因封建制度早亡而一統帝國需才孔亟，故不得不訪士於庶黎，難怪科舉興起於貴族社會的末期（在科舉創始之前隋文帝已廢止九品中正制）。隋唐的民生經濟遠較秦漢時代龐大複雜，其治國所需的官吏數額在分久復合之下遽增，同時世族結構卻趨於瓦解，所以大規模的公開選才辦法必須開始推行，而此法非試藝不可，科舉的出現顯然是時勢所趨。易言之，科舉的流行是隋唐處於劇烈世變的證據，而科舉的推展實為唐代國策中最識時務或最合時宜者，此事甚有保全唐室於亂世（安史之亂以後）而延伸其祚命的貢獻。

---

21. 《唐六典》〈尚書戶部〉：「工商之家不得預於士，食祿之人不得奪下人之利。」

　　科舉考試初由吏部主辦，後由禮部主持（玄宗開元二十四年以下），自此成為定制，這表示當時科舉已是主要的任官方式，蓋審核仕宦資格一事原屬吏部業務，但此事若以考試為準且為入仕正途，其業務必是極其龐大而重要，然則吏部將難以兼顧或展現科舉之盛事，故其務改由禮部處理既可專業化且可神聖化，情理皆得。進士科自隋煬帝始置，至初唐時已成入仕之主流，此種以試文為主的取才辦法實非朝廷有意提倡文學所致，而是由於其法最能考驗人之才華潛力，因為處事需要常識而為政不靠專長，能文乃是學有見解而藝可通達的證明；此事顯示中國文化重視博聞通貫的學養，然其科學不精或專家不多的問題也由此暴露22，同時可見經學沒落的趨勢、或是求道境界的下降，難怪進士空疏的評語以及「文以載道」的呼籲不久即出。中國傳統一向不重物質原理，天人合一的人本宇宙觀（不同於孔孟的超越性真理觀）自魏晉以來逐漸盛行，於是經學式微而史學興起，文學則以兼具論理（經）與敘事（史）的功用成為士人通務，況且抒情是為文者共同之需，如此文學雖自古

22. 唐初鄉貢本有秀才、進士、明經、明法、明字、明算、道舉（測試道家之學）、童子等八科，然最受矚目者為進士及明經，未久進士科即一枝獨秀，其餘皆不為人所重，由此可見當時文豪通儒的地位甚高於技術專家，而文豪（進士）竟然又較通儒（明經）為尊，這確是唐代文化重情輕理的傾向呈現。進士科考試原於詩賦之外亦測經術，這表示其理想是拔擢治世全才，然完人難覓而明經且另為專科，故進士終於化為文學專業——所謂「贖帖」（以作詩取代「帖經」）即其預兆——仍是科舉首選；此情證明唐代經學的發展不如文學有成，而唐代文化的層次實有沈降之勢，因為真高於善而善高於美，通經者必能文，能文而不通經者必失道，雖然文采確是鑑別能士及評判德行的通用標準。

即有，但其顯著地位卻是在道學退步之後才出現，這便是隋唐科舉以進士為尚的緣故（此乃時勢所然而非統治者個人的影響23）。魏晉之後北方文化以經學為宗，南方則以文學為榮，隋唐科舉重文學而輕經學，此乃南方地位上升的歷史趨勢又一表現（應進士試者多南人而應明經試者多北人），並非偶然；但治經學者亦能為文，故進士科的推行實是消除南北差異的文化統一事業——正如鄉貢之法不是特為平民所設而是專為選賢所訂——不必視為崇南抑北的政策（其時政治重心猶在北方）。如此，士人若與豪門有所衝突，這必是當貴族社會沒落而平民社會興起之際，蓋古時讀書人大都出身於世族，或者古代閥閱之家多為治學者，文士與貴族既是同類，門第與才能並非對立之事，唯於士族衰微之時，家世身分乃與知識能力漸呈無關，因而出現學子挑戰權門之局，這便是科舉制度成立時的過渡性世情。易言之，統治須是文治，文治需要文人，文人原為貴族，故古代政府不太「對外」求才（「內舉不避親」）；然國家統一而社會發展的結果必使政權公開化而官員擴增，此時貴族式微且其德能不保，故考試取才當成國法；由此可知，隋唐科舉確是中國歷史古今交替的一大信息，自此以後為學與為政的關係疏遠，求知的保障愈少。

　　為學與為政的關係疏遠即是文化與政治的關係疏離，其背景必是宗教信仰日漸淡薄，蓋宗教信仰盛行的社會常為政教合

---

23. 武則天導引進士科偏向文章之試，這固然與其愛好文史的個性有關，但藉此另立官僚集團（以抗世族舊貴）的用意顯然更為重大，因「公私兩便」故「義利兩全」，其成功乃是順天應時的結果，否則武周凌替之後科舉試文之風自當消退，何況「上有政策而下有對策」，統治者屬意之事常無「草上之風必偃」的實效。

一，政與教分離乃因其教趨於現實，而政治既已是現實性十足的事情，不足以「資治」的文教活動當然不為當政者所重，由是文化與政治的關係將更形疏遠。在先秦時期中國宗教的發展趨勢與世上古文明大致相同，此即由多神信仰邁向一神信仰，然而上帝觀念自孔孟以下不進反退，關於「天」的認知逐漸喪失其神格或神性意涵，而其自然性質則相對增加；秦漢時代宗教持續世俗化，至魏晉之初中國顯已放棄上帝信仰的探求，或說一神教至此已無建立的可能，此事就知識問題而論，乃意謂人文主義臻於極致時，若無上帝信仰的確認則必淪為人本立場的強化；魏晉南北朝時期玄學流行而佛教興起，這一方面表示儒學無法提升以致退敗而陷入歧途，另一方面表示人心終究需求信仰，所以中國自發的天道思想既不能達到一神觀（功敗垂成），只得接納外來的宗教。佛教本為無神信仰，但佛教流行時佛祖自然被信徒「神格化」，其相關事物亦隨之「神聖化」，於是佛學（原是一種價值觀）「宗教化」，佛教竟成信仰層次不高者所強擁的宗教，亦即「最具宗教性而實非宗教的虔誠信仰」；佛教在印度無法取代婆羅門教而盛行，正因其宗教性不及傳統信仰（逼近一神觀），而佛教得以在中國成為主流信仰，則因其宗教性強於世俗化的儒家思想，這證明「儒教」終非真實而中國人民也有求於神明。唐代「三教講論」的席次原以道教居首、儒家居次、而佛教殿後，其後佛教日益興盛，三教之首改為佛教（宣宗時），而儒家始終不能奪冠，由此可見儒家已失其為立國精神的崇高地位；韓愈以尚儒立場諫諍憲宗迎奉佛骨而獲罪，這顯示儒家確有重要的政治價值，但因其宗教性作用不大，難以成為普及社會的民間信仰（近代中國關廟為數遠多於孔廟），以致其政治影響力也連帶減損24。如此，隨著儒學退化，佛教

在東漢傳入中國，在魏晉南北朝成為輔助中國思想的超世觀點，至隋唐則奠定其代表性宗教的地位，而與儒家人文主義傳統並立，共同組成完整的中國文化形式（既有現實觀又有理想觀）；然儒釋互補卻非一致，真理通貫萬事萬物的本質於此未顯，可知「佛教中國化」並不能改良文明，反而是中國文明無力更進的緣故，唯因隋唐儒學已陷於僵局，不以佛教充當宇宙觀則中國文化亦無出路，此事誠然無可奈何。總之，佛教在隋唐時代的昌盛反映中國上帝信仰失落的定局、以及中國現實主義發展的極限，蓋佛教固然缺乏超越性精神，但佛教對凡人的宗教性意義卻不淺，其流行實際上遏止儒家失道所致之俗氣增長，使中國思想境界不至於夷為平地而成「有人無天」，雖然儒家與佛家的並興其實表示「天人永隔」的文化困境。

佛教富有厭世態度，而政治所含的現實性或人性原罪極強，故佛教對於政治的反感甚鉅，雖然佛教並不如此明言（若然則政教衝突必烈而佛教思想的不完備問題也將顯露）；如此，「佛教政權」或「政府倡佛」實為荒謬錯亂之事，然而此情在史上

---

24. 以宗教性意涵而言，佛教強於道教而道教強於儒家，以政治性義理而言，儒家勝於道教而道教勝於佛教，如此，中國歷朝崇尚儒家乃因其為最佳之「立國精神」，絕非任何「人本式宗教」所可取代；然而統治者常以攬權而腐化、或以無知而亂道，於是儒家的政治地位可能淪落於佛教與道教之下，例如李唐以道家宗師老子姓李而將道教置於儒釋二者之上（列入科舉項目），而唐宣宗等崇信佛教的帝王又以釋家凌駕儒道二者；惟不論如何，儒家的政治地位僅可能為釋道二家所排擠而不可能為其所推翻，蓋宗教可能政治化而政治不可能宗教化，道教盛於華北而佛教盛於華南，即因道教含有民族主義，故成中原人民表達其擁護華夏傳統的政治性信仰，而佛教較具信仰成分，故為較少「歷史包袱」的江南大眾所自然接納的實用性世界觀。

絕不比君王毀佛更罕見（一般作法是不特意理會），這只是證明政治向來弊端重重而難以合理。隋朝對於佛教極為支持，甚至因此排儒廢學，然文帝（自稱「佛弟子」）的性情遠較煬帝（自大荒淫）合於佛教，而護佛政策卻延續不斷，可見宗教對統治者而言主要是政治問題而非信仰問題，即使帝王出於個人信仰推展其宗教政策，這也往往是迷信或自私的行為（如隋文帝云「我興由佛法」）。唐朝建立之初政權尚未穩固，李淵對於佛道二教的競爭衝突採取姑息態度，然至國家大定之後（武德九年）即下詔大量淘汰僧人與道士，而其理由均是出於統治權利的顧慮（「苟避徭役」、「聚積貨物」、「交通豪猾」、「誘納奸邪」、「驅馳世務」），思想異趣非其所重；此種不由分說的全面毀教作法顯然只是一時之需，故「事竟不行」（見《舊唐書》〈高祖本紀〉），而隨後儒釋道三教同受肯定且其說漸趨調和，這般離奇的變化自非知識理論或信仰觀點演進所致，其唯一原由當是隨時更改（投機）的政治立場。正因當政者對於宗教的態度大都基於現實利害的考慮，隋唐佛教盛行固有其文化發展脈絡上的道理──亦即歷史大勢之內情──但這未必能反映於時事或為當事者所察覺（物質主義者對於精神力量常以失察而認為虛假）；惟不信命運者亦受命運支配，且執政者的宗教政策只在其文化環境中抉擇，所以隋唐佛教的境況絕非決定於帝王的好惡，卻是儒家求道失敗的必然結果，畢竟滅佛與興佛二事皆暗示佛教的壯大，而佛家與儒家終究不合（唐武宗滅佛與此有關）。

　　魏晉佛教處於引進與介紹的階段，至唐代佛教宗派大盛，此時中國佛教已臻於成熟，其「本土化」使信徒激增，但佛教的本質也因而變異，顯然儒家思想以其現實性太強而未能成為國教，佛教信仰也以其非現實性太強而無法維持原樣，中國式

的觀念依舊停留於「天人之際」。原始的佛教乃為小乘，中國的佛教主流卻是大乘，其間差異實在於人文主義精神的強弱，小乘之旨為「獨善其身」而大乘強調「兼善天下」，前者富有出世性（個人主義）與哲學性（理論知識），後者富有社會性（集體主義）與道德性（經驗感受）；此二者雖非矛盾卻有衝突，畢竟世間絕非完滿而行事須有取捨，輕重緩急的問題使目的相同者未必可以協調合作，手段或過程的差別將造成緊張對抗，所以中國文化的崇實傾向終竟導致大乘發達而小乘式微，足見大乘以人本立場取勝而小乘以脫俗意念問世。佛學是學佛者的真理，求道者必知真理並非人際條約卻是超世大義，況且生命本為孤獨的性靈，追求真理須是個人面對天道而非結群以定論，解脫之法原是自求多福，集體領悟（同時開竅）乃無其事，無我意謂無私，去我不是忘我；「人人自掃門前雪」則一路清潔，依賴他人拯救豈為成道正途，無自知之明者何有渡人之力，不能自全者怎可藉由助人惠我，己立才能立人，己達方得達人，小乘原是大乘的根基，大乘只是小乘的產物，其本末主從關係甚明。易言之，「真」然後「善」、「善」然後「美」，有「知」才有「德」、有「德」才有「藝」，小乘是真正的佛理，而大乘是實行的佛法，有學方有術，無有小乘則未得大乘，知行合一確為至善，但知重於行，蓋知可獨立而行不然。中國佛教以大乘為主而小乘為輔，此乃中國文化重德輕知的表現，或是中國文化富有人文主義而缺乏超越性信仰的呈現，然則佛教中國化的結果其實是佛教世俗化，此情與儒家發展的情勢相似，故可謂「佛家繼儒家而興」的意義竟是「佛教繼儒教而敗」。

　　佛教傳入中國後逐漸南流，終於奠基在華南而發揚光大，北方佛教則相形見絀（卒以道教立命），此勢與中國文明重心南

遞相應，暗示了佛教漢化的情實。中國思想自秦漢以來漸失超越性信仰的探索，在其層次下沈的過程中，唯心主義成為新風（唯物主義至今乃盛），這與佛教的理念雖不相同卻可相近，所以儒學衰微與佛教興起一齊出現，其結果是新儒學（理學）產生而佛學停滯，顯然中國式的宗教觀一出，外來信仰便難以拓展。道家應對佛家而造成道教，儒家應對佛家而造成理學，然道教抗衡佛教的效果甚小於理學抗衡佛學，由此可知儒家境界優於道家，或者中國文明的宗教性當非高深，所以中國自身未能創造虔敬的宗教，而稍受外來宗教啟發的傳統信仰——即「禪宗化的儒學」——便足以滿足士心。佛教原為唯物主義的宇宙觀（萬般皆是空一說表示心靈不永），但佛教的問題意識或終極目的其實是如何去除人生之苦，可見唯物主義只是修佛者尋求快樂（心靈平靜）的思想工具——相信一切僅為變化無常的物質現象則人可以「放下」而無所執意——而非其確認或信仰的真理；即因佛教乃以唯心觀點建立唯物主義（佛教理論不是基於科學），且其用意是求「安心」而非滿足物慾，所以一般佛教徒都不自認為物質主義者，卻極可能是唯心主義的擁護者，此情證明佛教其實不是真正的宗教，甚至不是純粹的知識，而是自我安慰的心理學，或是逃命的價值觀。此種心境實為富有道德意念卻缺乏理性力量的人所共有，且為中國中古的文化危機，故佛教流行於華夏的思想變局與其說是「儒家釋家化」不如說是「釋家儒家化」，畢竟釋以人（儒）為本而儒不以佛（釋）為的；事實上佛教中國化是佛教興盛的緣故（因）與現象（果），佛教興盛的背景是儒學的衰弊，但佛教興盛的結果卻是儒家的重振（理學興起），儒釋互動造成學術上釋衰儒興，這表示二者本質均有所失。佛學有唯心化潛勢，魏晉儒學有唯心化傾向，

佛教在隋唐的盛行乃是「裡應外合」的思潮湧現，所謂佛教中國化即是佛教唯心化，其暗流則為儒家唯心化，故以「佛家為外來」一說排佛絕非中肯之見。唐代最為流行的佛教派別——如法相唯識宗、華嚴宗、禪宗——均富於唯心論，禪宗尤然，而禪宗頓悟之說更為唯心主義之極，既簡單又神秘，最合儒家末流的性向，信者無不自負，人人可以自解，於是超越性的永恆絕對真相不存，反智態度愈堅（留學與譯經之風以此而息），其束書不觀而放言空談的弊端與理學遺害一同。禪宗確為「教外別傳」，佛學至此變成個人主義思想，知識已無標準，理性主義與經驗主義共廢，求道僅為率性，所有禮教皆可改易；學佛與圖利若無衝突，魏晉清談的知行不一問題由是盡消，儒家入世主張與釋家出世取向竟以調和，科舉既盛而佛法不滅，士大夫多得自由。總之，隋唐佛教盛行象徵中國道統沈落，其實不是「胡化」卻是「物化」，一方面超越性真理觀沒落，另一方面務實認真的處世精神減少，「明心見性」之道趨於隨俗任意，「大隱隱於市」的意境淪為清濁交流的錯覺，理學興而禪宗衰正是如此的徵象，因為禪宗是惡化或美化的佛教、而理學是簡化或異化的儒家。

第三節　隋唐的歷史地位及其迷失

隋唐在中國歷史中上承古代而下開近世，似為關鍵性的轉變時機，然中國文明的性質古今改易無多，居於歷史中間的朝代即使具有過渡期的地位，也缺乏革命性的意義，故隋唐帝國表面輝煌，精神內涵卻有些虛弱，令問道者失望。以政治制度為例，隋唐是三省定型的時期，也是三省沒落的開始，這表示

三省的法治作用必非重大，既然中國傳統政治向以人治為主，法制成熟常意味其效力不進反退，形式確立常暗示其不切實際的弊端，所以三省演進的結果是三省體制的結束。三省出現的過程乃是「一一追加」而非「一同籌設」──亦即「授權於親信」的作法所致之「推陳出新」堆疊──這是統治者「私天下」的人性反映，然則三省的產生本來即非制度性或法律性的純正規劃，其發展自不可能成為「公天下」之道，反而極可能是「狡兔死走狗烹」的下場，難怪唐代三省關係一定案（唐太宗時）便有名不符實的問題，或說三省設計至此竟因過於嚴密複雜而失去實用價值。思想「理性化」的學者難免以為唐代三省制的確立代表政治進化（化私為公）的成績，殊不知政權是強權的產物，若「欲加之罪何患無辭」是政治實情，則法律的齊備絕不證明司法的嚴正；事實上唐朝三省乃沿襲隋制而來，因其更趨完整，以致帝王更無專擅操縱的餘地，但皇權既高於法令，統治者當然可迴避制度乃至更改成規以遂其意，如此三省制竟「因成熟而僵化」，漸失可行性。唐朝三省的相互制衡功用絕不大，其以相權節制君權的效力更少，皇帝詔敕雖皆經由中書宣告而以門下副署，此乃襯托帝王威權及美化皇朝德能之法（源於君主授權）──正如詔敕向由文臣代筆一情之所示──並非天子受制於人臣之證；並且三省總以中書為尊（門下為輔而尚書為從），各省首長雖皆具宰相頭銜，然得與「政事堂」（後稱「中書門下」）者乃有宰相之實權，而其人又未必為三省之長，因此唐代宰相員額甚夥，相權不重而權相獨大，但群臣權勢之黜陟均繫於「上意」。唐代前期皇室濫用權力（太宗與武后尤然）25，相權因此不彰或是偏重於得寵者，同時三省不是職責

25.《資治通鑑》〈唐紀〉十二（貞觀十五年）：「上（唐太宗）嘗臨朝謂

不定便是制度未行，其長官互相兼攝之情愈來愈繁（由是門下省漸失其獨立性），任事者且多奉承帝心而唯唯諾諾，法律常如虛設；唐代後期社會動盪嚴重，權變便宜之計叢出，有法而難以落實，帝王任用親信的私心使翰林學士（及樞密使）逐漸取代中書舍人成為實質的宰相（號為「內相」），然同時宦官主政之勢竟令制度法權大為失效，三省本身綱紀的破壞反成小事。唐朝中央官制有所謂「三省、六部、一臺」，如此御史臺似為專事監督而脫離相權的獨立機構，地位超然且崇高，但在實際的「政治倫理」中監察者絕非強大或公正，其名分並不能保證功業（如門下省的諫官豈能規範皇帝）；可見唐代吏治的良窳不得以法規的疏密判斷之，其時任官的特派方式尤盛——有「知」、「攝」、「判」、「試」、「參知」、「檢校」等起用名義——即已證明統治者玩法營私之風甚烈，顯然現象與真相遠不相牟。總之，在政治實況中「名正」未必「言順」而「言順」未必「事成」，三省發展至唐在制度上雖已臻於完善，但朝政並不因此而改良，這不僅是因政治有其內在之惡（原罪），且因中國政治的理性精神太弱，故法立未致端行，唐代宮府（內朝與外朝）之分更明於前代而其宦官亂政之害卻更甚，此亦「公器私用」之一例，或是「正統誘發異端」之怪象。

　　隋唐延續北魏均田之制，此事展現隋唐歷史的中古性特質，蓋均田制絕非經濟常態，其施行含有高度的人為因素並且需要特殊的處境或條件，這與自古以來的文明發展趨勢不合，顯有「突變」之徵，難怪均田制雖立意良善（符合古典文明精神）但無法久存，卻隨經濟重回自然演進之途時沒落（中唐），由此可知隋唐處於中古後期而晚唐已是中國「近世」（仍非「現代」）

侍臣曰：『朕為人主，常兼將相之事。』」

的開端。均田制的提出不是理想社會的推展，而是亂世之下救
亡圖存的嘗試，因其切中當地時弊乃為良方，並非識高恩重以
致成效卓著，然則事過境遷之後，均田制無論如何充滿美意，
也無法成功（資本主義式的經濟實為歷史發展趨勢）26。中國
早有共產均財的學說，但原罪問題使此見難以實現（人有智愚
而事有輕重），故聖人為政實以去過除惡為先，而不以立功建德
為念，均田之法未成於君子，卻成於胡人，這已證明其事不足
為訓，雖然「小人學道」甚是可貴。均田並非成規，其法難以
實施於舊社會中，故均田制出於授田令，其事僅能在百廢待舉
的環境中開展，否則政府必以強制手段厲行，這將造成官逼民
反的危機，難怪北魏孝文帝施行均田法乃在戰亂之後而非承平
之時。隋唐將均田制設為國法，這等於推展邊政以成常例，或
是迫使南方配合北方局面，將經濟問題政治化，實有削足適履
之患，不僅窒礙難行而且義利相違；所以均田制實行程度以關
東最高、江淮次之、而關中最低，「雖有此制，開元之季天寶以
來法令弛壞，兼併之弊有踰漢成哀之間」（《通典》〈田制〉
下）27。事實上均田法未能徹底施行，其規定與實情相去甚遠，
人口隱匿的狀況若除則受田者大增以致僧多粥少（誠如隋朝推
行高熲「輸籍法」之所致），不然則豪族仍具壟斷優勢而有損均

---

26. 《困學紀聞》〈考史〉：「劉氏恕曰：『後魏均田制度似今世佃官田及絕
戶田出租稅，非如三代井田也。魏齊周隋兵革不息，農民少而曠土
多，故均田之制存；至唐，承平日久，丁口滋眾，官無閒田，不復給
授，故田制為空文。』」

27. 《冊府元龜》〈邦計部〉「田制」：「天寶十一載十一月乙丑詔曰：『自
今已後，更不得違法買賣口分永業田、及諸射兼借公私荒廢地、無馬
妄請牧田、併潛停客戶、有官者私營農，如輒有違犯，無官者決杖四
十，有官者錄奏取處分。』」

田之義以及皇朝之利，可見均田令甚有內憂，只能「因地制宜」
而行（「寬鄉」與「狹鄉」之別即是制度上的缺陷呈現）。均田
制既然名不符實，其成敗乃不可依法而論，卻應就人治問題探
討，如此隋唐經濟繁榮非因均田得法而因理民得計，此即百姓
受惠、豪強無傷、而稅收有增，其中通義在於權宜務實而藉法
施政。因應均田制乃有租庸調之稅法，有田則有租、有丁則有
庸、有戶則有調——誠如孟子曰「有布縷之征、粟米之征、力
役之征」（《孟子》〈盡心〉下）——似乎人事物相和而各得其
所，且示藏富於民及輕徭薄賦之善意（名義上四十稅一）；此想
雖合理但與均田制一樣不易切實施行，畢竟經濟發展有投機之
勢與競爭之動，於此事情變化不居而錢幣必成通貨之資（正如
賭博需以籌碼從事乃能盛行而有方），故以農為本的稅制終將讓
步於以商為謀的財政，這即是兩稅法取代租庸調法的緣由 28。

---

28. 租庸調法象徵「農本」與「共產」精神的沒落，兩稅法則反映「商
本」與「私產」觀念的興盛，二者交替表示傳統封閉的社會型態轉為
近代開放的人際關係，同時產業公營的氣象轉趨自由經濟的局面，富
有變革的意義；於是實物稅改為貨幣稅（一年二輸而雜目併免），按
人丁計稅的方式改為按田畝或門戶計稅（認地不認人）——「戶無主
客，以見居為簿；人無丁中，以貧富為差」（《舊唐書》〈楊炎傳〉）
——土地買賣益盛而遷徙更為自由，兼併之風與貧富之別也愈烈；就
政治內涵而言，此勢顯露現代國家官民互動漸密之情，中古豪族囊括
部曲的形勢消退，朝廷是以更得直接統治百姓（「公民」之義增進），
徵稅「量出制入」且依戶等定額（無免稅特權）暗示政府伸張其管理
民生的權力，固有崇法奉公之意。不論好壞（論者評價不一），兩稅
法取代租庸調法一事頗有「現代化」的表現，但唐德宗此政因為時太
晚而致扞格不入——例如稅額難以錢計而須改以布帛折納（同時工商
雜稅卻成大利所在）——此景證明唐朝早當改革以應世變（脫離中古
格局），然則兩稅法方可能漸進施行而成功，可知唐朝未因「非古」

在精神上，均田制富有「安土重遷」乃至「安身立命」的意義，這固然是文化美景，卻不是經濟良辰，而政治動機常以權利為念，隋唐朝廷實行均田法絕非本於德意——可能由於無心興革及無力創作——故其事注定即有淘汰之日，然則隋唐均田制確是一項「時代性錯誤」(anachronism)，因為當世的經濟條件早已超越中古的民生型態（中國的均田制與歐洲的莊園制(manorialism)頗有相似的性質及情狀）。

隋唐重建中國一統政權，本應推行統一性政策，以「公天下」的精神再造國家，但隋唐朝廷竟「不知不覺」沿用北方舊法以為國政——原為區域性政策的均田制與府兵制竟成全國性措施——使文明進化出現「外弛內張」的不協調狀況，直至制度呈現嚴重的不合時宜問題乃有變法之急，這是中國歷史中最不自然的常態轉化。正常的國家無嚴重的內憂外患，故不須全民皆兵，秦漢帝國前期施行徵兵制乃因統一政權初建，當是時官民關係緊張，「以力服人」的需要尤殷，於此徵民為兵既可防患平亂又可促進國家意識，一舉兩得；至隋唐之時，中國一統的觀念與體制早已根深蒂固，邊疆異族的威脅則不大，所以徵兵之法無庸推動，因此局部性軍訓的府兵制似成合宜的辦法，但其實不然，因為府兵制缺乏公共性或平等性，畢竟是「以偏概全」之道29。府兵制源於西魏，含有原始社會尚武輕文的態

而亡，卻因不辨時勢（不知今）而敗。

29. 府兵並非唐朝唯一的兵源，在此之外猶有其他兵種（如地方兵、邊兵、或募兵），而開國時期兵府主要置於關中，至唐太宗才將之推廣於全國，然「強幹弱枝」或「重內輕外」的態勢明顯，兵府（六百有餘）集中於華北（占有九成），華中（長江流域）所有不及十分之一，東北與西南地區的兵府則極少，雖然當地頗有外患（契丹與吐蕃）；府兵制乃是區域徵兵制，設有折衝府的「軍府州」在全國三百餘府州

度，其法為區域性徵兵（居於府兵區者乃須服役），且以挑選成軍，並非人人任務，由於從軍者的地位與權利優於平民，有如古時貴族團體，故兵農分籍，「自相督率，不編戶貫」（《北史》〈李弼傳〉），顯然是特殊的身分。宇文泰的府兵制雖經北周武帝推廣而更為「國家化」（朝廷統領、員額增加、納入漢軍），但其特權性仍強，而隋文帝既然沿襲此法以為國策，自須進一步加以公開化，於是府兵數量益增（徵調範圍擴大）、兵民歸屬一籍（兵屬於民而受田無異）30、中央政府直轄（更似禁衛軍之類），從此府兵制的胡風大減，其平民性與法治性則強化，有如傳統常規，是以唐室承之而無改。雖然，完美不是改善所致，整體大於部分的總和，府兵制不論如何調整，終究無法解脫其「局部性」的原罪（原為一時一地之政），而化作合理的帝國新政，其中最要者是負擔不均的問題；即使此情有相應的利害得失以為調節（有責任即有權力），但政治乃是公務，「一視同仁」為良法的立場——尤其武力是政權所繫故兵制更應公大——府

中僅占九十，「非軍府州」顯然為大多數，而此種配置情況與實際的用兵需求未必相符，可見唐代府兵制的首要成因是政治性或歷史性而非軍事性源由，所以人民兵役輕重迥異（府兵役齡長達四十年而賦役俱免是其微薄的權利），而府兵的首務竟為「番上」（宿衛京城），鎮戍與出征皆成餘事（因府兵敗壞而改設的「彍騎」正是為宿衛京城之用）。

30. 《隋書》〈高祖紀〉下：（開皇十年詔曰）「凡是軍人，可悉屬州縣，墾田籍帳，一與民同。」此令使府兵制與均田制結合，一方面更增二法的正規性，另一方面卻使其原始的片面性缺陷由此滲染益廣，故學者有謂唐代府兵制所以敗壞乃是因為均田制破壞，其說雖有「理性化」之失，但絕非無稽，畢竟府兵制與均田制皆是中古式或部落性的作法，一瘸一拐必是兩者垂老時的共業。

兵制是選擇性征役，誠非正道。隋唐軍法並非有丁即有役，關中乃為軍事重鎮，而不設兵府之地則無徵兵之事，如此一般農民可以免役，似為善法；然府兵制以徵兵之名行募兵之實──「全兵皆農」而非「全民皆兵」──裡外不一，甚有營私欺民的陰謀與霸道，絕非良政31。府兵制其實是統治者自組軍隊的設計，西魏以來徵兵對象不斷擴大使國君所得益精且眾，軍隊國家化在帝王私心未退的情況下只成皇室自壯的手段，「公權力」(public power) 並未因此充實；難怪府兵原由「柱國」高度獨立統率，「將在外，君命有所不受」，其後君王掌握兵權的程度漸增，終至皇帝私領，此時兵無常帥而帥無常兵，軍人無擅武之惡竟是由於帝王自攬，可見府兵原為傭兵，有情無義。

府兵制與均田制一樣都是北方土產，這是胡人致勝的方法，隋室出於北朝，乃因之為政，故使二者變成通令；然華南社會條件未必可以適應此局，由是帝國臣民或受惠或受害，大致而言南人受惠於府兵法而受害於均田法，北人反是；蓋時至隋唐，

31. 讚美府兵制的論點──例如國家養兵費用不鉅、武人擁兵自重或干政的問題減少、多數人民得以免役而安居樂業、役卒為精選的壯丁卻非職業軍人故戰時可以大用而平時可以自全──大都是片面化的觀念，其顧此失彼（兵農合一常無法兼顧）甚至自相矛盾（將士關係親疏不定）的錯誤甚重；此弊實是由於忽略歷史脈絡（時代變遷）且罔顧文明義理（是非標準），若知政治是必然之惡而用兵是其首惡，則知隋唐統一應以改革武風及重整軍事為準備文治之基（亦即釐定文武地位的主從高下），而不當承襲亂世的爭霸兵法以維護皇室優勢，或將部落社會的制度用作「公天下」之道；何況時勢環境前後不同，府兵制至隋唐時早已不符民情世態，即使文化要素並非統治者必須措意之事（重文輕武的新風使府兵地位沈淪），經濟條件絕非追求物慾的施政者所能輕視之情（府兵制一大弊端是枯耗浪費），隋唐的府兵制既不合時宜，豈有義利兩全的可能，頌揚此道者顯因偏執而致樂觀。

北方據有政柄而南方財力較勝，所以起於胡國的兵制本為北方之用，而其田制（及稅制）則不合於南方經濟。不論如何，國有國法而不得以家規替代，均田制與府兵制的普遍化不僅有「時地不宜」的弊端，更有化私為公的「曲成之害」，其得不償失的真相最後暴露於中唐「改革而衰」的事實上，因為唐代盛世並非由勝朝制度所造成，而其衰世卻是變法太遲的後果。廣義而言，秦漢是中國第一帝國，而隋唐為中國第二帝國，隋唐若得延續秦漢規章當更可長治久安，然五胡亂華使中國統一政局再造時傳統制度難以繼承，於是胡漢融合竟成新猷，隋唐政策似為大國良法；此情所以不祥實因文化的價值高於政治，隋唐沿用胡政雖有便利之處——尤其可以壯大建國者的威勢——但畢竟不合理而乏遠見，難怪隋唐制度的敗壞與朝廷衰弱同時，此乃「以強權定公理」(Might is right.) 的政況 32。隋唐制度常為學者所讚美，這實是「以成敗論英雄」的評斷，其有效性即使不虛也絕非重大，何況其道德觀念甚為可疑；隋唐設施恐是「乘勝追擊」的作法，因其目標為維護既得優勢，故其制度的盛衰

---

32. 人性含有獸性而政治是權力運作，古代法律原本嚴苛，秦漢統一為維持帝國權威乃不免加重刑罰（《史記》首創「酷吏列傳」而所謂酷吏原含清官），漢末之後「治亂世用重典」的態度又使酷法流行，其後胡族風習注入更造成南北朝時期用法殘忍，至隋唐帝國建立，司法方才趨於正常，新律「以輕代重，化死為生」（《隋書》〈刑法志〉），頗有「雨過天晴」的太平氣象；由此可見，文明是開化的過程，歷史有進步的軌跡，隋唐是中國二度統一之時，其政本不必如秦漢兇險，但因隋代政權起於胡族朝廷而唐代開國者深染胡風，故隋唐法制並不直接承繼古典，卻富有化外蠻氣，如此隋唐法律固於形式上有所改良（從寬），然實際上統治者違法恣行之情嚴重，這確是「反進化」的中古性表現（「酷吏列傳」自《唐書》以下便不再是正史要目）。

乃與統治者的實力相當，不可以為好壞由此而定。總之，隋唐
制度原是亂世的產物，卻成為盛世的標準，這已注定盛唐以後
改革必興，然隋唐制度既為霸道，當其力衰便無舉政重振之可
能，由此可知隋唐成於武功也敗於武功，其所具有的中國文明
代表性其實不及文弱的宋代（所謂「正統」實為「政統」，故弱
國可能為上國）。

隋唐法律——尤其唐律——承襲古制而加以損益調整（唐
修正隋律猶如漢修正秦律），已達完備且適中的規模，這可說是
歷代法制的集大成，顯示中國帝政的成熟或定型；然而唐律的
形式雖完善，其實卻有所不及，這一方面是因執行上不盡守法，
另一方面是因規定上未盡合理，名實不符造成「作法自斃」或
「逍遙法外」，甚有誤導之害。相對於古法，唐律的精神可謂仁
德（減刑贖罪之法尤多），但唐朝充滿強權政治，司法不公乃是
司空見慣，統治者既失信於民，法律威嚴以此淪喪，益增人心
憤世嫉俗之氣 (cynicism)。徒法不足以為政，唐律的齊備未使
治安更佳，反而令冤案更顯，這雖不是立法者的罪過，卻是尚
法者的責任。事實上唐代歷朝修法的用意主要是宣威，唐高祖
的「武德律」、唐太宗的「貞觀律」、以及唐高宗的「永徽律」
尤然 33，因此事本為義利兩全，故主政者可以隱藏其自大心態，
而以施恩示範之名設教，這證明法律的基礎確為政權（無天則
無法）。唐朝法制包括「律令格式」四級標準，律為司法總則、
令為制度規範、格為行政條例、式為施行細則，「凡律以正刑定
罪，令以設範立制，格以禁違止邪，式以軌物程事」（《唐六典》

---

33. 《通典》〈刑〉「刑制」下：「大唐高祖起義，至京師，約法十二條，
　　唯制殺人、劫盜、背軍、叛逆者死，餘並蠲除之。及受禪，又制五十
　　三條格，入於新律，武德七年頒行之。」

〈刑部〉）*34*，其意顯然重壓制而輕疏導、重王權而輕法理、重治安而輕教化——如「十惡」之條首重制裁叛逆（先國後家）——於是道德僅為法律的工具而法律乃以皇帝為尊，故令格式三者皆從乎律（其旨可見於《唐律疏義》）而律依帝命以出。行政權高於立法權及司法權的事實亦反映於地方政府兼理法務之情（州縣長官即為法官），然此種作法實為傳統常態，並非唐朝別有霸道的表現，蓋菁英主義具通才理想，為政本是人治而非法治，且行源於知，有識者必有執法之方，理民何須依賴法曹。不論良窳，唐代法律確為周全而具系統，此非一時之作而是歷代累積之果，所以唐代後期以下法律的修訂基本上不脫初唐規制；而唐律所含的仁恕精神也顯示其法之充分整備，蓋古來法律一向嚴格，必待其發展至完成階段時，乃有各種斟酌與救濟的規定；唐律雖已去除許多前代苛法，但仍具有古法的嚴苛本質（以力服人），然其輔以教化的措施（以德服人）竟使立法臻於止境。總之，唐朝法律可謂中國法律的典範，這不意味唐律富有承先啟後的功能——法律向來少有高深的學術內涵——而是表示中國帝政的格局至此底定已久；若政治不能改革則法律無庸重定，唐律的可行性與延續性甚大，這是由於後代政治缺乏新氣象，而非因為唐律是善法之準，然則唐律的美名實為中國文化之病。

　　隋唐文化又一意外誤導之事是科舉毀學，蓋科舉既以考試之法取士授官，就學乃非入仕的必要資格，並且進士科以文才

---

34. 《新唐書》〈刑法志〉：「唐之刑書有四，曰律令格式。令者，尊卑貴賤之等數、國家之制度也；格者，百官有司之所常行之事也；式者，其所常守之法也。凡邦國之政，必從事於此三者，其有所違及人之為惡而入於罪戾者，一斷以律。」

為尚，此非制度性教育必可造就的能力（何況官學課目以經學為主），所以科舉盛行對於學校發展並無助益，甚至使其更難以進步。傳統的教育事業向為「私學」，公學或官學從不發達，此因貴族社會裡學仕互通而豪門均有其自學自教的條件，於是政府為民眾設學的心意與必要性皆不強——何況凡夫並無求學的熱情與物力——官學往往以體面存在而成為紈袴子弟交游的所在（如唐代生徒進入學館的資格不在智能而在官蔭35），有名無實。隋文帝取消九品中正制而採薦舉任官之法，此為統貴族政治的作風，於是學校連帶受其漠視，「仁壽元年 (601AD)，詔以天下學校生徒多而不精，唯簡留國子學生七十人，太學、四門（學）、及州縣學並廢」（《文獻通考》〈學校考〉二），由其大舉廢學而未生變禍一情可知，入學與入仕關連甚淺，故學校教育需由政府推動才可能發達。隋煬帝雖恢復官學，但其意僅止於延續政治舊規，並無辦學興教之宏識，同時科舉由此開始，學館的吸引力更減，所以學校生氣一蹶不振，此非隋朝倡佛反儒使然，卻是主政者務實態度太過所致。常人求知是為營生，入學無補於謀生則學校不興，科舉是一種「不戒視成」(judge by results) 的考選辦法，自使教育更不易制度化，學校無以成長；此事尤以官學之情為顯，因為科舉是公務，官學不能假公濟私以針對科舉考試施教，所以更易淪為「不切實際」的政治性妝

---

35. 生徒入學的資格既為父祖官品，政治地位高於文化甚至政治干預學術之情乃為常態，以此唐代中央官學（六學二館）亦有尊卑之分，此即國子學與崇文館為上等（學生為三品以上官員之子弟），太學與弘文館次之（學生為五品以上官員之子弟），四門學又次之，律學、書學、與算學則為最下（後二等學生來自低階官宦家庭以及平民百姓），政府辦學而講究權力，其教如何，不難想見，無怪乎中國史上學校興廢既非政治大事也非教育大事。

點，可觀而不可用；相對於此，私學雖「較有市場」，竟非致勝
於試場之法門，故亦難風行，事實上宋明書院常持反官方立場，
這更顯示學校與科舉相違的趨向。隋唐推行科舉本無抵制學校
之意，卻有毀教之實，此情誠為時勢表現，或是中國文明的缺
陷暴露，蓋重視現實者終究輕視知識——亦即為「反智者」——
朝廷提倡科舉與人民忽略學校皆是出於現實主義心態，其風自
秦漢以來即愈演愈烈，固非隋唐時代上下交相欺乃有科舉盛而
學校衰的怪象（晚唐以後歷朝結合就學與應試二者的政令均未
成功）。科舉是崇文尚知的政策，此與學校教育的功用相符，不
幸求學與求官終究有別，凡人處事無法義利兩全則捨義取利，
所以學校既不能以科舉為的、而科舉亦不可以學校為準，士子
乃趨於為功名受教，其結果不是「不學無術」，卻是「無學有
術」，更為病態，可見「科舉鬧學」一事是務實不務本的災害。

　　廣義的「文」是文化，狹義的「文」是文學，前者為知識
（真）而後者為藝術（美），層次高下有別，其義是求知必須
「一以貫之」而為藝常是「抒發己見」，「完全」的價值當然遠
勝於「部分」，所以學文理應博通致知而不限於善用言語。科舉
的流弊正是重視文學而忽略文化、為美而失真、有藝而無知，
這是學者急功近利的結果，並非科舉的原意，此情顯示隋唐學
術求道之志已不如古代。經學即是儒學，儒學是「士志於道」
之學，故經學實為道學。漢初獨尊儒術雖於崇道甚有貢獻，但
求道即是求知，其提升非憑政治之力，而且求道不進則退，為
尊儒崇道設定形式標準或施行辦法最終常陷於「揠苗助長」，使
人備受限制或深受壓力而難以盡情盡興學習，結果反不如正常
的教育。以後見之明而論，孔孟是中國史上最偉大的求道者，
後人既然無法超越先秦儒家，則漢代以下經學在知識上本已不

佛學及玄學滲入經學不可視為經學的盛況，卻應認作經學的疲態。「君子學道則愛人，小人學道則易使」（《論語》〈陽貨〉），治經成績不優也不致經學為朝廷所棄，事實上漢初獨尊儒術以來，統治者莫不以官定經義之法提倡儒學，而不因學者爭議之情廢弛經術，但此種「標準化」的文化政策卻造成經學實質上的衰頹乃至是扭曲，這證明真理具有超越性（理想性），以功利勸學恐是「反其道而行」。

　　隋唐推行科舉，而科舉必試經學，因此經學觀點需要統一，這既是政治對文化的獎掖、也是政治對文化的摧殘，蓋文化的境界遠在政治之上，以政領教終究不濟。唐太宗命顏師古考訂五經，從而頒行全國，以為定論；未久，孔穎達撰成《五經義疏》，太宗敕改而為《五經正義》，然後加以審查修訂，至高宗時乃立為經學標準釋義。《五經正義》調和南北經學而以南派為主，然其說刻板，少有發揮，僅為魏晉以來學術的集合；但以歷史觀點而言，此書確實呈現當代文化狀態及時勢，誠為經學發展的「中古式」定案；如此，與其說《五經正義》障礙學者心智，不如說《五經正義》反映經學的實際極限（絕非極致）。唐代儒學是正統儒學演變的最後結果（宋明理學是變異的儒學而非傳統的儒學），其勢雖為「一代不如一代」，但仍是一脈相傳而非誤入歧途；所以縱使《五經正義》缺乏創發，卻有淨化經學之功，使其不再受佛老浸染而回歸儒家正途，此為經學歷史衰而不壞的「善終」，可謂不幸中的大幸。然而學術權威一旦樹立反抗者即出，尤其《五經正義》絕非完善或深刻，並且魏晉以來經學頻有新解異說，因此唐朝頒佈官方經義不久非議便生，甚至招來更強烈的標新立異（疑古）風氣，《五經正義》的正統地位竟於數十年間即遭「反動派」顛覆，間接導致唯心化

的新儒學興起，由是經學不僅不能定型反而變質歧出（愈受佛學侵蝕）。韓愈雖以提倡道學著稱，但其論罕有高見，「文以載道」一說誠為有名無實，令人失望；其弟子李翱論道好奇喜玄，援佛而排佛，號稱復古，實則迎新，理學之風於此已隱約可見；韓李二人的虛譽浮榮可以象徵唐代經學的失敗與錯亂，而此情似為注定，並非個人短長問題。隋唐大約是中國「古代」的末期（宋朝是中國「近代」的開端），其文化本應承先啟後，但歷史發展未必循序漸進而常途窮激變，以致隋唐的地位撲朔迷離；由於先秦以來「天人之際」的探究無法精進，而世俗化運動也不得頓時開放，所以隋唐文化可能偶然轉趨意外而陷於迷境，此即由「理想」墮入「唯心」（經學的演變尤然）；至於「現實」雖無時不作，但仍有待中國面臨存亡危機時才成為士人的至念，而這已在宋明之間，如此隋唐文化固然富於現實精神，卻因天下（觀）廣大而不致俗氣太重。

第八章

兩宋：中國歷史的古今分野

馬遠對月圖

第八章 兩宋：
中國歷史的古今分野

第一節 宋代政治與中國本位立場的形成

宋朝 (960–1279AD) 的政治威勢不如古代帝國，其原因不僅是國力較弱，而且是意念較專，前者是物質條件欠缺，後者是精神態度單純，無能之外又有所不為，所以武功未豐。政治是人性好權的表現，宋室自非與眾不同，然則宋代政權不強必含「心有餘而力不足」的問題，這與其現實處境（承敝於五代十國）當有密切的關連；但宋室的「企圖心」顯然不及中國歷代王朝之大，其中當有「價值觀」的作用，亦即「華夷之別」的觀念使宋人不以統治版圖有限為憾，卻有存本自全的慶幸感。易言之，宋朝在開疆拓土上的不利乃是由於武力不盛與野心不大，二者之中何為主從或因果難以究詰，此情縱非義利兩全，但「以教為政」者必富有領導尊嚴，雖然統治者可能利用文化觀點「合理化」其政治失敗。宋廷即使不是以文化支配政治，也確實較一般中國皇室更重視政治的文化意義，此即宋朝的文治程度頗高於史上政權，其「重文輕武」政策固有維護趙家統治地位的用意，但這不可能不同時限制皇室力量的壯大，可見宋代的立國精神應具傳統的政治理想，不當率以權謀視之。質言之，宋朝的天下觀固執中國本位立場，其世界化或國際化傾向極微，此與隋唐帝國的外交態度差異甚鉅，所以宋代政治可能的成就是「清明」而非「強大」；中國歷史發展至此乃有反璞

歸真之勢，傳統似經淨化，然其對外權威或影響則逐漸衰落，此景在物質主義者眼中是國家的退縮，但在文明論者心中卻是惡政的延緩。

宋代政權不廣而日趨侷促，此與五代十國的紛亂及異族武力的興盛相關，一則「先天失調」、再則「後天不足」，宋朝只得尋求自保而無法奢望擴張，其軍略常為消極被動。隋唐以來中國文明重鎮即已逐漸南移，其時政治中心猶在北方，但經濟中心卻在南方，此種錯亂情勢使社會難以安定，民心浮動而強藩割據，宋朝起於變局又居於過渡期，難免為求立足而過於保守既有，無怪乎其開國氣象不宏。如此，討論宋史應以五代十國為開端，雖然五代十國實為唐末政情之延伸。

由於時勢變遷未定，唐末軍興而兵力最盛者亦無法一統天下，朱溫篡位建梁，其稱霸之方主要是控制南北漕運樞紐，故後梁初都開封（汴州），未久即遷都至洛陽，「就食」之需顯示經濟困難引發政治不安，或者政治動盪導致經濟蕭條。五代政權僅為唐末藩鎮的延續，其據點在關東（黃河下游），為時不過五十餘年 (907–960AD)，顯然「足兵」而「去食」絕不能長治久安，武人誠非民主；十國亦是藩鎮之邦，其地主要在華南，與五代對立而未能優勝（各自為政而非相互承繼），可見「足食」而不「去兵」仍非善政，軍法絕不是良法。五代與十國同時並立而其強弱之別不鉅，然史書多以五代為正統之序，這不僅是因五代為相承之朝而十國不然，且因政治中心向在（猶在）華北——梁晉在北方對峙僵持是南方各國得以裂土分立的原因——故「正史」之作難以十國為宗，由此可知史上所謂「正統」其實不過是「政統」。

五代十國是武夫政治，乏善可陳 1，各方若非務求自保便

是企圖征服，人性好權的表現於此並無特殊之象而僅有成敗之別。相對而言，五代政治勢力較盛，十國經濟活動較旺（南方人口為北方的二倍有餘），既然北方武威勝於南方，中國統一自是南併於北，此事並非南人之悲，因為統一早已是中國的定例，而經濟拓展者的政治期望亦為國家一統，何況北方朝柄至後周時又由異族重歸漢人之手（唐晉漢三代均為沙陀政權）。五代兵變甚多，後周太祖（郭威）乃由將士擁立，宋太祖（趙匡胤）亦然，此勢自唐末以來延續不止，卻於宋初斷絕，而後周世宗（柴榮）力行文治竟不能除之 2，可見政權出於武力，但掌兵者未必有賴擴軍以安其位。宋朝統一大業是由後周奠定基礎，周世宗武功彪炳（連敗北漢後蜀南唐三國）而勵精圖治（整頓禁軍且推行儒術），欲以文武兩端重建國體，然天不假年而功敗垂成，由是趙匡胤獲得總兵大權（殿前都點檢），從而「黃袍加身」，繼續掃除列國割據的殘局，同時消滅軍人干政的機會。宋初（宋太祖及宋太宗）統一天下的軍事方案是先南後北，此謀所圖是先易後難，其過程且頗稱順利，顯然南方人民對於中國再造大約同意，而宋朝的大患實在於契丹（遼）。

　　論者常謂宋朝外患嚴重乃與定都開封有關，此說非誣，但含意不明，蓋宋都開封既是國力衰弱之因且是其果，未可以此舉為失策而導致意外災禍；事實上西北荒殘及兩京（長安與洛

---

1. 《廿二史劄記》〈五代藩部皆用武人〉：「五代諸鎮節度使未有不用勳臣武將者⋯⋯文臣為節度使者惟馮道⋯⋯桑維翰⋯⋯而已；兜鍪積功、恃勳驕恣、酷刑暴斂、荼毒生民，固已比比皆是；乃至不隸藩鎮之州郡，自朝廷除刺史者，亦多以武人為之。」

2. 《新五代史》〈周本紀〉：「世宗區區五六年間，取秦隴、平淮右、復三關，威武之聲震懾夷夏，而方內延儒學文章之士，考制度、修通禮、定正樂、議刑統，其制作之法皆可施於後世。」

陽）破敗使宋都不得不東遷，其戰略性弱點廣為人知，但防邊之需與經濟之便唯有以此因應，固無他途。宋人深知都汴之弊在於無險可守，因而只得戍以重兵，然則民力消耗必甚巨大，這已注定宋朝「重文輕武」的國策在軍事上無法成功，可見宋代政治富有理想性或原罪性3。宋朝版圖是「中國本部」，易言之，宋朝是「華夏世界」而非「中華帝國」，此情之出一方面由於宋代武功不盛，另一方面由於宋朝的文化（優越）意識較強，兩者互動造成政治上中國本位主義的建立，更使宋朝的「文弱」具有歷史進化的代表性意義。春秋戰國時期「統一天下」成為思潮，這是諸夏合併建國的呼聲，然而「中國」首度出現時，其疆域（秦漢帝國）卻遠遠超出華夏的範圍，顯然政治野心常勝於文化理想，權力意識總使「大同世界」變成帝王獨裁的單一強國；隋唐再度統一中國，其領土界線一方面決定於秦漢帝國的規模（傳統），另一方面決定於隋唐政權的武力（霸業），前者是征服者的藉口或目標，後者是人性動力與個別條件，兩者相應乃造就另一次「超中華」的大帝國。至宋時，中國武力相對於異族已非強大，並且「嚴夷夏之防」的民族精神強化，加以經濟與文化重心南移而邊患惡化，全面的「中外關係」不利霸權再造，於是「民族國家」(nation-state) 開始出現於中土，這雖是中國國力衰頹的徵兆，但也是其國家觀念淨化或復原的盛事。就「政治與文化合一」的情況而論，宋朝當是中國歷代最可為標準者，不論宋室是否有意成就此事，其情確有發人深

---

3. 《續資治通鑑長編》〈太祖〉開寶九年：「上曰『吾將西遷者無他，欲據山河之勝而去冗兵，循周漢故事，以安天下也。』[晉]王（宋太宗）又言『在德，不在險。』上不答，王出，上顧左右曰『晉王之言固善，今姑從之，不出百年，天下民力殫矣。』」

省的作用；尤其宋代武功雖遠不及漢唐，但宋代文化卻是先秦以來最富於創造力者，這使宋朝往往較各朝更具有代表中國文明的資格。宋朝「重文輕武」，因此「強幹弱枝」，合而觀之可知「華夏主義」是其最高國策，蓋強調文治則必中央集權（宋代宰相常兼樞密使）4，菁英制度本為尚文崇主，由此尊漢抑胡自須推行，即使中國的兵力可能不敵夷狄。總之，宋代政權不壯，這固然由於國力弱小，但更與立國精神的端正有關，因為諸夏所在本來不極廣大，中國的定義原是文明境域，然則復古之舉絕非開疆拓土而是澄清吏治；宋朝的「文弱」實為良政的原罪，畢竟文武相斥，文盛而武弱甚善於武盛而文弱，由此可知所謂文弱乃非「興文而弱」卻是「去武而弱」，這是文化上國難以避免的運勢。

　　中國本位立場的政治觀是「遠人不服則修文德以來之」（《論語》〈季氏〉），亦即儒家是正統的中國政見，如此宋朝政治所體現的道統精神既在於拒斥遼夏、且在於去除權倖，其實情是外交緊張而內政清明，然宋朝終究亡於外族，這表示善舉不可以成敗論，而當時的胡人已無法同化。宋代政治是中國歷代最合於道德者，史上常見的弄權團體或亂政因素──外戚、宦官、權臣、藩鎮──在宋之時並不作祟，爭奪皇位的篡弒行為亦已絕跡；「儒以文治法」的原則使「俠以武犯禁」一情大減，軍政關係因「以文制武」之道（如文人領兵）而疏離，政權的暴力性質由是消退，雖然國防能力也隨之衰弱。趙匡胤整頓禁軍（強幹）及削弱藩鎮（弱枝）的行動固含私心，但此舉義利兩全而

---

4. 《宋史》〈職官志〉二：「元祐四年，知樞密院安燾以母憂去職，樞密院官偶獨員，諫議大夫梁燾、司諫劉安世言：『國朝革五代之弊，文武二柄未嘗專付一人，乞依故事命大臣兼領。』」

有重大的歷史意義，不可視為權謀而已，否則政客無不徇私，何以宋朝獨能「假私濟公」而再創文明盛況；宋代政治的文化性極強，此即論者所謂之「書生政治」，然宋朝亦為帝政而其皇室教養未必遠勝於他朝，可見宋代文人政治是歷史進化的結果或是天意安排的表現，絕非偶然或個人所致 5。相對而言，先秦時期中國政治的要事是統一天下，秦漢至隋唐政治首務是控制國家，宋朝無以擴張王權也不虞地方割據，於是為政之道更獲思量，乃有難得的「政治正常化」發展，喪心病狂的權力鬥爭行為因此遽減。易言之，宋代政治所以較為清明不是由於革新而是因為合理，這不意味政治的原罪有所去除（原罪為不可免之惡），而是表示政治中的「不必要之惡」大為省卻。宋初政策只圖革除唐末以來的弊端，並非開天闢地般設計佈置，然其事成績頗佳，反觀後來變法創制雖大刀闊斧努力推展，卻效果不良甚至得不償失，此情顯示美政之方實在於改過防惡而非建功樹恩。政權的基礎是武力，但正常的統治應由文人為之，宋承五代軍政亂局之後，又有強國為鄰而難以追求武功，故「為政以德」的文治立場尤有需要，這即是宋朝祖宗崛起於行伍而裁抑軍人的緣由，也是中國政治從霸道轉趨王道的背景。政治的成功並非在於集權而是在於化民，宋代國威不強不是其政失敗的證據，也非重文輕武一策矯枉過正的惡果，卻是政治褪去

5. 《建炎以來繫年要錄》卷四「建炎元年四月」：「上皇（宋徽宗）……又言：『藝祖有誓約，藏之太廟，誓不殺大臣及言事官，違者不祥。』」所謂「宋太祖誓碑」的存在甚為可疑，然其意義確與宋朝統治精神相符，即使其事非實，其理誠然不虛；若此事竟為虛構，其說卻流傳久遠而影響廣大，則「重文輕武」當然是天意安排的宋法，非一個人所（能）定。

暴力性質時油然而生之情，其實可以宋代禮教學風之盛為證；義利不兩全是「不完美的世界」的現象，政治為人性原罪的活動，自無「止於至善」的可能或目的，良吏僅圖安民，霸權與德政不諧，宋代文化既美，其國力豈是呈現於軍容及戰績。由此可知，宋代政治可觀之狀正由「文弱」一情顯示。

宋朝軍力不盛，而其外敵強大，宋遼澶淵之盟 (1005–1121AD) 所示僅是中國武衰，並非華夏文明敗退，此事證明精神的價值雖甚大於物質，但有為或成功不能單憑志氣無量，或者知之愈深未必行之愈篤，「懷疑」猶較「無知」更怯弱；蓋現實世界中精神受制於物質而無法超然獨立，並且精神境界若非極高，則其役使物質的效能不壯，反而可能因為心物糾纏以致行動力量更不如肆無忌憚者，這便是文明有時不敵野蠻或君子有時遜於小人的「反淘汰」緣故。宋與遼戰而失利，其出路只有求和一途，澶淵盟約使宋損失大量銀絹（歲幣），然兩國關係以宋為尊（稱兄弟之邦），而遼則日趨漢化，此情顯示中國在東方的文明地位無可質疑，雖然其政治權威已開始沈降。北宋與遼媾和而與夏敵對，此非由於中國好戰而是由於西夏（李元昊）黷武——韓琦與范仲淹的抗夏戰略乃採防堵守勢——然而夏與遼一樣自行漢化，甚至出師屢捷卻主動乞和而甘於稱臣，這又證明宋代中國仍非蠻族所可征服，其文化且已成為新興部落政權的建國方針。雖然，宋朝文強武弱之情必有其嚴重的內在缺失，畢竟心物不調或知行不一實為精神有病，此種「心有餘而力不足」的問題可能激起「由外而內」的反常變革，終至心力交瘁而難以振作，這確是宋代的衰運。宋朝以綏撫手段買得和平，又以擴軍方法確保安全，二者衝突卻缺一不可，顯現政治充滿矛盾的內情；由此「力不從心」的困境，宋初以來「百年

之積惟存空簿」6，迫使改革勢在必行，徒生想像性的希望。宋代文明的歷史危機是「文勝質則史」的問題，於是中國允文而不允武，竟無力對抗思想粗淺的異族軍隊，同時傳統文化的積累導致學術定型，士人在創發受限之下，居然圖以自尊之道復古、或以唯心之法維新，終究不能突破「見山不是山」的中古心境，這使北宋變法運動淪為「挖東牆補西牆」，於事無補。

　　中國政治發展至宋已經了無新意，這不是宋人特有的錯誤而是政治必有的極限，古來政治的格局即是帝國專制，而其發展趨勢為權力開放或「民主化」，宋朝帝國領土不廣且難以擴大，當時菁英統治的嚴格性亦逐漸鬆懈，顯然文武兼修而義利兩全的國家成長階段至此已去（相對於此文化落後的蠻族政權反而具有更強的競爭力）。如此，宋代政治改革涉及文化演變問題，前者的物質性與後者的精神性對立，不易協調一致或齊頭並進，以致變法顧此失彼，總難善了；相對而言，政治發展為一路到底，文化發展則曲折以上（須經批判反省乃能提升），兩者既然進程不一，政治革新未必有助於文化改良。事實上，宋代政治困局頗因文化窘境而起，其理是天人不諧常致自我障礙，先進卻非高明的文化往往造成政治無能（例如自由主義較社會主義更乏施政效率）；於此急功近利的政治改革恐令文化退步，因為文化才是政治之本，改革理應出於文化而非政治的立場，然則新黨變法的失敗早已注定，而舊黨反攻亦為必然。宋朝採取重文輕武的國策，這是「文化上的對」，卻為「政治上的錯」，

---

6. 《續資治通鑑》〈宋紀〉六十五，英宗治平四年：「三司使韓絳、翰林學士承旨張方平奏疏曰：『祖宗平天下，收斂其金帛，納之內藏諸庫，其所以遺後世之業厚矣；自康定、慶曆以來，發諸宿藏以助興發，百年之積惟存空簿。』」

且因其時外敵強盛，更使此道難以為繼；但整體而言宋朝無法以反進化之法（講武）圖存自救，只得極力發揮精神文明的力量以救濟物質之困，此即北宋變法；然上進並無捷徑，提升絕非突飛，「文化性的政治改革」欲速不達，王安石新政以操之過急而失敗，此乃宿命（本難「徐圖之」）。北宋不得不變法的窘境是財政困難，其因是結構性而非個別性問題，或者是形勢性而非人為性的問題，此即宋代國難乃是源於立國原則（重文輕武）而非失政不法（貪污腐化），誠為「以理犯過」。北宋朝廷入不敷出是因官俸、軍需、及歲幣所費太鉅，亦即官多兵多而強鄰壓境是宋朝的困局，其共同原由實為「偏重文治」（「文武雙全」竟是自相矛盾）7；蓋政權後盾乃是武力，講文抑武之策若得成功，必是在世界政治臻於文明極致之際，此情既然未為事實，重文輕武者將陷於「文弱」而須以養兵防患或以綏撫退敵；宋朝提倡文治，其官僚體系自然膨脹，然文官無法取代武士，尚文亦不得去兵，而軍備又未可重用，如此惡性循環與其說是秕政不如說是原罪，因為「仁者無敵」並非君子常勝。宋朝的「冗官」是「重文」的結果（一及第即任官）、宋朝的「冗兵」是「輕武」的產物（招災民以為兵），前者是「強幹」的表現、後者是「弱枝」的反映，而「重文」是「輕武」之因、「強幹」是「弱枝」之由，宋政之不當乃為「流弊」而非「反常」8，畢竟「知」是「行」的根據、而菁英主義是延緩政治

---

7. 《廿二史劄記》〈宋史〉二：「其待士大夫可謂厚矣……。然給賜過優，究於國計易耗，恩逮於百官者，惟恐其不足，財取於萬民者，不留其有餘，此宋制之不可為法者也。」

8. 《包孝肅公奏議》〈論冗官財用等〉：「臣伏見景德祥符中，文武官總九千七百八十五員，今內外官屬總一萬七千三百餘員，其未授差遣京

惡化（庸俗化）的陣勢。

　　北宋政治的利弊皆由強化文治而起，故財政困難雖是迫使變法不得不行之主因，但朝廷的改革重點卻是在於吏治而非經濟或軍事問題9，由此「正本清源」的政策可見，宋代文明確為高尚，其危機當是歷史大勢之一方面，而非統治者個人失誤所致。宋仁宗的慶曆政變並非突然，文治的推廣必有人謀不減的問題，而官員愈多此事愈壞，整頓吏治的需要與時俱增，變法實為大型文官政府形成時的潛在任務，難怪北宋改革是君臣密切互動的結果（不是革命家的專門事業）。在宋仁宗的驅策之下，范仲淹提出「十事疏」，其中關於經濟與軍事的建議僅有三點（厚農桑、減徭役、修戎備），其餘均為吏治之見，「攘外必先安內」的觀念於此清楚展現；如此務本作法顯示宋政的缺失原是國家「正當化」（legitimization）所引發的弱點，難怪慶曆變法失敗的主因是官僚體系的抗拒（士大夫安於現狀），而其稍有成就者則是精進任官之道（精貢舉、擇官長）。北宋政治的困境既由擴大文治規模（量）而起，范仲淹提升文治素質（質）的改革當是「對症下藥」之舉，然其效竟微，此因「質變」未必造成「量變」，「治本」與「治標」未可兩兼，范氏所圖並非速利，緩不濟急使人懷疑，在位者且難捨特權，故變法不能變心。政治終究是人性活動，其的遠不及文化所求，所謂「文治」其實是「文明化的政治」，這雖為政治的高度進化，但政權的征服力量——尤其是對外——必因此大減，可見政治改良含有嚴重

　　官、使臣、及守選人不在數內，較之先朝才四十餘年，已逾一倍多矣。」

9.《歐陽文忠公集》〈論按察官吏札子〉：「今兵戎未息、賦役方煩、百姓嗷嗷、瘡痍未復，救其疾苦，擇吏為先。」

的內在緊張性（善惡之間無有中庸），北宋變法本來難以定案，更遑論成功。政治所務常限於形式，范仲淹所謀則為文治的精神境界，其法當然不易實用，但其言極具理想性或普世性，此為當時士人所無可反對者，故富有宋代文明的代表性，不得以「不切實際」譏之[10]。

宋代政治改革以王安石變法為要，其道遠較范仲淹所論「務實」或直接，此即王安石新政以理財為先、練軍為重、教育為本，既救急且定向，並不高談理想而圖即知即行（體用合一）及義利通同（情理合一）；然究其實可見王安石乃「以文治武」進行改革，其權威主義的教化觀念仍是傳統的儒家治道，當中愚民政策雖不顯著，但菁英立場卻甚為明白，整體上展現了「合理即有效」的文明國家體制。王安石的固執出於自信，其自信源於理性，然王安石並非理性主義者（也非經驗主義者），而是「半天半人」的天人合一思想家，其見重視理想（天）勝於現實（人）[11]，但超越性信念則頗少於先秦儒者，故王安石的保守主義精神不如篤信天道的歐陽修、亦不如注意歷史的司馬光。雖然，王安石不失為宋代文化的代表者，蓋上帝信仰流傳至宋本已消失殆盡，中國的理想主義因此式微而唯心主義則逐漸強化，王安石自大獨斷的表現其實是「替天行道」的意態，只因「天人相去不遠」的觀點使之顯露霸氣而難以服眾，此乃宋人通病，未可以為王安石所為特屬「一意孤行」。新黨變法竟是宋

---

10. 《范文正公集》〈岳陽樓記〉：「不以物喜，不以己悲，居廟堂之高則憂其民，處江湖之遠則憂其君，是進亦憂、退亦憂，然則何時而樂耶，其必曰『先天下之憂而憂，後天下之樂而樂』歟！」

11. 《東都事略》〈王安石傳〉：「安石曰：『經術者，所以經世務也，後世所謂儒者，大抵皆庸人，故世俗皆以經術不可施於世務。』」

朝文治政統之一氣象（即內在理路的呈現），絕非反其道而行的異事，王安石即使較范仲淹更少儒風，然其「聖人政治」之想實為一致，二者在改革上的「務本精神」大約相同，「各得其所」的社會理念尤為無殊，但因作法有別使人認定一正一邪，以致范王之別主要是「程度問題而非本質問題」一義廣受忽視。

即因王安石的天道思想較富於現實性，其改革規劃乃較多財計與軍法，但「理高於情」的觀念使新政力圖改良教育取才之道，以為長治久安的基礎，故新黨變法表面上以經濟為主，實則以文化為尚，此即著重精神文明而非物質文明，這也正是新法所以深受舊黨批評的關鍵（文人相輕乃因心思而非物象）。新法的「理性化」取向甚強，似乎一切人事均得以設計及管制改善（制置三司條例司、均輸、市易、保甲），或者社會問題皆可以知識原則及倫理規範撥亂反正（青苗、免役、方田均稅）；然其道德意識實不如科學精神之盛（正如馬克斯主義平等觀所含的理論性甚強於倫理性），王安石的慈悲胸懷不若其法家形象受人矚目，此因「拗相公」的「擇善固執」確有「得理不饒人」之氣。新法富有純理性的樂觀意念，此就「善出於真」的觀點而言並無錯誤，但就「神意高於真理」的體系而論則甚有失誤，王安石的高風亮節或道德缺陷實非新法得失之所由，其知識偏差才是問題所在；新政重法不重人12，這不僅因為王安石認定理先於情，而且因為其見不獲賢達擁護，使得庸才承乏蒙恩，由此可知王安石對於世間原罪體認不足，故有忽視天命又忽略

---

12. 《王臨川集》〈上仁宗皇帝言事書〉：「顧內則不能無以社稷為憂，外則不能無懼於夷狄，天下之財力日以困窮，而風俗日以衰壞，四方有志之士諰諰然常恐天下之久不安，此其故何也？患在不知法度故也。」

現實的雙重粗心，而致「天怒人怨」。顯然王安石的宇宙觀雖重次序（如新法將人與地各分五等），但因其「知理」勝於「知天」，以致新政常顯人治而非法治的「唯我獨尊」風格，此與王安石重理輕情的反英雄主義立場實在相違，可知其見必有內在矛盾或不符終極真理之失（有恃無恐者必有所不知）。無論如何，王安石的道術絕非個人主義，熙寧變法是中國傳統政治發展脈絡的應時產物，不是異軍突起的暫時怪象，新政的出現乃因文治的提升，新政的失敗由於文化的困境──一方面是人心不甚講理（支持公道者少）、另一方面是儒學庸俗化（各抒己見者眾）──然則王安石的成敗應以時勢評論，而不應以個性解釋。

王安石新法雖較范仲淹政見更為務實，但其實務所據之理念絕不更少，事實上王安石的財政極為理想化（重開源輕節流），而其軍政則不多建樹（只求壯大兵力），這表示熙寧變法是一種「文化政策」的提出或促進，並非單純的政治改革；例如保甲法富有文武合一的共和主義 (republicanism) 精神──由此成立的民兵 (militia) 竟達七百萬之眾──其「烏托邦」意向更強於抵禦外患之圖，正因此種兵農一體的國家建設方略太「天真」且「過時」，所以未久即為宋神宗廢止。王安石對於反抗遼夏一事實無創意或妙策，其軍事觀點大約是「國富然後兵強」，故新法的財政理念延伸至軍政，彷彿心正則身健，有理則有力，義利兩全乃與知行合一相同，這確是王安石的「人定勝天」思想。即因王安石變法強調依理行事，反對者乃紛紛以理相詰，這使利益之爭常表現為理論之爭13，於是文教吏治的問題更成

---

13. 《王臨川集》〈答司馬諫議書〉：「蓋儒者所爭尤在於名實，名實已明而天下之理得矣。」

為朝士學者評議新法的重點。為求經國者有志一同，新政更改
貢舉之法，罷除明經而獨存進士一科，其試專主經義策論而取
消詩賦題目，同時另增明法科，以進行政專家；此法「本欲變
學究為秀才」，非圖以技術官僚取代領導人物，故其制廢帖墨而
試大義（明法科試刑統大義），王安石的《三經新義》且成範
本。王安石本人富有文采，然其意以為有理（知性）方有情（感
性），取才之道當以識見為優；此想甚是正確，但因「舉子專誦
王氏章句而不解義」，其效竟成「變秀才為學究」，實在作者意
外 14。王安石的私心絕不大，其「當仁不讓」之失乃在於識仁
未深而勇往直前，然「自以為是」是人的原罪（「自以為非」誠
屬錯亂），熙寧變法的錯誤不是由於王安石的自私而是其自信，
此由新法特重制度一情即可知；王安石的自信實為簡單理性所
致之樂觀——太學三舍法正顯示建議者的「唯理主義」——因
此種心態處於天人之際而不切至理，故其見既遭俗世猜疑且受
智者駁斥，新政之難乃兼有天災與人禍的性質而更近乎前者。
如此，新法所以失敗主要不是因為推行手段過於激進或用人失
當的問題——此情與其說是原因不如說是後果——也非保守主
義當道的情勢（反對王安石者亦多主張變法），而是因為理性化
的政治改革原本難以成功，正所謂「非戰之罪也」；蓋政治為人
性化事業，人具理性而人慾非理，「為政以德」的效果常勝於
「理政以法」，北宋政治困境既起於重文輕武國策（趨於「人
治」）的社會變局，王安石偏重法理的原則性改革（趨於「法
治」）不僅動搖國本並且刺激人心，所舉當然處處受挫。王安石

---

14. 《後山談叢》卷一：「王荊公改科舉，暮年乃覺其失，曰『欲變學究
為秀才，不謂變秀才為學究也』，蓋舉子專誦王氏章句而不解義，正
如學究誦註疏爾。」

新政所招批評常為「擾民」，論者爭議常針對其人而非其法，可見王安石之理頗佳但必有弊端，正是如此「似是而非的良謀」使常人無法明辨其非，卻深感其害，且令王安石堅信己見無失而他人有私，在此「誤會」之下變法不成誠屬不幸，而其緣由若非天意即為時勢，不是個人所可擔戴。

　　宋朝重文輕武是歷史大勢所趨，其財政困難與外患嚴重可謂此一時勢的產物（尤其前者），由此變法亦成勢在必行，然則重文輕武為大潮流而變法運動為小潮流，或者重文輕武是因而變法運動是果，後者且有抵觸前者之處，既然「形勢比人強」，變法乃不可能大為成功。　王安石變法對於宋室財計確有改善──元豐武功與此關係匪淺──但成果並非巨大，同時新政實以宋神宗大力支持而行，故新主上位之後新法即廢，顯然舊黨所務乃是真正的時尚，而新黨所示僅為當時的「次文化」(subculture)。北宋新舊黨爭反映「文治」或「士大夫政治」的高昂氣勢，以歷史觀點考察之可見，此事所含的資治（示範）價值甚鉅，蓋宋代朋黨最少爭權奪利之情，其暴力性質亦最微，於此帝王專制為害不烈（元代以後君尊臣卑之勢劇增），論理(ideological)及負責(responsible)的為政態度卻極顯著，若有現代政黨政治(party politics)的理想精神。「黨同伐異」本是人情之常，且與道德立場相合──堪稱理性的(rational)表現──更是政治上勇於任事的必要行動，雖然這是「原罪性的善舉」、或是社會尚未徹底開化之前的人際關係；如此，黨爭兼為政治的「必要之惡」與「必要之善」，其為善（善多於惡即是善）或為惡（惡多於善即為惡）端視當事者權衡取捨，置身事外或參與其事並非君子與小人所以分別之由。北宋黨爭自仁宗廢后及英宗「濮議」以來即見，文人主政的辯論風氣原已激烈，至王安

石變法時，「道不同不相為謀」的士氣更使舊黨盡去而新黨成立，不論孰是孰非，此種「游必有方」的政海宦情確是史上罕見的壯觀。相對而言，舊黨才德兼具而皆有所缺，新黨有才無德而個性獨特，前者象徵宋代文化傳統的菁英素質，後者呈現士林之中一時得勢的英雄豪氣，其主從關係不難想見；王安石本人才德俱佳卻任用不德之人，此因其自信得理有方而僅需循吏（如韓絳與呂惠卿）以執行其法，故不得有德者效勞時亦得以效忠者為之，有似「不以人廢言」。由此可知，新黨有才無德之象其實反映新法的「理性化」特質，而非意味王安石認為法高於人（然則無人——包括王氏自己——可能得道）、或其所用之人均為高才（有高才必有大德）。新舊黨爭並非君子與小人的對抗，卻是「英雄所見『略』同」的效應，此即「文人相輕」的現象，亦即宋朝提倡文治的自然流弊，然則新舊黨人南北籍貫之別並非其爭執之由，雖然此情確實可能惡化其敵對之勢；新黨缺德及有才的程度絕不如一般人所認定者，舊黨反對新法的態度亦非固執不二並且因人而異，如呂誨與司馬光等全面否定新法的人實不多見，這表示北宋黨爭固然涉及意氣與利益，但其重點乃在於見解（知識）15。新黨當道一事顯示宋初以來的政治統緒必需調整，然而新法盛行之際舊黨的時望竟未低落，這證明宋朝國策普獲擁護；如此，王安石變法是「英雄造時勢」、舊黨復興是「時勢造英雄」，而天比人高，歷史的真相當

---

15. 《續資治通鑑長編》卷三百五十六：「（元豐八年）既除門下侍郎，〔司馬〕光……請更張新法，曰：『……王安石不達政體、專用私見、變亂舊章，誤先帝任使，遂至民多失業，閭里怨嗟。……譬如有人誤飲毒藥致成大病，苟知其毒，斯勿飲而已矣，豈可云姑少減之，俟積以歲月，然後盡舍之哉？』」

然是舊黨較為正當可行；事實上舊黨甚新，其取向乃是宋初建立的新正統，因此道為中國文明長期發展所致，其失不可能大於其得，故新黨注定以激進敗退。

宋神宗死後哲宗繼位，元祐年間舊黨主政，紹聖年間新黨掌權，至徽宗時新舊調和（改元為建中靖國），顯然宋政主流為強化文治，變法只是其技術性調整而非原則性改造，故新舊黨人皆可能進用或並舉，而黨爭所以由路數對立轉趨人事衝突也是因此，畢竟道相近則術不同不為過，然術不同而心有異則恩仇紛出。王安石與司馬光為君子之交，其政見相違不致私怨聚生，蘇軾與程頤同屬舊黨而意見有異，但為自我負責便難免對抗，可見北宋黨爭原為政治路線歧異所致，並非人慾惡鬥；章惇為相而新黨得勢，於是竟有「鞭屍」式的報復行為（追奪司馬光與呂公著之贈諡），其後蔡京更假公濟私以排除異己，黨爭至此已失辦理取道的本質，而成為「成王敗寇」的故事。即因宋政的方針（大方向）早已確定，北宋變法與新舊黨爭不論成敗如何，均於大局影響不大，蓋「事已如此，人又奈何」，變法變成黨爭實是由於法不易變而人無大有可為之機；舊黨新黨皆非泛泛之輩，卻又不能扭轉乾坤，既成情勢雖不如人意，其惡竟非大於改革之惡，難怪新法不了了之而黨人無一常勝，在新舊參用的現象下文治傳統仍逐漸鞏固，然其病亦以日增。「道二，仁與不仁而已矣」（《孟子》〈離婁〉上），宋代重文輕武的國策既合乎理性且成於天意，新舊黨人無不自以為有理有命，其爭並非相對之道而是絕對之義；然雙方所持均為儒術，而儒學本為人文主義，其觀念分歧絕不重大，故北宋黨爭終於人際妥協而非思想異化，變法效果不佳自不在話下，真理也未得愈辯愈明。不幸者，黨爭造就投機者，小人因此更為得志，北宋

雖非由是而亡，卻必有所損傷，由此可知宋朝以文治建國，也以文治不利失國。

　　北宋亡於外患而非內亂，這表示宋朝文治在精神上有成，但其物力不足以禦敵，故國運由異族宰制。北宋衰微時遼國亦敗，同時金國興起，於是宋有興復之志，企圖聯金攻遼，以壯聲威，然宋軍行動失利，反使金人有機可趁，而自招喪權辱國之禍。不論得失，宋朝在遼亡之際北伐實為「政治常識」的反應，未可苛咎，其落敗以及陷入絕境則屬「兵家常勢」，難以預測；顯然北宋之亡並非惡有惡報而是天意使然，此乃史上少見的滅國情事，可視為意外，也可視為宋朝文治可嘉的證據。金國崛起迅速，自阿骨打稱帝以後，十餘年間竟盡有遼境而滅亡其國，然金壯大時並無立即攻宋之想，卻因與宋聯盟用兵而反目，終致南下滅宋；其間宋徽宗以無力應變而讓位，欽宗則親赴敵營請和，兩人所為雖非大勇但也非無恥，由是竟有「靖康之難」，可見北宋亡國與其說是人禍不如稱為天災16。金滅宋之時極盡羞辱宋廷之能事，徽宗封為昏德公、欽宗封為重昏侯、朝臣張邦昌立為楚帝、宮府群生充作奴婢、國家文物劫掠毀棄、民間財富搜刮一空，凡此作為富有「野蠻戰勝文明」的諷刺意味，其實無非是自卑所致之自大，甚為無聊。如此，中國文化雖深受打擊，但宋朝所具有的中國本位內涵也於焉顯露，正因宋代文治重塑華夏形象，其受害於蠻夷之事尤可證明文明的價值不在於「義利兩全」、而在於「有道可殉」，蓋死由生而來，

16.《朱子語類》〈本朝〉二「法制」：「本朝鑒五代藩鎮之弊，遂盡奪藩鎮之權，兵也收了、財也收了、賞罰刑政一切收了，州郡遂日就困弱，靖康之禍，虜騎所過，莫不潰散。」此說表示北宋亡於久定的制度而非一時的人事，可謂「人算不如天算」。

生以義為命。

金代遼後聲勢雖盛，但其生活型態或文化層次並非先進，故無全面征服中國的意念與能力；金人扶持張邦昌及劉豫以建立傀儡政權於華北，這即顯示精神上金與宋不兩立，然政治上二者甚可妥協。金既自安於北方，宋乃可偏安於南方，宋高宗意欲與金和談，其心思主要是為確保個人權位（避免欽宗復辟），然此事得以成立必有「時勢造英雄」的條件，而非趙構一人的私心可以造就。易言之，宋可以半壁江山立國而不損其歷史正統地位，這不僅反映中國國家觀念的轉變，並且顯示華南地區早已成為中國的經濟與文化重鎮，即因漢唐的「中國」至宋時逐漸褪去霸權的色彩而恢復其文明性定義，原非諸夏所在的江南竟成為中國的核心疆域，以致關東關西的喪失不為士族耿耿於懷（宋高宗朝的主戰派率為武臣）。宋朝推展「文化性的中國」，於是政治上「名正言順」的問題益形重要，高宗自尊之法是與金議和，以使其正式承認臨安政權而抑制徽欽二帝，此舉固然卑鄙，卻有法理上的正當性，可見「盜亦有道」不是正道但也非無道，其義應從整體（全面）考量乃能公斷。宋室南渡時的文臣少有主張積極反攻者，其意一方面擔心軍人以武功奪權（乃至篡位），另一方面則不認「政治上的偏安」為「文化上的偏倚」，因為中國文明的重地至此時確已移至江南，收復荒殘的北方顯然較有政治性意義而較無文化性價值17。如此，秦檜的「奸臣」角色絕不是人格的問題而已，其舉富有時政的代表性，亦即反映著宋高宗的機謀與士大夫的心態（二者未必一

17.《宋史》〈李綱傳〉：「有詔欲幸東南避敵，綱極論其不可，言：『自古中興之主，起於西北則足以據中原而有東南，起於東南則不能以復中原而有西北。』」

致），抑或呈現了宋代文治的「為德不卒」與「不切實際」，雖然秦檜絕非所謂的「替罪羔羊」(scapegoat)。

宋將岳飛以「莫須有」罪名死，此非秦檜「論心定罪」之誤，卻是其「定罪論心」之謀18，然此事得以執行「莫須」由於宋高宗認可，否則秦檜絕無能力與士眾為敵而殺一抗賊大員，況且「欲加之罪，何患無辭」，岳飛之死所以罪狀不明正是因為「君要臣死，臣不得不死」，固無詳覈之需。「秦檜害死岳飛」是宋朝重文輕武傳統之一事例，蓋政權出於強暴，歷來常情是擁兵者挾制朝士，文官壓抑武將誠為險象，而其情屢見於宋，顯有國策為之支援。再者，「莫須有」一說以事後評論，似有「文過飾非」之病，若就當時而言，實有「強詞奪理」之氣，凡此皆深具「文化」性成分，並非「強權就是公理」(Might is right.) 的一般表現──即「俠以武犯禁」──可見宋代若有暴政當是出於「儒以文亂法」。相對於秦檜「以文裁武」，岳飛「以武進文」，頗有儒將之風，「或問天下何時太平，飛曰『文臣不愛錢，武臣不惜死，天下太平矣』」(《宋史》〈岳飛傳〉)，其言富有常識（並非理想）而毫不做作，可謂宋代教化成就之象徵。雖然，岳飛「殉國」畢竟顯示宋朝文治之失，此即「有謀無勇」；依理，有知則有德，有謀當有勇，岳飛之難證明「文弱」乃因「智淺」。宋廷殺岳飛既是求和之舉，紹興和議 (1141AD) 必是喪權辱國，然「士可殺不可辱」，喪權事小、辱國事大，宋竟以稱臣之法乞和於金，此舉確是中國文明之恥，因為華夏從

---

18. 所謂「莫須有」乃是「必有」之意，「莫」字實為強化或美化口氣的語助詞（例如「約莫」「料莫」），不作「非」解；然秦檜確以「想當然爾」之態出此語 (《宋史》〈岳飛傳〉：「飛子雲與張憲書雖不明，其事體莫須有」)，於是「莫須有」竟為「未必有」。

未──而且不應──以夷狄為尊。若「士大夫之無恥謂之國恥」，則「國君之無恥實為士大夫之恥」，宋高宗為保全皇位，竟不惜以接受金朝冊封的方法，令欽宗無法復權且使其永拘於異邦，同時又求歸還徽宗梓宮以示孝心且壯朝統，此種假公濟私的敗國妄舉甚為群臣所恨，但紹興和議終究推行而宮廷居然無變，宋朝以文亡國的道理於此可見一斑。

紹興和議之後宋金敵對情勢仍然持續，金主亮南侵而宋孝宗北伐，此時宋不對金稱臣，頗有恢復之志，但其戰事不利，終於再請和談。隆興和議 (1164AD) 結束金宋的「君臣」關係而改為「叔姪」，「歲貢」改稱「歲幣」且減量，國際平等之勢從此形成──外交往來名為「國書」而非「下詔」「奉表」──中國的尊嚴大為增進；宋朝敗戰卻獲優待，這顯示金無力滅宋而有親華（甚至漢化）之意，由此回顧可見宋高宗附金之舉極為自私而不自愛（且非切實），同時可知中國文明可以武克而不可以威脅。紹興和議維持二十年，隆興和議維持四十年，金難以進化而宋難以復興，雙方皆無法大有作為，只待造化弄人，此即蒙古帝國的瘋狂征服運動。南宋政治既施展不開，文臣爭論尤在於治道而不在於策略，因此趙汝愚與韓侂冑的對峙終於韓勝趙敗，畢竟政治為權力鬥爭，在官場上高談闊論者必不敵務實經營者之得勢，所以「道學」家竟成「偽學」派而受逐斥，工於策略者總較傾心治道者成功。雖然，南宋黨爭猶如北宋一般富有士氣（「其爭也君子」），韓侂冑並非不學無術而言行相違，其見或許偏頗淺薄卻有所宗法，故偽學之禁未久即弛，開禧用兵則見勇氣，文人政治以理念為主乃重「路線」的實踐，未可以為空疏。韓侂冑北伐失敗，嘉定和議 (1208AD) 使宋朝賠款甚鉅，但宋金兩國關係大致復原無改而又維持二十餘年(韓

侂胄成為雙方共同歸咎的開釁罪人），顯然宋朝戰力不如金朝，金朝國力則不如宋朝；戰力與國力所以不同，實因天人未能合一則心高不致物盛，卻可能為有氣無力，然而心不高則物必不盛，故金之勝宋總是一時，既非長久亦非全面，乃須「見好就收」以取最大的戰利。

宋時中國邊疆異族勃興，相形之下宋朝武力始終不振，北宋主動聯金滅遼，而南宋被動聯蒙滅金，其兵勢有如江河日下；中國文明的力量至蒙古帝國崛起時，只能顯示於宋朝滅亡之遲，而非元朝漢化之深，這反映華夷之別已不若古時之鉅。宋朝對於蒙古伐金不覺恐慌，卻亟思加以利用，然因軍力不足而未能成功，反予蒙古南侵的藉口（背盟），此非宋朝無義——其舉實為政治常例——而是國運不濟。南宋朝政雖非康泰有為，但絕不昏亂腐敗，如韓侂胄、史彌遠、賈似道等權臣固有誤國之處，然其失主要出於觀念偏差而非居心險惡，且其劣跡與歷代亂政者相較並不劇烈，宋之亡國大約是因為「文弱」，「濫權」乃非病原。宋朝滅亡的過程甚是悲壯，其情顯示文人治國確較軍政有德，「惟其義盡，所以仁至」（文天祥絕命辭），宋朝抵禦蒙古達四五十年之久而能保全晚節以終，可謂善了，這誠然是「重文輕武」國策下士大夫自重負責的正氣表現。

第二節　宋代經濟與中國近世社會的定型

五代十國在政治上分裂對立，但在經濟上卻交通不息，且各朝得以立國之資主要亦是財利，顯然唐宋之際是中國經濟社會發展迅速的時期，否則政治衰亂必已嚴重破壞民生而使統一遙遙無期。五代各朝歷時短暫（約僅十年），而十國相形之下維

持長久（宋代周之後二十年才統一全國），此與南北經濟興衰之別息息相關，故五代（及宋朝）必須放棄洛陽而以開封為都（藉漕運之便引用東南財貨）、吳與南唐據江淮富庶之區而國勢大盛、荊南軍力薄弱卻可以通商之道立國、西北與關中則殘破不堪而不足以為割據之重地（僅有李茂貞所建的弱國岐）。如此，宋代建國有賴重武，但宋朝治國深倚財富，而理財靠智不靠力，「重文輕武」政策的意義可由是理解19。

　　宋朝中央政府以中書省（尚書與門下二省廢弛）及樞密院分領政務與軍事，號為「二府」，而政務乃以財賦為重，其職分屬於戶部司、鹽鐵司、度支司等「三司」，號為「計相」或「計省」，然則宰相——「同中書門下平章事」（如王安石）與「參知政事」（如范仲淹）——對於財政實無支配權（新法欲將財軍二權歸諸宰相而未成），可見經濟問題在宋代的重要性特為鉅大。在中央政府之外，宋代地方政府的規劃也呈現了經濟地位的躍升，事實上宋代地方長官——漕帥憲倉四監司——乃是朝臣兼領（差遣）且不相統屬（各自對朝廷負責），地方政務實為中央效勞（因而有「知府」（權知府事）「知州」（知州事）等稱，其職可直接稟報朝廷），故朝政以財計為主之情當然反映於地方政治。宋制與前代相似，將地方政區分為三級——路、郡（府、州、軍、監）、縣——其中「路」本為監督地方輸財於中央一事所設（長官原為「轉運使」20），而「府」有特為經濟及

19.《宋會要輯稿》〈食貨〉一之十九：「上封者言：『自開國以來，天下承平六十餘載，然而民間無積蓄、倉廩未陳腐，稍或飢懶立致流移，蓋差役賦斂之未均、形勢豪強所侵擾也。』」

20. 各路首長原為轉運使，其後則以四監司主之，此即「漕司」（轉運使）掌財政、「帥司」（安撫使）掌軍務及民事、「憲司」（提點刑獄公事）

軍事因素建置者，又「軍」為軍區、「監」為工區（生產鹽、
鐵、銅、錢等），皆兼理民事而成統治一隅的地方政府21。由此
可見，宋政尤重財務與軍務，而治軍甚需財用——宋朝重文輕
武的政策更使兵力仰賴財力的程度遽長（北宋變法的重點在於
財政而非軍政）——顯然經濟才是宋朝賴以生存的國脈，雖然
宋代文化絕無唯物主義取向。自古以來，政權開放是政治發展
的趨勢，此即「民主化」為歷史長期傾向，而「民以食為天」，
經濟在政治中的地位——即政治的經濟性——乃與時俱進，直
至民生問題成為統治的最大事務時，現代國家或民主政治的性
質即充分展現。相對而言，古代政治特重軍事與文化（「國之大
事在祀與戎」）、而現代政治特重經濟與社會，古代經濟深受政
治影響、而現代政治深受經濟影響。中國歷史至宋之時，財政
的重要性大增（三司所掌竟涉入九寺五監甚至戶部工部之權），
這即反映社會型態的巨變，其最要者是經濟重心的南移與自由
化，以及貴族階級的消失（鄉紳代之而起）。

　　宋代經濟較前代進步甚多，當時賦稅及其辦法的繁雜情況
可以為證，如「折變」（改易繳納物品）、「支移」（改易繳納地
點）、「差役」（徵調民力服勤）諸法擾民（農民受害）之狀其實

掌訟獄、「倉司」（提舉常平茶鹽公事）掌經濟；原來轉運使以財政官
身分兼領其他業務而為一路之長，然後四監司共治而帥司漸獲優勢，
但漕倉二司皆屬財政，且帥司因軍興而權重，又需物資以舉事，可見
宋代地方政治之要實為財務。

21. 宋代的「路」相當於唐代的「道」，其下「府、州、軍、監」通稱為
「郡」，就中府與州沿襲唐制，軍與監則是前代所無，此乃唐末以來
兵事屢興及工商進化的產物；另外，大多數的監隸屬於州，其地位本
與縣相等，但少數的監統轄諸縣，竟無遜於州，此種特區不當與一般
縣治等量齊觀，故可視為郡級，這顯示宋朝偏倚財政之深重。

反映了「商業化」的興盛，普及各州縣的商稅——「過稅」（運輸稅）與「住稅」（販售稅）——更直接證實此事；此外，專賣事業（尤其是鹽、酒、茶）、礦稅徵收（「監冶場務」主其事）、紙幣啟用（「交子」、「錢引」、「會子」等）、匯兌推展（「關子」由匯票充當紙鈔）、以及國際貿易（經由市舶司與榷場）等要務的開拓，亦證明當時經濟發達遠勝傳統的局勢，以致「宋因通貨膨脹而亡國」的論點於今出現。南宋稅收較北宋更多，「是自有天地而財用之多未有今日之比也」（《水心集》〈奏議〉「財總論」二），此就政治而言可能為聚斂，若就經濟而論則可能為繁榮，然宋朝講求文教，並非以武立國，其政不重搜刮剝削，而且南宋勢弱，強索民財未必可得，有此豐收當是物阜所然。相對於中古的「實物經濟」，宋代盛行「貨幣經濟」，此乃產業發達之徵，亦是「自由經濟」之兆，而宋朝文化以興復正統古道為志，並不特意提倡開物興利之事，可知宋代經濟繁榮乃是歷史大勢的表現（其勢自唐代後期以來即然），這正是學者所謂「唐宋變革」之一相。在此趨勢下，土地兼併之風因經濟自由化而起，均田制的小農共產理念式微，田連阡陌的大規模生產型態（莊園）漸出22，因應此種商業化市場趨向，乃有兩稅法式的財政措施，即使重義輕利的統治者也不能捨此原則而施政。宋朝是高度的「文治政府」，其專制獨裁的惡行絕不如歷代帝國之甚，但論者卻常強調宋朝中央集權的程度更勝以往，似乎宋政極其「封建」；此一錯覺實是由於忽略宋代經濟進步所致之政策強化，畢竟事繁則法密，朝廷對地方的控制自當隨著民間產

22.《宋史》〈食貨志〉上一：「[淳祐]六年，殿中侍御史侍講謝方叔言：『豪強兼并之患至今日而極，非限民名田有所不可，是亦救世道之微權也。』」

業活動興盛而更為深入。

　　相對而言，傳統政權以武力為恃，現代政權以經濟為恃，宋朝是中國「現代化」的開端，其國家重心乃移至華南，因為北方的經濟發展條件顯然不如南方。史上中國首都所在由長安轉向洛陽、由洛陽轉向開封、由開封轉向杭州與南京、再由此轉向北京，顯然文明重鎮逐步南移，而當此事確定之時，政治重心不得不北移，以「平衡」經濟與文化重心南遷之勢（且坐鎮邊疆以防異族南犯），如此國家乃有「大一統」的氣象而免於「偏安一隅」的危險。易言之，關中時代（秦漢隋唐）過去後，關東時代繼之而起，但因其地經濟不裕，江南（自南宋以後）成為中國文明的最後基地，此時北京以政治因素獲得永久首都的地位（明成祖遷都是主要例證），南北統合在國家意識的推動下乃得成功。中國文明重心的南移與經濟開發的趨向息息相關，而經濟開發涉及人為與先天的條件，故南北興衰變化兼具天人二種原因，當中因果互動密切，未可以為必是其一所致；例如西北所以荒殘既是由於自然資源匱乏、且是由於人力外移，何為因何為果不能絕對判定，同理，江南所以水利優越是因地理之便或因人事之謀，其先後輕重並不確定23。不論如何，北衰南興之勢在宋代以下已成定局，由是北邊外患漸增而南洋移民漸盛、地方行政區劃北方愈疏而南方愈密、華北農業益廢而華南商業益榮、北人講武成風而南人學文為習，南北殊俗以致政策無法公平通行，雖然國家至上的觀念甚至中國一統的型態也

23.《渭南文集》〈常州奔牛閘記〉：「予謂方朝廷在故都時，實仰東南財賦，而吳中又為東南根柢，語曰『蘇常熟，天下足』，故此閘尤為國用所仰，遲速豐耗，天下休戚在焉。」《鶴林集》〈隆興府勸農文〉：「吳中之農專事人力，故諺曰『蘇湖熟，天下足』，勤所致也。」

日趨明顯。

　　文化與經濟相對有如心與物相對或士與民相對，經濟發展必然導致社會平等化，因為文化本是上層社會的精神創作，而經濟是下層大眾著重的物質建設，物力增長則民力加強，於是菁英與凡夫的差距自然縮小，雖然經濟的進步實得力於文化的提升或普及。宋代以下士族（世族）沒落，平民社會興起，這可謂為農民地位的提高，但農民地位所以提高乃因貴族門第消失，而非因其以自力取得權利，故此情不意味農民擁有社會優勢或經濟優裕；易言之，豪門一去則「臣民」的性質趨於「國民」，以統治者的立場而言，這是淪為貴族「部曲」的人民重歸政府管轄的新局，然就「佃戶」（農民之主體）的處境而言，未必為權益增進。傳統政權以君臣關係為要，現代政權則以官民關係為主，中古時代豪族得勢，君民之間士大夫當道，王法難以下達而輿情難以上聞，必待中央集權再興乃有真正統一的國家，是為宋朝（「士紳」的社會地位不如「士族」乃因其憑藉科舉起家——亦即依附政權立業——而難以累世成功）。由此可見，宋朝國力雖不大，但其「政治社會」(political society) 的真實性卻甚高，反過來說，唐朝瓦解以後帝國重建不易，而新立的政權須是親密紮實的國家，所以宋朝成為漢儒專制的小國。

　　傳統經濟以農為本，現代經濟以商為主，農本經濟是保守主義格局，商主經濟是資本主義型態，前者視需求而生產，少有過量與投機之情，後者以出產招欲求，常有過剩與賭注之勢；然經濟發展必要利用有限的物質以創造無限的商機，於是「物物而不物於物」(《莊子》〈山木〉) 的精神式微，滿足慾望的「人心物化」風氣興起，這即是中古之後「世風日下」的社會危機24。宋朝一方面提倡文治，另一方面重視財計，這本無矛盾

之處，蓋「心為物主」，義利兩全乃是好事；但實際上人性好利
輕義，道德與經濟常非共榮，宋朝總因中央集權而令人質疑其
推行禮教的存心。不論如何，歷史趨勢是物質文明隨精神文明
而提升，同時反菁英主義的「大眾化」使物質的價值竟凌駕於
精神之上，於是經濟成為政治的首務——「民主」最重民生——
文化的地位反而被社會取代，宋朝所以為中國史上的「古今之
際」正是因此。

第三節　宋代文化與中國道統的中衰

　　文化的推廣必致文化層次的沈降，此因上乘的文化乃為英
傑所作，凡人既然難以上達，欲將高見普及於世，其素質當然
難以維持，這即是宋代文化發展甚盛卻又有害道統的緣故。宋
朝提倡文治，科舉以此大興，然取士既多，其才不支，終使理
想妥協而令正義不彰，此就文化政策而言可謂成功，但就真理
探究而論則為失敗。正因「人上有人」，終極真相的認識者必為
孤家，而眾多的俗儒將成主流，然則宋代文化優於歷代竟是宋
人失於論道的證據。易言之，宋代文士闡釋儒家學說的成績固
豐，其誤解孔孟思想之為害因而益烈，宋學的誤導性乃與其影
響力俱生，堪稱功過同在。

　　獨尊儒術與推展科舉是中國史上最富有文化塑造作用的二

24.《續資治通鑑長編》卷二十七：「（雍熙三年）國子博士李覺上言：
　　『秦漢以來，民多游蕩，趨末者眾，貧富不均；今井田久廢，復之必
　　難，曠土頗多，閡之為利。……欲望令天下荒田，本主不能耕佃者，
　　任有力者播種，一歲之後，均輸其租，如此乃王化之本也。』上覽而
　　嘉之。」

大政策，這表示漢朝與宋朝是先秦以下最重要的兩個文化定型期，難怪「漢學」與「宋學」是近人探討中國古道的主要參考依據。獨尊儒術奠定了中國的立國精神，推展科舉則整合了政治與文化，進一步將儒家官學化，使「學優則仕」的理想更得實行有方，文人治國的原則因此大為充實，於是華夷之別愈嚴而中國本位立場愈堅（由此乃有中國全面亡於外族的激變）。科舉之法創於唐朝，其制度規模之弘則成於宋朝，自此傳承千年而未有大改，直至「西化」運動興起為止，可見宋代是中國「近代」的先驅。宋朝科舉首創「殿試」，此法固然暗示帝王權威加強，但文人士子在官場上的地位顯然增進甚多，正因豪族門第式微，朝廷用人須以取才於民間為主，既然科舉已成入仕之首途，君主為表現其至尊身分，便以最高考官自居，故有殿試（貢舉之外且有制舉）；政府既以考試選官，皇帝當為所有「門生」之「座主」[25]，經此及第者理應直接取得君主授權而獲官位，所以殿試之法確立時（宋仁宗）與試者例不黜落（僅分等），且不需再經吏部考核（釋褐試）而立即就職，這證明殿試的政治性遠勝於學術性。此外，科舉既已成為任官大法（幾乎是唯一途徑），其考試方案當然以傳統文化為準，因而士人論道的分歧問題也涉入科舉命題取向之爭。情與理相對，學者或重文或重智、或重藝或重道、或重人或重天，常非一致，此勢呈現於科舉考試設計的爭議上，即是「詩賦」與「經義」何者為要的歧見，因其辯反映古來知識觀點的異趣（有如西方哲學中經驗主

---

25. 《宋會要輯稿》〈選舉〉三之二：「太祖建隆三年九月一日詔曰：『國家懸科取士，為官擇人，既擢第於公朝，寧謝恩於私室？將懲薄俗，宜舉明文。今後及第舉人不得輒拜知舉官子孫弟姪，如違，御史臺彈奏……兼不得呼春官為恩門師門，亦不得自稱門生。』」

義與理性主義的對立），故抗衡不斷而始終未決（王安石與蘇軾之爭在精神上延續至宋末）。詩賦重美感（感性）而經義重道理（理性），二者並非相違，但層次高下有別——美不如善而善不如真——然詩作工拙易辨而道說正誤難分，且朝廷為主「正統」而頒行經義標準，反使策論趨於形式化（宋朝的「大義式」已有「八股」之風），以致平庸者由此可得晉身之階，誠為失策。雖然，施政須有務實精神，以詩文取才恐有空疏之害，何況宋朝既興文治而需求大量官吏，制訂獨尊儒術的應試規範乃成必要，由此可知科舉僵化實是其制推廣的自然流弊，而宋代進士所以分科（一重詩賦一重經義）亦與此理相同，因為科舉普及全國則南北文化差異（南人喜文而北人好經）必納入政策規劃。總之，科舉制度的定案表示文官考試的流行，於此貴族政治沒落而民主政治漸出，顯然菁英主義的辦法確立時菁英主義的標準必降，蓋菁英的需求既增，其量一多則其質惡化，如此宋代文風興盛的代價當是中國道學的失真。

　　約略言之，宋之前為貴族社會，其後則為平民社會，如此宋之前朝廷的統治地位不如其後崇高，亦即中國政治的專制獨裁或中央集權程度與時俱增，直至清代末期西化勢力突起，民主制度忽然建立。貴族力足以自立，可與中央對峙或交流，政府取才主要亦於貴族中尋覓，所以古代學校不興，私人教學則流行於高門子弟之間，「國民教育」尚非必要；相對於此，平民勢弱且不重求知，此時朝廷高高在上而地方缺乏資源，若政府不推行教育，則民間草莽不開，且國家難以得人任官，故近代學校逐漸普及。易言之，貴族可以自學而平民需要官學，古代學校不發達是因朝廷是貴族政府而治國頗以愚民政策，近代學校興盛則是由於官民差異遽增，統治者不得不致力「調教良

民」，並從社會各處徵才以自壯；同理，古代學校的主體是為高等教育而設（如太學），因為貴族的基礎教育率以自理完成而平民大都不就學，近代學校所務則由高等教育擴及基礎教育（如私塾），因為在文明進化之下「國民須知」已大為增加。雖然，中國的學校教育於中古過去時實無大規模成長，此因科舉興起導致士人專注考試而忽視學歷，尤其進士科著重詩賦文采及經學大義，此種才能並非學校教育可以有效養成，故有力者或自負者常捨學校以「就有道而正焉」，可見中國學校不發達終究是由於文化菁英主義，畢竟制式化的教育頗有礙於高才的發揮。宋代中央官學較唐代更為完備（新添武醫畫三學）且平民化（除國子學外），諸學以研習經學為主（國子學、太學、四門學），不然則須兼習經義（律學、書學、畫學、算學），連武學也教授道德觀念，文化道統顯然備受重視。然而提倡科舉必犧牲學校，宋初建國需才孔殷，科舉既興學校乃荒，官學僅為正統之標誌而用處無多；王安石變法，企圖興學以代科舉，宋徽宗甚至一度廢止科舉 (1104–21)，概以學校取士，太學於是大盛；惟科舉之法終成任官大道，就學與及第關係不密，一般學子急功近利，學校以緩不濟急而欲振乏力。中央官學已難成功，州縣官學更然，宋儒雖有辦學的熱忱，但英雄不講出身而菁英主義反對無限教育，宋代地方學校的推行理念實與中央無殊（三舍法曾施及州縣），學有專精者享有特權（如免役），竟非「有教無類」的理想而無「啟蒙民智」的樂觀；州縣學既然不是上達必經之途，其效當然不豐，一方面生徒之平庸者就學無益，另一方面資稟優異者無庸入學，官學乃以政府獎勵而興，然朝廷推展科舉更力，兩相抵觸的結果學校只有退敗，由此可知宋代文化仍富有貴族氣或「內涵優於形式」的精神26。

　　宋代文化的昌盛又可由書院的流行證明，蓋書院乃是「私人式」的教育組織，其制有官立有私立，然所務為自由講學，並不針對科舉考試而設，且重修行持養，甚有「學者為己」之古風。書院具有學校性質，但其課業不似官學規制，而採行獨立教案與自發學風——書院常以寺院的制度為範設立——此種主動態度合於求道精神，難能可貴。書院的源頭是藏書處所，圖書館學校化即成正式的書院，此情在唐宋之際出現，雕版印刷的發明與學術思想的勃興顯然是其要因，這反映了整體經濟與文化的進步，所以學校的「非官方性」或「非政治性」可能大作。宋初以來書院分佈廣泛，其尤著者且遠離京師——白鹿洞書院在江西廬山、嶽麓書院在湖南長沙、石鼓書院在湖南衡陽、應天書院在河南商丘——各處經營方法不一而理念相近，凡此皆顯示書院富於脫俗性，但其道絕非不務實。宋代書院頗有針砭時弊的意氣，北宋書院講求致用躬行，南宋書院重視內心靜修，取徑雖異，淑世之想相似，但因時勢不同，故反應有別，而非以功名為尚。文風興盛不必表示士氣高潔，宋代書院繁榮未必由於世道敗壞（宋代太學生議政氣節的激昂與當時官學或政局的變化亦非息息相關），然而書院既非入仕之途，其發達當與社會進化有密切關係，此為宋代的「現代性」表現之一景。易言之，宋代書院可能因政情惡化而興，但此事並非必然，書院學者自有其求知之志，不可能以反現實、反社會、反政府、

---

26. 《歐陽文忠公集》〈論雕印文字札子〉：「臣竊見京城近有雕印文集二十卷，名為宋文者，多是當今論議時政之言。……詳其語言，不可流布，而雕印之人不知事體，竊恐流布漸廣，傳入虜中，大於朝廷不便。……臣今欲乞明降指揮，下開封府，訪求板本焚毀，及止絕書舖；今後如有不經官司詳定、妄行雕印文集，并不得貨賣。」

或反科舉作為讀書的根本動機；然則官學不振或許使人另擇書院（宋理宗有詔「書院山長並兼州學教授」），但其勢應不如「偽學」之禁所致的理學家轉趨書院運動（偽學之禁弛而書院益盛）；事實上書院較官學更具教育真義，故「禮失求諸野」成為文化風氣，而變寺院為書院亦成文化政策，此一政教關係的矯正（以教領政）確是並顯宋代文治成敗的力證 27。

　　宋代學術的最高成就是「理學」，理學亦即「道學」，道學是探索真理之學，故理學一詞所示之義是「以理求道」；此見看似允當，其實不盡合理，因為真理具有超越性，而上帝高於真理，天道含有神格，並非一概可以理解；然則「道學」已有簡化之虞，更遑論「理學」，若人不覺知識有其極限，必將曲解真理，雖然理智確是求道的首要憑藉。理學的出現不是「疑古」所致，而是「勝古」企圖所致，因其超越往聖的嘗試難以成功，乃有「自我作古」的新真理觀之提出；此種「退一步海闊天空」的「精神勝利法」放棄上帝信仰或超越性問題的探究，亦即放棄理想主義的宇宙觀，而改採唯心主義的世界觀；如此，真理竟為「存乎一心」，「明心見性」便成求道捷徑，於是唯心主義可能淪為個人主義，各說各話皆有其理，道學乃得以蓬勃發展。誠然，僅是疑古或反動（如挑戰《五經正義》）絕不足以造就新儒學，因為孔孟之說是真理探討而非專業之言，於此質疑不難

---

27. 文治成功，所以政治推崇文教；文治失敗，所以文教指導政治。同一事情卻有如此不同意義，這表示政治深具原罪，所以政教關係不論何者為主──「文治」之意可能為「以文治事」（教在政上）或「治事以文」（政在教上）──均有其弊或皆有其善。雖然，文治一詞通常是政治性用語，亦即基於政治立場而言，故以教領政的作法其實是政治的失策或文治的失敗。

但取代甚難，理學亦是一種通識，豈可能只憑反對前人便能建立；歷來求道之士治學皆欲「站在巨人肩膀上看得更高更遠」，但此事幾為無望，蓋悟道實是天縱英明而非經驗累積所得（量變造成質變），故思想家無法突破正統學說時常反而追求異端；理學正是儒學發展脈絡下「窮則變」的產物，其意雖非提倡反傳統立場，卻是「變而不通」的歧說，但因擁護者眾，終竟成為近代儒學的新正統，使孔孟觀點更受障蔽，有離經叛道之實。先秦儒家是「究天人之際」的「極致人文主義」，其見自秦漢以來無有超越者（「天」的觀念不進反退），否則中國的一神教早已出現；即因人文主義的極致是發覺上帝而此一進化難以達成（世上並無成功之例），以致人文主義的發展不是世俗化（無神信仰）便是迷信化（多神信仰）。如此，從漢初獨尊儒術以來，儒學日趨「教條化」，同時不滿者則藉佛道之說釋儒，使真理見解更形混亂，或使當政者更將儒學標準化（定型化及權威化），造成正反相激的惡性循環，這是求道無法精準所致之思想亂局，亦是理學滋生的環境。

　　理學一方面反對政治化的儒學，另一方面反對宗教化的儒學，前者體現為官學而後者內涵是佛學，然理學家亦欲將理學設為官學，又圖以佛學補儒學之不足，因此理學自身也深受政治與宗教的影響，既不清靜且非純粹。理學之志是為傳統儒學結論，也就是呈現完備的道識，然儒學政治化的錯誤易去，儒學宗教化的問題卻難了，因為儒家的真理觀正是缺乏上帝信仰或宇宙創造及安排之說，所以終極的儒家必須增加或修改形上學論述，其見不得不為禪宗式的構想，亦即中國式的無神宗教觀，此即「無極太極」的宇宙論28。求道不進則退，孔孟之後

28.《周易》〈繫辭〉上：「是故，闔戶謂之坤，闢戶謂之乾，一闔一闢謂

儒家的天道觀無力上探上帝，天人合一的觀念因此漸興，其中超越性概念衰落而人本精神強化，終於形成唯心主義式的道說，是為理學。理學既是創新的儒學，其說不便直接引用外來宗教的思想，故禪宗（中國式佛教）與道家較印度佛教更得理學家公開認可，且因理學所欲增補之說乃是「準宗教」或「類宗教」而非「真宗教」，故籠統空虛的易經太極說便成為理學家所借用的本體論 (ontology) 材料。就形式而言，理學較傳統儒學齊備，就素質而言，理學較傳統儒學淺薄，事實上理學的完整性只是表面工夫，其形上學說僅聊備一格，既不深刻也無大用（與倫理學說關係疏遠），此種空洞之言所以重要竟是由於前儒的天道觀無法盡釋一切事情。理學以簡化之法填補了儒學的漏洞，亦即以唯心主義取代不完善的理想主義，其實是退化而非進化，尤其超越性真理的探索從此消失，使中國文化更趨於現實主義而與完美主義絕緣，儒學定案於此竟致儒家生機停息，理學之功顯然小於其過。雖然，理學的錯誤實為儒學發展困頓的遺害，並非學者惡意的設計，此為中國歷史的原罪（內在缺陷）呈現，或是儒家走投無路之下的冒險失敗，固為不幸，卻非可惡；正

之變，往來不窮謂之通；見乃謂之象，形乃謂之器，制而用之謂之法，利用出入民咸用之謂之神。是故，易有太極，是生兩儀，兩儀生四象，四象生八卦，八卦定吉凶，吉凶生大業。」易經之說僅有「太極」而無「無極」，其意是太極之上更有神明，至宋則學者以無極代神明而置為「第一因」，這實是唯心化的宇宙觀；從此先秦以來隱約不明（體系未備）的上帝信念讓位於理論固定（形式完整）的天道法則，又由「性即理」與「心即理」的「天人合一」簡化方法認定終極真相；於是「人能弘道」非因「非道弘人」而因「道非弘人」，天人得以合一是因天人互動而人為主動，可見無極一說廣受歡迎實以「有人無神」令人神往。

　　因理學家所務主要是為補足儒學的宇宙論，其他觀點——尤其是道德思想——概為新儒家繼續堅守，故理學並未以其學術革命惡化社會風氣，可見理學之失是理論之失。可悲者抑或可笑者，理學家可能以錯誤的形上學為倫理學提供強大的支持力量，著實促進了善良的民心或鞏固了傳統的禮教，反而造就更嚴格乃至更僵化的社會規範，這確是「偽真」導致「偽善」的怪象，雖然「揚善」仍當優於「隱惡」。

　　宋代理學的發展趨勢是由探討宇宙本質轉為思索心性取向，原來「由外而內」後來「由內而外」，然二者皆趨於「內外合一」，卻呈「天人合一」，其實是以人為本而小看天下，但因堅持「人為萬物之靈」的地位，所以重視「君子」的格調，而無放縱人慾的意思。周敦頤（太極圖說）、邵雍（皇極經世）、張載（正蒙）等宋初理學家均「由上往下」論理，亦即以天道議人事，其說頗含佛老之見，卻定評於道德的價值，所重顯然是人格而非天意；此種論述在體系結構上（真善美次序）似為正確，但其關懷乃是世道本身，實有假天奉人之嫌，大費周章而結論平常，較諸孔孟並無卓越之處，理論性多，神聖性則相形見絀。相對而言，周敦頤之說是「道人相應」，張載之說是「物我相通」，前者主上下合一，後者主內外合一，層次或有差異，但宗旨無殊，此即「仁以處世」，故二者軒輊無須細究，惟其間轉變之勢確實反映理學逐步唯心化之情。如此，稍後的二程不重宇宙分析而重心性修養，其說強調「持敬」以「致知」，持敬（誠）是對天而致知（思）是對物，人在當中居於主角本位，自成宇宙。依理而言先天後人，以心而論人本天末，程顥所重在於天而程頤所重在於人，然天道主仁而人心求知，故程顥之說「由天入人」而程頤之說「由人入天」，前者為「仁學」

而後者為「知學」；惟體仁由心而進知由理，於是仁學即為「心學」而知學即為「理學」，二者差異微不足道，蓋學者以為天人合一而無分別，然則仁知一貫，心即理、理即心，其實仍是「存乎一心」。理學家「一以貫之」之道出於人本立場，其唯心主義所以未陷入個人主義的困境，乃因不信上帝卻信真理，道德意識的驅使尤令理學家注重以身作則的精神；然道德（善）源於知識（真），唯心主義的真理觀本無優劣對錯之分，但其行道（實踐）表現立即證明孰是孰非，由此可見強調讀書的理學家方是箇中明士。傳統儒學「究天人之際」而不果，這引發理學以唯心之法為超越性問題決定答案，此外理學並無反對傳統儒學之意；然而真理觀本是「從上往下」的看法，唯心主義「由內而外」之見卻是「從下往上」的觀點，故理學一出，中國固有文化實已淪入危機。

　　理學的流弊是空談，束書不觀、率性而為、虛偽逃避皆以此而起，其「強不知以為知」之態為禍甚烈。「學苟知道，六經皆我注腳」（《宋史》〈陸九淵傳〉），此言甚是，但學苟知道即是得道，而凡夫豈可能得道，為此之言誤導甚矣[29]。南宋理學幸得朱熹闡揚孔孟之道而未更加誤入歧途，其「格物致知」的為學主張提振求道方法的權威性，「進四書而退五經」的建議──師法聖賢而倡導道統──則減少士子自解自迷之氣，使理學的理性益顯，而趨於傳統格調。朱熹常被視為正統儒學的集大成者，此見大約無誤，然而朱熹的形上觀念富有理學色彩，這確與孔孟的信仰不同；其所以如此實因朱熹追求真相全知，而儒家的天道觀未足以盡釋其惑，乃「被迫」採用無極太極理論以

---

29. 《宋元學案》〈象山學案〉：「今天下學者惟有兩途，一途樸實、一途議論，足以明人心之邪正、破學者窟宅矣。」

填充虛空；即因此論有名乏實，反而無甚傷害，朱熹接受其說顯然既得意又失意，甚至無奈，這便是朱熹不喜玄言而強調實學的緣故。易言之，理學對朱熹而言僅是備用性的宇宙觀，絕非其知識建構之基礎，但朱熹既求通貫之道，乃不得不承認理學之天論以竟儒家全功　（朱熹的道統觀認定周張二程直接孔孟）30；此事一方面證明朱熹治學求備的偉大胸懷，另一方面卻顯示中國文化盛極而衰的悲劇，難怪在朱熹滔滔立言之時，輕窮理而務發心的象山學派也隱然流行，其勢竟可逼迫朱學。總之，理學以唯心主義化解傳統儒學「天人交戰」的窘境，亦以唯心主義毀壞傳統儒學探究神道的大業，理學成為終極的儒學，其承先之績並非啟後之所資，可見理學的成就暗示儒學的失敗，而宋人所確立的道統其實引發中國道術的新傳統。

　　宋代文化鼎盛，名家輩出，幾有集大成之勢，於此中國歷史的古今相承，可以前瞻亦可以回顧。理學富有哲學抽象玄思，但也重視道德實行，兼顧理想與現實，既尊古且疑古，絕非「不食人間煙火」，頗持知行合一之志，是以專尚「經世致用」的浙東學派相形之下甚顯狹隘淺陋（葉適、陳亮、呂祖謙諸人難免有功利主義甚至物質主義的偏見），而難以流行廣遠。宋代文學的形式豐富而素質優秀，古文駢文兼盛（歐陽修、王安石、蘇軾等古文名家不尊駢文卻工於此道）、詩詞齊名（宋詩繼承唐風而宋詞超越五代）、小說（平話）崛起（可謂中國大眾文化之先河），其風繼往開來，新舊皆佳，而能文者亦能學，多才多藝，極有通儒格調（歐陽修與朱熹為佼佼者），連帝王（尤其是宋徽

30.《宋元學案》〈晦翁學案〉上：「嘗謂聖賢道統之傳散在方冊，聖經之旨不明而道統之傳始晦，於是竭其精力以研窮聖賢之經訓，其於百家之支、二氏（佛道）之誕，不憚深辯而力闢之。」

宗）及女子（如李清照與朱淑真）都據有文藝史上的地位。在
藝術方面，宋代書畫的傑出與人才濟濟使此題成為一般治史者
必需注意之事，這表示宋代文化層次甚高，蓋宋朝國力不強而
其主事者竟如此傾心於藝術——歷代君主未有如宋室之愛美者
——若非「重文輕武」之策深具「為政以德」之意，豈可能一
方面嚴防外患、一方面欣賞筆墨，何況書畫僅為文士之餘事，
而中國藝術的實用性尤低　（雖然宋代以後藝術世俗化逐漸興
盛）。宋代史學著述眾多（官修私修皆盛）、體例齊備（紀傳與
編年之外又有紀事本末）、通史成就不凡　（《資治通鑑》、《通
志》、《文獻通考》尤優）、甚至當代史（宋朝國史）意識深濃
（實錄完整且許學者使用）31、而世界地理觀念顯現（如《太
平寰宇記》），其中通史之作特別顯示宋人對於文明歷史的發展
意義（目的性）富有體會——故有此「通古今之變」的學術盛
事——這亦反映宋人對於其自身時代在中國歷史中的定位深覺
重大，宋代的「現代性」由此可見一斑32。總之，宋代文化的
質與量俱備，此情並非偶然，而是歷史長久的進化大勢所致，
然因宋代總結中國古典以至中古的文化，其承先之大功雖有啟
後之大效，卻也令後人難以創發突破，以致僵化的問題開始惡

---

31. 宋朝國史以李燾《續資治通鑑長編》、徐夢莘《三朝北盟會編》、李心
傳《建炎以來繫年要錄》、熊克《中興小紀》等四者為最優，此種歷
史性自覺罕見於前代，可見宋人的「時間感」較古人更敏銳深切，否
則難有視「當代」為「現代」的反省式史學，雖然自我定位的歷史解
釋必有賴於古史累積的豐富成果。

32. 《通志》〈總序〉：「自《春秋》之後，惟《史記》擅制作之規模，不
幸班固非其人，遂失會通之旨，司馬氏之門戶自此衰矣。……自班固
以斷代為史，無復相因之義……會通之道自此失矣。……豈天之靳斯
文而不傳與？」

第九章

元朝：文明的失敗與中國的淪替

第九章　元朝：
文明的失敗與中國的淪替

第一節　蒙古統治與中國文明的迷亂

所謂「亡國」就空間性意義而言是指國家的消失，就時間性意義而言是指文明的毀壞，然亡國若成永久則亡國一詞的用處並不多，必是亡國之後又復國乃使亡國一事富有意義，如此中國二度亡國一說所以重要，正因學者可由此深刻了解或解釋中國文明的發展趨向及長遠價值。今之治史者可以後見之明確定中國兩次全面亡於外族 (蒙古與滿洲)，若漢人在蒙古人征服之後未曾復國，則中國亡國的說法當不受人重視或強調；即因漢族政權二亡以後又得重建，中國本位立場自然成為其「通史」的解釋依據，以致元朝與清朝皆納入「國史」，反而令人不覺中國曾經亡國。小國亡國是歷史常情，大國亡國發人深省，中國亡國不可思議，因為中國不僅是大國更是高度文明，其亡違背常理，須以神意為解，但中國亡國之時已無上帝信仰，而中國復國之後又急於溫故忘恥，史學家顯然既無力且不願解釋蒙古滅華所蘊含的天道。元朝為時不久 (1271–1368AD)，卻征服中國全部，所幸影響不深，未使文明歧出，然傳統中斷打破完美的想像與期望，其事必別有啟示，否則尋思者的心病將因此惡化，中國文明的真相可能大受扭曲。

中國的本義是華夏，亦即文明的天下，然則中國原非疆界固定的國家，而是文化先進的國度，對此仰慕者可以加入、反

叛者可以離去，其域難以政治標準設定。自秦漢統一以後，中
國開始具體化，但其形式範圍與精神領域未必結合一致，故中
國的領土常因武力強弱變化而改，卻無損於其為中國的資格
——只要華夏傳統或漢人政權猶存「正統」即在——這表示中
國所以為中國主要是由於文化（認同）而非政治（規範）。雖
然，沒有政治條件則中國無法確保其文化地位，所以胡化的漢
人較漢化的胡人更得中國人同情；「南夷與北狄交，中國不絕若
線」（《公羊傳》僖公四年），其理當在於崇尚文明者總盡力擁護
華夏朝廷。中國是東方上國，其文明絕非鄰國所能媲美，史上
中國不論如何衰亂均得偏安一隅而不至於全面潰敗，然則元之
代宋當非僅憑軍力，華夏文明自身的沈淪應是主因，此即唐末
以下的大眾化或世俗化問題。

　　相對而言，古代文明義利兩全的程度或機會多於後世（誠
如初學者較無天人交戰的困境），於是物質與精神共進，文化層
次高者其武力亦較強，蠻族難與爭衡，故秦漢帝國聲威遠播（有
如羅馬帝國文武均盛）。古典時代過去後，文明陷入自我批判的
階段，因情理不一以致心物不能並進，此時有德者未必有能，
文明較高的國家其武力可能不及肆無忌憚的野蠻部落，乃至為
後進者所征服，這即是魏晉以後五胡亂華的緣故（有如羅馬帝
國亡於日耳曼蠻族）。再者，文明發展至此歷時已久，落後的部
族若乏向化之心，便愈有對抗先進國家之意，使其外患更形嚴
重（故大唐帝國因異族而盛亦因異族而衰）；同時，文明國家的
菁英主義或保守主義因教化推展而逐漸解放，其崇道程度隨之
降低而庸俗觀點以是興起，內憂問題在階級鬥爭下大為惡化；
如此，先進與落後地區的文化差異減少，其國力強弱之別與文
化優劣之別的相關性亦降，「野蠻戰勝文明」的事情愈顯尋常，

這便是蒙古頓成世界帝國的背景 1。自隋唐以來，漢人的殉道精神與愛國立場分離愈甚，維護華夏傳統的抗外態度（漢賊不兩立）逐漸怠慢，唯利是圖的心機加重，叛國降敵成為兵家常勢；宋朝雖力振古道，但物質文明的發展勢力使一般人心趨於現實，此時上層文化固然活躍，社會經濟卻更具塑造民意的作用，中國的獨立性與自覺意識其實更衰。易言之，宋代所以止於華夏亡國其理有二，一是中國文明的物質性優勢已遠不如往昔胡漢關係之所呈，二是中國民族的文化認同因「大眾化」而陷於鬆散平淡或名不符實之狀；亦即中國與其外族的對立一方面愈來愈少精神因素而多利害衝突、另一方面愈來愈多政治性格而乏信仰意向，於是華夏與夷狄的地位日漸相近，終至異族攻佔中國而篡其正統 2。

　　元朝僅是蒙古帝國的一部分，蒙古帝國是巨大的世界性政權，而中國並非其基地，所以宋朝亡於異族固有中國文明自身的缺陷為原由，但此問題當非主因、或是無法藉以充分解釋中國所以亡國的道理，蒙古政權崛起及擴張之速方為根本原因，然其情簡直是奇蹟（甚不合理），故可視為天意，不須以為中國有必亡之理 3。事實上宋朝是蒙古出征所遇的最大勁敵或最大

1. 在蒙古帝國擴張過程中，中國是其最強的勁敵，自成吉思汗即位至忽必烈滅宋凡歷七十八年，蒙人為此備嚐艱辛（其難包括元憲宗蒙哥死於圍攻合州釣魚城一役）；然此情與其說是中國文明偉大的證據，不如說是其勢已衰的證明，因為蒙古文化甚為原始，一個發展了二千年的古國竟亡於蠻邦，豈可以其抵抗有力為榮。

2. 《元史》〈世祖本紀〉：「至元八年十一月乙亥，建國號曰『大元』，蓋取易經『乾元』之意。」

3. 《明太祖實錄》卷二十四：「丙寅，檄諭齊魯河洛燕薊秦晉之人曰：『自古帝王臨御天下，中國居內以制夷狄，夷狄居外以奉中國，未聞

困難，這證明中國有其深厚的文明實力，並非無以自全，中國所以淪陷於蠻族當有「聰明反被聰明誤」似的不幸，或是「天喪斯文」的命途，所謂「非戰之罪」是也。宋朝聯金滅遼是主動之舉，其聯蒙滅金則為被動之行，這顯示宋朝國力確實日漸衰弱，然蒙古有此滅金之策亦表示中國仍有重要地位而未可小覷；蒙軍南進乃以宋朝背盟為由（與金之伐宋相同），可見蒙古原無積極征服中國之意（而以西征為先務），但因開疆拓土既廣，中國終成必取之地。蒙古滅金之後又經四十五年才亡宋，此時元世祖（忽必烈）已在位二十年，宋之亡國且充滿壯烈事蹟，文天祥臨死時所言「吾事畢矣」可為中國敗而不屈的精神表現，此種「盡人事以聽天命」的信仰傳統暗示元朝無法「馬上治天下」。總之，中國文明發展至宋已出現盛極而衰之相，但這不意味中國必然滅亡，何況中國並非亡於先進之邦而是亡於野蠻之族，這更證明中國亡國與其說是人禍不如說是天災；在真理的啟示上，此事呈現「見山不是山」的思想層次雖高於「見山是山」，其力量卻有所不逮，必待質疑者達到「見山又是山」的終極境界，知識方為通透貫一而可發揮十足的效用；元朝取代宋朝是歷史上的「反淘汰」現象，其勢不可能長久，否則文明末世早已形成，中國豈有「現代化」的問題，由此可知元朝是「小役大、弱役強」的無道天下（《孟子》〈離婁〉上）。

蒙古帝國誠然是世界政治的「暴發戶」，元朝缺乏典章制度，曾不足以治理中國，若稱元朝為中國史上最「原始」的時代，其誤有二，一是元代乃為近世而非遠古，二是元朝乃為異族政權而不屬於中國正統，可見將元朝納入中國歷史是漢人朝

以夷狄居中國治天下者也。自宋祚傾移，元以北狄入主中國，四海內外罔不臣服，此豈人力，實乃天授。」』

廷重建以後的自壯自慰作法 4，既雪恥且招辱，甚是矛盾。正是因此，中國史家對於元朝常有意無意忽略或曲解，總不能以理公評，顯然元代情事兼為中國文明可貴與可悲的有力證據，令其敬仰者難以正視，從而使華夏文化更加扭曲，可謂禍不單行。元末以驅除外寇為名而起義造反者甚眾，明朝恢復漢族天下，中國傳統於是再續，然而否認元朝的歷史地位即承認中國文明發展曾經斷絕，此又有損民族自尊，故為「大局」著想，須將元朝扶正；此種考慮兼具政治與文化層面，所以在元之時漢人也難以完全視蒙人為「非我族類」，而須以「夷狄進於中國則中國之」看待（期望）元朝，否則華夏的滅亡即成永久（確定）的事實而令士大夫無法承受；如此糾結的心緒使元代儒者一方面反抗朝廷、另一方面教導異族，排外與同化二圖俱在，既無中庸之道也無兩全可能，以致極端與詭怪之情叢出，漢蒙雙方皆受其害，中國歷史彷彿以鬥爭未果而停滯不前。

　　蒙古有武無文，其開國愈為順利，其融合政策之不可行愈為明顯，於是蒙古傳統的改造或放棄愈為迫切，然則蒙古的武功未必有助於其族生存，是所謂「不仁者不可以長處樂」。忽必烈之前蒙古少有漢化，然為統治故不得不開始就教 5，窩闊臺

---

4. 《國榷》卷三：「丙子詔曰：『自宋運既終，天命真人於沙漠，入中國為天下主，傳及子孫百有餘年，今運亦終，海內土疆豪傑分爭。朕本淮右庶民，荷上天眷顧、祖宗之靈，遂乘逐鹿之秋，致英賢於左右……。』」

5. 《元史》〈世祖本紀〉：「至元十二年五月庚辰，詔諭參知政事高達曰：『昔我國家出征，所獲城邑即委而去之，未嘗置兵戍守，以此連年征伐不息。夫爭國家者，取其土地人民而已，雖得其地而無民，其誰與居？今欲保守新附城壁，使百姓安業力農，蒙古人未之知也，爾熟知其事，宜加勉勖。』」

（元太宗）重用耶律楚材，先行「遼化」，其實為間接漢化，此
乃蒙古立國的唯一途徑；至滅宋之後，元朝更無法於漢化之外
建樹，「金以儒亡」一說足以反映蒙古貴族的野性霸氣，卻不足
以推翻主事者的常識，因為「以漢治漢」是元政成功的僅有辦
法6。雖然，蒙古征服中國以後，漢化之利非如立竿見影，元
室驕傲之氣則亟欲實效，因此忽必烈既已藉漢人奠定元朝的政
治規模——尤其是官制、財政、以及皇位繼承法——便開始伸
張統治者的優勢特權而疏遠漢臣，其情與時俱增，終至於蒙古
有朝一日「馬上失天下」。元初傳說「遼以釋廢，金以儒亡」
（《元史》〈張德輝傳〉），此事暗示元室（尤其忽必烈）已知遼
的文化層次不及金，但對於其自身的為政方向似有無所適從之
感，這證明元朝的文明素質大約介於遼與金之間而較近乎遼，
其向化意念絕不強7；事實上元朝的漢化措施主要是出於功利
考量，其技術性遠勝於理想性，此外元朝崇奉喇嘛教、注重武
裝軍備、並大肆搜刮民財，其道乃與漢化相反，可見元朝的治
國態度極為粗鄙，較諸遼金更為野蠻，因為元有前車之鑑卻視
作無物，直如反文明。蒙古治華幾乎專事「以力服人」，其因不

---

6. 《陵川集》〈與宋國兩淮制置使書〉：「今主上（忽必烈）在潛，開邸
　以待天下士，征車絡繹，賁光丘園，訪以治道，期於湯武。歲乙卯，
　下令來征，乃慨然啟行，以為兵亂四十餘年而孰能用士乎？今日能用
　士而能行中國之道，則中國之主也。」

7. 《魯齋遺書》〈時務五事〉「立國規模」：「考之前代，北方奄有中夏，
　必行漢法，可以長久，故魏遼金能用漢法，歷年最多，其他不能實用
　漢法，皆亂亡相繼，史冊具載，昭昭可見也。……然萬世國俗、累朝
　勛貴，一旦驅之下從臣僕之謀、改就亡國之俗，其勢有甚難者，苟非
　聰悟特達，曉知中原歷代帝王為治之要，則必咨嗟怨憤、喧嘩其不可
　也。」

僅是惡意而且是無能，蓋勢利之心為一般政治性格，然必以威脅之法行政乃非常情，掌權者如此費力又自陷於危險之境，顯然是智淺才窮所致；知與德互通，無知則不能有德，壞與笨常為惡性循環，而令人難以解脫，元朝自開國以後便邁向「死於安樂」的厄運，正是由於不學無術與缺乏善意的交互作用，誠以釋廢，豈因儒亡。蒙古人是歷代侵華的外族中漢化最少者，不僅元朝帝王不通中文，其所用之人亦多草莽，而當時竟逢中國文化復興之後；此情證明華夏亡國不是天譴便是自斃，畢竟宋朝可能因重文輕武而國力衰微，但元代漢人不可能因敬愛禮教而屈服外敵；中國以高級文明敗於野蠻部落且受其長時統治，其無理之處是神意安排，其有理之處是人文迷失，此即半知之害或理虧之禍。

　　元朝與宋朝一樣文武分權——中書省理政而樞密院掌兵——然此情與其說是元朝承襲宋制所致，不如說是元朝的「殖民主義」(colonialism) 表現，因為治理中國並非蒙古帝國擴張的目的，而是其武功的連帶（次要）產物，然則元朝必為軍事政權（軍國）而重武輕文，其文武分治乃是維持蒙尊漢卑的順當設計，豈是學習宋政的理路所然。事實上忽必烈入主中國後，乃使皇太子兼領中書令與樞密使二職，如此集軍政大權於一身的作法展示元室獨裁專制之志，其實是以軍領政，宋代文武分途的教化思想於此渺不可尋，難怪元朝太子並不親攝中書省，政務實由左右丞相處理。元朝統治的型態乃是原始的專制，此景本為落後部族一般的政情，並無特殊之處，但其狀正好符合宋代以下中央集權強化的長期趨勢，故常使人誤以為元政是承繼宋政而來，事實上二者不多傳承性關連，畢竟元朝是外來政權，其目的絕不在於推展中國傳統。如此，三省制度的廢除基

本上不是元朝接續前代傾向所致，而是蒙古自身施行獨裁之制所然，故當中書成為中央最高決策機構而門下與尚書俱滅時，身為宰相的中書令乃一概由太子擔任，此種示威性的派遣首長作法顯然是為鞏固皇室權位，而非務實或改進的設計。三省分工制衡的功能既因朝政獨裁化而消失，立法、司法、行政、以及監督等權必然結合，於是行政權將凌駕其他威勢而人治益盛，在帝王私意的影響大增之下，文治或文化的作用自然大減，政治的暴力性質因此更為顯露，元朝的「非宋性」也於焉流露。元朝六部直屬中書，議政與執法更無分別（有勇無謀），然統治者常營私以自大而在制度之上另置特權密令，所以三省正式化（公開化）乃至單一化（合併）以後（門下省廢於南宋而尚書省廢於元代），「內閣」隨之興起而成為明清皇帝取決的親信；在此轉變過程中，元朝並無決定性的作用、或是承先啟後的角色，其所為實是自主自利的表現，只因元室無學而不得不模仿宋法外部（元代朝廷組織大約沿襲宋制），其舉且與唐宋以下的集權趨向吻合，以致元朝彷彿妥貼融入中國政治史而無扞格之處。

　　元朝殖民政策在地方統治方面也清楚呈現，尤其「行中書省」（行省）的設置更展示「中央宰制地方」的威權，蓋此法是在傳統中國的地方政府之上冠以朝廷衙門，使區域自治更無可能，同時軍事控制的籌畫也由此普及民間 8，「種族壓迫」隨處皆在。隋唐以前貴族社會的形勢尤盛，地方政權的獨立能力尚

---

8. 《元史》〈百官志〉七：「行中書省，凡十一，秩從一品，掌國庶務，統郡縣，鎮邊鄙，與都省為表裏。國初，有征伐之役，分任軍民之事，皆稱行省，未有定制；中統至元間，始分立行中書省，因事設官，官不必備，皆以省官出領其事。」

不小，宋代以後平民社會成為常態，中央與地方的勢力均衡漸失，人民對抗朝廷的實力日減；然則元代「地方中央化」的統治政策並非獨創，但其法亦非繼承宋制而來，卻是蒙人入主中國所需的戒備與霸道，此事也是宋元兩朝政局的「巧合」。元朝對中國的統治原無長久之計，其行省制度並非因地制宜卻是與世推移的結果，特有征服者鎮壓反叛與利用民力的威迫性，而少有地方割據的可能性。以征東等處行中書省為例，「至元二十年，以征日本國，命高麗王置省，典軍興之務，師還而罷；大德三年，復立行省，以中國之法治之；既而王言其非便，詔罷行省，從其國俗；至治元年復置，以高麗王兼領丞相，得自奏選屬官。」（《元史》〈百官志〉七）由此可知，行省本為軍事而設，不以經世濟民為意，故初無常法、置除不定、而各自為政，其官制繁雜冗濫更顯封建權威（州縣長官原為世襲的無俸君侯），甚無尊重地方風俗的善意（地方首長必為蒙人而漢人僅得為副貳）。元代行省之制後為明清所沿用，此事不必意味元政具有深遠的影響，卻表示中央集權所致之地方貧弱自宋以下已成長期形勢，所以蒙古政權將中國州縣「殖民地化」的措施，竟為後代朝廷繼續推行（名實俱存）而不覺有異。

中國與世上任何古文明一樣向為階級社會，元朝亦然，但傳統階級是智愚優劣之分，元朝以異族入主中國，其階級乃為敵友親疏之別，雖然蒙古政權不可能完全周顧人才的用處，即使其於「有用」的認知絕不高明。正當的社會關係是「勞心者治人，勞力者治於人」（《孟子》〈滕文公〉上），元朝統治卻反其道而行，這顯示蒙古政權若非反文明便是不文明，而反文明者無法建國治民，可知元朝只是野蠻或無能，並不以惡意推翻中國制度。所謂「種族歧視」(racial discrimination) 乃是平等成

為法定權力或流行觀點時才出現的說法，在古代帝國主義之下
絕無此事，因為威權統治必有等差待遇，此為優勝劣敗的生存
競爭原理呈現，既然歧視已經化為法律或由菁英主義化解（能
者多勞不是驕傲），便無另外（特別）表達之情。如此，元朝的
階級政策與其說是種族歧視的表現、不如說是自我保護的手段，
畢竟蒙古滅宋是「反淘汰」的歷史異事，其優勢未可長久維持，
故需以非常之法延長國祚。元制以蒙古人為「國人」，位居其下
者為西域「諸國人」（即「色目人」），原為遼金臣民的華北「漢
人」又居其次，而文化素質最優的宋朝遺民（即南方漢人）竟
成地位最卑下的「南人」；相應於此，元朝的軍隊也分為「蒙古
軍」、「探馬赤軍」、「漢軍」、「新附軍」四類，其高下等級顯與
「野蠻性」相當、或與擁護元室的程度相仿，可見元朝是軍事
政權，兵民之別正是征服者與被征服者之別。元朝階級制度根
本是出於維護蒙古政權的考慮，幾無長治久安之計，其念僅針
對當前而不顧及將來；然此法是消極的防衛措施，並非主動的
同化政策，故其尊卑區別之據是「非華性」，「親蒙性」卻非旨
趣。蒙古文化甚為粗淺，不足以用作教育方案，元朝設定階級
乃圖防制反叛而非用夷變夏，正因漢人最具推翻元朝的實力，
所以元律將漢族分化為二，且置中國原有藩屬於其上，力求鎮
壓之效，可見猜疑者必有畏懼，蒙政的霸氣實多於霸道。蒙人
抑漢排華的態度使元朝無以進化，反而自取滅亡，此事當非蒙
人可能了解及預料，因為「以力服人」是所有無力「以德服人」
者的治道，其失敗雖是理所當然，卻非指日可待。中國史上的
建國者大都出身於當世權貴，亦即改朝換代常是政權內部勢力
鬥爭所致，而非「平民革命」的結果，然朱元璋竟以凡夫登基
而建立明朝，這暗示漢臣在元朝絕少權勢，固無篡奪蒙廷的傳

統式機緣，而新朝既須以驅逐外族的「全民運動」造就，此時中國的貴族社會且早已沒落，難怪繼元室而稱帝者原是一個草芥小民。由此可知，元朝的階級制度極不自然又不成功，其構想是「安全勝於自由」的原始觀點，頗有「犧牲大我以成全小我」的私意，總因蒙人為小我的安全而毀壞中國的大我自由，以致文明退化，但文明有進無退，元朝所以速亡實是拒絕漢化而自甘墮落的下場。

　　元朝統治幾無制度可言，因其作法只是把持戰利於征服之後，並非依據為政理念執法 9；為保蒙人優勢，官吏文武分途而軍民異屬，且立里甲之法以控制漢族，一副軍人政府的模樣。正因蒙古人以力謀利，除了霸佔搜刮（如分賜江南民戶予貴寵）之外，其政策乃以聚斂為方（故專行鈔法而禁止錢幣 10）──由是「貧極江南，富稱塞北」（《草木子》〈克謹篇〉）──顯然元朝的首務是軍事，其次便是財計，前者控於蒙族而後者委託色目（尤其回族），這表示蒙古文化極其原始，元室所以優待西域部族實為抵制或防備中國而非認同夷狄，畢竟色目人的文化層次也高於蒙古。在蒙古政權下，蒙人的角色是軍人（領主）、

---

9. 《明太祖實錄》卷一百七十六：「初，元氏以戎狄入主中國，大抵多用夷法，典章疏闊、上下無等，政柄執於權臣，任官重於部族，斷獄迷於財賄，黜陟混於賢愚。」

10. 紙幣的流行需要二大條件，一是經濟極其發達，二是政權甚為鞏固，如此人民方有深切的需求及足夠的信心，使用材料價值無幾的紙鈔以為通貨；由於前述的條件不足，近代之前紙幣難以盛行，宋金二朝雖皆使用紙幣，然其鈔法問題重重，未能有效取代以貴重金屬鑄幣的傳統錢制；元朝的權威或許強大，但人民缺乏效忠之心，且其經濟並非旺盛，這絕不是紙幣通行的良機（明清幣制以銀錢為主），可見元代專行鈔法乃富含政治性陰謀。

回回的角色是商人（臣僕）、漢族的角色則為農人（佃戶），於是「士農工商」若非不濟即是變質；蓋蒙人重武輕文，「士」成四民之末、或成「武士」而非「文士」，同時「農」成賤民而遠不如巧工與奸商之受寵；殊不知文化不優則工業不良而商業不盛，且使以農立國之局無法與時俱進，元朝令漢人大材小用，不僅有玩物喪志之害更有混淆是非之害。蒙人嗜利而力有未逮，故以回人為其計臣而重中華之能工者，此道只求功利而忽視學習，毫無自立永業的精神，既然新猷不出，傳統乃無以形成，如此元朝豈有長存的可能。傳說元朝分人十等，一官、二吏、三僧、四道、五醫、六工、七獵、八民、九儒、十丐（參見《疊山集》〈送方伯載歸三山序〉及《鐵函心史》〈大義略敘〉），此說未必合法合理卻甚合情；蓋蒙古政權如同上古帝國乃以宗教輔政（神權統治必以政設教），故僧道屈居官吏之下，而元朝既為游牧民族所建，獵戶的地位自然位於農戶（「民」）之上，然醫與工對草原部落而言更是先進且有用之技術，其職固非獵與民所可媲美；唯中國文人鄙視異族，而蒙人亦以儒學為無補於事的廢物，為表征服者具有決定社會價值觀的權威，元室心態極可能視儒如丐——正所謂「百無一用是書生」——因而有此刻意「排華」之政。在此十色之中，漢族的主體為「民」與「儒」二類，然中國尚儒傳統向以士為萬民之師，如今蒙古政權卻極力摧殘士氣而優遇匠人（特設「匠戶」「匠軍」「匠職官」），其舉實以反文明自暴自棄，終究得不償失。

　　蒙古帝國由武功建立，其「以力服人」之道不僅無法安民而且不能自安，元代皇位繼承甚為無序，權力鬥爭時時以此進行，政局極其混亂；統治既為逞慾，征斂浪費之事乃層出不窮，由是稅賦激增而貪污益盛，終至於官逼民反，盜賊與梟雄四起，

亡國在即。元朝所以速滅實因蒙人腐化而非漢人生變，蓋蒙古
帝國暴起暴落是武力興衰的表現，而短時之內有此鉅變甚非正
常，其事當是精神惡化所致，畢竟物質條件轉變的速度不及心
靈。蒙族本為原始的部落，野人思想既淺，其「以心役物」之
力不如「心為物役」之效，故蒙古擴張是物慾所驅，元朝頹廢
亦是物慾所使，而「由儉入奢易、由奢入儉難」，蒙人失於守成
顯然是因「享受」之念太切11。元末民亂的一大特色是結合宗
教信仰與政治統緒以為號召，韓山童一系假借白蓮教聚眾起事，
並偽稱宋徽宗之後而建國（仍號宋），這種「神權」式的立政宣
傳雖非空前絕後，但其勢之盛確為罕見；此情當與民族主義激
情關係密切，亦即民間堅定而普遍的反蒙立場使叛變無甚需要
合理化，所以迷信與謊言可能成為政治運動的訴求依據，難怪
韓林兒稱帝以後群雄（含朱元璋）大都奉為首領卻又各自為政。
反元勢力建國者除「宋」之外，又有「周」（張士誠）、「天完」
（徐壽輝）、「漢」（陳友諒）、「夏」（明玉珍）等，凡此國號均
有顛覆蒙廷而興復中華之意（如「天完」一名乃為「大元」加
蓋），可見元末叛變富有夷夏對抗的性質，由此又可知元朝漢化
或蒙化的成效皆甚微小12。元朝的滅亡只是兵敗北歸的過程，

---

11. 《南村輟耕錄》〈醉太平小令〉：「堂堂大元，奸佞專權，開河變鈔禍
　　根源，惹紅巾萬千。官法濫、刑法重、黎民怨；人吃人、鈔買鈔、何
　　曾見；賊做官、官做賊、混愚賢。哀哉可憐！」

12. 《明太祖實錄》卷二十四：「古云胡虜無百年之運，驗之今日，信乎
　　不謬。當此之時，天運循環，中原氣盛，億兆之中當降生聖人，驅逐
　　胡虜、恢復中華、立綱陳紀、救濟斯民。……蓋我中國之民，天必命
　　中國之人以安之，夷狄何得而治哉？予恐中土久污膻腥、生民擾擾，
　　故率群雄奮力廓清，志在逐胡虜除暴亂，使民皆得其所，雪中國之
　　恥，爾民其體之。如蒙古色目，雖非華夏族類，然同生天地之間，有

同時蒙古大汗的系統也逐漸斷絕，而四大汗國亦一一衰落，其
情並不轟轟烈烈，卻在打打殺殺後無聲無息，彷彿歷史有多餘
之處。蒙古帝國有如驟雨，來得急、去得快，而影響淺淡（對
蒙古後裔亦然），強調元朝成就者常就物質文明或政治作用立
論，其說若無偏差也乏啟示；顯然「權威」（authority）是善是
惡乃繫於其為精神力量或心理作用，蒙古統治懾人而不動人，
正因其政有征無教，此種「權威」實為有權無威的「威權」。

第二節　異族政權下的中國傳統進展

　　蒙古文化的層次遠不及中國，所以華夏傳統在元朝仍得延
續，因為武力可以滅國卻不能治國，蒙人即使不漢化也無力改
造中國文明，漢人可能受蠻族奴役，然其優越的文化不可能以
此淘汰。事實上元室必須籠絡中國文士或假借漢制才能鞏固政
權，這使元朝文治流於空洞，但其形式卻使傳統文化獲得賴以
生存之資。教育不能以無知領導有知，元代學制不得不引用中
國舊法，於此種族待遇雖有不公（正統國子學之外又有蒙古及
回回國子學），知識標準則為唯一，雖然元代學術絕不發達。同
理，元朝不採文官考試則已，若欲推行此道則科舉不能罷廢，
故元室對於中國士人的評價終究超越工匠，以至認之為民力中
堅，即使蒙廷並不樂用漢臣而樂仕之英才亦甚少。元代科舉興
辦次數不多（元代中期才開始），進士分左右榜——蒙族與色目
為右榜而漢人與南人為左榜——其法恐多具文，有識者且少應
舉，整體看似政治性妝點，並無重大作用；然而元制承襲宋代，

能知禮義、願為臣民者，與中夏之人撫養無異，故茲告論，想宜知
悉。」

試四書以取士之風從此興起，左右榜難易薄厚之別——漢族試題較多（含經策文三類）而其出身則不如蒙族一級——本為壓抑中國士氣，其實竟有傳揚唐宋學統之功。此外，元朝統治中國，其疆域廣大，這使唐末以來華夏世界分裂阻隔的情況消除，文化上的交流及統一大有進展，南宋儒學（理學）因此傳布華北，中國學術思想更趨和合。政治與文化顯然不同，蒙人入主中國是政治巨變，此事雖對中國文化衝擊劇烈，但文化的生存力量或持久性甚強於政治，元朝不論如何歧視漢人也無法斷絕其傳統，畢竟文化粗淺者絕少同化的意念，而其一統天下的政治野心卻極可能激發優越民族的歷史使命感。

　　自古宗教盛行，文明層次不同則宗教層次不同，然原始社會與先進國家一樣重視宗教，蒙古雖為落後的部族，其信仰態度未必不如漢人虔誠，尤其中國的宗教至唐宋以後已失上帝信仰的大義，而元朝卻採用喇嘛教為國教，以壯大其統治意念且充實其精神生活（例如吐蕃喇嘛八思巴為元世祖造蒙文）。雖然，蒙古帝國的宗教政策趨於寬容，此情不僅暗示蒙人的信仰極為淺薄，並且表示元室缺乏教化的能力與興趣；事實上元朝的文化措施只圖社會安定而無理想，因其未具領導見地，故行放任之道以招撫人心，這使中國傳統得以延續。喇嘛教為佛教密宗的一支，其要在於祈福法術而忽視學理智識，蒙人信仰喇嘛反映其不學無術而求實惠的心態，也正因此元朝並不限制民間宗教的發展，畢竟愛利者自私無義，更有「道不同不相為謀」的意思。佛教自唐末以來在士人之間已趨於沒落，宋代理學興盛而禪宗流行，傳統佛教於是更為不振，元時喇嘛教因為主政者的推崇而得勢，這絕不意味佛教在中土復興，卻間接證明中國佛教已經大為世俗化。元室事佛甚力，然元政絕非神權統治，

元朝仍是以政領教而非以教領政，當時僧侶多有不法即是由於朝廷縱容而不是因為佛家本來無行；元末假借宗教信仰（如白蓮教）造反起事者甚多，這與元室迷信以及宗教政策浮濫當有密切的關係，蓋「上樑不正下樑歪」，政治鬥爭常為相欺。上帝信仰探索在唐宋衰竭以後，中國的宗教不是日漸陷於迷信便是愈來愈多現實性，知識份子對於宗教甚為輕視，庶眾則由功利觀點產生信仰，所謂「民間宗教」誠然是文人不屑一顧而凡夫姑妄聽之的神話。此情在元代之後益為顯著，這固然是歷史長期的形勢所致，但元室的信仰取向確有推波助瀾之效，可見蒙古文化雖遠不如華夏文明高深，然蒙人所以能入主中國必因夷夏之別不似從前巨大，易言之，唐宋社會的「大眾化」是異族政權全面建立的先決條件。蒙人的宗教既與當時中國民間信仰相去不遠，加以元朝宗教寬容的政策（元室崇拜喇嘛卻對道教各派——全真、太一、真大——宗師封賞亦豐），元代竟成為中國史上罕見的「信仰自由」時期甚至是「宗教盛世」（例如基督教於此二傳至中國且於此後再度絕跡），這與其說是蒙政的功績不如說是儒家的敗績，因為中國道統一向追求超越性真理，只有上帝觀念消逝後，各式的宗教信仰才可能同時流行。元時盛行於中國的宗教包括佛教（藏傳佛教尤興）、道教（宋金以來新派林立）、基督教（也里可溫教）、回教（木速蠻教）、乃至諸種綜合性信仰與正宗變相，此景顯示儒家獨尊的地位不再，思想解放造成假性的百家爭鳴，其實是人文主義上達失敗以致怪力亂神之說叢生。總之，元代宗教狀況反映中國思想長久的演變趨勢、而非蒙古文化自身對於華夏的獨特影響，既然宗教代表世界觀的極致而後進不可能開化先進，元朝的國教當然觀念粗淺而無法改變漢族的信仰，因此唐宋思想傳統自然在元代延續

不斷，雖然後人以中國曾受政命於夷狄為恥而常將「宋明」合
稱，彷彿元朝從未存在（「遼金元」有如自成一局的異國野史）。

　　蒙古政權重利輕義，元朝對中國的影響乃非深遠，因為精
神長存而物質不永；如此，元代經濟的成就當勝於文化的發展，
或說元代社會世俗化必較宋代更盛。中國的經濟自唐代後期以
來發展迅速，此勢至宋更盛，元代承之，當然受益甚大，加以
蒙廷好利而致力於開物取財，尤使經濟在維持既有成就時又圖
進步。易言之，蒙族入主中國雖有所毀害，但其意主要在於享
受而不在於破壞，所以元室一方面大力提倡經濟，另一方面極
力搜刮資產，其財政視民生如「下蛋的母雞」，既照料且剝削，
總以自肥為謀。如此，元朝統治對於「唐宋變革」以後中國的
社會與經濟發展趨勢，其實並未造成重大的衝擊，這顯示蒙人
在物質上頗依賴漢人，而漢人在精神上甚不理會蒙人。忽必烈
滅宋之初沿用唐宋兩稅法 13，其後苛捐雜稅愈來愈多且重，同
時工商國營（鹽茶酒醋皆由政府專賣）以壟斷貨殖厚利，禁用
錢幣以操作鈔法資金，獎勵藝匠以滿足權貴物慾，拓展貿易以
充實國家府庫，凡此均證明元朝對物質文明並無「反其道而行」
之念，卻有急於利用之心。元朝經濟政策之害實為掠奪而非阻
礙，中國民生因此極受侵略但未受誤導，近代殖民主義式的扭
曲性經濟在元之時不曾出現，漢族可能陷於貧困卻非轉行失業
之苦。若不論蒙漢之別，元代中國的經濟乃甚興隆，尤其蒙古
帝國的版圖從東亞延伸至東歐，自唐末以來中西交通斷絕的局
面（西域獨立而西夏壯大）於是大開，並且東南海運的規模亦

---

13. 《元史》〈食貨志〉一「稅糧」：「元之取民大率以唐為法，其取於內
　　郡者，曰丁稅、曰地稅，此仿唐之租庸調也；取於江南者，曰秋稅、
　　曰夏稅，此仿唐之兩稅也。」

較唐宋時期大為擴增，元代國際貿易因此達到空前的盛況。總之，蒙古文化無法領導中國，蒙古經濟則有求於中國，所以中國文化在元代繼續自我（內部）傳承，而中國經濟既受元朝盜奪又受其助長，二者處境有安危之異；這表示精神文明的層次（地位）在物質文明之上，然物質文明需要精神文明扶持乃能改良，故元室的文化政策以忽視學術自尊，而其經濟政策則以重用技藝自利；但因中國文明遠高於蒙古，元政對漢族的物質性影響甚大於精神性影響，此即心理作用而已，其結果是明代的文化持續宋學傳統，而其經濟似乎沒有蒙人的遺害。

第三節　元朝在中國歷史上的地位

　　元朝以異族入主中國，當然對於中國的自我認同與歷史傳統造成重大衝擊，一方面中國為文化上邦的定義因此破壞，另一方面漢人自治政權延續不絕的脈絡由是中斷，在夷夏關係中始終具有文明優勢的中國首度屈服於蠻族，此事的現實作用即使有限，其象徵意義卻極為深遠，中國再不能自以為是。中國的範圍原是諸夏，其立國精神為華夏主義，「夫如是，故遠人不服則修文德以來之，既來之則安之」（《論語》〈季氏〉），然以德服人未必有效，因而中國亦常以力服人，不論霸道或王道，中國總是東方之秀。中國並非所向無敵，因為文治與武功自古典時代以後愈來愈不能兩全，而且天意難測，強者不必勝，中國豈能隨時擴張；秦漢與隋唐文武兼備，魏晉與兩宋文勝武衰，漢蕃關係時有變化，然唐末之後外族的強盛已成大勢，中國備受威脅。如此，宋朝亡於異族雖為意外卻非偶然，此由明朝亡於滿清一事（後見之明）更可確認，蓋遼金侵宋之勢尤勝於五

胡亂華，而滿洲人統治中國的成效更強於蒙古人，明朝只是漢人兩度失國之間勉強獨立的政權，其嚴防邊患之盛舉（如興修長城）正顯示外族入侵的危機常在。文明相對於野蠻，允文允武雖非反文明，但原罪問題使文明力求從理去兵，然而文明上國不可能連自我保衛都力有未逮，所以中國可敗不可亡，元之滅宋證明中國文明帶有大病甚至是退化已久。元代以後中國人的優越感顯然不如從前，其現實態度則更強烈，因此「中國」的政治性或地理性含意益增而文化性含意則益減，同時「正統」觀念不如古人所持之嚴謹或者日漸淡薄，以致元朝與清朝皆成「中國通史」固有的一部分，彷彿中國未曾敗亡，反而是越來越廣大。由此可見，元代在中國歷史上本無正當的地位，卻因後代國家意識的增長（民族主義與國際政治並進）而獲得合理化，畢竟中華民國不能不承認（接收）大清在國際社會中的中國身分，如此元朝自應連帶加以認同（「驅除韃虜」之後改行「五族共和」）。易言之，元朝造成華夏本位主義的嚴重挫敗而使中國「世界化」，此後中國所以為中國的意義逐漸喪失，中國作為國際強權的角色則愈來愈為中國人所盼望，可悲的是中國愈強中國愈不像中國，文化既是國家的靈魂，心死力戰亦將亡國。

　　宋朝所以亡於蒙古絕非僅因軍力不敵或物力不足，中國文化的頹廢（精神衰弱）必為其中緣故，然而宋代乃是中國史上的文化盛世，可知時人的思想應有重大失誤。人文問題有質與量二性，文化鼎盛應質量俱優，量大而質劣固不可視為文化之勝，質精而量小卻可稱作文化之光，然則兼具中上之質與巨大之量即為史上難得一見的文化盛況，這便是宋代之情。以質而論，中國文化最盛之期乃在春秋戰國時代，自此以後文化創作

之量與時俱增，其質則逐漸下沈，此勢可以上帝信仰的沒落為證，因為天道觀念代表知識的極致或整體看法。至隋唐時期，中國的上帝信仰已近乎消失，而宋代理學是天人合一的宇宙觀、或是無神信仰的唯心論，儘管當時學術活躍且英才備出，此一文化盛世的素質其實不如古代精華。唯心主義忽視物質的價值與作用，宋朝國力不強與士人空疏之氣甚有關連，而元代儒者化解其亡國之痛的思路更強化了唯心主義，蓋唯心主義的「精神勝利法」使人認蒙古帝國的世俗成就為無物（立功不如立言），並且在元政壓迫之下，學者修業尤傾向「內求」而非「外迎」以圖自安，故理學未因外患而衰，其道由此承傳益盛。易言之，理學若是宋朝亡國的禍因，它亦是支撐中國士大夫忍受元朝統治的心靈能量，然則元代理學少有創發乃理所當然，因為元儒必須推崇宋儒才能自尊──故朱陸之爭轉為朱陸之和（吳澄倡之最力）──也才能相信蒙古的勝利只是物質世界的變化而非精神文明的失敗。元初北方儒士對於理學所知不深，至蒙人統一中國，理學始由南方傳布全國，同時理學逐漸現實化或具體化，心性之說落實於生活日用（如許衡「治生論」），歸返六經的主張也愈為強烈（劉因為其代表），顯然宋代理學發展至元已成道統正義，既崇高且切實14，而理學的知識性錯誤及社會性弊害則罕為人知。如此，元代竟是理學傳統中承先啟後的關鍵，其於理學之鞏固貢獻甚鉅，雖然此事未必良善，而元儒自身且不知受害之實。理學原是中國儒學不進反退的敗績，宋代文化昌盛而國力不濟一情實已暗示當時思潮偏差頗大，但

---

14. 《靜修先生文集》〈上宰相書〉：「凡吾人之所以得安居暇食、以遂其生聚之樂者，皆君上所賜也，是以凡吾有生之民，或給力役、或出智能，亦必各有以自效焉，此理勢之必然，自萬古而不可易。」

此事識之者幾無；宋朝亡於蒙古可能被認作「反淘汰」的現象，或可能被視為「空談誤國」的例證，但理學學理之失始終未為元儒所破解；因此，元代士人反而更加肯定理學以自我安慰，否則宋學一旦推翻，儒者失國之恥更將加劇，亦即「亡國」惡化為「亡天下」 15。總之，元朝雖為外來政權而對中國傳統少有興趣，但因儒生有維持文明尊嚴之需，乃對宋代心學擁護益虔，以致元代文化富有宋朝遺風，學術歧途因此愈走愈長；此事並非由於蒙人陷害，卻是文人自作自受之苦，可見超凡程度不高者受迫於世俗的程度更大，宋朝亡於蠻族的道理在此，元朝導致中國進一步迷失的原因亦在此。

　　秦漢以來世俗化、物質化、大眾化、以及中央集權的趨勢愈來愈強，所謂唐宋變革即是此種趨勢的加速進行，蒙古入主中國一方面是這個形勢演進的結果，另一方面則促進了這個形勢的發展，因為蒙古文化原本富於世俗性與物質性，其菁英主義弱而英雄主義強，崇尚威權而輕視個性。中國傳統與蒙古風俗本來互不相干而各自發展，然蒙古竟征服中國而二者歷史終有融合之處——主要是蒙古納入中國——這顯示宋朝與其邊族的文化差距已不如古代的諸夏與夷狄，亦即中國文明的層次其實長時下降，終於出現「用夷變夏」的局面。蒙人嗜利，故樂見工商開發，蒙人務實，故信教不深（其喇嘛教僅為祈福工具），蒙人爭霸，故權力緊握，因此唐末以來中國的經濟、宗教、政治等發展趨勢均與元室立場無違，不僅未受蒙人妨礙，反而可能受其助長（尤其是政治的專制）。中國貴族社會式微之

15. 《日知錄》〈正始〉：「有亡國，有亡天下，亡國與亡天下奚辨？曰：易姓改號，謂之亡國；仁義充塞，而至於率獸食人，人將相食，謂之亡天下。」

後中央集權愈甚（國家統一自須建立金字塔型的權力結構），此勢與蒙人的獨裁性格及統治需求相應，造成元廷高度的專權作風，而激發後世帝王循例的擅政態度，古代的共和理想或議政精神至此已渺無音訊；論者常謂元代行省制度、朝官鎮壓地方官的作法、乃至軍民分治之道為明清所承襲，使中國政治的中央集權大增，此說之失大約只在於誇張了明清統治者對元室的「學習」程度，因為中央集權實是中國歷史大勢而掌國者本多有獨裁之心。由此可知，中國所以亡於異族乃是因為中國已經腐化，元朝所以能承先（宋）啟後（明）乃是因為蒙人欽羨物質文明，而當時中國文明的要務已由精神追求轉趨物質利用；然則元朝在歷史上的作用是驗證且推進中國之變，其效所以不彰正是因為此一演變趨勢早已顯現（唐季），而且宋朝以後的人文變化實在乏善可陳。

第十章

明代：世俗化與中國文明的衰敗

朱元璋像

第十章　明代：
世俗化與中國文明的衰敗

第一節　政治現實性的加劇與明朝官紀的惡化

　　明朝是中國史上第二個平民建立的大統一政權，這固然顯示元代異族統治對於中國傳統的特權階級造成嚴重破壞[1]，卻更顯示中國社會長久的平等化或大眾化趨勢已達壯盛之況，否則白手起家的草民絕無登基稱帝的環境（不是機會），又豈可能穩定天下而傳位數代（1368–1644AD）（由此可知劉邦身為平民皇帝的特殊性實甚高於朱元璋）。如此，中國政治的保守主義或菁英主義至明代已流失甚多，其「民主」成分則相對增加，雖然這不表示明朝政治富有自由主義或社會主義。事實上中國政治的理性精神相較於西方並不強，所以中國政治的民主化速度亦頗小於西方，但政權的解放乃為必然或為世界性現象，中國宦場也逐步對民間開放，於是參政者愈來愈多，似有共和之勢；然此情一時之間不能造成民主規模，反而導致皇權伸張或中央

---

1. 錢穆《國史大綱》第三十六章序言：「除却漢高祖，中國史上由平民直起為天子的只有明太祖（元末群雄較之秦末更見其為平民色彩），這是說明蒙古人的政權之下絕沒有漢人的地位，因此在蒙古政權被推翻的過程中，沒有讓政權之自身醞釀出權臣或軍閥來操縱這個變局（如東漢以來歷史上之慣例）。」

集權，因為介於帝王與庶民之際的「貴族」（廣義）消失，極有助於皇室的壯大卻無補於大眾的威勢，這即是明朝專制視古代猶甚的緣故。易言之，古代階級社會是金字塔型結構，近代大眾社會是統治者高高在上而民間平鋪散漫的狀態，所以古代帝王必須顧慮豪族世家的立場，近代皇室可以獨裁而不受士紳牽制；然因君主常為庸才而貴族最具教養，所以缺乏士大夫輔佐或不聽其言的統治者若非昏君即是暴君，傲慢的帝業必為惡政，明代政治的腐敗正是有國者無能而自私的一般後果。政治是權力鬥爭，成王敗寇乃是常態，但古代政治鬥爭的依據較近代更像是「叢林法則」，其成功者所具有的實力因此更強，並且隨著傳統或正統的強化，近代君王受制度保障的程度又高於古代；所以古代主政者的領導本事大約優於近代，亦即古代暴君多於近代而近代昏君多於古代，明政的黑暗則是昏君起用暴徒所致，這是最壞的統治型態，也是歷史後期才可能出現的長時現象。人性善惡兼具，但政治大都是人性之惡的作用——故有謂「政治為必要之惡」——而人性之惡是獸性，獸性出於物慾，物質屬於現實世界，所以現實性愈盛政治愈壞；古代政治的保守性強於近代，參政者數量既少，其素質亦較佳，同時傳統社會的宗教信仰較濃，政治所含的禮教較多，即因古代政治的現實性少於近代，其惡亦小於近代。明朝政治可謂歷代漢人一統政權中最為惡劣者，此非偶然或是帝王個人之失而已，其情實為本質性或時勢性的問題，這便是政治高度庸俗化的結果、或是「學」「仕」關係疏離的結果；於此人性放縱或假公濟私之事大增，因為節制統治者行為的學術思想（如天道觀念）及社會體系（如世族門第）皆已式微，可見平民皇帝的產生絕非政治的善緣（漢初朝廷向化之後才有宏略良謀）。

　　朱元璋建國後剷除所有可能威脅皇權的功臣，其無道程度為史所罕見，甚至可能因此危及吏治，這顯示明朝是赤裸裸的暴力鬥爭產物，不僅缺少為政理想而且缺乏務實態度，卻有強烈的「家天下」私心，一意自肥（故廠衛成為司法制度以外的「官方私刑」秘府）。明初皇帝的「勵精圖治」其實是為鞏固政權而發，並無塑造立國精神之想 2，故當明室地位確保之後，帝王的任性放縱與沈溺享受便成通病——其荒唐之狀亦為奇觀——國家由此陷入小人之手，政情不堪聞問。朱元璋的性格富於猜疑與殘暴，然猜疑是心思而殘暴是脾氣，二者常非一致，兼具猜疑與殘暴之性者必以殘暴為主，因為有猜疑即不能堅決，不堅決者豈能殘暴；由此可知朱元璋（乃至明成祖朱棣）的猜疑其實是殘暴的藉口，而其殘暴乃為消滅異己，這是明朝初建時「有勇無謀」（有武無知）的君主為自壯而施行的逆襲。朱元璋不是野人卻是粗人，當時士族既已不存，文化亦非武夫所重，故朱元璋「安國」的行動只能出於自恃，其舉雖皆是人性表現，但所為惡劣的程度超出常情（已成病態），這確是「庶民帝制」自絕於正統的後果。凡夫行善必以義利兩全，明太祖的「德政」即然，例如朱元璋嚴懲貪污、以文臣監軍、禁止外戚與宦官預政，凡此均有助於統治者威權的壯大，絕非出於單純的求治之心，難怪朱元璋在犧牲親信以提升帝王個人無私的聲望時，又分封宗室諸子於重地（共二十五王），使其擁兵鎮守且節制軍將。顯然朱元璋的「矛盾」行為僅是表象，其實莫非由於保障

2. 《明史》〈葉伯巨傳〉：「洪武九年星變，詔求直言，伯巨上書，略曰：『臣觀當今之事，太過者三，分封太侈也、用刑太繁也、求治太速也。』……書上，帝大怒曰：『小子間吾骨肉，速逮來，吾手射之。』」

朱明政權的需要，如此「恩威並濟」而機關算盡只為平民皇帝
缺乏「封建傳統」的加持，乃不得不自創專制新局以維安全。
總之，明初的扭曲政風實非朱元璋人格異常所致、或是當時政
局極其危險（未定）所致，而是中國政治大眾化過程中，類似
「民主式獨裁」(popular dictatorship) 首度出現時必定產生的怪
象；因其作法是媚俗以自大，故目的達成時手段隨即改變，這
便是明初嚴禁宦官干政而明代宦官之禍竟著稱於史上的緣故，
蓋皇帝的與奪實為明朝奄黨興衰的關鍵（明代無外戚亂政之事
亦是因為獨裁勢盛）。

明室是缺乏家教門風的霸主，其粗俗性格惡化政治原本之
惡、抑或顯露政治的本質，這尤其是「強權即是公理」(Might
is right.) 的蠻橫氣勢；朱元璋恣意之舉有時為善有時為惡，其
實是「朕即是法」的宣告 3，此非善變而是驕盈，總在表現「人
主為天」的支配性優勢 4。如此，朱元璋目中無神而認定強者

3. 《明史》〈刑法志〉一：「(明太祖曰) 法貴簡當，使人易曉，若條緒
   繁多，或一事兩端、可輕可重，吏得因緣為奸，非法意也。夫網密則
   水無大魚，法密則國無全民，卿等悉心參究，日具刑名條目以上，吾
   親酌議焉。」
4. 朱元璋的「優點」實出於其缺點，此即「自我作古」，例如他對人才
   的提拔是為自顯，所以其標準不一而予人「皇恩浩大」的印象（貧賤
   者可能一夕飛黃騰達），又如他賦予諫官重權是為箝制眾臣，並且藉
   此表示人主不受限制（可聽可不聽），至於屬行法治一事更展現朱元
   璋凌駕制度的霸氣，因為他自身絕不崇法守法，卻以其命令為峻法而
   迫人服從；若上述諸事合於道德或民心，這只是巧合而非善意使然，
   因此不可謂為義舉或恩澤，其實竟是要人唯他是從，或是昭示天下
   「皇帝不是神但較神更有影響力」，可見朱元璋不是心理異常而是狂
   妄罷了（故其時士人頗不樂仕），此情固然含有個性的問題，卻更具
   有歷史的意義，這便是凡夫登天的時代政治即將暴力化（故民主政治

無敵（故濫興刑獄），其念雖是重武輕文（如廷杖），但其舉可能重文輕武（如文字獄），私意是其行為動機（故一方面鎮壓異議另一方面獎勵建議），而其意絕對重利輕義（以自滿為利），雖然其利偶爾與義相符而成名（罷科舉而行察舉有利有弊但其旨實是自專自封）。明初廢除宰相之制即是朱元璋自負的行徑，此即胡惟庸「圖謀不軌」一事不論真假皆非明太祖廢相的原因，甚至擅權親政亦非其想，超越體制而為所欲為的自由能力才是朱元璋此舉所欲傳達的信息5；因為最強的權力意識不求掌握最多而是最高的權力，最高的權力則常呈現「蠻不在乎」而未必嚴格計較的態度——這才令人深有禍福取決於尊者心情的命運感——故廢相與改革關係甚微；事實上朱元璋有野心而無才能與熱情，中書省一去則皇帝必須親理六部，此種負擔非聖人不能處置，凡夫如此自陷其所為不是虛榮而已（指揮宰相亦有榮耀），驕傲（目中無人）才是其懸念，恐無目的。明初廢相而後代承之不變，這顯示帝王獨裁的心態與趨勢皆甚明顯，朱元璋一人的恣肆不能造成長期惡風，中國政治的「露骨」傾向由來已久而至此大展，文化的流俗必為其中動力。如此，宰相的消失並未導致朝廷瓦解，卻是引起宦官政治，因為皇帝無能乃是歷史常情，統治大權大都握於受寵者，其人往往不是宰相而是近侍，然則平時亂政者不是外戚便是宦官，權臣所以為其次

為「多數暴力」）。

5. 《明太祖實錄》卷一百二十九：「朕欲革去中書省，升六部，仿古六卿之制，俾之各司所事，更置五軍都督府，以分領軍衛，如此則權不專於一司、事不留於壅蔽。」卷二百三十九：「我朝罷相，設五府、六部、都察院、通政司、大理寺等衙門，分理天下庶務，彼此頡頏，不敢相壓，事皆朝廷總之，所以穩當。以後嗣君并不許立丞相，臣下敢有奏請設立者，文武群臣即時劾奏，處以重刑。」

竟是由於帝王缺乏知識。

　　明代政治自開國始即陷入醜惡之況，然朱元璋畢竟是以鬥爭實力即位，加以其人「主宰慾」甚強而傾心於建立「唯我獨尊」的政治次序，故明初政局尚稱安定；惟此種私心與公益兼得（義利兩全）之情不符道理，其狀乃為天意設計而未可憑恃，正是因此朱元璋頗有傳位固後之憂，卻終究無法使子孫受惠守成而反招內亂。歷代常有爭奪開國君主遺位的殘殺事件，這是因為政權原以暴力成立，最有功於新朝開創的宗室子弟未必得以繼承皇位，並且此時「成王敗寇」的氛圍仍極濃厚、而「弱肉強食」的機會猶佳，於是自認有德有能的強人往往起而挑戰太子，以為自己「爭取公道」，唐太宗與明成祖即是此輩之尤著者。「上樑不正下樑歪」一說是不合於物理的人事誠言，其見因此更為真實可信，而此說常為政治評語，「為政以德」的重要性顯然與「以身作則」密切關連，因為黎民不識仁心德意卻深感貴人躬行之誠。朱元璋死後所以出現朱棣奪位的戰禍，這固與明成祖個人的心機有關，卻可能與其外在情勢更為有關，尤其明太祖所塑造的霸道傳統以及明惠帝（朱棣之姪朱允炆）的削藩振威政策（所謂「建文改制」），正給予朱棣「當政不讓」而「能者得之」的理由與時機；此事誠可謂「太祖遺害」，因為朱元璋的粗暴自大既使其眾建諸王、又使其以鬥力持勝為教，二者並進自然造成骨肉相殘的爭雄，況且朱元璋在太子（朱標）死後立嫡孫而不立庶子，更使情理衝突而刺激有力者征服得勢者之心，可見「靖難」是盜亦有道似的邪行。

　　朱元璋是一個沒有善意的人，其性好勝而鄙夷一切禮法，既不自卑也無心病，並非恃才傲物卻是桀驁不遜，因無信仰故無所懼，不求人愛亦不愛人，總是仗勢欺人而藐視文化，似以

功利為尚，實以權威為宗，簡直為政治而生，從未誠心做人。相對於明太祖以無所尊敬而肆無忌憚，明成祖即使寡廉鮮恥也仍存有道德意識，所以朱元璋看似矛盾而實無緊張，朱棣則看似無情而甚有不安，雖然二者的粗野暴戾大約相等。朱棣與其父一樣以強弱論是非，但朱元璋以自全為著想而不立武功最盛的朱棣為太子，這使朱棣面對惠帝不免生出「彼可取而代之」的憤慨；然因朱棣如常人一般在惡性之外猶有良心（朱元璋恐無），故其舉雖為強暴卻時顯顧忌，政治上常見的合理化或正當化形跡於此多有暴露。朱棣舉兵時以「入清君側」為名，當其自立為帝後殺齊泰、黃子澄、方孝孺等重臣並夷其族，此種過分的暴行意謂「造反是為撥亂反正」，由是前朝所廢周齊代岷四國亦以復建，所謂「靖難之役」彷彿有「以戰止戰」的良苦用心；同時，朱棣又以「能力與權力相當」的觀念為號召，企圖收服天下人心，為此他由南京遷都北京（名順天府），坐鎮邊境而大展政務，下令征伐韃靼、瓦剌、安南、西南蠻、倭寇，甚至遠通「西洋」，所事無不宣示「功成身進」之道。朱元璋好權而朱棣好武，權力乃以武力為本，所以朱元璋之惡在本質上猶較朱棣深沈，然朱元璋好大喜功的程度（浮誇性）不如其子，這不僅表示朱元璋的心機更重於朱棣——亦即朱元璋玩世不恭的態度強於朱棣——而且表示朱棣對於大明帝國的建設及擴張更為積極。明成祖為政較明太祖更加「務實」，因其自我美化的需求甚強於其父，然則朱棣更重政績的呈現，這一方面是他的負擔、另一方面卻是他的興致。明成祖五次親征蒙古（韃靼與瓦剌）、重建中國在安南的政權（交趾布政使司）、征服西南蠻族（貴州布政使司）、大敗倭寇勢力（海患因此平息百年）、數度遣使出國招附（遠赴西藏、東南亞、印度、波斯、阿剌伯、

以及東非），凡此事業均非簡單的政治性格可致，其心態必含
「自命」的意識。顯然明成祖在「以力服人」之外更需「以德
服人」，這是平民皇朝初建以後政治正常化所不可免除的工作，
也是朱棣的人格較朱元璋更為正常的證據；雖然，這不表示明
成祖的遺業必較明太祖更好，因為朱棣「先背德後樹德」的行
為畢竟不義，其援引宦官以長己勢的作法尤其將明朝又帶入傳
統政治沈痾。

　　明朝政治腐化之深可以宦官為禍之劇為證，蓋明朝宦官所
以干政乃因皇帝授權而非個人侵奪，然則宦官亂政表示皇帝瀆
職，明代宦官之禍為史上最烈者，這即證明明朝皇帝為歷代最
無能而惡劣者6。朱元璋罷宰相一事固與明代宦官專權有關，
但絕非其主因，蓋皇帝若無能力或興趣親政，也不必以國務託
付宦官，而可另擇親信主其事，何況明太祖時宦官尚未得勢而
明成祖時宦官已成政要，同樣是宰相不在而宦官預政之情大異，
可見中書省的存廢與宦官用事與否並無一定關連。同理，明代
宦官所以得勢也未必與朱棣對宦官特別信任有關，因為明成祖
回報宦官在靖難之役中對其效忠的辦法無須是讓與權力，並且
後代皇帝亦不須循例引用宦官施政，宦官獲得授權既是「人治」
而非「法治」的運作，其優勢之維持當是人性而非原則所致。
帝王是一國之君，其臨政態度當然決定其時統治的張弛，所以
帝制與專制未必一齊進退，明代前二朝宦官權輕而成祖以後其

---

6. 《明夷待訪錄》〈奄宦〉上：「奄宦之禍歷漢唐宋而相尋無已，然未
　若有明之為烈也；漢唐宋有干與朝政之奄宦，無奉行奄宦之朝政，今
　夫宰相六部，朝政所自出也。而本章之批答，先有口傳後有票擬；天
　下之財賦，先內庫而後太倉；天下之刑獄，先東廠而後法司；其他無
　不皆然，則是宰相六部，為奄宦奉行之員而已。」

勢大增，這顯然是統治者個人立場的影響，雖然帝王的個性往往相似以致其政相沿不變。明朝皇帝獨裁之勢甚明，而聲張至尊地位的方法不一，可為有為、亦可為無為，可為親理、亦可為委任，所以朱元璋與朱允炆嚴禁宦官預政而朱棣反之，其舉不一但其旨無殊，此即表現皇權自由，難怪明太祖的錦衣衛與明成祖的東廠皆為皇家私獄毒手，然其掌理者可為宦官（東廠）亦可為朝臣（錦衣衛），不必一色。易言之，明代宦官所以囂張不是由於帝王與其內侍的關係異常親密，而是由於獨裁政風尤其強盛，當獨裁者特意展現其不受限制的威權時，法律、常識、傳統、慣例、道德、甚至天理等規範性因素均不為所重，這便是明朝皇帝任意擢用宦官（令其出使、統兵、執法、監察百官）而造成險惡政潮的緣故。

　　專制與獨裁不同，專制乃是菁英主義，獨裁則為個人主義，專制為制度而獨裁為自主，所以專制常須權宜而獨裁往往率性，自古統治即為專制（貴族政治），近代專制解放為民主之前，君王因不受制於貴族而常獨裁，明朝皇帝即是如此。獨裁是明代帝政型態，而獨裁既為自主，其作法可能多變，本質或精神卻是相同，然則明太祖禁止宦官識字而明宣宗令宦官就學，二者政策有異，其獨裁立場曾無不同，故宦官亂政不是由於宦官自身的條件強化，總是由於帝王個人授權太濫（不是信任問題）。明初廢相之後皇帝總理政務，因其能力與心意不足，授權他人代理便成常態，於是殿閣大學士（僅正五品）首先以皇帝近臣與聞決策大事，六部首長竟相形見絀，這即是獨裁破壞體制的亂象。大學士本為皇室顧問，其重用並非必然，但事實如此發展以致「內閣」出現、成為中央政府最高的「官署」7，其實

7.《明史稿》〈職官志〉一：「以其授餐大內、常侍天子殿閣之下，避宰

是介於公私之間的皇帝親信，此時閣員（大學士）多是高官兼任，地位益崇。此情就現象而言確是明代特色，但就性質而言則為歷代故事，蓋帝王「假私濟公」之舉（其意乃是假公濟私）幾為常態，三省制的興衰變化便是此種人性表現之相，所以明朝大學士當然逐漸由位卑權重轉為位高權重，亦即由名實不符之狀趨於名實相符（但終究以皇帝獨裁之心強烈而無法完成「正名」）。雖然，明朝政治的一大特性確為獨裁（明代言官特多或監察權特重乃為箝制臣僚）8，而因其皇帝無德無能，任意授權所致之惡乃尤為嚴重，這並不是「大權旁落」的敗相，卻是「不負責任」的劣跡；事實上內閣缺乏制度，且閣員之間關連不明，大學士乃以個別立場對皇帝負責，並非進退一致，其影響力決定於君主任用的程度（因此閣揆的名分與地位均不如傳統宰相顯赫），連職責都不甚固定。如此，明宣宗以後一方面令內閣「條旨」（票擬）、另一方面使宦官批決，帝王既獨裁又不欲親政（竟有長年不視朝之事），居於至尊之位卻疏遠眾臣，權

相之名，又名內閣。」

8. 明朝是「槍桿子出政權」的平民帝國，故其「重武輕文」態度甚強於傳統的貴族政體，然而治國需要文化，皇室地位的鞏固且有賴於政治次序的推展，尤其明朝獨裁意向極堅，更須伸張社會倫理、並使百官彼此制衡以利中央集權，如此，明朝亦有「重文輕武」的政策（雖非首要），就中最為顯著者即是文臣監軍之法。明代衛所兵制與中古府兵制頗多相似之處，這顯示明朝極其尚武，朱元璋所謂「吾京師養兵百萬，要令不費百姓一粒米」（陸深《儼山外集》卷二十八），其實暗示兵民分籍以及軍戶獨立之制；此種屯田辦法的精神是以軍領政，但為避免軍人擅權又不得不以文臣節制武官，可見明室的統治立場甚為自私，其「分而治之」(divide and rule) 的策略使人疑惑明朝究竟重武輕文抑或重文輕武。

力一把抓而隨意處置，誠為無所事事的高級惡棍。既然明朝皇帝極力自尊而無所作為，其與內臣親近的程度必高於與朝士相接，在「任用私人」的心態下，大學士的價值自當低於宦官，所以內閣的權勢甚不如司禮監，或者內閣的建立竟是為宦官專政鋪路。內閣非為外朝，閣員乃是「權臣」而非「大臣」，大學士主政亦有「名不正、言不順」的問題，所以內閣鬥不過宦官，彷彿「五十步笑百步」難以報捷；宦官宰制內閣有如「黑吃黑」，其得勢乃因皇帝寵遇，而宦官得以干政乃因其掌握文柄，可見宦官讀書是宦官「入仕」之途，但其望畢竟懸於帝王之念。總之，明代宦官之禍實為昏君之禍，其時宦官乃承旨為非，並不能「挾天子以令諸侯」，卻極可能「樹倒猢猻散」，乃至失寵見殺，這證明宦官之禍至明激化並非偶然，而是皇帝制度漸失制度而漸多獨夫之性的結果。

　　明朝開國之後不滿百年政況已極為衰敗，皇帝荒淫、宗室驕奢、內閣弄權、宦官跋扈、朝臣相敵、財務疲敝、外患加劇，種種亂象不一而足，既醜陋又殘酷，然其實不過人性爭奪，少有深意。明代政治敗壞不僅表現於擅權者作惡多端、並且反映於一般士大夫輕薄妄動，這顯示當時文化素質不優，有識者少而無知者混淆視聽，以致國家動盪之際竟又多有無關宏旨的「文鬥」（例如明世宗「大禮議」）。明代文士的空疏迂闊不是偶然現象而是歷史趨勢的呈現，蓋菁英主義並非與時俱進而是日趨鬆散，在學者數量漸增之下文化層次自然沈降；科舉發展至明，標準低落而取才不精，士人當然良莠不齊，但因庸才多而賢人少，所謂書生之見乃愈為迂腐，這使統治者更失文治之心。既然科舉是主要的入仕途徑，而由此出身者卻難以信用，明室的「反智主義」似乎有其合理性，宦官與權臣的傲慢也非無的放

矢，顯然明朝政治的腐化不是掌政者單方面所致，士林沈淪亦
是一大禍因。文人相輕自古而然，但明代宦官囂張恣肆，朝士
未能團結濟危，反而爭執內訌，此種「不識大體」的行為暗示
其見絕非高明，因為道學知識必以「萬物各得其所」為念，太
監主政違反天理，官紳自當群起而攻之，豈有餘力注意黨爭（如
張居正的功過本應以功過相權之法論定而不當分別言之）9。
明代「黨議」的「意氣之爭」性質極強，這一方面暗示當時士
人數量眾多、另一方面表示當時士人學識不深，此二者息息相
關，前者造成黨派對立、後者導致眾說紛紜，兩者互動更刺激
黨爭，使論事成為論人的產物，而論者自以為有理。正是因此，
明代黨爭的形勢在「兩極化」之外更有「多元化」傾向，似乎
真理並非唯一卻是存乎一心，其實竟為學者有勇無謀，所以議
事經常小題大作（明末「梃擊」「紅丸」「移宮」三大案均是內
廷細事）而交道有時分合不定（如「復社」路線分化甚多）。明
代後期朝中有五黨相持不下，而在野的東林黨與朝士既對抗又
應和，書院變成政論中心而講學常為臧否人物，政治與文化的
糾纏使得政治與文化一起惡化。如此，張居正毀書院不可謂廢
學，魏忠賢殺異己不可謂叛道，明代學術既不純正，士人與政
客的衝突未可概論其中是非曲直，雖然魏忠賢之惡必甚大於張
居正，因為大學士當然較大宦官更富有知識而重視教化（魏忠
賢摧毀書院之舉竟較張居正更徹底）。事實上明代「學仕關係」
遠不如古時良好，學者多而官位少一情（官位增加的程度遠不
及學者增加的程度）證明政治勢力甚強於文化、並且文化取向

---

9. 《張文忠公全集》〈答應天巡撫宋陽山論均糧足民〉：「今主上（明神
宗）幼冲，僕以一身當天下之重，不難破家以利國、隕首以求濟，豈
區區浮議可得而搖奪者乎？」

深受政治影響，所以學者紛爭之況大增而其作用則相對減小，難怪明代學者遭受政治迫害之例既多且烈，其時文化風格卻未因此出現重大的改變。初明之後以至明亡，宦官始終得勢（孝宗與思宗能制裁強閹卻不能改革宦官領政之制）而朋黨一直不絕（延及南明），這顯示明朝皇帝昏庸已極而明代士人素質大壞；然則政敗於上、俗壞於下，中國文明至此不僅高貴性遞減、競爭力也劇降，此乃中國二度亡於異族的內情，亦即中國在滿清征服之前實已自毀於玩物喪志的世風。

明朝最後在內亂（流寇）外患（滿洲）交迫之下亡國，其間醜陋之事叢出，清楚暴露中國社會的腐敗狀況，比較宋亡於金與明亡於清二情即可見後者更為「合理」（更非意外），這表示中國的淪陷乃是長期墮落的結果，絕非一時之變。明末流寇為亂既反映政治之不善又反映人民之不良，此為國家綱維瓦解之徵，並非「官逼民反」一語可以概論——其實是官民同流合污——尤其流寇之勢廣大久遠，有如社會病變，想必是積弊已久，不是偶然[10]；何況流寇盛行之時正逢清兵入侵，稍有民族意識或愛國之心當即令人轉而抗外，並不可能助長敵勢，但明朝竟亡於內外夾攻之局（李自成入京與清軍入關同時），這證明中國至此已經失去文化上邦的自覺與實力。明朝可謂自取滅亡，因為除了長久失政之外，明末應變失道的問題極其嚴重，如鎮邊大將（熊廷弼、孫承宗、袁崇煥）蒙冤受害、投敵漢奸（高鴻中、洪承疇、吳三桂、孫可望）為虎作倀、朝廷臨危分裂內訌（思宗剛愎自用而南明諸王鬥爭不已），凡此亂象均顯示明政

---

10. 《明史》〈流賊傳〉：「莊烈（明思宗）之繼統也，臣僚之黨局已成，草野之物力已耗，國家之法令已壞，邊疆之搶攘已甚……是故明之亡，亡於流賊，而其致亡之本，不在於流賊也。」

缺乏公義而富含私欲，當其運氣消失後人性惡質的作用即已足
以亡國，難怪清朝統治成立後其開國大業乃是收拾叛明又反清
的豪強政客。總之，明朝是中國最為腐化的統一皇朝，也是中
國最後一個漢族帝國，此二者實有密切的關係，因為華夏文明
自古以來逐漸沈淪（無有超越傳統的「現代化」運動），其下場
當然是「最後即為最壞」而「最壞必為最後」；然則清朝取代明
朝的歷史意義不僅是中國異化、並且是中國惡化，畢竟華夏文
明優於夷狄，而「反淘汰」常為「文不敵武」的結果，滿清治
華而漢化不足當然導致中國惡化，此情又引發中國西化，可見
明朝喪國之罪大矣。

第二節　物化趨向與明代世風的俗氣

　　物質文明的發展常持續進步，精神文明則不然，因為物力
開發遠較心靈提升容易，求生有進無退而求道不進則退，二者
輕重如何竟因人而異；當亂世出現時經濟可能衰退，但世亂不
可能長久，否則人無法生存，而當真理探索受挫時文化可能停
滯不前，這卻不是凡夫所念；如此，物質文明若有失傳問題，
這多是科學發達所導致的「優勝劣敗」現象，而精神文明則無
失傳問題，畢竟「站在巨人肩膀上才能看得更高更遠」。由此可
知，經濟若無戰爭或天災加以破壞，其勢自然穩健成長11，同
時人民樂生之意亦與物質主義思想一齊增強，此情反而促進經
濟發展，終使現代社會成為物慾橫流的世界，所謂「世風日下

---

11. 《明史》〈食貨志〉一「戶口」：「要之，戶口增減由於政令張弛，故
　　宣宗嘗與群臣論歷代戶口，以為其盛也本於休養生息，其衰也由土木
　　兵戎，殆篤論云。」

人心不古」的平常表現其實正是庸俗化。中國歷史的「中古性」
不強，此事就精神文明而言是真理信仰的逐漸僵化乃至式微，
但就物質文明而言則是民生經濟的逐漸興盛與齊一化，兩者互
動造成中國文明物化，「中國」的世界性意義因此愈來愈少，尤
其是鑑於西方的物質文明在近代早已超越中國的成就。唐宋以
後中國經濟長時進步，加以元朝與明朝特重物力的心態，物質
文明不僅改善凡人的生活，更使民心趨於勢利，彷彿文明之道
不過是物質的善用。明代社會風氣顯然較古時低俗，大眾文化
(mass culture) 的特質於此已頗為顯著，這可由當時財政措施(賦
稅叢生而有合併之圖)、司法現象 (民事問題更形重要而人際糾
紛眾多)、官場氣息 (交際應酬性質濃厚而少貴族政治格局)、
商業狀況 (資本主義精神大增)、農民處境 (愈成四民之末)、
民間習俗 (保守樸實之性愈失而縱慾愈甚)、宗教信仰 (功利態
度更盛而多怪力亂神)、文藝風格 (情慾表現更強而載道成分更
薄)、學術趨勢 (唯心主義盛極而衰以致現實主義大振)、甚至
中外交流之情 (偏重物產貿易而文化學習衰微) 見得，此景固
非明代所特有，但正因世風乃是漸進轉變之勢，更可知明代俗
氣已是無可回天的文化時尚。

　　明朝的自私性大約是漢人政權中最甚者，其經濟政策「與
民爭利」的程度極為顯著，如厲行官鹽、廣徵關稅、禁錢用鈔
諸法固皆有前例，但其執行特為苛刻，似與元朝的搜刮立場無
異，且因明代經濟較前代更盛，明室盜財之罪恐更巨 (銀錢取
代鈔法一事可以證明明朝財政不合時宜的暗中惡意)。朱元璋雖
有重農抑商的政令 (洪武十四年)，但其實僅為統治權威的伸
張，連道德精神都不強，所以商人富貴而農夫貧賤的趨勢有增
無已；事實上明朝財政一方面強化賦稅徵收的簡便性，另一方

面增進農業商業化的趨勢，其道顯然妨農利商，政府自身實為
奸商似的剝削者。為嚴格控制民力，明初詳查全國戶口與田地，
因而產生「黃冊」（戶籍）與「魚鱗圖冊」（田籍），前者用以審
定賦役、後者用以管理產權12；此二者以黃冊先廢，這表示明
政重功利而輕道義，故其稅法之推行逐漸忽略人力實情而只管
物質之取得，雖然此勢亦與政權日趨衰敗有關。務農者安土重
遷而經商者利於游動，農民性情穩定保守而商人喜好開放自由，
然經濟發展本來趨於活絡，而經濟活絡必致競爭激烈，其勢即
是資本主義化，如此史上農業興隆（獲利）的速度當然不及商
業。傳統政權必定以農立國，但因經濟發展常以商業為本位，
故政府往往名義上勸農而實際上興商，以商業之道理財乃為一
般的經濟政策，現代國家尤然。中國自唐宋以後經濟發展迅速，
財政取向因此愈來愈為商業化，兩稅法的出現即是此一趨勢的
產物，明代田租仍行此法，可見中國經濟持續發達已久13。原
本兩稅法是併省租庸調各項名目的稅制，而明朝施行兩稅法之
餘又征力役，此為增稅之實，呈現了統治者的征服霸道；明朝
後期屢有「加派」之舉，稅賦增加至某一程度乃又有化繁為簡
的「改革」，此即「一條鞭法」的提出，其實是「照單全
收」14。明代兩稅法可以納糧（本色）亦可以繳錢（折色），力

---

12. 《明史》〈食貨志〉一「田制」：「魚鱗冊為經，土田之訟質焉；黃冊
　　為緯，賦役之法定焉。」

13. 《日知錄》〈蘇松二府田賦之重〉：「丘濬《大學衍義補》曰『韓愈謂
　　賦出天下而江南居十九』，以今觀之，浙東西又居江南十九，而蘇松
　　常嘉湖五府又居兩浙十九也。」

14. 《西園聞見錄》〈賦役〉于慎行〈與宋撫臺論賦役書〉：「夫條鞭者，
　　一切之名而非一定之名也。如糧不分廒口，總收分解，亦謂之條鞭；
　　差不分戶則以丁為準，亦謂之條鞭；糧差合而為一，皆出於地，亦

役之法可以親自勞動（力差）亦可以付錢免役（銀差），此情顯示當時貨幣經濟欣榮，而至一條鞭法施行時白銀已成計稅納稅的標準，這更證明資本主義長興不衰。一條鞭法與兩稅法一樣，同為整合賦役二者的稅制（但以田賦之名實行），然一條鞭法實行未久之後力役又出，同時田賦屢增，於是一條鞭法亦如兩稅法一般名不符實。朝廷巧立名目加稅既不義且危險，然此事也證明近代政治與經濟的關係愈來愈密切，古時官商分途的立場如今逐漸消失（士商交流甚盛），「管得越少的政府是越好的政府」開始成為眾望（古代「無為」政策其實是放任豪強巨賈），無怪乎明朝是在政府對人民需索無度的稅令下瓦解。

　　中國的海上交通與國際貿易自明代大盛，這固然與物質文明進步之況息息相關，但更與人心物化之情密不可分，畢竟人為萬物之靈，物力與財利的開發必從精神立場而起；唐末以後民間勢利風氣愈來愈強，元政重利輕義的姿態對此更加惡化，明朝則以世俗之念主政，人心嗜利的表現愈成天經地義，故其時經濟若無特殊因素阻礙自然繁榮不衰。最足以象徵明室粗鄙的「壯舉」便是「鄭和下西洋」一事，鄭和七次出使海外(1405-32)耗費龐鉅，所為主要是政治權威，可見其俗不可耐，因為政治權威是世間最強的虛榮，不僅大而無當並且稍縱即逝。此事與西方近代海外探險不同，相形之下鄭和遠征極少知識性或文化性企圖，甚至經濟上都可能得不償失，難怪自宣宗朝以後帝王的霸氣驟衰，明代「通西洋」的盛事即隨之快速消失（最後一次出使是為招蕃來朝以壯宣宗即位之榮威）。可悲者，由此興起的南洋移民運動也是為了爭權奪利（營生），而無追求理想

　　謂之條鞭；丁不分上下，一體出銀，此丁之條鞭；地不分上下，一體出銀，此地之條鞭。其名雖同，而其實不相蓋也。」

的精神（行道），其後果竟是出行者陷入化外而為祖國所棄，成
了失怙的「華僑」，不知所之。事實上明代朝廷與民間投入海外
事業的態度既相近且相斥，於是政府易於取勝而私人難以成功，
蓋其舉之中官方偏重權威而民眾偏重利益，然權與利關連甚密
卻非絕對一致，官民因此有所合作亦難免彼此衝突，惟官在民
上，二者抵觸時當然官進民退，所以明朝一方面拓展海外權勢、
另一方面禁止人民出洋，正所謂「只許州官放火，不許百姓點
燈」。如此惡相所以出現實非全由明朝失政，時勢或民情的驅使
方是主因，因為鄭和下西洋與人民下南洋皆無法成於個別行動，
全面或整體的社會條件才可能造成此風，其中心物關係本末倒
置正是關鍵，可見明代世道的敗壞是中國文化長期沈淪的結果，
這包括獨裁而無能的皇帝可以穩居其位。

　　在明代經濟發展之下，中國都市化的雛形出現，人民的生
活方式更為多變，「萬般皆下品，唯有讀書高」的傳統風尚已不
如從前盛行，棄學從商者自此大增，由商入仕者亦然，於是文
化的菁英性逐漸降低，大眾文化開始形成，或者上層文化與下
層文化的區分愈來愈是重要(古時民俗文化僅為菁英文化的「簡
化版」，二者的對立性甚小)。社會本為俗世，但貴族社會既重
權威，其保守性對於社會流俗的節制甚大，然時至明代中國的
社會早已平民化，故其世俗性甚強於過去，以致上層社會都深
受一般民心影響。明代文化富有現實性，例如佛教發展至此，
其知識性大減而充斥著巫術迷信，禪宗及喇嘛教因統治者支持
而成主流，其他傳統宗派則大都弛廢，此外道教亦以皇室尊崇
（道長竟得加官封爵）而維持榮景，基督教傳教士（如利瑪竇
與湯若望）則以引進西方物質文明之法贏得信任，可見明代宗
教的政治性及功利性極高。既然明室看待宗教的態度缺乏虔誠

之心，明朝的文化政策自無可能大力崇道，明成祖下令印行《四書大全》《五經大全》《性理大全》《永樂大典》諸巨著，所為實是控制思想及美化政權，其學術價值並不重大（前三書抄襲程朱之說而大典編輯少有深識遠見），甚是可惜。在文藝創作方面，明代成就也反映著世俗化的趨勢，原本由唐詩、宋詞、元曲一路發展所示的文學風格即是從高雅轉為平易、或是從知性轉為感性——連寫作規範都逐漸解放——因而明人的詩詞少有佳作，其曲則可媲美前代，時勢的作用於此顯而易見。曲是以俗語配樂而成，其表演或娛樂性質甚濃，人情世故的呈現乃為主要課題，社會價值觀於此已登大雅之堂，而明曲較元曲更無忌憚，以致曲因變質而衰。代表明代文風的主角乃是小說，小說的世俗性猶勝於曲，無怪乎明代小說除了表現世道（如《三國演義》與《水滸傳》）與人慾（如《金瓶梅》）之外，更有大量的怪力亂神題材（如《西遊記》與《封神演義》），其勢延續至清，低俗之作已不可勝數。明代書畫家甚多，傑出者亦不少，然中國書畫的形式與精神長久不變，明代書畫循此發展，並無特殊造詣；惟當時文藝活動因經濟進步而更得普及民間，書畫市場的擴張反過來促進藝術創作，一時之間文化似乎富有蓬勃的生機。雖然，明代文化的貴氣既已大不如前，上層與下層文化的混合必然增加文化的俗氣，因為史上菁英主義有退無進而大眾主義有進無退，二者相交之時已是「民主」勢力崛起之世，其後文化絕無復古的機會，然則明代可謂中國社會「現代化」的初期。

第三節　思想僵化與明代學術發展的困境

　　明代入仕之途可經由學校、科舉、薦舉、銓選四者，然科舉乃為主流，朱元璋所以不重科舉而重學校，實非由於好學或勸學之心——科舉即有促進教育的作用——卻是由於藐視學術傳統而有自樹文化標準的意思（好為人師），但因統治需要大量士人合作，朱元璋的英雄主義文教政策難以遠傳，故行之已久的科舉制度終究成為明朝的取才正道 15。明代科舉的形式沿襲舊制，然其精神則愈來愈偏枯，前代眾多科目如今僅存進士（會試）一項，所謂秀才（童試）與舉人（鄉試）不過是前期試程而非其他科目，且進士及格之後又有殿試（廷試）評定其等級，由此可見當時學術以社會性權威定於一尊的趨勢（南北分榜之制亦因此而存）。明代科舉僵化的一大徵象是以「制義」之術（八股文）測試經義，其法將四書五經的偉大道理形式化（必然簡化），表面上崇聖尊賢（假性復古），其實是「小和尚念經——有口無心」，直把文化當作習慣，精神大廢。明朝科舉的內涵所以大為流失，一方面是因文化素質低落，另一方面是因官僚體系膨脹，考生既多而平庸，試才之道不得不定型以求「公正」及速效，在「量變」與「質變」惡性互動之下，其量愈大則其質愈壞，科舉惡化便成常態；前述二因皆是歷史大勢，固非明室特別無知所致，然則科舉之敗似不可以歸咎於官方，但明室輕蔑文化的態度尤其強烈，其法雖非愚民政策，卻有明顯的反智意向，故明代科舉誤導人心之害必為當時主政者所應承

15.《明史》〈選舉志〉一：「初，以北方喪亂之餘人鮮知學……太祖雖間行科舉，而監生與薦舉人才參用者居多，故其時列中外者，太學生最盛。一再傳之後，進士日益重，薦舉遂廢，而舉貢日益輕。」

擔的罪責。雖然，文化的地位既高於政治，政治污染文化之事
當有學者本身的錯誤，何況官宦多是士人，政治危害文化莫非
學者自瀆，帝王豈能一手遮天；如此，若說「八股之害等於焚
書，而敗壞人材有甚於咸陽之郊」（《日知錄》〈擬題〉），其言之
失乃在於未辨因果，蓋人材敗壞可能是八股出現之由。總之，
科舉反映明代文化頹敗之象，這並不意謂明代科舉式微，卻表
示明代科舉量盛質劣，其義正是菁英制度愈為擴大則菁英品級
愈為下降，此勢實為傳統貴族文化過渡至現代大眾文化的情況，
當是時文化活動的頻繁乃是濫竽充數而自我陶醉的亂象；由此
可知，明代學校（前期）與書院（後期）興旺之狀不但不是文
化優秀的證據、反而是文化沈淪的表現，畢竟質與量不必一同
進退，而菁英主義必為量少質優，故科舉與學校常不並興（科
舉盛則學校衰），二者皆極繁榮時必是大眾社會興起之際。文明
乃以知識為尚，國家必由教化而壯，中國向因學術先進獲得鄰
邦崇敬，明朝建立之後卻以爭霸觀點治國，人性好勝的惡質因
此瀰漫於世，社會風氣愈趨勢利；難怪明人一方面競務功名（科
舉盛行）、另一方面又敢於議政（書院發達），畢竟成功之方若
是較勁則立場（原則）問題已不重要，聚眾為王才是決勝的關
鍵。

　　明代文化是華夏傳統的末流，此情與明朝政治關係不大，
而是中國文化長期墮落的結果，畢竟文化的精神層次優於政治，
文化發展可能受惠於政治的支持，但此種嘉惠並非深遠，何況
最崇高的文化絕不受政治左右。明代思想承襲宋代而無重要的
成績——更遑論突破或超越——然則明代思想注定陷於僵化的
困境，因為理學本是唯心主義，而「存乎一心」的學術不僅無
法提升並且難以創新，在其基本教義出現之後，循此為說者能

自我肯定或自我標榜，卻不易另陳卓識；沒有絕對標準便沒有
「提升」一事，而凡夫與英雄一樣所見略同以致不能「創新」，
理學自我作古的時代早已過去，明代學者大都只能拾人牙慧或
照本宣科，實在無從發明，如此個人主義以缺乏個人見解而淪
為集體主義，明代理學竟成「制式化」的唯心論。理學所述本
來是「人同此心而心同此理」的通貫性真相，此見認定人有「通
天」的良知，並非妄想，然因其說失去「超越性」信仰（否定
上帝），終究造成個人式的真理觀16；而其「疏淺」又導致「相
近」，眾口一詞不是「人弘道」卻是「道弘人」，真理的一貫性
未得深刻闡釋，道學的簡單性反而廣為流傳，以致連多元思想
都不可多得。理學的旨趣其實不在於宇宙觀而在於道德觀，道
德的知識層次本來不高（真在善之上），並且凡人皆具良心或道
德意識，故理學所論常為一致（殊途同歸）而不深奧（重視實
行），尤其理學自宋以後成為道統，其權威性既增，爭議或創發
乃更無可能。宋代是理學的創建期，其勢當然富有生氣活力，
朱陸之爭顯示理學的豐富性，但理學的天人合一宇宙觀實為人
本主義、而人文問題的重點乃是道德，如此理學的思想境界自
然由「天」降為「人」、再由「人類」轉為「個人」、然後從「個
人」變作「集體」，因為論及超越性真理言人人殊，而關於道德
觀念則唯有共同主張才能興善。自宋以後理學路數之爭已非大
事，明代王陽明以尊陸聞名，這並不意味朱學沒落，也非意味
陸學大盛，而是表示理學已步入末世，蓋理學發展必強化唯心
主義，「唯心太過」則空言不學，王派所取是唯心路線，其門流

---

16. 《焚書》〈童心說〉：「夫童心者真心也，若以童心為不可，是以真心
　　為不可也。夫童心者絕假純真、最初一念之本心也，若失卻童心便失
　　卻真心、失卻真心便失卻真人，人而非真，全不復有初矣。」

弊即是虛浮縱性，此非陽明本人之過所致而是理學原罪所然，亦非王學影響所及而是人性投機所趨。

明初理學以程朱學派為宗，方孝孺、薛瑄、吳與弼諸人所見均不能超越前賢，但因朱學相對於陸學更強調求知而不高談心法，故朱系學者在缺乏智識發明之餘猶重知行合一的工夫（不似陸派後人常陷於虛空無為的習氣），其務實修業的態度仍足以示範，明初大儒即富有此德。雖然，善出於真，知識不精則道德不篤，明儒治學成績遠不如宋人，這不僅顯示中國文化發展的困頓，而且造成道德觀念陳腐無力，個人的高風亮節身教終究難以傳世化俗——何況當時政治黑暗甚令士風委靡不振——明代理學的成就顯然微少。朱熹是儒學的集大成者，其說絕不限於理學、更非囿於唯心主義，而是中國真理觀最後的典型，如此超越朱熹本來不易，明代學者堅持朱學即已難能可貴，實未可深盼。可惜者，凡人常誤會朱熹為理學家，又多溺於唯心之見以逸待勞，因此效法程朱一派者仍難免簡化道學，一方面知識不足以致過於講究實行，另一方面思想空泛又使實踐之志不壯，明儒之病莫過於此。「物極必反」並非真理、亦非物理、卻極可能是心理（人事現象），明代儒學既乏出路，反對主流便成為創新的捷徑，這便是陸派理學在明代中期以後興起的緣故；易言之，明代陸學其實也未脫成見，只不過是各陳己見的繼續（唯心主義原無定見），但在感受上卻有氣象一新之勢，這實是理學面臨危亡時「回光返照」的異象。明代陸派理學以陳獻章、湛若水、王陽明為其宗師，然陳湛二人的聲望遠不如王陽明，此因其「化繁為簡」的取巧作法有損學術權威，而王陽明治學與行道兼備的精神則令人敬佩，可見明代學術畢竟在於朱陸之際，未能另闢蹊徑或超越陳說。王陽明的學說或許親陸但其作

為卻肖朱，事實上王學與朱學絕不衝突，只是其說強調「致良知」之法，令人以為心學至上，殊不知王學重視「知行合一」，絕非偏執心性領悟一途，更不主張束書冥想，卻有「從做中學」的要求（見《傳習錄》），其體認萬事萬物以求真理的精神有如朱熹為道之心（中國道統中確有王陽明承接朱熹之說）17。不論王陽明是師法陸九淵或朱熹，王學的知識層次實未超越宋儒之優者（王陽明的見識不及朱熹但優於陸九淵），而王學末流的空疏縱恣卻更甚於象山門生，可見明代學術境域是傳統慢慢退步之下的無望困局；學者於此若非保守陳規便要作怪出走，其結果不是教條化（多數）即是異端化（如李贄），而取中庸之道者（如東林黨）也只是有行無識，明儒無可如何的窮相由此可見一斑18，雖然其臨難不苟的節操亦因此偶現。

　　真理探索既然無法精進，學術歷史只有陷入物極必反的循環中，於是王學的盛勢招致實用主義與經驗主義的新潮，同時朱學再興，文化趨勢竟成「風水輪流轉」，所謂創意不過是「反對意識」。明末清初的大儒——如顧炎武、黃宗羲、顏元、王夫之——皆有強烈的現世關懷（尤重道德與政治問題），理學因此沒落而樸學興起，從此「宋學」與「漢學」對立之局成為中國

17.《明儒學案》〈姚江學案〉：「[陽明先生]謂：『人心之所有者不過明覺，而理為天地萬物之所公共，故必窮盡天地萬物之理，然後吾心之明覺與之渾合而無間。』說是無內外，其實全靠外來聞見以填補其靈明者也。」

18.《明史》〈儒林傳〉序：「嘉隆而後，篤信程朱、不遷異說者，無復幾人矣。要之，有明諸儒衍伊雒之緒言、揮性命之奧旨，錙銖或爽，遂啟歧趨，襲謬承偽，指歸彌遠。至專門經訓授受源流，則二百七十餘年間，未聞以此名家者。經學非漢唐之精專，性理襲宋元之糟粕，論者謂科舉盛而儒術微，殆其然乎。」

學術領域分類的定案，其實是詮釋（重義理）與考據（重信息）的路線之爭而已，甚無新意。姚江學派的衰亡象徵唯心主義的困頓，卻不代表王陽明的失敗，蓋理學是片面性或誇張性的儒學，本不如孔孟思想可以發揚光大，而王陽明並非絕對的理學家，其格物致知的精神與朱熹相似，卻未為人所重，所以朱陸之爭是宋代理學之光，陸王並稱則是明代理學之誤，誠如英雄所見略同而已，忽視其異必有心病。總之，明代是理學「結束的開端」，這既是因為明儒無才、亦是因為唯心主義無法長久申論，畢竟人不學則無識，僅憑一心難以立言，其行且將蕩逸，所以元明二代的理學注定失敗；事實上宋代理學已是求道困境下的自慰產物，其前途本無光明，後人沿用此道當然不能覺悟，而理學竟延續數百年之久，可見中國思想徘徊於天人之際的迷惘早因迷失而成迷離 19。

---

19. 史上唯心主義的盛行乃在超越性信仰或理想主義式微之後，在西方此情發生於康德哲學成立以後（十九世紀），在中國此情發生於經學詮釋無以為繼以後（唐宋時期），然西方唯心論的思想優勢未久即為唯物論所取代（二十世紀），中國唯心論卻長期主宰學術界，其風至西方哲學傳入時始休（清末），可見中國思想的境界不如西方；因為唯心主義是反對超越性真理的異端學說，天道（神意）信仰既衰，唯心主義也必因失去依附而沒落，理學竟然為時甚久，這一方面表示中國缺乏超越性真理觀，另一方面表示中國思想的本質是人文主義，故「存乎一心」的說法可以久存，而西方思想講究理性真相又有上帝信仰為終極依據，故其唯心主義只能在宗教衰微之初流行。

第十一章

清朝：異族統治與中國的改變

乾隆像

第十一章　清朝：
　　　　異族統治與中國的改變

第一節　滿清政權對中國定位的衝擊與影響

　　清朝是史上異族第二度征服中國的政權，其控制程度且更勝於元朝（為時二倍而頗有餘），此情表示中國文明必頹敗已甚，否則不可能在獨立未久——僅一朝代——之後又亡於野蠻的部落，一個延續二千年的古老大國竟有如此下場，其傳統精神顯然每下愈況。中國向來雄據東方，其人民即使不明世界形勢，亦不知有可以入主其國的霸權，因此滿清長期統治中國 (1644–1912)，不禁使人懷疑中國文明的本色真相早已變質，似乎在亡國的處境中，滿洲人的打擊並不大於中國人的自傷，畢竟中國人深知，具有廣土眾民且歷史悠久的中國絕不可能長受異族支配。宋朝亡於蒙古是文不敵武的政治現象，所以元代漢人接受蒙古統治的態度極為無奈，而明朝的庸俗性使中國人的文化自覺大為降低，因此清代漢人忍受異族政權的程度已較元人為高；中國文明的大眾化或世俗化在近代迅速進行，華夷之別既然驟減——宋人之仇外顯然更甚於明人——而中國的物質文明又無高度發展，外族入侵乃較以往更有機會成功，其統治亦然。清朝建立之前中國的優越性與獨特性已大不如前，滿清的統治更使華夏意識模糊，滿漢融合所以相當可行，不僅是因滿人漢化、且因漢人識古太淺甚至以今非古，加以外患（列強）威脅日大，同仇敵愾的國家認同激發夷夏結合的民族主義，益

增「中國」意象的混濟。孫中山以「驅除韃虜、恢復中華」號召革命，民國成立之後卻主「五族共和」 1，中國究竟何指，不僅中國人不明，外國人更不知（只認政府）；尤其西方國家首度與中國大規模交涉時，其所面臨者乃是滿清異族政權，這使中國傳統文化深受誤會，誠為中國步入國際社會時的一大不幸。中國所以為中國原是由於文化高尚，此種精神意義的中國在元明二代已經淪喪許多，清朝則又將之扭曲，使中國愈來愈成政治性疆域或地理性區域，雖然清朝所遺領土甚大於傳統中國的範圍。滿清統治中國既不能忘懷其自身傳統、又無法深刻漢化，只落得附庸風雅，有攀附而無發揚，且因其伸張統治者的權威，更造成中國文化的退化；再者，晚清無能招架西方勢力來襲，國家衰敗引發西化運動，由此又導致守舊人士以復古相抗，在此亂局下中國傳統內外受迫，左右曲行而不知所之。總之，滿清統治兼為近代中國迷失自我的因與果，若非明朝庸愚則滿人難以南下奪權，若非清廷宰制則漢人可以繼業守成，明清政策之別其實不大；清朝所以為傳統中國的最後政權，實是因它消滅了中國的傳統，因為「為政以德」，立國必要立國精神，歷元明清三代而儒術益衰，中國何以立足於世。

　　清軍征服中國頗賴明朝降將效力，其後吳三桂又以復興明朝為名反叛而應者甚眾，最終三藩之亂的掃平（乃至臺灣的攻取）竟是得力於漢人軍隊，此種怪象反映當時漢人的「中國觀」並非清晰堅定，彷彿「有奶便是娘」，祖國與敵國不必二分。清朝前期政治安定，康熙、雍正、乾隆三朝為時百餘年（佔清代

1.　〈臨時大總統就職宣言〉（民國元年一月）：「國家之本在於人民，合漢滿蒙回藏諸地為一國，如合漢滿蒙回藏諸族為一人，是曰民族之統一。」

一半），有盛世之名，此情證明清代中國的傳統性其實不強，因為在常態之下異族統治難以穩固、更遑論繁榮，清朝得以長期強盛當與滿漢衝突不大有關，而漢人反清意念不堅乃是其中關鍵，可見當時華夏本位思想已非深厚2。滿洲人的文化素質甚低，其學術幾不存在、道德意識淺薄、美感品味極差（此由清朝薙髮造型可知），故滿族漢化實為清朝政權長久維持的必要決策，而其時漢人居然可以長期臣服甚至效忠清廷，這必是由於滿漢差異遠少於古時夷夏之別3，亦即中國的墮落是造就清朝成功的原因。清朝統治的獨裁程度更勝於明朝，這一方面是因貴族社會沒落以來（晚唐以後），中國政治的獨裁化早已成為時勢，另一方面是因清朝是異族政權，其統治所含的私心與戒心自然強於漢族自治之況。清朝中央長官例為滿漢並置而以滿員為尊，同時內外官制分別甚大，地方官的地位與前途遠遜於朝官，而任官大權且集中於皇帝之手（明代廷推辦法已廢），凡此皆顯示清室富有征服者的獨裁霸氣，但滿族為政的無能亦由此暴露，因為清室雖大力排擠漢臣卻又不得不加以重用。清室統

---

2. 《大義覺迷錄》卷四：「夫普天之下莫非王土，率土之濱莫非王臣，呂留良於我朝食德服疇，以有其身家、育其子孫者數十年，乃不知大一統之義，平日之謂我朝皆任意指名，或曰清、或曰北、或曰燕、或曰彼中……何其悖亂之甚乎！」

3. 夷夏之防不是中華民族主義，而是華夏優越意識，清代滿漢妥協是中國文化衰退的表現，並非漢人民族認同淡化的結果，畢竟自古以來民族主義不盛（舉世皆然），而文明大國（常為帝國）更無此種立場（為求同化）；中國民族主義的興起乃在晚清，此時滿人已高度漢化而漢人已不支持清廷，在列強威脅下中國民族主義主要是抗外情緒，反滿態度實為其次，故中華民國成立後協調諸族擁護中央以提升中國的世界地位乃是政府要務。

治中國當然需要恩威並濟，但其懷柔政策較高壓作法更為重要且有效4，這表示漢人接受清政的意向甚強於抵抗之念，而清廷打壓文人士氣的手段可以奏效，與其說是由於執法之殘酷(如文字獄)、不如說是由於禁令之明白（如禁止結社與言事），這又暗示清代士大夫重形式而輕義理，故罕有殉道式的抗爭而易於規範及收買。清朝沿用明代科舉制度以取才任官，此法籠絡士人的效果頗佳，其情與元代狀況大異，可見明清思想絕不高深（宋人信道較篤故不樂與蒙人合作）；正因學者所念趨於功利，異族統治的精神打擊乃非巨大，所以清初戰亂一過國家建設如昔，亡國之恨只是極少數人的文化鄉愁（明政不比清政清明）。凡夫之性好利忘義，所謂德政對大眾而言莫非公平與富足的社會發展，清朝以異族入主中國，其於漢族可以「一視同仁」，且為久享征服之權而願倡導經濟開發（不似元朝急於搜刮以去），同時又圖以罷除明代秕政（如廠衛與苛稅）贏得民心，加以近代中國文化現實化造成「輕體重用」的普遍心態，如此清朝的建立竟有符合人情時勢的歷史意義，中國的正統觀於是似成無關宏旨之事，這確是「因禍得福」的最大錯誤。

　　滿洲既是中國的異族，其領土且不似蒙古帝國遠及東歐(富有世界性)，滿人入主中國之後即以中國為基地向外擴張，並非另有統治中心，所以清朝不論是否被認同為中國歷史正統之一環，滿清的政治版圖確以中國為本位。雖然，滿人絕不繼承傳統中國的天下觀，或者絕不以中國固有的疆界為限認定其統治範圍，而是以其武威可及之地作為國土拓展的極限（亦即盡力

4.《清聖祖仁皇帝實錄》卷四十四：「(康熙十二年十二月)詔削吳三桂爵，宣諭雲貴文武官員軍民人等曰：『……其有能擒斬吳三桂頭獻軍前者，即以其爵爵之。』」

擴張）；如此，中國的領土在清代極其廣大，遠遠超出舊時的常態，而此時正當西方列強推展「國際法」之際，所以清朝的國界乃普受承認，成為中國「固有」的領土5；此種「美麗的錯誤」無形中保障了——甚至擴大了——中國的政治權力，使中國在進入國際社會時具有豐厚的條件，而於晚清國力大為衰弱時亦得繼續持有。傳統中國並未長期佔據或嚴格控制「東北」、「西南」、蒙古、新疆、西藏（包括青海與西康）、臺灣等地，這些區域在清代皆是朝廷號令所及之地，後來更獲得列強公認而成為中國正式的領土（朝鮮、安南、暹羅、緬甸等藩屬亦以國際公約被認為中國的「保護地」），即使清末喪權辱國所失不少，但其遺產——即中華民國所承繼者——仍然非常龐大。易言之，清代異族政權以「超中國」觀點建國，因其武功強盛，

5. 中國標準的或常態的疆域為何，實為一個「令人迷惘」的問題，蓋先秦時期中國尚未統一，秦漢帝國領土廣大，乃是由於當時中國文明在精神與物質二方面均遠勝於外族；此後中國的精神文明仍然優異，但其物質文明優於邊族的程度則逐漸下降——近代以前物質文明的發展速度本來不快——因此五胡亂華長期造成中國的分裂與漢土的縮小；隋唐帝國重新統一中國時，以其深染胡風而武功強盛，故版圖可與秦漢相比，至唐末中國本位主義興起而武力衰弱，是以宋朝國土不大，卻頗具有中國「正統」疆域的代表性；元朝屬於蒙古帝國的一部份，因其武力甚盛且無中國世界觀的限制，所以元朝領土極為遼闊，然後明朝重建漢族政權，其疆土退回傳統的華夏世界，並不廣大，卻較為合情；清朝又為異族政權，其國土自然遠多於明朝，民國繼承清朝領地而不得不認同蒙古與滿洲的正統性，以致現代中國人常以今視古而認定中國幅員原本巨大；殊不知自古領土與國力相當而非固定，漢唐盛世的疆域不能反映中國原狀，宋明二代的領域較無特別的政治因素介入其中，乃較能呈現中國實態，雖然這不是後代一般漢人所認知者。

所得幅員遼闊，再加上國際公法「及時」的確認，使得中國在世界上的疆域從此底定而大有擴增，這是滿清統治對漢人最大的「遺惠」，也是現代中國與傳統中國的一大差異，或是「中國觀」深受扭曲誤解而致混淆錯亂的重大因素。清末漢族的「華夏意識」因不滿於國家衰亂而大漲，但反清人士並無重建傳統中國政權而放棄清朝邊疆的意思；待民國成立，其領土一如前清，清朝的國際地位乃必需加以肯定，所以此時國家觀念不得不化為諸族共生；於是漢人的仇滿情緒大降，中國的定義悄然改變，華夏文化的主流性雖仍持續，其純粹性則難以維護。由此可知，清朝政治對中國的世界性威權可能有所助長，但對中國的普世性價值（文明意義）則損害甚大，現代中國人亟欲壯大國力卻忽略其「中國性」，這有如以西化對抗西方，即使成功也不成材，反而貽笑大方，甚是可悲。

　　盛衰並非循環，但常盛不衰既無可能，盛極而衰乃成常情，滿清的衰落也非例外，只是其因竟有幾許矛盾，此即滿人政權鞏固時其精神亦開始渙散，以致國家危機立現（乾隆好大喜功導致資源耗竭），並且社會穩定日久造成人口大增，而經濟卻無法支撐（人多可能是力量也可能是害處），同時漢人文化持續沈淪，反而危及清朝政局（吏治日趨惡化），凡此皆顯示人非歷史主宰，然人不上進則命運必壞。清代中期以後民亂（苗族與教徒）數起，而平亂者不是八旗或綠營卻是鄉勇，反叛者與鎮壓者同為中國下層社會的勢力，其情與清初相似之處為「漢人對抗漢人」，不同之處則是上層社會的反清行動已消而改以一般民眾繼之，由此可見中國文化的層次一直下降，以致夷夏對抗形勢中的文化衝突愈來愈讓步於利益衝突。「士大夫之無恥是謂國恥」（顧炎武《日知錄》〈廉恥〉），清代文人對於滿族政權反感

不大，這既不是因為滿人漢化也不是因為漢人滿化，而是由於
中國文化的精神頹廢；既然滿漢差異已非過去的夷夏之別，清
朝漢族士大夫之無恥乃不可謂國恥——除非滿清足以代表中國
——因為這對清室可能有利也可能有害（政治價值與文化意義
不一）。一個國家弄到上下關係曖昧不明，有如一個人弄到「人
不人、鬼不鬼」，誠為病態，清代滿漢立場既合且逆，正是此
例，然其病主要在於漢人而非滿人，蓋漢人文化遠高於滿人卻
甘心與之妥協，這只可能是漢人求榮而不可能是滿人諂媚。

　　清朝晚期政權覆亡的危機始於中英鴉片戰爭所開啟的一連
串外患（來自海外），此情與史上歷朝瀕死之狀（起於內亂或邊
患）迥然不同，這表示中國已經步入世界歷史的趨勢，而不再
獨立於東方。此時中國受困或失敗的因素大約有三，一是物質
文明落後（經濟與軍力貧弱），二是不識世界形勢及國際關係常
規（缺乏外交觀念）6，三是國民的德能素質低劣（教養不
佳），其難顯非偶然或意外；此景相較於古來華夷關係似有天壤
之別，蓋史上中國一向居於文明優勢，即使其武力不敵外族，
文化必為人所不及，如今中國在心物二方面竟皆遜於列強，「此
三千餘年一大變局也」（李鴻章語）。在西方人眼中，清代中國
顯然甚為自大而無能，中西貿易所以不開並非由於中國富足，
卻是由於中國無知而自以為滿；若鴉片成為英國對華最易推銷
的商品，這不是因為英國工業不良，而是因為中國人不識貨（英
人所重是自由貿易）。鴉片戰爭源於鴉片進口問題的爭執，這表
示中國人大量吸毒是造成國難的原因，一個民族全面中毒乃是

6.《籌辦夷務始末》咸豐朝〈瀝陳英法所請不得不從權允准摺〉：「該夷
　之與中國齟齬，均由疑慮所致，今番感激聖恩，從此待以寬大、示以
　誠信，果然永敦和好，可省國家兵力，亦是羈縻一法。」

不可思議的亂象，中國社會與文化的敗壞由此可以想見；如此，清朝國運自鴉片戰爭以後江河日下實為理所當然，此即中國與其說是因為列強打擊而衰落、不如說是因為人民自甘墮落而頹敗，所謂「哀莫大於心死」是也。中國思想以儒家為主而道家為從，其天人合一宇宙觀不重立功而重安心，傳統禮教使百姓保守成規而尊崇道德，然則玩物喪志可能是士人之病卻不可能為民眾之患；不幸者，明清以來社會世俗化快速，人心愈來愈勢利，在物慾追求的風氣下社會競爭更為加劇，於是成功者與失敗者皆圖自慰，享受乃成流行的意念，放縱因此大作。鴉片盛行的精神背景是人生缺乏虔誠認真的態度，此情常發生於信仰沈淪而經濟興起的時代，亦即理想主義衰退而資本主義開展之際，當玩世不恭的風氣形成時，毀傷身心以求快樂的作法便可能相傳，可見儒家思想的式微當是鴉片戰爭的遠因。清代異族統治對於中國人心的「不正經化」具有重大作用，這一方面是指弱肉強食的價值觀因此益盛，另一方面是指滿洲顛覆中國（用夷變夏）導致漢族自信的動搖；此種「強權即是公理」的感受強化玩世不恭的歪風，使得為官者多行不法而人民投機鑽營，鴉片的買賣與吸食正是在這個「遊戲人間」的心態下放肆進行。總之，清朝後期中國的敗亂實非一時的問題，而是中國文明長期衰落的結果，其勢可以溯及明代，並不是「滿清腐化」一說可以盡釋；於此鴉片戰爭只是中國頹廢的一個象徵而非起因，然則晚清的喪敗是中國整體缺陷所致，不當以為避免其中一項失誤中國便可能起死回生。

　　晚清的危機是內外交迫，而其外患與內亂的性質均與傳統時代大異，這顯示中國歷史已臨「現代化」。清朝的外患是西方勢力的侵襲，其內亂亦非單純的本土立場，卻是含有西式的觀

點，這表示清朝的滅亡不是由於排滿運動而已，「反華」的態度
也有重要作用。晚清（乃至清代全期）最大的一股內亂是「太
平天國」，其黨假借基督教為道義、以反清復明為號召、並施行
共產的經濟政策及平等的社會改革，顯然不倫不類而不知所終
（既尊古又反傳統），故太平天國的一大困境是諸王內鬨。消滅
太平天國的功臣之一是曾國藩（湘軍），曾氏為清代理學大師，
其平亂訴求是恢復中華文化，這表示太平天國缺乏道統觀 7；
同時太平軍侵害外國在華權益，引發列強反抗，李鴻章與之合
作（常勝軍）而共剿亂黨，此事又證明太平天國缺乏世界觀。
太平天國牽連捻亂，且與回變並起，一時 (1850–77) 中國民間
反叛運動同興，滿清朝廷備受威脅，然此情亦大舉促進討伐民
變的漢臣權勢，曾國藩、李鴻章、左宗棠等人皆由是崛起，國
家又得穩定。此後滿族與漢族的強弱形勢逆轉，漢人天下的重
建似為必然，但清末漢臣的忠君愛國立場竟強於光復華夏，其
中國意識顯因列強侵略與傳統改變而陷於混亂，此即中國當為
對應西方的獨立政權、或是對應古道的文化新獸，甚令時士困
惑。易言之，中國的民族主義初起之時，其義極為模糊，因為
清朝異族統治使漢人的自覺強化，但清末外患國難又使漢族的
反滿態度難以專一；中國的前途（或正途）究竟是反清復古、
擁清西化、反清西化、或擁清復古，莫衷一是，而其爭議主要
不在於滿漢對立卻是在於中西對立；蓋中國文化早已世俗化且
滿人漢化已深，清末中國的滿漢差異實甚小於中西差異，只是

---

7. 《曾文正公全集》〈討粵匪檄〉：「自唐虞三代以來，歷世聖人持扶名
　　教、敦叙人倫，君臣父子上下尊卑，秩然如冠履之不可倒置。粵匪竊
　　外夷之緒、崇天主之教……舉中國數千年禮義人倫詩書典則，一旦掃
　　地蕩盡，此豈獨我大清之變，乃開闢以來名教之奇變。」

一般人性或政治性格總使人重視前者而忽略後者。總之，晚清
憂患反映了中國自我認同的錯亂，一方面中國進入國際社會似
為大勢所趨，另一方面中國復興傳統文化乃是士人使命；二者
所以無法兼顧，實因中國文明演變至此，其素質既不如古代也
不如西方，中西文明且有形式條件上的重大差別而難以同化；
由此可知，清代中國的衰頹既因滿族知識粗淺而起，又因漢人
精神退化而致，而漢人被滿人征服一事更顯示中國文明沒落已
極。

　　在中國自我認同的困擾叢生之時，列強以國際公法為名不
斷利用各種事端入侵中國，並迫其接受世界性的外交標準，於
是中國一方面權益大失（實）、另一方面卻權力確定（名），由
此中國深入世界政治而進一步「國際化」，其內部衝突與傳統轉
變雖仍未定，但對外形象或國家角色則更加顯現。這種「由外
而內」的塑造作用使中國漸失本色，或使其「裡外不一」的問
題惡化，而因此時清朝固然貧弱，但中國畢竟是一個難以顛覆
的巨大國家，所以晚清中國既不西化也非如舊，只有苟延殘喘
以待造化。鴉片戰爭以南京條約告終，其議除了割地賠款之外，
更令中國與外國通商貿易及 「平等往來」， 然 「協定關稅」
(agreement tariff) 與「最惠國待遇」(most favoured nation) 二者
反映中國的無能與無知，蓋前者表示中國的主權未受尊重，而
後者表示中國不了解主權的全面意義，尤其清廷以自大而忽視
自衛之道，更顯示中國在被迫進入國際社會時猶自以為是的迂
闊。清代中外「不平等條約」的產生大約皆是由於中國的疲弱
與愚昧，所以鴉片戰爭的失敗不僅使中國對英國降服輸納，又
使中國讓渡類似權利予列強諸國， 其中 「領事裁判權」
(consular jurisdiction)（英法聯軍之役以後全然出現）便呈現中

國自外於世界政局而獨弦哀歌的姿態，既有接受協定關稅的無奈、又有給予最惠國待遇的狂傲，直如表演「搬石頭砸腳」的大戲。如此，中國配合國際約定的程度必是差強人意，條約的履行竟成引發列強繼續侵略的緣故（如英法聯軍之役乃因南京條約實行所致），公定標準反而成為西方師出有名的依據（如亞羅船事件），人民愛國仇外的情緒則成事不足而敗事有餘（所謂「教案」大都因此而起），中國從此兵連禍結，益無指望。天津條約 (1858) 繼南京條約 (1842) 而出——猶如北京條約 (1860) 繼天津條約而出——所求當然更勝於前，就中互派使節一項暗示國交平等之義（允許西方人傳教亦具此理），其道本為良善，卻未獲處於下風的中國欣然接受8，而同時中國卻對於有辱國威的領事裁判權不以為忤，這證明清廷是在錯覺之中喪國9，誠如漢人是在錯亂之中護國。清代中國的孱弱可以日本侵華的勝利（尤其甲午戰爭）為證，這是史上中國敗於此一東洋蕞爾

---

8. 中英天津條約互派使節的規定所以為公使 (minister) 而非大使 (ambassador)，乃因中國不欲徹底承認中外平等，故有此「王不見王」的設計，其法暗示中國不與英國全面直接交往，或是中國不認為英國是一個可與之平起平坐的大國；雖然，此項規定主要是出自英方的考量（體察中國的傲氣）、而非中國的要求（中國根本不欲與英國建立外交關係），亦即英國以減少中國反感為意，乃有此種「低調」的建議，中國因而勉強認可，卻不知此制亦可能表示中國不被英國視作上國。

9. 《籌辦夷務始末》咸豐朝〈請設總理衙門等事酌擬章程六條摺〉（咸豐十年十二月）：「論者引歷代夷患為前車之鑑，專意用剿，自古御夷之策固未有外於此者……。竊謂大沽未敗以前，其時可剿而亦可撫；大沽既敗而後，其時能撫而不能剿；至夷兵入城，戰守一無足恃，則剿亦害、撫亦害。就兩者輕重論之，不得不權宜辦理以救目前之急。……京師請設立總理各國事務衙門，以專責成也。」

小國之首例，而日本晉身於列強之林（稍後的日俄戰爭可為驗證）更顯示中國所以為二流國家，不僅是因東方不敵西方、並且是因東方霸主不再為中國（德法俄三國干涉還遼顯示日本不敵西方而中國不敵日本）。自甲午戰敗之後，清廷企圖聯合俄國以對抗日本，結果卻是引狼入室而更受侵害，然後列強開始競相「租借」中國領土，各以勢力範圍瓜分中國。「勢力範圍」(sphere of influence) 原是列強為瓜分非洲 (1885–95) 所設計的初級辦法——「保護地」(protectorate) 是晉級之道而「殖民地」(colony) 是終極之境——不意其勢過於兇猛而不敷使用，竟然成為最適用於瓜分中國的國際公約，可見中國一開始國際化便是其國運衰頹之時。由於中國是一個龐大的東方古國，既難以征服且難以同化，列強在華擴張畢竟無法加以永久佔領，因此勢力範圍的完全出現立即顯示列強在中國爭霸的極限，於是「門戶開放政策」(open door policy) 隨之而起 (1899)，壟斷獨占又雨露均霑；中國在列強彼此制衡的形勢下終於稍得平安，但此時中國的屬性愈加模糊，其傳統文化危在旦夕而滿漢關係極為緊張，史上內憂與外患從未如此糾結互動，然則中國的世界化竟不是其文明普世價值的傳布，卻是列強在華利益的妥協運動。

　　清末滿人的統治威權大降，然此情主要是列強入侵所致，而凡人認為消除外患重於掃除內亂，因當時「漢人的民族主義」不如「中國的民族主義」強烈，故滿漢衝突在中外衝突之下頗有節制；如此，晚清的改革要求更多於革命呼聲，民間（相對於知識分子）的仇外情緒尤其勝於排滿態度，清朝的國脈竟以是延長，漢人興復傳統的歷史使命如有失落，中國局勢的混亂可想而知。呈現此種亂局最著者正是義和團事件，蓋「拳民」荒謬之處固在於以卵擊石而自覺必勝，然其「扶清滅洋」的文

化立場亦非正常，兩者相結更顯奇怪，畢竟中國若可以精神力量戰勝列強，此一中國豈可能敗於滿洲蠻族，而如此衰落的異族政權又何必加以拯救。拳亂的出現反映中國人民一心排外以致忘本的激情，拳民「滅洋」的無理行為可能因其「扶清」的立場而廣受同胞支持，但拳民迷信妄想之說竟有重臣贊成，這表示此時中國文化已沈淪至容納怪力亂神的地步，因為正直的讀書人不可能信仰邪道，正統的士大夫也不可能仇洋甚於反滿，可見拳亂是一場帶有權力角逐的政治鬧劇（袁世凱鎮壓義和團的原因亦在此）。拳亂顯示清室的無知與粗暴，東南自保而不奉命的作法表現漢臣排滿的識見與能力，八國聯軍則反映中國違背國際公法之嚴重——八國所以聯軍非因武力不足而是為表有道一同——最後清廷又訴諸慣例常規以求和，清朝的脆弱於是暴露無遺，漢人對其同情既減，列強亦更加凌厲。辛丑和約(1901) 固然令中國損失慘重（致歉、賠償、削兵），但除了外交關係的強迫增進外（強化外國使館權威並改總理衙門為「外務部」），其議並無原則性的新制，這表示中國受害於帝國主義的程度在政治上（法規上）已達極限，顯然列強無法真正瓜分中國，而只能企圖奪取更多經濟實惠或局部控制力。中國的外患雖自八國聯軍以後未於形式上更加惡化——亦即中國的主權獨立與領土完整至此已獲列國確實認定——但清朝亡國的危機卻逐漸加深；推翻滿清的想法與行動對漢族而言愈來愈重要，這不僅是因清朝腐敗而易於顛覆、並且是因漢人的中國觀更失傳統精神而趨於西化；既然新中國的觀念主要是富強與民主，清朝的國力衰敗及異族統治立場使其政權非去不可，可見清朝注定滅亡乃是由於清代社會延續明代的世俗化趨向。

第二節 清代文化所反映的中國歷史衰勢與 變局

清朝編纂甚多大部頭的書，如《康熙字典》《佩文韻府》《淵鑑類涵》《朱子全書》《古今圖書集成》《四庫全書》等等，此類事業大都出現於清朝前期，與文字獄最烈之時同期，顯然其作不是單純的學術研究，而是富有政治意涵的措施。事實上相似之舉在明代已經採行（如《永樂大典》），此事所以能推展當然與「知識累積」豐富有關，這表示非文明歷史後期不能有此「集大成」式的技術性學業；同時又暗示當時學術創作的素質必非優異，因學者見解不高、少能突破前識，所以有此「退而求其次」的龐大整理工作，使知識份子可以繼續其治學業務。此外，獨裁政權推行古書編輯大業自有「強化正統」的意思，其旨在於呈現統治者可以決定是非對錯的標準，亦即政治高於文化的地位，因此編書的一大實務是在選書之餘焚書、在校對之時竄改，將當局所允許的觀念藉此公諸於世。明清兩朝的君主極為粗鄙，其文化政策傳達「官大學問大」的信息，以此學術實未提升，思想控制則更進一步（清代文字獄常與明史之撰述有關）；這種挾勢定論的精神暴行屢屢得意，可知當時文人助紂為虐者甚多於受害者，中國文化的敗壞豈能歸咎於少數暴君，而不檢討士心的腐化。

中國的上帝信仰自唐代以後已近乎銷聲匿跡，無神信仰的佛教探討則於唐代達到極盛，宋代理學興起，唯心主義取代宗教成為近世中國自創的宇宙觀，此後上層社會的宗教精神愈來愈淡，下層社會則「民間信仰」流行，其正經性質逐漸減少，

本土色彩與迷信成分竟愈來愈多。如此，元明清三代的宗教信仰乏善可陳，不僅知識價值不高，樸素氣氛也不濃，反而政治性格越來越重，一方面朝廷利用宗教治民，另一方面頑民利用信仰叛亂，上下交相賊而虔誠態度愈顯虛偽詭異，其義利兩全之情實基於利益。清室較明室更少信仰情懷，滿人以政治目的處置宗教問題的作法甚為明顯，清朝的宗教政策與對待邊疆部族的方式類似，皆是以籠絡手段控制，此種羈縻策略表面上放任自由，其實要求服從法令，所以當時各式主要信仰大都能繼續生存，但其勢既不興隆，地位且不崇高。清廷以理藩院管理喇嘛教、容許西北回族自治、禁止基督教活動、減低道教自明代以來所得的恩遇（降「正一真人」官品）、限制僧尼出家及寺廟興建，凡此作為寬鬆不一，然政治權威的鞏固則為其中一貫之義。正是因此，當清代後期朝廷勢衰，宗教政策更趨於解放，以求安撫人心民情，滿人顯然沒有堅定的信仰立場。在政府以現實態度「為道」的原則下，民間信仰的世俗化更加強烈，以致中國宗教愈來愈虛淺，於是基督教乃大有可為（不似基督教在印度難以開展之狀），但其傳道成績不佳一事亦以此注定，因為勢利之人難以啟迪，清末中國人已經一千年不信上帝，挾著物質優勢東來的西方傳教士可能吸引注意，卻無法灌輸超越性信仰於受苦受難的蒼生。總之，滿洲不如蒙古「好神」，這表示蒙古文化比滿洲文化更原始，或是滿人較蒙人更重現實，由於其情與中國文化發展趨勢相符（結合），清代宗教信仰乃加速沈淪，這固然不能歸咎於當政者，而是信徒自身的錯誤，但滿人不經意惡化中國社會的庸俗化，其因必是滿人較漢人更庸俗，可見清朝統治對滿漢二方都是不幸。

　　科舉制度興盛以來，學校發展益為困難，蓋科舉為考試取

才之法，學校則為教育或求知之所，而學校所事未必與科舉所試相同，一般學者所圖既然是仕宦，專注科舉而忽視學業乃成俗風，此為中國文化富於功利主義的例證。學校與科舉皆為官辦，但學校所重是知識，科舉則為政務之屬，二者有如「知」與「行」相對，其主從關係甚明；然朝廷重科舉而輕學校，實有誤導民心之過、或有自我衝突之虞，這又是中國政府缺乏理想而偏重效用的通病呈現。學校的宗旨與科舉有異，科舉興而學校廢固為不幸，提倡學校以抑制科舉亦為不智（天才與常規時不相容），然以科舉為宗而辦學更是錯誤，因為求知應為求道而非求生；如此，自宋代以來，帝王偶有以學校取代科舉之圖，但從未有「將學校科舉化」者，這是由於儒家具有中國文化的道統地位，故以儒學為標準課程的學校不得因科舉流行而取消。相對而言，學校富有政治的名分，科舉富有政治的功能，而依理「精神」優於「物質」，所以「名」較「實」重要（「名不正則言不順、言不順則事不成」），然則科舉日盛而學校日衰乃是中國文化逐漸敗壞的現象，此勢自唐以下即然，而其情以清代尤烈（清代學制乃承襲明朝），可見清代是傳統中國的末世。學校是官學，書院是私學，在科舉興起之時學校衰微而書院盛行，此因書院可能高談理學也可能教導制義（八股），一反現實一合現實，均得生機，這是近代中國學術開放或教育普及的經濟效果。明末清初因當政者鎮壓異議，故書院蕭條不振，然後朝廷又為塑造輿論而推行官立書院，於是書院再興，原為私人講學所在的書院至此竟以政府管理而欣榮，中國文化現實性的增加可見一斑。清代後期西學大舉東來，中國傳統學術為之動搖，此時書院風尚轉趨古道而兼採新知，科舉考試改取務實立場（去八股而用策論）而終於廢除 (1905)，學校紛紛西化但知識體系

混亂；中國文化處於無所適從的慌張中，清廷則只圖自保而不求反正，其愚民政策所以為惡實非由於使人無知、卻是由於曲解正理，此乃滿人「以小知役大知」的統治態勢所致之必然後果，誠為玉石俱焚。

　　清代學術思想原本沿襲宋明理學，然理學發展至明已有後繼無力的窘況，故清代學者若非照本宣科即須改弦易轍，而這正是當世實情，由此可知清代學風絕不清麗高妙；蓋唯心主義只可能墮落而不可能提升——事實上唯心主義是理想主義頹廢的結果——迴避或反對唯心主義卻極可能變成唯物主義 (e.g. Marxism)，這即是清代樸學興起的緣故。明季理學末流的表現是陽明門人的狂妄，於此反動者紛出，其說務實而重證據（顧炎武與黃宗羲為代表） 10，精神意義改以效用為準（「經世致用」），思想逐漸物化，終於唯物主義全面出現（體現為共產黨建國）。在統治上，清初朝廷推尊朱學而抑制陸王，這不僅反映學術傳統的改變，並且表現政治對正規或一統的需求與要求，因陸王之說傾向個人主義，官方當然支持道統集大成的朱熹學說（《四書集注》乃為科舉考試的標準）。雖然，清代理學已不盛行，樸學則為主流，從此宋學與漢學之爭大興，彷彿中國學術不過是義理詮釋與事實考據二類，此景顯示清代文化的層次甚低，蓋事實不及真理，而此時中國的真理觀已淪為「存乎一心」 11。論者常謂清代樸學所以興盛乃是由於異族統治壓迫士

---

10. 《鮚埼亭集》〈亭林先生神道表〉：「（顧炎武）晚益篤志六經，謂古今安得別有所謂理學者，經學即理學也；自有舍經學以言理學者而邪說以起，不知舍經學則其所謂理學者禪學也。」

11. 錢穆《中國史學名著》〈章實齋文史通義〉：「乾嘉時代自稱其經學為漢學，其實漢儒經學用心在治平事實上，乾嘉經學用心在訓詁考據

氣，此說並非無理，但實未道出其事之根源，而僅呈現外物對
人心的影響（物質主義觀點）；究其實，當時士人即使沒有政治
的反抗意念（拒斥科舉功名）或避禍的需要（防備文字獄），也
絕對無法專心在理學的探索上超越前人，此為唯心主義發展的
原罪；而且樸學所治仍以經學為主，此與理學相同，亦即理學
及樸學皆屬於儒學，並未脫離中國文化的傳統，可見樸學是「窮
則變」之舉，惟其變竟是不通。清代的漢學一方面祖述漢儒家
法（吳派）、另一方面以語文考辨別出心裁（皖派），前者復古
而後者稽古，在整體思想上皆不能突破舊見（局部或有新意）；
然戴震之流（皖派）確有抽絲剝繭般的研究功勞，其學術專業
化之勢令一般人折服，學者以為進步12，這是近代中國文明與
世界潮流相合之處，亦是使人誤會之因。乾嘉樸學相對於宋明
理學是「物極必反」之作，當樸學發展至極時反動之舉亦必出
現，此即晚清的闊落釋經（如龔自珍與魏源）與全盤疑經（如
康有為）風潮，其勢有如由東漢古文經學變成西漢今文經學，
甚是劇烈激盪；此事所以發生也與西方文化東輸的衝擊有關，
但不論如何，清代學術缺乏創造力一情顯而易見，當時學者除
了「回應挑戰」之外似乎無從獨立思考或追根究底，充分反映
著中國文化逼近窮途末路的險境。

上，遠不相侔；所以論儒學當以清代乾嘉以下為最衰，因其既不講心
性、又不講治平，而只在故紙堆中做考據工夫，又抱很深的門戶見
解，貢獻少過了損傷。」

12. 《潛研堂文集》〈戴先生震傳〉：「論者又曰：『有漢儒之經學、有宋儒
之經學，一主於訓詁、一主於義理。』此愚之大不解者……。訓詁明
則古經明，而我心所同然之義理乃因之而明。古聖賢之義理非他，存
乎典章制度者是也，昧者乃歧訓詁義理而二之，是訓詁非以明義理，
而訓詁胡為？」

　　清代學術缺乏創意的情況亦可於當時的史學見得，依理史學成就應當與時俱進，但其實不然，元明清三代的史學見識都不如宋人，清代史學除了資料積累與考訂整理之功（如《廿二史劄記》《廿二史考異》《十七史商榷》）外，並無特殊成績，這表示清人思想甚為陳腐，因為訊息豐富而觀點平平乃是解釋能力不佳的表現[13]。所謂「浙東學派」實以人材匯集之地見稱，其治史理念並無獨特或傑出之處，黃宗羲（《明儒學案》）、萬斯同（《明史稿》）、全祖望（《宋元學案》）諸人之作雖信實有序，但其認知層次並不高超；而章學誠思考較深，卻也沒有通貫上下的知識體系，難怪他在闡釋學術理論（《文史通義》）之餘，竟特別倡導方志的撰修（尤重其編輯技術與法則），顯有專業化之癖，未辨輕重。史學是以時間脈絡或時間感為準的人事探討，所以時間愈久史識愈高，這是後見之明「量變造成質變」的成效，或是史學自我進化（自長）的能力展現；如此，宋代史學所以勝於前人乃因其去古已遠而有反顧的優勢，然清代離開宋代又六百年，其史學卻無類似的績效，可見清人必有「食古不化」或「見樹不見林」之病。今人常以為清代史學成果亦豐，這其實是表面印象，蓋清代距今甚近，其著述以及流傳至今者自然極多，再者清代時事多變，學者應景而作（如《三朝籌辦夷務始末》），乃有種類（範疇與性質）繁盛之情；然以知識素質論之，清代史著實乏高見，後人所以深受吸引乃因人性重今輕古，今人對清代史事的興趣（好奇）當然強於古史，尤其滿人統治權威敗落的事蹟對於漢人更有刺激情緒的作用（清代文

---

13. 《十七史商榷》〈自序〉：「蓋學問之道求於虛不如求於實，議論褒貶皆虛文耳，作史者之所記錄、讀史者之所考核，總期於能得其實焉而已矣，外此又何多求邪？」

字獄原與明史撰寫有關)。總之,清代史學如理學一樣常為時勢
所趨,深受牽制而少發明,直至清末西方勢力迫使中國「認識
世界」時,清人的史觀才大開眼界而超越傳統之局,且有自我
發現的驚奇——「中國通史」開始產生——顯然中國文化落後
西方已多,否則「他山之石可以攻錯」的價值不可能出現於國
史的建構。

　　清代的「大眾文學」顯示中國文明世俗化的趨勢幾近於成
熟,所以清代小說的幽雅性不如明代,但其數量則遠勝之,其
受人歡迎的程度亦然。相對而言,明代小說的戲劇性較強,清
代小說的社會性較高,借用歷史故事及神怪傳說而成書的小說
(如《水滸傳》《三國演義》《西遊記》)至清代已不盛行,表現
人性與現實的作品(如《紅樓夢》《儒林外史》《官場現形記》)
則大量出現,這一方面表示識字者增加、另一方面表示文化層
次降低。易言之,清代小說是明代小說推廣的結果,於此小說
的文學性或藝術性減少、而敘事性與批判性則強化,這並非意
味清人較明人更重知識,卻是反映清代社會更為庸俗,即因凡
夫讀書者更多,其對人生實況的重視乃使作者愈加積極論事,
此情與現今新聞報導之狀相似。同理,清代小說出現許多「俠
義」之作(如《兒女英雄傳》《七俠五義》《施公案》),這不是
因為清人更富於正義感,而是因為時人對現實的不滿(或表達
不滿的機會)更多於從前,此景亦與今日大眾文化的特色相同。
清代人口遽增,其四億之數超越自古以來的常態甚鉅,這使社
會大眾化急速發展,士人與一般庶民的差異驟減,因此文藝的
菁英性質漸失,參與文化活動的人數則大增,今人以民主觀點
視之當然覺得可貴,但就文明價值而言,此景已是日薄西山一
般的黯淡。

第三節　晚清的新中國觀念及其迷失

　　中國向為東方霸主，其與外邦的關係從不平等——即使中國衰微時亦然——此乃傳統「成王敗寇」的政治鬥爭常理，不足為奇 14；然而晚清以來列強交侵，中國對外連平等地位都難以取得，更遑論高居上國之尊，於是「中國」的觀念愈來愈改以外因決定；此即中國不再由中國人自主認定，其內涵常與其國際角色相關，中國的世界性因此大增，但其傳統本色則逐漸喪失。清代是中國觀遽變的時期，晚清尤為其間關鍵，由於內憂外患接踵而出，漢人不僅意欲推翻滿清政權，而且企圖建立一個新式中國，此所謂「畢其功於一役」；然二者糾纏的結果竟是「非古非今而不東不西」的國度，最後「西化」成為「現代化」，新中國的建立近乎華夏傳統的消滅，中國的興衰存亡至此已無多意義。

　　中國文明不如西方一情在明代已經出現（西方現代化自此開始），但其優劣勝負的差別至晚清時始清楚呈現，列強東侵即是顯著的證明；然此時中國猶自以為高明，或以為西方優勢僅在於物力，而物力強盛竟為許多學者視作「野蠻」之徵，其無知實在反映中國之無能。精神在物質之上，然精神與物質於世間息息相關，物質文明與精神文明絕非分離，物力的開發有賴心智，物質文明的先進即代表精神文明的高超；如此，清代後期中國屢敗於列強，這已充分表示中國文明落後西方甚多，中

---

14. 若俄國屬於西方，則近代中西最早的條約——或清代僅有的中西平等條約——即是尼布楚條約 (1689) 及恰克圖條約 (1727)，此事所以能出現實因清朝奄有北亞大地而與俄國相接，且因清朝對外沒有傳統的夷夏之防，故得以「英雄惜英雄」的帝國外交態度相盟。

國士大夫對此事之無識正是此事的一大證據 （故曰 「自知者明」）。鴉片戰爭之後，中國開始「自強」的運動，其情暗示中國士人對「洋務」的誤解，並預示中國復興的成效必然不佳；因為文明乃是一貫之道 (放諸四海皆準)，中國文明既已遜於西方，其急起直追之法並非自我發揮或師法古道、而是學習西方文明所含的普世性素質，以提升中國文明於更高的層次15；然則「西化」僅是「現代化」的過程或手段，臻於「世界化」的極致文明才是中國改革的目標，這絕非局部推行洋務可得。史上華夏本位主義大約沒有偏失錯誤，畢竟中國是東方最高文明，以真善美為優並無不當；然而中西密切的交流顯示西方文明的境界確實高於東方，因此清末中國自尊之舉大有偏執之病。即因中國文明長期領先而於近代「突然」墮落，清代學者難以發現其中道理而難免以為中西各有所長，所以當時救國之議集中於振興物力——即經濟與軍事的強化——這正是中國一向輕視的事業16。事實上中國物質文明並非不盛，卻是不及其精神文明之可貴，傳統文人重心輕物的態度（理性主義不篤而自然主義太強）確使中國科學發展遲緩，加以中國文化的現實主義甚烈，其工商進步因此反而深受限制，蓋就事論事或以物視物的

---

15. 《左文襄公全集》〈擬購機器雇洋匠試造輪船先陳大概情形摺〉：「中國之睿知運於虛，外國之聰明寄於實，中國以義理為本、藝事為末，外國以藝事為重、義理為輕。彼此各是其是，兩不相喻，姑置弗論，可耳；謂執藝事者舍其精，講義理者必遺其粗，不可也。謂我之長不如外國，藉外國導其先，可也；謂我之長不如外國，讓外國擅其能，不可也。此事理之較著者也。」

16. 《李文忠公全集》〈籌議海防摺〉：「中國在五大洲中自古稱最強大，今乃為小邦所輕視，練兵、製器、購船諸事，師彼之長、去我之短，及今為之而已遲矣，若再因循不辦、或旋作旋輟，後患殆不忍言。」

單純精神方可推展物質文明於極限，而中國思想對此總感不安。如此，清末應變之道只圖「招架」而非「超越」，魏源所謂「師夷之長技以制夷」（《海國圖志》〈籌海篇〉一）顯無務本之意，其說廣為流傳一情證明中國普遍自信而不自覺的問題[17]。在此心態下，清廷最關注的強國事物即為武備與外交，而二者大都只能以引進或模仿為務，少有自主之處，又因其事旨在排外而不在盡己，故所務僅能減緩劣勢而無法反敗為勝，同時中國自大的姿態卻未能放棄。孤芳自賞之國當然沒有外交之實，「總理各國通商事務衙門」的成立 (1860) 顯示中國接受國際政治的消極態度，蓋此舉是受制於人的對策，並不坦然大方，其將外交重點視為通商的立場顯然極為彆扭，難怪總理衙門未久即被迫設置「同文館」以求翻譯人材，而駐外（英國）使館則遲至光緒初年 (1877) 才建立。自強運動是以中國為本位的假性西化，其失敗是理所當然，否則中國可以自強而成功，其西化又何必進行，可知自強運動其實是中國意識矛盾的表現，其意圖確是「以子之矛攻子之盾」而少有反省，固無理想。

　　三十年的洋務運動由甲午一戰證實為「無效」，這個重大的打擊一方面引發深沉的思考，另一方面卻造成嚴重的誤導，前者是徒有物產不足以強國，後者是求新求變乃能興邦，尤其日本以明治維新崛起，其勢令人以為高度西化才可振威。「戊戌變法」將東西對立的問題推展為新舊之爭，自強運動的「政策性」表現至此提升成「政治性」作為，中國的改造似乎更進一步，但其理念卻更有「失之毫釐差之千里」的危險。戊戌變法的知

---

17. 《校邠廬抗議》〈製洋器議〉：「居今日而據六歷以頒朔、修刻漏以稽時、挾弩矢以臨戎，曰吾不用夷禮也，可乎？且用其器、非用其禮也，用之乃所以攘之也。」

識立場是半東半西與半古半今 (半非二分之一)，其本質與目的
依然不明，而富國強兵之心卻愈為著急18，中國文化的要素於
此更減，然西方文明的普世意義並未大獲了解，所以改革派大
舉西化的行動招致守舊派大力反抗，中西通貫之道既不為人知，
結合中西之圖自當惡化新舊衝突。戊戌變法絕不激進，只是所
圖更趨政務基礎，亦即改革重點由外務轉為內政，如此教育 (兼
治西學)、軍訓 (改習洋槍)、吏治 (講求專業)、與經濟 (提倡
工業) 成為要事，務本之意益顯；於是仇外情緒漸減而抗外態
度更多敬畏，親外乃至媚外之風從此浮現，「師夷之長技以制
夷」的作法變作長久大業，「以其人之道還治其人之身」的立場
因此異動，中國反而傾向西化。以改革的意義而言，戊戌變法
較自強運動更具自主性質與內省精神，這確是較為深刻或真切
的改革，然則戊戌變法的錯誤可能更大，蓋「運動」是「行」
的表現、「變法」是「知」的表現，而知為行之本，變法有失則
其害當然更甚於運動無用。相對而論，自強運動是「訓練」之
事而戊戌變法是「教化」之事，清末的改革雖愈來愈深入，但
其勢與中國受困之情相當，故中國的改革與中國的改變一起發
展，西化成功將使傳統消失，策略取代思路畢竟迷失自我，可
見戊戌變法的冒險性較自強運動更多。中國文明在精神上與西
方相同，但其形式則相差甚鉅，中國人常因此誤以為中西文明
取向不同，其實是中西文明的差異乃為層次高下的問題，二者
所持的道理一致，其對立現象反映優劣而非矛盾；如此，殊途

---

18. 《公車上書記》：「竊以為今之為治當以開創之勢治天下，不當以守成
之勢治天下，當以列國并立之勢治天下，不當以一統垂裳之勢治天
下。……不揣狂愚，竊為皇上籌自強之策、計萬世之安，非變通舊法
無以為治，變之之法，富國為先。」

同歸是文明的理想、卻不是歷史的事實，中國改革者常強調前
者（樂觀）而忽視後者（悲劇），以致其政策更易失敗，因為中
西文明形式上的差異使中國西化不可能完全，亦不可能由此變
成完美。調和中西實無可能，中國文明有其固有優點、而西方
文明有其無法改善的原罪，兩者互補也不能造成至善（完美不
是改良所致而全面不是部分的總和），何況截長補短在技術上有
不可克服的困難（例如翻譯難以盡善盡美或傳真無失），所以中
國改革只能減少其劣勢而不可能藉以超越西方，不然則東方以
去我之道西化成功亦有如自殺，何善之有。如此，自強運動與
戊戌變法並非一無是處或毫無成就，但其失往往多於其得，畢
竟方向不清則行進愈力愈無所及；自強運動所以成效不佳是因
急功好利（見識短淺），戊戌變法所以推行不順是因反對者眾
（看法二分），二者皆為「表面工夫」[19]；前後對比可見，中國
庸俗化至清末已甚嚴重，由於勢利風氣太盛，改革乃以實用為
的而其受害者自然勇於抵抗（利益衝突）；立國精神既不為人所
重，政治變革只成權力鬥爭，中國的改造至此仍是一大謎團，
所以新法若盡舉也非國家之福。

　　若「改革」(reform) 與「革命」(revolution) 相對，則改革
是「漸進的革命」而革命是「激進的改革」，二者的差異其實是
程度問題而非本質問題，畢竟改革與革命均是政治之事而政治
有其現實性與原罪性，故不論改革或革命皆不可能徹底，其情
在世間只是相對的狀況，終究不脫社會條件。雖然，歷史常態

---

19. 《張文襄公全集》〈籌設煉鐵廠摺〉：「大率中國創辦大事，必須官倡
　　民辦，始克有成。……近來各省雖間有製造等局，然所造皆係軍火，
　　於民間日用之物尚屬闕如。臣愚以為華民所需外洋之物必應悉行仿
　　造，雖不盡斷來源，亦可漸開風氣。」

是改革而非革命，因為世事本為上帝安排而非人可主宰，人既是消極承受神意對人生的設計，其感受自非劇烈變化而是常中有變；如此，史上改革多不成功，而為展現「事在人為」或「正本清源」的改革氣勢，執意改變現狀者常將其改革稱作革命，以使人耳目一新而覺希望無窮。清末中國處境艱難而險象環生，此時改革之議叢出，革命之見也相應提出，這表示當時改革的效果甚為有限，為了表示「若藥不瞑眩厥疾不瘳」或「對症下藥方能致效」，乃有革命的主張，可見革命是改革的產物而非獨立之計；事實上此二者之別主要在於推翻滿清政權與否，其所涉及的政治改變在本質上恐無重大差異，因為改革派的「君主立憲」(constitutional monarchy) 不主專制而革命派的「民主共和」(democratic republic) 難以自由，執中然後偏右或偏左之別而已。所有傳統政治皆為極權 (authoritarianism)，故立憲主張未必不革命而共和主張當然要革命，兩者對在位君王的衝擊大小有異，但政治為權力鬥爭一事曾無不同，難怪清末立憲派失敗而共和派成功，民國成立以來的政治卻與過去一樣黑暗。中國所以為中國是由於文化高尚，而政治為必然之惡，中國文化對中國政治的改善甚為有限，這亦是必然；明清政治惡劣乃與當時文化沈淪「相得益彰」，改良「滿清腐敗」的辦法實非推翻政權而是提升文教；然則立憲是較革命更好的作法，但中國文化的惡化竟與滿人統治關係密切，故革命也不可不行（何況清室缺乏立憲誠意）。由此可知，清末中國的復興須是改革與革命並進，而政治與文化的改造亦當同時推行20，然此事終應「以教

---

20. 〈同盟會宣言〉（光緒三十一年）：「我等今日與前代殊，於驅除韃虜、恢復中華之外，國體民生尚當與民變革，雖經緯萬端，要其一貫之精神則為自由、平等、博愛。故前代為英雄革命，今日為國民革命，所

領政」乃為正確，惜乎當時「國事如麻」而眾以為立政優於立教，以致新中國只成政治的名義而乏文化的建樹。同為清末國家改造的提倡者，孫文較康有為與梁啟超更受後人肯定，這是「政治掛帥」的表現，若知康梁遠較孫文更了解中國文化，便知民國取代滿清最多只是恢復中華的「半工」，而其民主共和之制不僅阻礙文化上達、更使之進一步庸俗化，顯然新中國的建立是「換湯不換藥」，實非革命之屬。

　　推翻滿清的勢力大約有三，此即會黨、華僑、軍隊，會黨是下層社團、華僑是海外群體、軍隊是執武之夫，三者與傳統社會的主流相對甚至相反，可見新中國是「造反」力量所生（清末士大夫大都屬意於立憲），雖然支持其舉者亦多學者文人（例如上海《蘇報》所集之士）。清朝的滅亡與歷代一樣是暴力對抗的結果（暗殺行動是其新策），革命宣傳的知識性其實不深——「三民主義」絕非鴻學之作——但其效用可能不小，這表示政權畢竟以武為基，而民國的文化潛能並不強大（故袁世凱不久即取代孫文為總統），然「民力」的作用至此已達史上最銳之境（可見於人民反抗鐵路國有政策的盛況）。清朝的推翻由會黨倡議，華僑盛情附議之，而有效執行者卻是軍隊，顯然民國建立的主力乃在於物質而非精神，但滅清的戰役並不慘重，清軍（尤其新軍）的倒戈及各省的獨立是導致清帝退位的關鍵；由此可見，清亡之時滿族的優勢淪喪已久，漢人政權重建的遲緩實是由於為政觀念無有新意而立國精神未有新創，所以漢臣既已實際重得權力，便不急於推翻清廷，以免局勢轉變反可能不利於己。「中華民國」成立後，關於國是的紛擾衝突極其嚴重，這證

　　謂國民革命者，一國之人皆有自由、平等、博愛之精神，即皆負革命之責任。」

明晚清各方對於中國改造的看法甚為分歧,「東西對立」與「新舊對抗」的問題仍糾纏不清,甚至惡化為立即且實際的決鬥;因民國的肇建未獲普遍認同,權力競逐與政制爭執造成動盪不安乃至全面戰爭——共產黨建國(「中華人民共和國」)的因緣即由此而來——其勢更甚於歷代建國初期未定之象。若審視滿清覆亡過程迅速之情,便可知一方面漢人天下的重建早已是大勢所趨,另一方面新中國的性質或定位卻一直渾沌不明(「立國精神」不可能先於建國而確定),二者互動加以外患刺激,乃有民國突然出現的「尷尬」狀況;然而下層民眾廣泛歡迎「驅除韃虜」以建新政的熱情,又清楚表示新中國可以「先斬後奏」的方式產生,但此事使民國世俗化的趨勢更勝於前,以致文化復興的希望愈為渺茫,顯然清末以來中國的迷失實是由於菁英主義長期式微。

第十二章

民國：中國文明歷史的終結

上海外灘

第十二章　民國：
中國文明歷史的終結

第一節　中華民國的處境與去向

　　中華民國是中國史上第一個「非王朝」政權，也可能是中國最後一個政權，因為民主是人類最後的政治制度；推翻民主依民主理念而言是自相矛盾之事，所以世上任一國家終極的政體必為民主，然則中國歷史演進至民國已是末期。中華民國在實際上當然不盡民主，但其憲法既已定為共和之制，中華民國若繼續存在，則其政治發展僅有民主化一途，此非「名正以致事成」的理想問題、而是「形勢比人強」的現實問題；蓋「名不符實」或「裡外不一」的問題在此過程中隨時可能出現，然民主之名不去，當政者只能暗中施行獨裁而無法真正改制（袁世凱稱帝失敗可以為證），故「民國」終將成為民眾之國。有國當然有民，國家形成必以人民為主體（不是主角），如此「民國」一稱實甚異常；但因傳統政權概為專制──亦即「君權至上」──所以「人權」興起的時代乃有民國之名。民國在理論上或名義上當為最後的政局，但事實上民國未必安定穩固，「中華民國」建立以來社會動盪不安，又逢嚴重外患，因而不久即為「中華人民共和國」所取代（不是消滅）；惟後者亦持民主之制──共和國乃以民主方式造成而中華民國在形式上正是一共和國──故中華人民共和國在名實二方面均有甚多照舊之處，並無重大的革命意義，籠統而言也可稱作民國。本來名實不符

的問題在政治上極為常見，民國一說似無「以名變實」的作用，但民國一名所以出現乃因民主勢力（事實）大興，並非「空穴來風」，且民主一旦推行即無退路（民主無法顛覆民主），故民國建立時中國已進入「現代」，傳統一去不返而世俗化勇往直前，文明末世於焉悄悄到來。

　　民國的理念是民主，但民主絕非民國成立時的政治共識，故民國首任的名義性領袖是宣揚革命思想的孫文，然其首任的實際統治者則是握有兵權並迫使清室退位的袁世凱，且前者在職不過一二月，其合法性又深受質疑，可見民國是過早出生的民主嬰兒1，無怪乎袁世凱就職不久即圖稱帝，而討袁的「二次革命」瞬間敗亡。民國初年政體爭議激烈，帝制與共和二種立場交戰，政客與軍閥趁隙操縱，國家分合不定（各省時稱獨立），此種武鬥與史上開國之狀幾無不同；惟當時政治意識型態的對立（文鬥）確是前所未見，這表示中國傳統已經大變，保守主義雖仍持有優勢，自由主義卻日漸壯大，民主顯為時勢所趨。以形式而言，專制是中國的傳統（西方亦然）而民主是西方的設計，但以精神而言，民主亦是中國傳統中的一個政治要素，其勢雖不強大卻與時俱增，只是如今仍不及西方民主之盛；這表示若無西方的影響，中國政治歷史發展的趨勢也將造成民主之局，但因時人不明此理，故多以為帝制與共和之爭乃是東西文化的對立，而執中者便認定君主立憲（民主式朝政）才是正道。由此可知，民國的處境是古今之際與東西之間2，於是

---

1. 〈臨時大總統就職宣言〉（民國元年一月）：「夫中國專制政治之毒，至二百餘年來而茲甚，一旦以國民之力踣而去之，起事不過數旬，光復已十餘行省，自有歷史以來，成功未有若是之速也。」

2. 〈中華民國討逆軍檄告天下〉（民國四年十二月）：「義師之興，誓以

中國的本質愈來愈稀薄，蓋當今西盛東衰，中國現代化自然是西化。如此，民國初年「共和派」不僅主張民主政體，更求效法西歐的內閣制而反對類似王權的總統制，這即是當時所謂「護法」的立場，也是刺激「保皇派」極力抗爭的因素，在其眼中兩院制的國會立法權已是過分西化的變革。民國建立未久歐洲即爆發「第一次世界大戰」（後見之明的名稱），此時中國仍是備受西方威脅的「東亞病夫」，但參戰一事竟成政治鬥爭的課題（憑藉）而終於實行，這證明中國已經匯入世界歷史，民國內政的險惡實與國際局勢的詭變息息相關。民國的建立既有民族革命的意義也有民主革命的價值，前者又兼具推翻滿清異族政權以及解脫列強帝國主義的任務，然事實不如人意，民國出現以後國難不斷，民主制度難以確立、清朝遺風作用猶烈、列強控制仍如前代，中國何去何從的困擾雖不巨大——革新與西化已成狂潮——如何施展的問題卻無法克服。

　　民國的理想是以民主為政綱，但民國的政況是軍閥鬥爭權力，民國的文治或吏治顯然因武事未定而難以澄清3，事實上民國數十年間皆為軍人統治的局面，這證明政權乃出於暴力，而民國的成立雖有武力為其支撐，然成立民國的想法卻不一致、或不為擁兵者所認同。軍閥 (warlord) 一說為新創，但其實早已存在於史上，兵力總為問鼎之資，軍閥割據與藩鎮割據在本質

四事：一曰與全國民戮力擁護共和國體，使帝制永不發生；二曰劃定中央地方權限，圖各省民力之自由發展；三曰建設名實相副之立憲政治，以適應世界大勢；四曰以誠意鞏固邦交，增進國際團體上之資格。」

3. 孫文〈向非常國會辭大元帥職通電〉（民國七年五月）：「顧吾國之大患莫大於武人之爭雄，南與北如一丘之貉，雖號稱護法之省亦莫肯俯首於法律及民意之下。」

上並無不同；然而民國距秦朝統一中國已歷二千餘年，且其創建富有理念，卻仍飽受武人挾持，可見中國文明含有嚴重缺陷。軍閥混戰使民國罕有太平之時，國家也因此常不統一，但民國一名始終為各方所用，此情顯示民主已成為現代政權建立的論據，連武夫亦須藉此出師奪國；所以軍閥政治一方面反映民國的立國精神不實或根基不穩，另一方面卻暗示民國的共和觀念無可取代，元明清三代的獨裁體制絕無可能以法律重建。由於武力相持不下，南北兩方分裂政權，亦即長年有兩個政府主張同一個政治名分（中華民國），國家既統一（名）又不統一（實），此種怪象誠為民國「先天不良以致後天失調」的明證。在民國內戰不止的情況下外患惡化，日本尤其藉歐洲大戰形勢進佔德國在山東之所據，並得北京政府承認，為此學生群起抗議而有「五四運動」(1919)；其事本來出於政治問題，卻隨即演成文化批判而風行全國，可見現代中國的紛亂並非偶發或局部現象，中國文明的全面衰敗乃是其中關鍵，民國固不可期。政權的運作必需文武兼用，民國政局雖為軍閥所操縱，但學者文人亦頗受任命，這表示民國的民主性質雖不強也非更少於清代（民主本為文治）；惟政客皆求大權，諸軍均圖以武力統一全國，故民國之政高度軍事化，孫文持國先文後武，終究不免訴諸暴力，可見民國憂患原是文化低落所致。

　　民國時期暴力奪權較諸史上之情更多一層思想因素，此即文武結合的政治鬥爭是現代中國與西方相似的特色，所謂「尖刀上帶著主義」乃為文化對政治的感染現象，或為大眾政治的一種表徵，蓋原始的政權爭奪主要是憑武力，愈為文明的政爭愈有文鬥的性質，亦即愈有代表民意的主張涉入其中。如此，民國的內戰富有政治宣傳或價值批判，華北軍閥馮玉祥名其部

為「國民軍」、國民黨的兵力稱作「國民革命軍」、所謂「北伐」
(1926–28) 是南方「國民政府」統一全國的軍事行動，顯然「以
人民為名」是民國政爭的一大藉口，國民黨接受共產黨員個別
入黨的「聯俄容共」政策 (1924–27) 亦可如是觀之。民國的政
見缺乏意識型態的純粹性，政黨政治 (party politics) 的形勢不
明，國民黨的思想理論既非保守主義亦非自由主義，而共產黨
的政治號召固為社會主義，但其所重實為奪權而非論理，兩黨
對抗並無「左派」與「右派」的清楚衝突，卻充滿投機與殘暴
的人性行為。雖然，相對於民國初年帝制與共和之爭，國共兩
黨的對立在理念上或名義上是民主內鬥而非今古之爭，這表示
民國整體的思想確已進一步大眾化，傳統益為遠離。民國十七
年國民黨政府統一全國，於是「軍政」結束而「訓政」開始，
以便邁向「憲政」，此時一黨當國，國民黨軍事統帥蔣中正成為
國民政府主席，在此種文武合治的共和制（委員制）下，軍人
以掌握兵權獲得主宰地位，中國政治仍有待教化。民國以兵力
統一而統兵者並無一心，蔣中正、李宗仁、馮玉祥、閻錫山諸
人為裁軍（國軍編遣會議）反目，因此「北伐」方才成功，內
戰隨之又起 (1929–30)，所為仍是統治大權。中原大戰方休，日
本侵略接踵而至（東北淪陷），共產黨且隨機起事，於是內亂與
外患交織，民國兵戎不絕而疲於奔命，根本談不上建國的理想
（民國二十四年始推行法幣）。然而在國難不斷的情形下，中國
民族主義逐漸強化，這不僅是外敵刺激所致，也是軍民衝突所
致，因為擁兵者交戰既假借民意且打擊民心，這終究造成人民
對國家意識的重視，「民國」確實在國民深受政治迫害的體驗中
逐漸增進名實相符的程度 4。

4. 〈管轄在華外國人實施條例案〉特第一號：「中國自受領事裁判權以

　　近世中國文明沈淪之甚可以中日兩國關係為證，此即自清末以來中日衝突屢出而中國常敗，同時企圖中國革新改良者又往往以日本為師或請求其協助，前者是敵對關係而後者是友好關係，兩者並存（亂）顯示中國脆弱無能（敗）；蓋日本從來沒有挑戰中國的實力、卻大有學習中國的需要，而日本西化的成就雖足以稱霸於東亞、但絕未獲得西方文化的真諦或精髓，中國若以日本為鑑則應直探西學而不當追隨挫己者，可見「崇洋媚外」反映中國墮落已極。明治維新以後，日本「效法」歐洲的帝國主義競爭而謀事於中國，其霸業既令中國人仇日又使之親日，漢族的「奴性」由此出現，這不僅表示中國的自尊自信已大失，並且表示中國的文化方向已淪於追求功利。如此，中國的貧弱使其對日本既畏懼且羨慕，日本侵華的蠻橫態度顯與中國的姑息及衰亂有關，事實上民國以來日本對華進攻所以順利，頗得力於投靠日本的眾多「漢奸」（包括溥儀）。日本既有進佔中國的長期計畫，中日戰爭乃無可避免，畢竟民國宣傳民主與民族雙重價值，在「國家興亡匹夫有責」的思潮中，嚴重惡化的外患最終必成全面戰 (total war)，何況日本的軍國主義與種族主義也不惜一戰以解決「中國問題」。中國的兵力既然不足以戰勝日軍，「以空間換取時間」便成為主要的戰略，其希望是「量變造成質變」以求反敗為勝，所以中國人民在此戰中的慘烈犧牲自不待言，「民國」竟又以此更為成形或落實。中國對日

來已屆八十餘年，國家法權不能及於外人，其弊害之深無庸贅述。領事裁判權一日不能廢除，即中國統治權一日不能完整，茲為恢復吾固有之法權起見，定自民國十九年一月一日起，凡僑居中國之外國人民，現時享有領事裁判權者，應一律遵守中國中央政府及地方政府依法頒布之法令規章。」

抗戰因第二次世界大戰的爆發而逐漸解脫孤立無援的困局，由於西方國家的支持，中國畢竟成為勝利的一方，但其乘勢而興的事實不僅反映「外強中乾」的窘況、而且暗示自主精神的淪喪；中國從此以幅員廣大卻國力弱小的「形式性強國」居於世界政治的要津，其影響力或許不少，但獨立性則甚微，中國因快速融入國際社會而迷失，華夏文明以西化而幾乎全盤隱沒，民國似成有民無國。大戰結束後，民國憲法頒佈 (1947)，其旨稱「中華民國基於三民主義，為民有、民治、民享之民主共和國」，至此新中國的立國精神總算正式提出，然所示其實甚為空洞，且傳統文化渺無音訊，民國的價值彷彿只在肯定「主權在民」的政治囈語（依此憲法選出的總統與副總統竟是軍事強人蔣中正與李宗仁）。可悲者，外戰才過內戰再起，此時共產黨得蘇俄扶持而勢力大長，民國又陷於假民意為名的政權爭奪戰，只是其禍更含有世界政治的動向（共產主義擴張）；中國在內外交迫中早已失去本末主從的正統文化觀點，由此產生的「超民國」新局絕非宏構，因為中國不可能以民主化復興，更不可能以大眾化自醒。

　　第二次世界大戰結束後，國民黨政權因共產黨在中國大陸全面的軍事勝利而退守臺灣（省），繼續宣稱身為中國政府的正當地位，並號稱終將「反攻復國」而「消滅共匪」，其勢因獲得美國暫時的支持而似有聲望（1979 年美國承認中華人民共和國而與臺灣斷絕正式的外交關係），但畢竟無力回天。臺灣僅為一島，絕無實力足以推翻中華人民共和國，然為圖尊嚴且求自保（政治本能），中華民國只能強化「漢賊不兩立」的對抗態勢，並以「據道討淫不在眾寡」（諸葛亮〈正議〉）的義理勉勵國民。由於共產黨政權唾棄傳統禮教，臺灣政府乃更以「復興中華文

化」為號召，在此種思想戰鬥局面下，中華民國的立國精神大振，臺灣的教育既注重科學且強調儒學，東西文化匯集一堂而各地人才聚集一處，確使「復興基地」富有追求「古今中外」文明極致的豪氣。雖然，由政治所扶持的文化盛況既無法長存也難以深入——何況復古與西化並舉終將「用夷變夏」（西學強於中學）——當蔣中正及其子蔣經國的統治結束時 (1988)，中華民國與中華人民共和國的對峙情勢已大見弛緩，同時臺灣人民的自決意念大漲；於是中國文化愈來愈受忽視，出於「島國性自卑」而迎合世界風尚的氣息則愈來愈重，臺灣一方面本土化一方面國際化，另行獨立（建立「臺灣共和國」）之志頓長、「與世無爭」之想若有似無（又驕傲又卑微），中華民國的歷史生命幾乎就此斷絕。如今，臺灣的「中國性」大減，其文化盛行「後現代主義」而不知不覺，所求若非快樂便是自尊，卻因多元主義而無法拿定主意（民主政治的流弊深重），以致迷惘散漫、渾渾噩噩，即使再建新國也缺乏意義，這是「無所謂」的年代，一片文明末世的怪象。

第二節　中華人民共和國的追求與失落

　　中華人民共和國是共產黨建立的政權，共產主義既非東方式思想亦非西方式思想，甚至不是古代思想也非現代思想，卻是少數人——可能來自上層社會也可能來自下層社會——積極倡議而受貧苦大眾消極支持的政見；如此，共產主義成為現代中國的立國精神，這既非無理又非合理，因為中國傳統文化與西方一樣抱持菁英主義而反對平等主義，但中國社會也與西方一樣具有多數處於弱勢的人，其意自然傾向擁護共產主義。雖

然，共產主義興起於工業化初期的西歐，而其盛行卻是在於經濟落後的其他地區（如東歐），這表示共產主義必有理論與實踐不諧的問題，共產主義可能是政治運動的號召，但所謂共產政權恐怕不是真正推行共產主義的國家。易言之，共產主義在理念上頗令民眾嚮往，然其可行性實際上不高，當中困難包括技術問題與觀點衝突，此即「安全與自由」或「平等與個性」不能兩全，況且凡人的社會立場未必始終如一，貧者轉富之時，其政治態度經常保守化。世上最大的兩個共產政權是蘇聯與中國，二者得以成立非憑大眾（主要是農民而不是工人）具備革命意識，卻是由為數不多的共產黨員帶領群眾叛變所致，此乃舊式的造反，並非「階級鬥爭」(class struggle)、更非「起義」。共產政權既然先於共產主義的普及而出現，其傳統性當然大於革命性，亦即共產國家原是共產黨政權而非大眾擁立的國家，平等之實在共產國家初建時絕不可見。雖然，共產政權不可能出現於貴族社會，唯有大眾的政治地位擢升已高之後，共產黨建國乃為可能，所以中華人民共和國繼中華民國而出，這是中國社會平民化的長期發展結果，並非變態。如前所述，民主是人類終極的政制，共產政權在實質上可能為獨裁，但其宣傳乃強調「真正的民主」（共產政權常取共和國之名）而譏斥歐美國家為假民主，所以「共產革命」亦屬於民主運動；如此，中華人民共和國與中華民國同為中國政治「現代化」的產物，二者雖長時對立，卻皆以專制相互指控而以民主自我標榜，由此可知，清朝滅亡之後中國已經步入政治歷史的最後階段5。

---

5. 〈中華人民共和國憲法〉「序言」：「一九一一年孫中山先生領導的辛亥革命，廢除了封建帝制，創立了中華民國，但是中國人民反對帝國主義和封建主義的歷史任務還沒有完成。一九四九年，以毛澤東主席

　　論述民國的政治歷史頗為不易，此因其「名實不符」的問題特別嚴重，亦即當時內戰不斷，有執政之權者常乏統治之力，而具統治實力者常無執政名分，既然「成者為王、敗者為寇」是政治常道，成敗不決而勝負多變的政局便造成「名不正則言不順」的歷史解釋困難。民國初立時，北京政府是正統所在，然隨後軍閥混戰而南方國民黨勢力征服北方，南京政府乃成正統所在，但此後軍閥依然割據，中央與地方的主從關係仍不確實；在此種情形之下，有意「逐鹿中原」或有力獨立一方者並不自覺為造反叛亂，反而有「鹿死誰手未可知」的待變信心，共產黨奪權行動的道德問題也可以此視之。民國三十八年，共產黨取代國民黨成為中國的統治者，此事就政治改革而言並無重大意義，因為二黨對立主要是為爭奪政權，其施政方式甚至為政理念相去不遠，正是因此雙方在宣傳上乃多有誇張以強調正邪之別，於是文化政策漸形殊異，而予人國格不同之感。由於中華民國在中華人民共和國成立後，猶據守臺灣以爭取中國正統之名，二者且因世界「冷戰」形勢的分隔而更為疏遠，所以「兩國」在表面上的差別難免擴大；然而清末以來中國傳統文化迅速式微，同時大眾化與物質化的風尚日盛，民國與共和國只能順勢發展，並無扭轉乾坤的作用，所以二者的差異畢竟意義不大。現代中國最關注的事是富國強兵，其立國精神已少有深意，況且民主時代經濟掛帥，主政者可以施展的抱負絕不

為領袖的中國共產黨領導中國各族人民，在經歷了長期的艱難曲折的武裝鬥爭和其他形式的鬥爭以後，終於推翻了帝國主義、封建主義、和官僚資本主義的統治，取得了新民主主義革命的偉大勝利，建立了中華人民共和國。從此中國人民掌握了國家的權力，成為國家的主人。」

偉大，所以民國與共和國不論何者為優，其勝敗皆無論斷「夷夏之別」的用處。中華人民共和國建立以後，一方面政治鬥爭大行其道（「肅清反革命」），另一方面經濟建設大舉推動（「大躍進」），然統治者既乏公心與遠見，政務成效乃乏善可陳，而群眾運動所造成的破壞（盲目發洩）與傷害（彼此扭曲）卻無法估計，新中國的美夢實為一場政治騙局。中華人民共和國以共產主義為名行政，而共產主義其實不符人性且缺乏功效（史達林「五年計畫」的精神重競爭而輕互助），這導致中國數十年間自我消耗，只獲得「人定勝天」的假性信仰，竟須等待資本主義的救贖（鄧小平引進「改革開放」政策而成為後來「中國夢」的定義根據），既浪費物力且敗壞人心。

　　約略言之，中華民國與中華人民共和國相對之義是古道與新潮的對立，但這僅是程度的差異，其所以如此乃因民國先於共和國而出，故前者守舊態度強於後者；然世俗化是歷史大勢，「國共對抗」更使雙方皆宣揚民主以為自壯之道，二者差別因此減少，於是如何看待中國文化傳統的問題即成雙方分別的關鍵（道統與正統結合）。相對而論，國民黨立場是菁英主義而共產黨立場是平等主義，前者倡精神主義而後者倡物質主義，顯然民國的「中國性」或傳統性強於共和國（共產黨將傳統一概斥為「封建」），但因近代中國傳統趨於庸俗的價值，故以「新中國」的標準而言，中華人民共和國的代表性確實高於中華民國（以「成王敗寇」的政治倫理而言更是如此）。本來民國與共和國的文化差異實在不大，但雙方相互激盪使其分歧加劇，然而政治的影響甚為淺薄，中國文化的改變畢竟與國共鬥爭關係微小；不幸者，近代中國文化原有附和現實之勢，民國以來的統治者固無創造時勢的作用，卻有隨波逐流的罪責，因為民主

在中國乃是由人民之主煽動而成。如此，中華人民共和國的改
革運動其實遠較中華民國所推動者更浮誇，亦即共產黨使中國
「加速」世俗化，這既違背社會發展常情而且惡化民俗風氣，
雖然認同者可能視之為 「走在時代尖端」 (keep abreast of the
times)。中華人民共和國建立以來最惡劣之舉是「文化大革命」
(1966–76)，此務以「大眾」為準繩將凡夫所不識的偉業盡情推
翻，根本是反文明，中國所以為中國的意義因而毀滅，其效果
竟只是「領導中心」的鞏固，誠為滔天大罪。類似之惡是中文
的「簡體化」，其道捨義求利，號稱便民，其實誤人──簡化的
字體絕非更易於了解反而造成誤解及玩忽──不真、不善、又
不美，數千年積累之智慧棄如敝屣，所謂暴殄天物莫過於此。
由於共產黨主張唯物主義，其政不免「重武輕文」（例如知識分
子下放「勞改」），精神文明的精華因此普受忽視，思想退化而
勢利心態更盛，連民間信仰都難以持續，這樣的國家即使兵強
民富也無靈魂，哪有「中華」的本質。需求與追求不同，需求
是滿足人慾之事，追求是發揮靈性之業，文明是變需求為追求
的壯舉，末世是尊需求為追求的時尚，需求與追求可能共存卻
非互補；然「君子喻於義，小人喻於利」（《論語》〈里仁〉），大
眾意願若成國本則國不成國，這不僅是因治國需要文教，並且
是因舉世皆求物慾則國家無分立之理；中華人民共和國所求與
中華民國相似而更媚俗，其目的縱使達成也絕不是中國文明的
止境，何況共產主義或資本主義均無法滿足人慾，卻可能誘發
需求。

　　共產黨的理論根據是物質主義，其政治方略是平等主義，
但萬物顯然不平等，物質主義與平等主義可以相提並論必是基
於（出於）大眾立場，蓋人為萬物之靈乃因理性運用，理性即

是良知，而良知與慾望相對，所以獸性（物性）愈強者愈是小人，既然凡夫不為君子，大眾的心性偏向物質主義，其人格極其相似，且與菁英取向不諧，平等主義便成大眾所樂於擁護的社會觀點。自秦漢以後，中國文化的發展趨勢是由精神主義轉為物質主義、或由菁英主義轉為平等主義，然則共產黨政權的出現可謂符合歷史傾向，並不是突變；只是中華人民共和國的出現就思想而論實先於人民所期，這是由於共產黨的政治運動是以奪權（而非教育）為優先、或以菁英領導（而非民眾自主）進行。如此，中華人民共和國與中華民國一樣有名實不符的嚴重問題，這造成共產政權成立後鬥爭不斷，不僅統治結構（階層次序）必由此確立、並且思想路線（立國精神）須經此釐定；然而共產黨的政治號召也因此難以實現，因為政治既是權力鬥爭則平等不可能是取得特權者的目的，何況在資源條件與分配手段方面，無論如何都無法真正達成平等的狀況。中國自清末以來百年之間政治一直動盪不安，這一方面是由於中國文明本身長期的敗壞，另一方面是由於改革中國文明的作法過於「早熟」而不切實際；民國與共和國皆提出與中國民情不符的「先進」政見，藉此「革命家」得以呼風喚雨，但奪權成功後革命的問題必然繼續為患，直至「花落誰家」確定為止。如此，當共產黨政權穩定時，中華人民共和國已耗掉三十年才結束內亂，此後「對內改革、對外開放」成為國策 (1978)，平等原則與物質建設開始認真推展；此二者若能共進則「均富」將成結果，但事實上物質成就的追求刺激人慾，平等觀念於是淪落，結果是貧富不均之情迅速惡化，中國竟成資本主義的新樂園。如今中華人民共和國的國格裡外不一，其社會主義立場近乎名存實亡，以任一政治意識型態論之，均可見其成敗參半，這表示中

確實令人欣悅而難以苛責其咎，蓋凡夫重利輕義，一以經濟富裕為喜，足食足兵必使國民稱慶，因此共產黨統治固然多有錯誤，其強國成績竟得「將功贖罪」之效，大眾難免以為苦盡甘來，歷史真相愈是渾沌不明。尤其中華人民共和國「改革」之後，似有現代西方文明的優點而無其缺陷，此即安全與自由兼得，例如政局穩固而經濟活絡、傳統風俗猶存而新穎科技流通、國家目的與私人所求經常合一，「中學為體、西學為用」的理想彷彿從此實現，晚清以來的民族出路總算大開；然而「原罪」的問題不可能化解，「完美」無法以整合各方專長達成，中西文化即使不是矛盾也難以相融，中國的「盛世」表現其實類似近代西方興起之狀，因文明接近極致而未逢極限乃特有樂生之意，殊不知這恐怕是後進的大國（如印度）在人類末世的「反撲」而已。總之，中華民國在精神上已消失於「全球化」(globalization) 的狂潮中，中華人民共和國則以富國強兵之事猶大有可為而積極動作，但其靈魂實已隨「物化」散逸，中國文明終因文明不如西方高明而衰落、又因西方衰落而「回光反照」，然世界既已沈陷，中國豈能一枝獨秀。

第三節　民國歷史與文明末世

　　所謂文明末世乃是文化提升的極限出現以後退卻於停滯的狀態，西方在十九世紀後期以來即陷入此情，東方則隨之而然，因為近代東方西化，其自身文明既已沒落，西化的結果當然也一起淪入終極的文化困境。歐洲文明歷經「上古、古典、中古、現代」四大階段，其勢由下往上（自上古至古典）、然後沈落（中古）、接著又逐漸昂揚（現代），但因人為不完美的生命而

世間有其原罪，故文明的發展不能無限進步，當極致達到時極限亦以來臨，此後文明開始退化而停留於「上不去下不來」的窘境，這即是末世7。中國文明歷史缺乏中古性，因此亦少現代性，蓋中古是反省批判的階段，而現代是經過中古以後重振古典永恆觀念的時期（以復古為革新），既然中國未經中古，便無真正進入現代的深沈體會。中國歷史自三代（上古）發展至春秋戰國時，其古典文明已豁然開展，此勢經秦漢推動乃更為浩大（「獨尊儒術」即為中國文明的古典化運動）；但其後文化的層次難以愈加上達，二千年來中國思想（真理觀）有退無進，而物質文明則逐漸發達，兩者互動更使中國文化世俗化，凡夫卻引以為喜。簡言之，中國文明歷史發展的趨勢是起初由下往上、然後一路由上往下以至於今，因大眾化與物質化是現代世界潮流，而明清社會的趨向與此相符，故中國文明的退化蹤跡罕為人知。在明清時代，中國文明相對於西方已從先進變成落後，民國承之，更形弱小，於是西化成為振衰起敝之道；然而東方西化不可能徹底，技術性事務的仿效或可青出於藍，但精神文明難以移植，所以民國的建設終究無法超越西方。現代中國陷入文明末世的原因有二，一是中國自身長期延續（一脈相傳）的文化衰頹，二是中國西化使其面臨西式的文化窮途，然此二者實為一體之兩面，並非各自存在；因為文明是普世一致的高尚素質，中國文明不如西方，所以必須加以學習，而西方文明亦有其極限，故西化所致困頓不可視為中國受西方牽連之

---

7. 王世宗《文明的末世──歷史發展的終極困境》〈自序〉：「文明的末世是文明素質無法更加提升而歷史卻繼續進行的空洞餘生，此非末世之人所感而末世之亂是以益增，惡性循環誠為末世的時代性，於是有所覺悟可免於沈淪，但不足以撥亂反正，末世的悲觀實甚正當。」

害，卻可認作中國傳統之失。由此可知，民國的困難與失敗來源有二，一是中國文明積弊已久，二是西方文明盛極而衰，民國既承受傳統流弊又步入世界困局，其苦可想而知。正因中國在現代無力以其文化本色稱雄於世，提振中國地位的辦法在中國人眼中僅有西化一途——於是西化即成現代化——這雖給予中國重振雄風的機會，卻也由此導致中國的實質消失；畢竟中國所以為中國乃因華夏文化出類拔萃或與眾不同，中國若以西化自強乃至成為世界霸主，這其實是西方文化的勝利，並非正統中國的復興，可見民國不論舉措如何，都已注定墮入文明末世而無法有所突破。

秦漢是中國立國精神確定的時代，其所標舉者是儒家思想，然儒學在秦漢已無法超越先秦的層次而只能強調傳統標準；魏晉南北朝時，儒學仍是不進反退，因天人之際的省思未有更高見識，襲用佛道觀念以論真理的玄學成為聊備一格的新說（實為異說）；隋唐儒學較魏晉更乏創意，但因天下一統之局亟需文化政策的奠定，故類似漢初獨尊儒術的法令再度申明，此即「五經正義」的由來；儒學僵化的問題有待突破，其解決之道竟成唯心主義，宋明理學不如原始儒學之處顯然是遺落「超越性」問題的探索，而自我作古；唯心主義發展至極導致較「清談」更壞的「空談」，針對此惡乃有實用主義或物質主義的反動，清代樸學因此流行、理學亦以道德化。由此可知，中國思想自儒家出現以後便開始持續沈淪，所論從「神」降為「天」（理想主義）、從「天」降為「人」（唯心主義）、從「人」降為「物」（唯物主義），或是由「真」降為「善」、再由「善」降為「美」，因為形上學無法精進以致倫理學成為主流，美學則以形上學與知識論淺薄而無法深入。此種文化頹勢發展至清代已不

能更衰，西學東來雖使其勢逆轉，但中國既無法真正西化，東西文化的融合乃成高論，其實絕非正道，畢竟「截長補短」不能造就至善，而中國文化在形式上有與西方扞格不入之處（故有「中學為體、西學為用」的想像）。明清以來中國思想趨於現實主義，中國學者以此認知西方文化，乃偏重其「實學」（如自然科學、社會科學、法律制度等）而忽略其道學（如哲學、宗教、藝術、歷史等），這使西化流於形式而限於技術，西方文明的精神本質則罕為人知，簡化與誤解的問題更不在話下。如此，民國的思想只是在東西之間打轉，既不能復古也不能創新[8]——所謂「新文化運動」其實是世界觀的「物化」(dehumanization)——但因傳統精神逐漸喪失，表面的西化乃愈為周全，以致現代中國似有媲美西方的能力，而更迷惑其子民。總之，民國文化所以沒有出路，實因中國傳統的道路越走越窄，於是不論西化能否貫徹，中國文明已經注定消滅，亦即中國西化便不是中國、而中國不西化則中國將近自毀。

　　中國政治歷史有二大取向，一是疆域擴張（量），二是獨裁控制（質），此二者皆是人慾表現，並非與時俱進，因為「人算不如天算」，歷史呈現人情，卻更展現神意。自古中國版圖變化不定，此與中國武力消長相當，並無常例。然整體言之，漢人的天下（諸夏）不甚廣大，中國疆域最闊之時乃是異族統治時（元朝與清朝），或是夷夏關係密切互動時（秦漢與隋唐），至於華夏本位立場最堅之時，中國版圖即相當受限（先秦與兩

---

8. 〈中華民國教育宗旨及其實施方針〉（民國十八年四月）：「中華民國之教育，根據三民主義，以充實人民生活、扶植社會生存、發展國民生計、延續民族生命為目的，務期民族獨立、民權普遍、民生發展，以促進世界於大同。」

宋）；中國疆域時大時小，夷夏之防不深而漢族勢力興起則中國領土大增（明朝），夷夏之防不深而漢族勢力衰微則中國陷入分裂（魏晉南北朝），至於異族統治瓦解而漢人政權承繼其地則中國可以突破舊局（民國）。如此，史上中國版圖雖不是愈來愈大，但中華民國的疆域確是中國所能獲取的極限，這一方面是因民國領土乃是滿清所遺，另一方面是因國土定案是現代國際公約發展所致，既然世界和平需以維護國際現狀保障，中華民國的疆域便成各國公認的中國終極世界，民國既不能擴大之也不易失去之。至於統治方法的問題，中國在秦漢統一以後即行中央集權之制，然因貴族勢力猶在，專制者未必能獨裁，帝王中的英雄可以大權獨攬，其平庸者則須與世族豪門共治；然而歷史大勢是貴族社會沒落，所以中國統治之法逐漸由專制變為獨裁（唐宋至明清的變局），雖然在獨裁體制下無能的帝王常授權他人執政而造成群僚專制之實。獨裁政治興起之時亦是庶民社會興起之時，其勢發展的結果是帝王高高在上而百姓爭取權力的意圖也越來越強，二者衝突終於導致獨裁制度一夕崩潰而民主體系突然成立（尚非建立），這便是「辛亥革命」之所事。由此可知，民國出現時中國的政治發展已逼近終點，因為民主是大眾當政，其律是人權平等，從此政治變革僅為技術性的調整，「多數決議」的原則或「主權在民」的本質不可能再改，民國是以民為國，豈得更有新體。就事實而論，中國疆域的定型化及中國統治的民主化皆可以理性解釋其演變脈絡，但這只是後見之明，根本無以說明其真正原因，蓋「第一因」即為上帝，即使「天從人願」也不能以為「人定勝天」；民國的領土廣闊似為可喜，其實卻使施政更形複雜而虛偽，民國的民主與世界政治趨勢相應，然民主之道不僅使民國政爭更甚於古時、並且使

清之後中國的經濟既持續「片面」發展，其成就似亦不少（「應有盡有」），國人且自以為滿（例如不愛洋貨），但中國落後於西方的程度卻愈來愈大；此情實是中國「心物合一」觀念不如西方「情理合一」態度的證據，蓋心物合一則無天道、情理合一則尊天性，前者散漫而後者嚴謹，其行良窳立見。清代中西貿易原來不利於外國，因為中國「自給自足」而輕視西方文物，但此種「精神勝利法」竟為鴉片所摧毀，可見中國物質文明的偏失極多，其要是缺乏精神文明為之支撐及指引。本來近代中國文化已有「玩物喪志」之弊，然而西方物品傳入時，明清學者雖承認其素質精良，卻常以「玩物喪志」斥之而不學習；這證明中國在物質方面的自滿實是由於精神頹廢，因精神頹廢故不重物理研究，因精神頹廢故無心問道卻偽裝格調，「玩物喪志」之譏即由此出。待清末列強入侵，中國不得不思量「船堅砲利」背後的學識，此時中國即使在物質上無求於外國，其經濟發展也需要外力協助，否則中國即將「壓垮自己」，因為中國人口的增加已成為其自身無法承受的負擔（人口眾多由優點變弱點）。一個窮國自以為富有，這不是知足的修養、卻是無知的想像、或是「心物交流」的中庸精神，其念當然禁不起現實的打擊；由是中國開始引進西方製造技術，從而接受一切可以增進物力的學術，中國的精神文明乃隨物質文明一起西化；但因物質文明的層次不如精神文明，以物役心的西化終使中國變成西方之僕，永難解脫殖民地似的處境（例如愛用洋貨）。民國以來中國的經濟政策只是跟著西方所控制的世界趨勢行動，這使中國步入物質文明的末世，蓋資本主義的困境早已出現（十九世紀後期），並且西方文明既然勝於東方，中國的經濟競爭力難以超越強國；即使中國以人多勢眾的條件壯大，其經濟之道若

宋初至清末將近一千年，後世史學本應遠勝前賢所論，但事實卻為相反，明清時期現實主義漸盛，史學的通識因此不增反減，資料的堆砌與事情的敘述充斥史書，通史的解釋既少且拙，中國的自我認知有退無進。民國以來中國的史學深受西方觀念影響，然中國學者所重仍是「實」而非「真」，歷史研究趨於專業化與科學化，人文精神竟少於物質主義，即使通史著作大增，其說也罕有貫通之義。如此的史學只有形式上的改進，本質上並無展現文明真諦的重大貢獻，史學彷彿只是記事而非論道，其功用似乎在於提供其他社會學科立言的信息，永無闡明世道的終極價值。民國史學所以步入此種狹路，一方面是因考據學風原是中國近代的傳統，另一方面是因實證主義或經驗主義乃是西方近代的時尚，不論西化或守舊，民國史學皆無自我超越的機會。正因真理信仰式微，現代人文學愈來愈少通貫性解釋而趨向多元價值觀，於是史學在「就事論事」之時「各說各話」，瑣碎與淺陋成為通病，卻予人自成一家之感；如此，民國史學不僅不能使人更了解中國、反而使人更誤解中國，求知竟致自我蒙蔽，文明顯然已成得不償失的禍害，唯人不覺受害而以為平安，故末世猶有歷史。

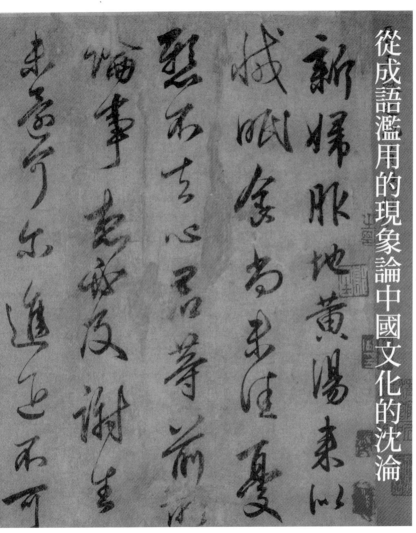

從成語濫用的現象論中國文化的沈淪

王獻之書法

附　錄：從成語濫用的現象
　　　　論中國文化的沈淪

　　中文是由象形 (pictograph) 轉化為表意 (ideograph) 的文字系統，此為世上唯一之例，因其「非拼音」性，乃特有集字成辭的型態，同時引用典故以造「成語」亦為常法，由是豐富或深刻的含意可以簡潔呈現，這又是中文獨有的優點。成語是慣用之辭或是既定之文，其固有性質一方面顯示高度美感（廣受喜愛）、另一方面隱含傳統思想（歷久彌新），故可視為中國文化的重要表徵。成語既是通用的修辭而文人造句不喜相仿或雷同，所以成語所示主要是「英雄所見略同」的觀點，其重覆使用不致價值損失，反而有強調共識且增進自信之效；如此，成語的重點乃在於理念而不在於藝術，亦即成語的最大好處是言簡意賅，然則成語其來有自，常非個人決定，而是有識者相傳以立，其中道理幾為公認。成語的價值既為知識，寥寥數字可以傳達深意，其緣故即是典故，所以最佳的成語當為引用聖賢言論或歷史要事所塑造者，而以詞害意之文不易（不宜）化作成語，正是因其「美則美矣而未大也」（《莊子》〈天道〉）。雖然，成語之優者來自高見，而高見之附和者未必高明，附庸風雅是文人之病，成語的誤解誤用難以避免，以訛傳訛導致成語轉意，「新成語」竟從「舊成語」產生（成語本是舊語），所謂眾口鑠金莫過於此。成語出於智者，常以典故造就、或以深識使人效用，但凡人使用成語缺乏領會，若非「依樣畫葫蘆」便是「望文生義」、或是「以小人之心度君子之腹」，於是成語的

「世俗化」與宗教的「教條化」相似（或相對），總因後繼無力而「以今非古」，造成觀念扭曲卻自以為融會貫通。中文存在數千年而未有大改，其用法及語意古今一致，因此成語累積甚多且富有活力，近代白話文運動一起即成民心所歸，但其拋棄成語一議並未普獲認同，用典仍是今人使用中文的習慣，可見成語早已深入中文而成為中國文化的意象。成語與中文既有這般因緣，而中文無殊、成語有異，成語的濫用乃可以證明文化或人心的轉變，其情雖非精確，但其勢極為顯著；撫今追昔，思考中國文明變遷者當由此深自警惕，蓋「愛之適足以害之」，有情無知必致強詞奪理，世風日下總因人心不古。

　　中國文化由先秦學者奠定標準，春秋戰國實為中國歷史的古典時期，上帝信仰的虔誠度在當世達到最高，此後中國思想逐漸庸俗化，先是唯心主義取代理想主義，然後唯物主義興起而未能消滅唯心主義（唯物主義亦非物慾強烈的凡夫所堅持），至明清時現實主義高張，中國民族性於是定型，學術平民化也大為成形。中文最重要的成語源於中國古典的文化，唐宋學者對成語的創造已無大功，其後文人多是成語的應用者而非發明者；明清以至於民國前期，隨著文化普及讀書人廣增，成語因此大為風行，其濫用也愈來愈嚴重，如今人人就學而識者無幾，成語乃衰。所謂濫用成語主要是「離經叛道」的問題，這是因為成語原是典範性用詞，其精神當然擁護真理，但上帝信仰在唐宋以後幾已消失，從此人本的立場迅速強化，心性成為天道的判定者，「假公濟私」使成語的解釋趨於人性化，再經約定俗成的作用，成語便產生「民主」式的定義，無人須為其曲解負責。由此可知，成語流行之時正是成語濫用之時，這證明凡人大都不可教，一知半解反而誤道，菁英主義注定失敗實是由於

愚民政策無法長存，成語的造成是憑菁英之力，成語的使用卻非一般人所能勝任。

　　求道者知行合一，盡心盡力，毫無保留，「是故君子無所不用其極」1，然凡夫缺乏理想熱情，敷衍了事，卻自以為「適可而止」，其所謂「無所不用其極」常為斥責小人之語，似乎「不擇手段」必是為非作歹，殊不知所求（目的）若為正確則其手段不可能為不正當。再者，「中庸」乃為得道，既非妥協也非激進，此所謂「過猶不及」2，但因切中正理極其困難，故君子雖欲「適可而止」而不能，惟「君子無所不用其極」，以致其失常為太過而非不及（可見在求道的問題上「過度」絕對優於「不及」）3；依理，中庸不是「中間路線」，常人以為「過猶不及」之意是「過」與「不及」乃為兩種一樣不好的錯誤，這實是凡夫自我暗示或自我合理化的心理表現，此即以平庸為正常而以優異為反常（誠如一般人引用「魚與熊掌不可兼得」一說（《孟子》〈告子〉上）時大都忽略下文「捨魚而取熊掌」之議）。如此，所謂「中規中矩」本是切合標準之意（「中」讀如「仲」）4，但在常人嘴裡（「中」讀如「忠」）卻成「因循成

---

1. 《禮記》〈大學〉：「湯之盤銘曰：『苟日新，日日新，又日新。』康誥曰：『作新民。』詩曰：『周雖舊邦，其命維新。』是故君子無所不用其極。」

2. 《論語》〈先進〉：「子貢問：『師與商也孰賢？』子曰：『師也過，商也不及。』曰：『然則師愈與？』子曰：『過猶不及。』」

3. 《論語》〈子路〉：「子曰：『不得中行而與之，必也狂狷乎！狂者進取，狷者有所不為也。』」

4. 《莊子》〈徐無鬼〉：「吾相馬，直者中繩，曲者中鉤，方者中矩，圓者中規，是國馬也。」

法而缺乏特色」的意思，這種視「合格」為「平凡」的態度其實不符常人的心理（一般人頗尊敬專家），此想所暗示者乃是解脫禮教規矩或真理至道的慾望，不懷好意。與此類似者是「一成不變」一詞的曲解，所謂「一成不變」乃是「一成而不可變」5，而非「缺乏變化」（僵化）之意，因凡心不愛永恆準則，故有此誤會。又，「大而無當」意謂廣大無際6，後人卻視為「大而不當」，此乃俗人不愛超然境界的心態反映。同理，今人以「踵事增華」為好事而以「變本加厲」為壞事，卻不知此二事實為一致，其理是「好不可能太好」7；好上加好是更好，「變本加厲」由好事變成壞事，這是凡夫重視現實而對「絕對」或「完美」帶有反感所致。君子正大光明，堅持至道，所以「明目張膽」8，勇往直前，而小人心胸狹窄，獐頭鼠目，絕無見義勇為之志，故於「明目張膽」一詞不覺好意，竟認作「肆無忌憚而寡廉鮮恥」，此種誤會顯然出自心虛，甚是可笑。孟子曰：「可欲之謂善，有諸己之謂信，充實之謂美，充實而有光輝之謂大，大而化之之謂聖，聖而不可知之之謂神。」《孟子》

---

5. 《禮記》〈王制〉：「凡作刑罰，輕無赦。刑者侀也，侀者成也，一成而不可變，故君子盡心焉。」

6. 《莊子》〈逍遙遊〉：「肩吾問於連叔曰：『吾聞言於接輿，大而無當、往而不反；吾驚怖其言，猶河漢而無極也。』」

7. 蕭統《昭明文選》〈序〉：「蓋踵其事而增華，變其本而加厲，物既有之，文亦宜然。」

8. 《史記》〈張耳陳餘列傳〉：「將軍瞋目張膽，出萬死不顧一生之計，為天下除殘也。」《晉書》〈王敦傳〉：「今日之事，明目張膽，為六軍之首，寧忠臣而死，不無賴而生矣。」《朱子語類》〈孟子〉一：「自入春秋以來二百四十年間，那時猶自可整頓，不知周之子孫何故都無一人能明目張膽出來整頓。」

〈盡心〉下）此說一步步逼近終極之象，其意毫無鬆懈，概以真理論事，然而後人引用「大而化之」一詞不僅不以之解釋聖域，並且當作「不拘小節」之意，這有如將「難得糊塗」視為可貴甚至高貴，簡直指鹿為馬、欺人欺天。

古人崇奉天道，今人唯我獨尊——「神道設教」在古代是美意而在近代竟成惡意 9 ——所以古人信仰的表白常為後人所誤解，例如「有恃無恐」一說本來意味「勇氣生於信道認命」10，後人卻誤以為「無法無天而別有優勢以致囂張狂妄」，如此曲解乃因不知有神卻又不能自立。君子所以「無入而不自得」，實由「素其位而行，不願乎其外」11，亦即「樂天知命，故不憂」（《周易》〈繫辭〉上），不意今人竟以「我行我素」為任性自恣，完全改變原文觀點，這絕非疏忽所致而是變節使然，可見古今理念相去甚遠。古人謂「心照神交」，今人稱「心照不宣」12，前者是以天心交遊，後者是以人心相迎，正如古人謂「為天喉舌」13，今人稱「為民喉舌」，天理似已人倫化，世道

9. 《周易》〈觀卦〉：「觀天之神道而四時不忒，聖人以神道設教而天下服矣。」《後漢書》〈隗囂傳〉：「王莽尚據長安，雖欲以漢為名，其實無所受命，將何以見信於眾乎？宜急立高廟，稱臣奉祠，所謂神道設教，求助人神者也。」

10. 《左傳》〈僖公二十六年〉：「齊侯曰：『魯人恐乎？』對曰：『小人恐矣，君子則否。』齊侯曰：『室如縣罄，野無青草，何恃而不恐？』對曰：『恃先王之命！』」

11. 《中庸》第十四章：「君子素其位而行，不願乎其外，素富貴行乎富貴、素貧賤行乎貧賤、素夷狄行乎夷狄、素患難行乎患難，君子無入而不自得焉。」

12. 《潘黃門集》〈夏侯常侍誄〉：「心照神交，唯我與子，且歷少長，逮觀終始。」《孽海花》三十一回：「張夫人吩咐盡管照舊開輪，大家也都心照不宣了。」

沈淪由此可見。中國古典文化與西方一樣，皆以人文主義為本而上探「天人之際」，故曰「人眾者勝天，天定亦能破人」（《史記》〈伍子胥傳〉），「盡人事」當與「聽天命」齊進（緊張並不矛盾）；然天高人卑，「人定勝天」一說僅為人類自勉而發，其與「天定勝人」並舉已表示人不可能主宰宇宙，如今「人定勝天」一詞盛行而「天定勝人」一詞幾乎不存，可見凡夫不知天高地厚14。如此，「天網恢恢」一詞現在已為「法網恢恢」所取代15，這確實證明今人「無法無天」，因為中國民族相較於西方絕非特別守法，「法網恢恢」一說只為推崇社會規範而提出，卻以掩蔽「天網恢恢」之義為代價，其悖戾無以復加。若知天有神明而人有良心，則行為必須合理乃得「自求多福」，此即「既明且哲以保其身」16；若覺真理不存而求生困難，則「明哲保身」便成迴避義務而以從俗之道自全，此乃不智不仁。以詞義而言，「明哲保身」不難理解，但其用法從勸善變為勸退，於是義利兩全之說變成見利忘義之想，此情顯示世道惡化，「害人之心不可有」的觀念猶在，「防人之心不可無」的猜疑卻大增，社會風氣敗壞之象顯而易見。智仁勇實為一致且互通，而認命者必樂天，所以至人常有義利兩全之福，「明哲保身」乃是其能力與敬意的表現——「自古聖人未嘗為人所殺」（《朱子語類》〈朱

13.《後漢書》〈李固傳〉：「今陛下之有尚書，猶天之有北斗也；斗為天喉舌，尚書亦為陛下喉舌。」

14.《蘇東坡集》〈三槐堂銘〉序：「吾聞之申包胥曰：『人眾者勝天，天定亦能勝人。』世之論天者，皆不待其定而求之，故以天為茫茫。」

15.《老子》七十三章：「天網恢恢，疏而不失。」《魏書》〈任城王傳〉：「天網恢恢，疏而不漏。」

16.《詩經》〈大雅〉「烝民」：「既明且哲，以保其身；夙夜匪懈，以事一人。」

子〉四）──絕非退縮取巧之舉，由此可知「明哲保身」一語的變質不僅暗示凡夫心惡、並且反映其無能。真理神意超越人的知識，所以「盡人事」與「聽天命」絕不相妨，「有恃無恐」與「自求多福」亦不違背，而「明哲保身」且與「自求多福」一致；蓋「自求多福」是敬天之時自立自強的精神17，並非無所信仰的自恃態度，後人以「自助」之意使用此詞固無大誤，但其無神觀顯與原文內涵抵觸。與此相似者是「非戰之罪」一說，原來此說是困於命運而難以成功之意18，然現代的用法僅意味失敗的因素不在於當事者，並無受制於天的體認，這是推卸責任於外界但未思及神意的自寬心態，其實暗示「人定勝天」卻若有所失（而不欲承認「天定勝人」）。

　　人以理性成為萬物之靈，理性是致知之道，所以求道即是**求知**，雖然真理具有超越性而無法盡知。朱熹說：「古語所謂『閉門造車、出門合轍』，蓋言其法之同。」（《四書或問》卷三〈中庸〉）此說所倡議者是理性主義的知識論觀點，其見與凡夫所持的經驗主義取向相違，故前述古語流傳至今僅存「閉門造車」一詞，並且其意變成「偏執個人的想像而不顧實情」，由此可知世人視「現實」為「真實」，渾然不曉「真」猶在「實」之上。如此，「舉一反三」在有識者心中只是「低標準」19，但它在凡人眼中卻是「高標準」，顯然大眾的理性精神不強才是教育的極大困難，推理能力不佳的問題乃為其次。莊子曰：「六合之

---

17. 《詩經》〈大雅〉「文王」：「無念爾祖，聿脩厥德，永言配命，自求多福。」

18. 《史記》〈項羽本紀〉：「然今卒困於此，此天之亡我，非戰之罪也。」

19. 《論語》〈述而〉：「子曰：『不憤不啟，不悱不發，舉一隅不以三隅反則不復也。』」

外，聖人存而不論；六合之內，聖人論而不議。」（《莊子》〈齊
物論〉）此說表示真理具有超越性，「不知為不知」，但不知者竟
為真實，故聖人對此「存而不論」（「存」是「肯定其存在」之
意）；至於可知者，聖人雖加以解說，然其存在乃是天意所使、
且未必符合人欲，所以智者不批評其好壞（凡存在者皆合理），
以免愚者誤會。莊子此言為後人引用者常止於「存而不論」一
詞——誠如「行有餘力則以學文」（《論語》〈學而〉）一語僅前
半部常為人所用——顯然「論而不議」的道理非一般人所可了
解，並且「存而不論」的流行用法著重「不論」而非其「存」，
這反映世人不重求知，多有「反智主義」(anti-intellectualism) 的
態度。正是因此，使用「盡信書不如無書」一語者，其批判精
神大都不強，而輕視知識的態度卻頗明顯，雖然這個問題的重
點不在於考證（例如原文中的「書」特指尚書）20。同理，「不
知所云」原是仁者竭智盡力時悲愴之語（諸葛亮〈出師表〉），
絕非思想不清或無意究問，然今人常以此言批評他人無識，既
乏同情且少自覺，實亦所知不多之窮相。不可知者僅得「存而
不論」，求知既以理性為據，乃絕不「好奇」21，然於基本問題
則追根究底，是以「杞人憂天」實為善學22，不好知者卻視之

---

20. 《孟子》〈盡心〉下：「孟子曰：『盡信《書》則不如無《書》，吾於
〈武成〉取二三策而已矣；仁人無敵於天下，以至仁伐至不仁，而何
其血之流杵也？』」

21. 《論衡》〈藝增〉：「世俗所患，患言事增其實，著文垂辭，辭出溢其
真，稱美過其善，進惡沒其罪，何則？俗人好奇，不奇，言不用
也。」

22. 《列子》〈天瑞〉：「杞國有人憂天地崩墜、身亡所寄、廢寢食者，又
有憂彼之所憂者，因往曉之。曰：『天積氣耳，亡處亡氣，若屈伸呼
吸，終日在天中行止，奈何憂崩墜乎？』其人曰：『天果積氣，日月

為庸人自擾而斥之為無謂，殊不知聖人必經「杞人憂天」似的求學困惑 23，因為求知當求全知。

求知必須透徹，透徹即可貫通，所謂「一了百了」乃是「一以貫之」而無疑惑 24，並非「一死便無牽掛」；今人不求道故不求知，又以求生為苦，因其「不求甚解」，所以誤以「不求甚解」為格調，而以「一了百了」為瀟灑。「不求甚解」原是「不牽強附會以定義」之意，後人甚愛陶淵明此言，卻忽略其求知之切（下文是「每有會意便欣然忘食」）25，而概以粗識為喜，這確是以「不求甚解」之心解釋「不求甚解」一詞，甚有錯亂之情。在精神上，與「不求甚解」相反的成語是「顧名思義」，此詞強調深究義理的重要、並暗示「名正言順」的可貴，亦即主張思想不可流於臆測或限於印象 26；然而「顧名思義」的今解已失大義，其意止於「一見其名便知其義」或「以其名推斷其義」，於此正義天理渺無訊息，似乎所謂「義」不過是「名」

星宿不當墜邪？」曉之者曰：「日月星宿亦積氣中之有光耀者，只使墜亦不能有所中傷。」其人曰：「奈地壞何？」曉者曰：「地積塊耳，充塞四虛，亡處亡塊，若躇步跳蹈，終日在地上行止，奈何憂其壞？」其人舍然大喜，曉之者亦舍然大喜。」

23. 《宋史》〈朱熹傳〉：「熹幼穎悟，甫能言，父指天示之曰『天也』，熹問曰『天之上何物？』」

24. 《朱子語類》〈學〉二：「有資質甚高者，一了一切了，即不須節節用工也。」《傳習錄》卷下「門人黃省曾錄」：「良知無前後，只知得見在的幾，便是一了百了；若有箇前知的心，就是私心，就有趨避利害的意。」

25. 《陶淵明集》〈五柳先生傳〉：「不慕利，好讀書，不求甚解，每有會意，便欣然忘食。」

26. 《三國志》〈魏書〉「王昶傳」：「欲使汝曹立身行己、遵儒者之教、履道家之言，故以玄默沖虛為名，欲使汝曹顧名思義，不敢違越也。」

而已。若「不求甚解」果為美好，則「三思而後行」理當不佳，然一般人對此二者皆持肯定之意，這即顯示其中必有誤會；事實上，「不求甚解」不對，「三思而後行」亦不正確，因為有疑即應解惑，但確認之道不是「三思」而是「再，斯可矣」27。真理為唯一，相對者實有一貫之理，非是即非、非真即假、非善即惡、非美即醜，但人有缺陷，於正誤不能一辨即中，所以必須再經認定才好；若二度判斷皆為「是」或「非」，則可確定原議無誤，若「先是後非」則應取「非」，若「先非後是」則應取「是」，否則陷於「兜圈子」，難以決定；前說並非表示雙重認定必可取得正解，而是表示此法乃為決疑的最佳方式，尤其當事者若先有二審即定的決心，則其思考將更為慎重周詳，可謂「相得益彰」。「三思而後行」一詞出於《論語》，但孔子明白反對其說，後人引用此文時竟然加以支持，有如公然叛道；唯其實不至於如此，三思的主張所以流行乃是由於凡夫無能，故「以量代質」的想法成為大眾決議的根據。人有高下是因智愚不同，而真理有體系是因事物輕重有別，然則多元之見必非正道，確認主從本末誠為高明；如此，「仁者見之謂之仁，智者見之謂之智」（《周易》〈繫辭〉上），這是認識真理的不同境界，卻非真相數面之意；今人所謂「見仁見智」強調各持己見或各有千秋，簡直表示真理任人判定、並無真相，信仰墮落由此可見一斑。仁者境界高於智者而智者境界高於勇者，智仁勇一貫但非相等，仁者超人、智者識人、勇者忍人，文明進化是從「勇」提升至「智」、再由「智」提升至「仁」，中國文化以「仁」為至善，可見其高雅脫俗，然而「見仁見智」一說的誤

27.《論語》〈公冶長〉：「季文子三思而後行。子聞之，曰：『再，斯可矣。』」

用也證實中國文化已經盛極而衰。

　　得道者「從心所欲不踰矩」（《論語》〈為政〉），君子雖未達「天人合一」，亦必「非法不言，非道不行，口無擇言，身無擇行」 28，此即克己復禮而一切講理；然求道之風既頹，「存天理、去人欲」的觀念已失，「口無擇言」一詞竟成為「口無遮攔而胡說八道」的意思，可見凡人若不信神便要放縱，似乎天人永隔。即因天人合一甚為不易，「君子深造之以道，欲其自得之也，自得之則居之安，居之安則資之深，資之深則取之左右逢其原，故君子欲其自得之也。」（《孟子》〈離婁〉下）如此，「左右逢源」當是因得道而得自由的愜意，不是運氣奇佳或處處得意的情形，然其文義由「合理」（美言）變成「僥倖」（貶詞），投機心態在當中的作用可想而知。與此相似者是「順手牽羊」一詞的曲解，此詞原來表示「執禮之方」（以右手獻羊），後來引伸為「順便行事」（順手）之意29，如今卻變成「隨手偷竊」（牽羊）的意思，其演變傾向與世道敗壞之勢相應。同理，「惟辟作福、惟辟作威、惟辟玉食，臣無有作福、作威、玉食」（《尚書》〈洪範〉），本來有德有能而具名位者方可為所欲為，其「作威作福」乃是治民時恩威並濟的行為、或是「名正則言順、言順則事成」的表現；然而小人不解此義，其權力意識視「作威作福」為囂張跋扈，又覺此種霸道是得勢者的特權，並

28.《孝經》〈卿大夫〉：「非先王之法服不敢服，非先王之法言不敢道，非先王之德行不敢行，是故非法不言，非道不行，口無擇言，身無擇行。」

29.《禮記》〈曲禮〉上：「效馬效羊者右牽之，效犬者左牽之。」《水滸傳》第九十九回：「前面馬靈正在飛行，卻撞著一個胖大和尚，劈面搶來，把馬靈一禪杖打翻，順手牽羊，早把馬靈擒住。」

非凡夫或在下位者所能有，故一方面不喜作威作福者、一方面
羨慕作威作福者，誠如愛財者面對富人時亦惱亦敬的複雜情緒。
曲高和寡，偉人不為凡夫所識，其舉既「我行我素」又「入境
隨俗」，無知者以己度人，豈能了解聖心；尤其得道者負有教化
百姓的義務，然「有教無類」之時且須「因材施教」，一般學生
絕無可能知曉明師教育愚徒的無奈。天人合一者可以從心所欲
而凡夫不可，智者天縱英明而愚者實非可教，求學可能是權力
而施教卻總是責任，然則傳道並非自由之舉而有「欲罷不能」
的辛苦30；誰知「欲罷不能」在凡人口中竟成「慾望強烈以致
無法住手」之意，此詞原為顏淵用以讚歎孔子誨人不倦的精神，
其後卻成為慾念難耐的表示，這確是「想歪了」。不論如何，君
子行善必定「勉強」，其努力所以顧慮深遠而不任意率性，乃因
世間原罪處處皆在而輕重緩急需要權衡；所謂勉強其實是在認
清現實與道義之下盡心從事的意思31，如今一般人提及勉強即
表「心不甘、情不願」，使命感全無，由此可見道德墮落之甚。
人間既有原罪，「精神性潔癖」乃為錯誤，替天行道必須承擔外
界的缺陷，否則於事無補；「諺曰『高下在心，川澤納污，山藪
藏疾，瑾瑜匿瑕』，國君含垢，天之道也。」（《左傳》宣公十五
年）由此可知，古人所謂「含垢納污」乃是忍辱負重之意，今
人常誤以為骯髒不潔，甚至將之改作「藏污納垢」而強調當事
者的惡意，這證明偉人不止不為人所知、更常受人污衊，於是

---

30. 《論語》〈子罕〉：「顏淵喟然歎曰：『仰之彌高、鑽之彌堅，瞻之在
前、忽焉在後；夫子循循然善誘人，博我以文、約我以禮，欲罷不
能；既竭吾才，如有所立，卓爾，雖欲從之，末由也已。』」

31. 劉向《列女傳》〈賢明〉：「國家多難，惟勉強之。」王充《論衡》〈命
祿〉：「加勉力之趨，致強健之勢。」

「含垢納污」之可敬已不言而喻。

　　君子**對天負責**所以**自我負責**，小人歸咎外界所以怨天尤人，所謂「自怨自艾」原是悔罪改過之意（「艾」即「止」也）32，但流行的用法卻意指縱情自憐或抱怨不止，正如「一意孤行」取自「孤立行一意」一語33，其本意是清高自持，後人卻指為恣行妄為，凡此皆顯示不反省則必卸責，「古之學者為己，今之學者為人」（《論語》〈憲問〉），良有以也。與「一意孤行」相似的情操是「行不由徑」，而二者所受的誤解亦甚相似，蓋「行不由徑」意謂行為正大而「不走小路」34，但許多人竟將其意完全顛倒，視作「不走正途」；這不僅是由於「想當然耳」的錯覺，並且是由於缺乏「堅持正道」的義氣，以致誤認「行不由徑」為「走路不走在路上」，由此可知心術不正是今人誤會古文的一大原因。「或曰：『以德報怨，何如？』子曰：『何以報德？以直報怨，以德報德！』」（《論語》〈憲問〉）顯然「以德報怨」並非良謀好意35，但後人使用此語時皆以為善，完全忽視聖人

---

32. 《孟子》〈萬章〉上：「太甲顛覆湯之典刑，伊尹放之於桐。三年，太甲悔過，自怨自艾，於桐處仁遷義。」

33. 《史記》〈張湯傳〉：「〔趙〕禹為人廉倨，為吏以來，舍毋食客，公卿相造請禹，禹終不報謝，務在絕知友賓客之請，孤立行一意而已。」袁枚《隨園詩話》卷三（四十一條）：「蓋一意孤行之士，細行不矜，孔子所謂『觀過知仁』，正此類也。」

34. 《論語》〈雍也〉：「子游為武城宰。子曰：『女得人焉爾乎？』曰：『有澹臺滅明者，行不由徑，非公事，未嘗至於偃之室也。』」《史記》〈伯夷傳〉：「或擇地而蹈之，時然後出言，行不由徑，非公正不發憤，而遇禍災者，不可勝數也。」

35. 《禮記》〈表記〉：「子曰：『以德報怨則寬身之仁也，以怨報德則刑戮之民也。』」

的教誨，這實是最壞的勸善觀點，因其念有人無天，根本是假慈悲。人有良知，故行善則喜而為惡則不喜，或說善（已）是善的報應、惡（已）是惡的報應，善惡自為報應，何須另待果報，所謂「出乎爾者，反乎爾者也」（《孟子》〈梁惠王〉下），即是此意；然一般人使用「出爾反爾」一詞乃意味反覆不定，與原意簡直無關，此種現象表示「自我承受」的道德意識幾乎不存於凡心，而要求他人負責以補償自己的態度卻極普遍，彷彿善惡只是社會規範。正因人有天性，所以對天負責即是自我負責，公私一致即為君子之德，故曰「君命，大夫與士肄，在官言官，在府言府，在庫言庫，在朝言朝」（《禮記》〈曲禮〉下）；小人情理不一，公私常為兩面，假公濟私則文過飾非，所謂「在商言商」便由此出（絕非古訓），蓋言商即是言利不言義，在商言商根本是將錯就錯或盜亦有道之說。德有大小，大善是對天交代，小善是對人負責，故曰「大信不約」36，而商人自我標榜的最高德行不過是誠信，可見其猥瑣小氣。孔子說：「言必信、行必果，硜硜然小人哉！37」然而今人競以「信用可靠」自豪，世道不及正道的程度可想而知，尤其「言必信、行必果」的人在今日實為不可多得的君子，道德標準降低至此，竟使聖人顯得刻薄寡恩。事實上偉人入境隨俗而權宜行事，絕不強人所難，卻必以身作則，其思乃從「天人之際」出發而實現於「人際關係」。如此，既有所仰則有所舉，「行禮如儀」本

---

36. 《禮記》〈學記〉：「大德不官，大道不器，大信不約，大時不齊。」
37. 《論語》〈子路〉：「子貢問曰：『如何斯可謂之士矣？』子曰：『行己有恥，使於四方，不辱君命，可謂士矣。』曰：『敢問其次。』曰：『宗族稱孝焉，鄉黨稱弟焉。』曰：『敢問其次。』曰：『言必信、行必果，硜硜然小人哉，抑亦可以為次矣。』」

是信道者自我明志的合群從俗表現38，公私兩便，絕無虛偽；如今「行禮如儀」意謂表面配合而心不在焉，其敷衍了事之念暗示人無信仰故無所固執，此即行屍走肉。子曰：「甯武子，邦有道則知，邦無道則愚，其知可及也，其愚不可及也。」（《論語》〈公冶長〉）「與時遷徙」是應變而非妥協，應變以道而妥協失理，故「邦無道則愚」是凡夫不能了解的處亂自遣之道，畢竟「裝傻」尚有可能，但「裝笨」無法長久；所謂「愚不可及」其實是「智不可及」，因為「學愚」並無道理，而「大智若愚」則有其必要39，可見以「愚不可及」嘲笑他人者——今之慣例——皆是愚人。

中國文化的理想性自秦漢以後逐漸減少，至隋唐時上帝信仰沒落以致理想主義更衰，宋明理學的唯心論不具超越性信仰，因此無法遏止**現實**主義的興盛，明清以來中國文化的現實性更勝於前，含有天真觀念的成語乃難免被今人庸俗化，其義由美轉惡。「天馬行空」一語原為脫俗超凡之意40，如今卻成空洞不實之意，此誤並非文學感受能力不佳所致，卻是思想趨於現實功利所致，畢竟「天馬行空」的譬喻既不難懂也未限定。再者，「天花亂墜」原本形容言論精彩41，今人則用以指稱言談浮誇，同樣表示動聽，然此詞含意由「可信」變作「不可信」，其因竟是天道信仰的式微，文義顯然與世情有關。真理超越現實，精

---

38. 《後漢書》〈禮儀志〉上：「鐘鳴，謁者治禮引客，群臣就位如儀。」
39. 《三國志》〈魏書〉「荀攸傳」：「公達外愚內智、外怯內勇、外弱內彊、不伐善、無施勞，智可及，愚不可及，雖顏子甯武不能過也。」
40. 劉廷振〈薩天錫詩集序〉：「其所以神化而超出於眾表者，殆猶天馬行空而步驟不凡。」
41. 般若譯《心地觀經》〈序品偈〉：「六欲諸天來供養，天華亂墜遍虛空。」

神勝於物質，所以「得意忘形」是領悟道理或心靈感動時自然之情42，但凡夫俗子無此體驗，竟錯認「得意忘形」為驕傲失態，這亦反映小人罕有赤子之心卻多老成之氣。古人有謂「逍遙物外」43，此乃絕世脫俗的期望，今人有謂「逍遙法外」，這是入世而不守禮的邪念，誠如古人以「不食人間煙火」讚美秀雅者44，今人則以之諷刺避世者，又「老死不相往來」的含意由善變惡45、「一塵不染」的含意由靈性轉向物性46，其理亦然，古今清濁之別顯而易見。同理，凡眼不識志同道合之可貴，往往將「英雄惜英雄」誤認為結黨營私，所以「沆瀣一氣」與「臭味相投」二詞如今均成貶義（同流合污）47；誠然「僕人眼中沒有偉人」(No man is a hero to his valet.)，但這是由於僕人有眼無珠，而不是由於偉人需求僕人、或沒有正常的生理。重

---

42. 《晉書》〈阮籍傳〉：「嗜酒能嘯，善彈琴，當其得意，忽忘形骸。」

43. 《全宋詞》趙師俠〈醉蓬萊〉：「脫屣塵凡，游心淡泊，逍遙物外。」張孝祥《于湖集》〈減字木蘭花〉「贈尼師」：「識破囂塵，作個逍遙物外人。」

44. 《王直方詩話》〈蘇黃愛文潛詩〉：「[東]坡讀其詩，嘆息云：『此不是喫煙火食人道底言語。』」

45. 《老子》八十章：「小國寡民……甘其食，美其服，安其居，樂其俗，鄰國相望，雞犬之聲相聞，民至老死不相往來。」

46. 張耒《柯山集》〈臘初小雪後圃梅開〉：「一塵不染香到骨，姑射仙人風露身。」《鶴林玉露》〈乙編〉卷四：「范蠡霸越之後，脫屣富貴、扁舟五湖，可謂一塵不染矣。」

47. 錢易《南部新書》〈戊集〉：「又乾符二年，崔沆放崔瀣，譚者稱座主門生，沆瀣一氣。」（沆瀣皆是水氣）《左傳》〈襄公八年〉：「今譬於草木，寡君在君，君之臭味也。」《蔡中郎集》〈玄文先生李休碑〉：「年既五十，苗胤不嗣，以永壽二年夏五月乙未卒，凡其親昭朋徒，臭味相與，大會而葬之。」（臭味乃是氣味而非惡臭）

視現實則重視世俗，重視世俗則投靠平凡普通的標準，反而嫉賢害能，如此「天真」（稟性純真48）被認為幼稚無知、「風流」（情操瀟灑49）被認為品行不端、「心機」（思想感應50）被認為陰謀不軌、「投機」（情意相合51）被認為有所貪圖、「死心」（堅定意志52）被認為放棄希望、「便宜」（權變適應53）被認為富於利益、「利用」（善加使用54）被認為自私處置、「標新立異」（見解獨特55）被認為作怪造反、「大放厥辭」（文思泉湧56）被認為口出狂言、「旁若無人」（渾然忘我57）被認為囂張招搖、「莫名其妙」（美不可言58）被認為荒唐無理、「空中樓

48. 《蔡中郎集》〈處士圂叔則銘〉：「夫其生也，天真淑性，清理條暢，精微周密，包括道要，致思無形。」
49. 《晉書》〈王羲之傳〉：「少有盛名而高邁不羈，雖閒居終日，容止不怠，風流為一時之冠。」
50. 何遜〈窮鳥賦〉：「雖有知於理會，終失悟於心機。」
51. 古語：「酒逢知己千杯少，話不投機半句多。」
52. 馬致遠《青衫泪》第三折：「常教他盡醉方歸，是他拂茶客青山沽酒旗；伴著我死心搭地，是兀那隱離人望眼釣魚磯。」
53. 《漢書》〈循吏傳〉「龔遂」：「臣願丞相御史且無拘臣以文法，得一切便宜從事。」
54. 《尚書》〈大禹謨〉：「正德，利用，厚生，惟和。」
55. 《世說新語》〈文學〉：「支道林在白馬寺中，將馮太常共語，因及『逍遙』，支卓然標新理於二家之表，立異義於眾賢之外，皆是諸名賢尋味之所不得。」
56. 《韓昌黎集》〈祭柳子厚文〉：「玉佩瓊琚，大放厥辭。」
57. 《史記》〈刺客列傳〉：「高漸離擊筑，荊軻和而歌於市中，相樂也，已而相泣，旁若無人者。」《抱朴子》〈行品〉：「適情率意，旁若無人。」
58. 宣鼎《夜雨秋燈錄》〈陬邑官親〉：「及進西瓜湯，飲蘭雪茶，莫名其妙。」

閣」（高聳悠遠59）　被認為虛無空幻、「與世偃仰」（隨時應變60）　被認為從風媚俗、「息事寧人」（安定民情61）　被認為但求和解、「識時務者為俊傑」（智者方能深明世運62）　被認為迎合世態人心乃可，凡此曲解皆是由於俗念太重，有若利欲薰心之害。正因「務實」態度太甚，「學而優則仕」一詞廣為流傳，「仕而優則學」（《論語》〈子張〉）罕有人用——誠如「獨善其身」常用而「兼善天下」罕見63——此種斷章取義之失顯示人心嗜利，對於青年學子特有誤導之害。理想與現實難以兩全或合一，求道者當此必以理想為宗，而使現實因之轉變或調整（理想應為目的而現實僅為手段或過程），「故君子與其使食浮於人也，寧使人浮於食」；蓋「食浮於人」為功微祿厚，「人浮於食」為功高賞薄，功微祿厚則小人受惠，功高賞薄則好人犧牲，前者是惡有善報而後者是善有惡報，然君子甘願受害以防小人得逞，乃有此議64。如此，凡夫必欲「食浮於人」而不欲「人浮

---

59. 《全唐詩》宋之問〈遊法華寺〉：「空中結樓殿，意表出雲霞。」侯克中《艮齋詩集》〈邵子無名公傳〉：「醉裡乾坤元廣大，空中樓閣更高明。」《朱子語類》〈邵子之書〉：「問『程子謂康節（邵雍）空中樓閣』，曰『是四通八達』。」

60. 《荀子》〈儒效〉：「其言有類，其行有禮，其舉事無悔，其持險應變曲當；與時遷徙，與世偃仰，千舉萬變，其道一也，是大儒之稽也。」

61. 《後漢書》〈章帝紀〉：「其令有司，罪非殊死，且勿案驗，及吏人條書相告，不得聽受，冀以息事寧人，敬奉天氣。」

62. 《三國志》〈蜀書〉「諸葛亮傳」裴松之注引晉習鑿齒〈襄陽記〉：「儒生俗士，豈識時務？識時務者，在乎俊傑。此間自有伏龍鳳雛。」《東周列國志》六十九回：「識時務者為俊傑，通權變者為英豪。」

63. 《孟子》〈盡心〉上：「古之人，得志，澤加於民，不得志，脩身見於世，窮則獨善其身，達則兼善天下。」

於食」、「食浮於人」是眾所競爭的「肥缺」，亦是標準不高的現象，難怪「人浮於食」一詞竟被改作「人浮於事」而流行於世，此情所反映者若非求職者無能便是在職者無德，不論何者，這都是小人的處境。

理論上「應有盡有」是符合最高標準的意思，實際上「應有盡有」是人性所欲皆得滿足的意思，「應有盡有」一說本是出於自我要求的精神65，如今此說成為指望外界符合私願的立場，這般曲解絕非「望文生義」所致，卻是「順應己意」所然，可見用語與用心相當。菁英的思想重視高下（質），凡夫的思想重視普遍（量），重視高下則著重精神意義，重視普遍則著重物質條件，因此君子所謂「群策屈群力」一變而為俗人口中的「群策群力」，「心（策）優於物（力）」的觀點退化成「以量（群）取勝」的想法（策與力之別大減），**大眾主義**於是浮現，所持與原意大相逕庭66。相對而言，大眾立場是民主，菁英取向是官方，所謂「官樣文章」是格調端莊的筆法67，今人卻視為空洞呆板而虛應故事的官腔，此種誤解一方面是由於不識古道、另

---

64. 《禮記》〈坊記〉：「君子辭貴不辭賤、辭富不辭貧，則亂益亡，故君子與其使食浮於人也，寧使人浮於食。」

65. 《宋書》〈江智淵傳〉：「人所應有盡有、人所應無盡無者，其江智淵乎！」

66. 《法言》〈重黎〉：「或問：『楚敗垓下，方死，曰天也，諒乎？』曰：『漢屈群策，群策屈群力；楚憝群策，而自屈其力；屈人者克，自屈者負，天曷故焉。』」

67. 吳處厚《青箱雜記》卷五「文章官樣」：「王安國常語余曰：『文章格調，須是官樣。』豈安國言官樣，亦謂有館閣氣耶？」沈鯨《雙珠記》〈風鑒通神〉：「官樣文章大手筆，衙官屈宋誰能匹，冀得鴻臚第一傳，平地雷轟聲霹靂。」

一方面是由於不親官方，其情自明清以來尤烈。大眾化必降低
素質層次，大眾襲用古語常有損其內涵而致韻味大失，例如「無
聊」原是精神上無所依賴之意68，一般用法則為無事可做以致
心情煩悶之意，「寂寞」一詞的變義與此類似69；又如「時髦」
的本義是享譽一時的俊傑70，今意卻是流行的事物，而「責備」
一語本是求全之意71，現在通行的用法則意味斥罵（「生氣」詞
義的轉變亦類此）；再者，「應運而生」一詞所含的天命意義如
今也幾乎為使用者所忘72，而「發明」一詞卻由「闡揚」之意
提升為「創造」，這是今人無知又自大所致之變相。同理，「暴
殄天物」意謂危害上天所生之萬物（含人）73，普通人不識「天
物」為何，乃多以「暴殄天物」為浪費自然資源——尤其好吃
的食物——這確是「玩物喪志」的通例。子曰：「務民之義，敬
鬼神而遠之，可謂知矣。」（《論語》〈雍也〉）此說表示凡夫無
法了解天道，但鬼神之事並非虛無，為啟發大眾的虔心且防止
其迷信，乃應使之感受鬼神的崇高威嚴，而同時勸導人民少做

---

68. 《史記》〈吳王濞傳〉：「今王始詐病，及覺，見責急，愈益閉，恐上
　　誅之，計乃無聊。」

69. 《莊子》〈天道〉：「夫虛靜恬淡、寂寞無為者，萬物之本也。」

70. 《後漢書》〈順帝紀〉贊曰：「孝順初立，時髦允集；匪砥匪革，終淪
　　嬖習。」《渭南文集》〈除制司參議官謝趙都大啟〉：「茲蓋伏遇某官學
　　窺聖域，望冠時髦，根於高明，用以忠恕。」

71. 《管子》〈形勢解〉：「亂主不知物之各有所長所短也，而責必備。」

72. 《王子安集》〈益州夫子廟碑〉：「大哉神聖，與時回薄，應運而生，
　　繼天而作。」《紅樓夢》第二回：「若大仁者，則應運而生。」

73. 《尚書》〈武成〉：「今商王受無道，暴殄天物，害虐烝民。」《陳子昂
　　集》〈為副大總管屯營大將軍蘇宏暉謝表〉：「契丹凶狡，敢竊邊陲，
　　毒虐生靈，暴殄天物。」

求神問卜的事；然今人引用「敬而遠之」一詞時，並不理會「神人之際」的問題，卻是用以表示「表面恭敬而內心不服」的疏離態度，此為「自主」的主張，毫無見賢思齊之誠。孟子說：「君子之於禽獸也，見其生、不忍見其死，聞其聲、不忍食其肉，是以君子遠庖廚也。」（《孟子》〈梁惠王〉上）此說義理清晰而情意真摯，然引用「君子遠庖廚」一語者往往不論其慈悲之旨，而頗有「大人不做小事」的霸氣，或有嘲弄人性好吃懶做的意味，這種「開聖人玩笑」的歪風只可能出現於大眾作主（民主）的時代。同樣不正經的俗氣表現是將「一絲不掛」解為身體赤裸，而不尋思其清雅的本義——「了無牽掛」74——此事誠為大眾文化所特有，亦即文明末世的頹風。

　　君子處世認真慎重，小人處事隨性放縱，因此「瞻前顧後」原是考慮周詳之意75，一般用法卻是猶豫不決或「放不下」的意思，「渾渾噩噩」由形容「恢弘正大」轉為表示「迷迷糊糊」76，也與凡人不喜嚴肅的本性有關，而所謂「想入非非」（淫念）竟是凡心曲解佛學（俱舍論「非想非非想」一說）所致77，這更是良知的自瀆。人性有善有惡，但其性本善，惟人

---

74. 《蘇東坡集》〈贈虔州慈雲寺鑒老〉：「徧界難藏真薄相，一絲不掛且逢場。」黃庭堅《山谷集》〈僧景宗相訪寄法王航禪師詩〉：「一絲不掛魚脫淵，萬古同歸蟻旋磨。」

75. 《楚辭》〈離騷〉：「夫維聖哲以茂行兮，苟得用此下土；瞻前而顧後兮，相觀民之計極。」《漢書》〈敘傳〉下：「瞻前顧後，正其終始。」

76. 《法言》〈問神〉：「虞夏之書渾渾爾，商書灝灝爾，周書噩噩爾。」胡應麟《詩藪》〈古體〉下：「兩京歌謠便自渾渾噩噩，無迹可尋。」

77. 《楞嚴經》卷九：「如存不存，若盡不盡，如是一類，名為『非想非非想處』。」《俱舍論》卷八：「一空無邊處，二識無邊處，三無所有處，四非想非非想處，如是四種名『無色界』。」

之善性並非完善，故人性常陷溺於惡念，雖然為惡使人良心不安；常人天資不佳，所以克己復禮是修行的原則，然古道式微，人心墮落，疑古之風愈來愈盛。君子曰「人誰無過，過而能改，善莫大焉」（《左傳》宣公二年），小人因而盛傳「人非聖賢，孰能無過」，此說不僅略去「改過」一節，並且添上「聖賢」一名以為犯錯者開脫，誠然無恥。同理，「好整以暇」一詞來自「好以眾整」及「好以暇」二語，其原意是準備妥當而行事有序78，然一般用法強調「暇」而忽視「整」，彷彿從容不迫是因自信充足而已，此種重情輕理的觀點其實出於人性好逸惡勞的本質、或是凡心以逸待勞的想像，甚有怠慢之氣。一般人想像力不足卻不善用理性而好情感，因此傳統典雅之詞常為後世誤解，例如「空穴來風」是理所當然之事（空穴才可招風）79、今人卻用作無憑無據之意，「鉤心鬥角」原來形容樓閣建築繁複精巧80、後世卻用以表示人際競爭陰險狡詐（勾心鬥角），「長袖善舞」本無特別暗示81、後來竟成交際手腕機巧的意思，「八面玲瓏」本指窗戶寬敞明亮82、後人卻將之解為處事手段圓融巧

---

78. 《左傳》成公十六年：「日臣之使於楚也，子重問晉國之勇，臣對曰『好以眾整』，曰『又何如』，臣對曰『好以暇』；今兩國治戎，行人不使，不可謂整，臨事而食言，不可謂暇，請攝飲焉。」

79. 《昭明文選》宋玉〈風賦〉：「枳句來巢，空穴來風，其所託者然，則風氣殊焉。」《白氏長慶集》〈初病風詩〉：「朽株難免蠹，空穴易來風。」

80. 《樊川文集》〈阿房宮賦〉：「五步一樓，十步一閣；廊腰縵回，簷牙高啄；各抱地勢，鉤心鬥角。」梁紹壬《兩般秋雨盦隨筆》〈詠物詩〉：「近時詩家詠物，鉤心鬥角，有突過前人者。」

81. 《韓非子》〈五蠹〉：「鄙諺曰『長袖善舞，多錢善賈』，此言多資之易為工也。」

佞，「一波三折」原指書法筆勢的運行[83]、人們卻常以此表示事情過程曲折坎坷，「滿城風雨」僅是天候氣象的陳述[84]、有心人卻將之比作人事紛擾，「無疾而終」乃是平安沒病至死[85]、今解卻是草草結束（不了了之），「平分秋色」即是正當中秋[86]、尋常用法卻表不分勝負高下，「蠢蠢欲動」原指春季萬物滋長茂盛之機[87]、如今多作不安好心而伺機發動之意，「落花流水」本為詩情畫意的形容[88]、俗人竟將之用於對抗落敗的慘狀，「紅杏出

---

82. 《全唐詩》盧綸〈賦得彭祖樓送楊宗德歸徐州幕〉：「四戶八窗明，玲瓏逼上清。」《全宋詞》葛長庚〈滿江紅〉：「八面玲瓏光不夜，四圍晃耀寒如月。」《古典複音詞彙輯林》（第一冊）馬熙〈開窗看雨〉：「洞房編藥屋編荷，八面玲瓏得月多。」

83. 《全晉文》王羲之〈題衛夫人筆陣圖後〉：「每作一波，常三過折筆。」《宣和書譜》〈太上內景經〉：「然其一波三折筆之勢，亦自不苟，豈其意於筆正特見嚴謹，亦可嘉矣。」

84. 《韋蘇州集》〈同德寺雨後寄元侍御李博士〉：「川上風雨來，須臾滿城闕。」《石湖詩集》〈春晚〉三之一：「手把青梅春已去，滿城風雨怕黃昏。」釋惠洪《冷齋夜話》卷四·潘大臨〈題壁〉：「滿城風雨近重陽。」

85. 《喻世明言》卷十八：「到三十六歲，忽對人說：『玉帝命我為江濤之神，三日後必當赴任。』至期無疾而終。」《初刻拍案驚奇》卷二十：「次日，無疾而終，恰好百歲。」

86. 李樸〈中秋〉：「平分秋色一輪滿，長伴雲衢千里明。」《韓昌黎集》〈合江亭〉：「窮秋感平分，新月憐半破。」

87. 《禮記》〈鄉飲酒義〉：「主人必居東方，東方者春；春之為言蠢也，產萬物者也；主人者造之，產萬物者也。」《白虎通義》〈五行〉：「時為春，春之為言蠢，蠢，動也。」

88. 李群玉〈奉和張舍人送秦煉師歸岑公山〉：「蘭浦蒼蒼春欲暮，落花流水怨離襟。」李嘉祐〈聞逝者自驚〉：「黃卷清琴總為累，落花流水共添悲。」李煜〈浪淘沙〉：「獨自莫憑欄，無限江山，別時容易見時

牆」僅是關於春色的具體描述89、後來竟被假借為婦女偷情的
比喻,「翻雲覆雨」本來意謂人事反覆無常90、現在則被用來暗
示男女交媾之舉,凡此「惡性新解」都是人性邪僻所致,顯然
菁英文化所以不易保持,乃因上流思想一經傳播便要變質。凡
人知識淺薄,其誤用成語可能因為無知而非惡意,但此種不求
甚解而隨意想像的態度其實反映人性草率不敏,例如「不一而
足」乃是不足(非一事一物可以滿足)而非充足(多至不勝枚
舉)91,「每下愈況」乃是由小見大而非越來越差(因而有謂
「每況愈下」)92,「差強人意」乃是振奮人心而非不孚厚望93,
「朝三暮四」乃是名異實同而非一再改變94,「難兄難弟」乃是
一樣優秀而非一樣糟糕95,「按圖索驥」乃是不易成功而非理當

難,流水落花春去也,天上人間。」

89. 《劍南詩稿》〈馬上作〉:「楊柳不遮春色斷,一枝紅杏出牆頭。」葉
　　紹翁《靖逸小集》〈遊園不值〉:「春色滿園關不住,一枝紅杏出牆
　　來。」

90. 《杜工部集》〈貧交行〉:「翻手作雲覆手雨,紛紛輕薄何須數,君不
　　見管鮑貧時交,此道今人棄如土。」

91. 《公羊傳》文公九年:「始有大夫,則何以不氏?許夷狄者,不一而
　　足也。」

92. 《莊子》〈知北遊〉:「夫子之問也,固不及質,正獲之問於監市履狶
　　也,每下愈況。」

93. 《後漢書》〈吳漢傳〉:「諸將見戰陳不利,或多惶懼、失其常度,
　　〔吳〕漢意氣自若,方整厲器械,激揚士吏。帝時遣人觀大司馬何為,
　　還言方修戰攻之具,乃歎曰:『吳公差強人意,隱若一敵國矣。』」

94. 《莊子》〈齊物論〉:「狙公賦芧,曰『朝三而暮四』,眾狙皆怒,曰
　　『然則朝四而暮三』,眾狙皆悅。名實未虧而喜怒為用,亦因是也。」

95. 《世說新語》〈德行〉:「陳元方子長文,有英才,與季方子孝先各論
　　其父功德,爭之不能決,咨子太丘,太丘曰:『元方難為兄,季方難

獲得96，「咄咄逼人」乃是氣勢驚人而非必言語嚴厲97，「文質彬彬」乃是智勇兼備而非文雅有禮98，「既來之則安之」乃是撫慰來者而非自我安神99，「卑之毋甚高論」乃是不要高談闊論而非意見平淡無奇100，似此誤會皆是出於無心，而其情之盛實為教育普及卻不成功的現象，成語流行必有濫用，這確是文明的原罪、或是文明臻於極致以後退化的亂象。

　　成語是典範性的措辭，其意深刻而用字幽雅，然成語所以出現與語文一樣是為傳達思想，故成語雖美但知識觀點才是其流行的關鍵；如此，中國成語變化必與中國歷史發展息息相關，而因中國文化的素質自秦漢以後逐漸下沈，成語濫用的問題乃隨之惡化。先秦典籍大都言簡意賅且善於修辭，加以此時天道思想深濃，為文者力圖呈現萬事萬物的道理，故而後世所用的成語大量產生於此；然因上帝信仰在秦漢以後不進反退，所以

為弟。』」
96. 《漢書》〈梅福傳〉：「今不循伯者之道，乃欲以三代選舉之法取當時之士，猶察伯樂之圖求騏驥於市，而不可得，亦已明矣。」袁桷《清容居士集》〈示從子瑛〉：「隔竹引龜心有想，按圖索驥術難靈。」
97. 《全晉文》衛鑠〈與釋某書〉：「衛有一弟子王逸少，甚能學衛真書，咄咄逼人，筆勢洞精，字體遒媚。」《全晉文》王羲之〈雜帖〉：「獻之字子敬，少有清譽，善隸書，咄咄逼人。」
98. 《論語》〈雍也〉：「子曰：『質勝文則野，文勝質則史，文質彬彬，然後君子。』」《後漢書》〈章帝紀〉：「敷奏以言則文章可采，明試以功則政有異迹，文質彬彬，朕甚嘉之。」
99. 《論語》〈季氏〉：「遠人不服，則修文德以來之，既來之，則安之。」
100. 《史記》〈張釋之傳〉：「[張] 釋之既朝畢，因前言便宜事，文帝曰：『卑之，毋甚高論，令今可施行也。』於是釋之言秦漢之間事，秦所以失而漢所以興者，久之，文帝稱善。」

表達神思的成語若非沒落即是深受誤解，同時呈現現實人生感懷的成語則相對遽增。魏晉以下佛教興盛，道教亦順勢發達，出於此類信仰的說法常為文人引用而成成語；但因常人對於佛道教義未能深入，且因其宗教情懷不強，故此類成語的誤用甚為嚴重。唐宋時代文學創作頗多可觀之處，此後詩詞戲曲且盛行不衰，所以文藝性或感性的成語叢出；因為抒情之文本不精確又易於轉用，故形成於當時的成語無甚濫用，但其影響亦非深遠。明清時期中國社會的庸俗化方興未艾，因傳統至此累積既久而文人的菁英性亦大減，故成語的新創無多可能，但成語的運用則極為活絡，尤其小說雅俗共賞，其行文常須飾以成語，現代中國成語的定型定性於是展現。民國成立以來「白話文」（以白話為文）成為主流，成語的使用雖未以此式微，但時人的思想更趨現實而其語文能力更加衰弱，故成語的濫用大為惡化。大致言之，今人的真理信仰、道德意識、及藝術品味均遠不如古代士人，因此成語濫用的問題不外「失理、損德、虛美」三者，而人性化的表現乃為通病；由於白話文平淡簡陋，欲顯見識者常引用成語以壯聲勢，其附庸風雅之姿往往造成「高級的錯誤」，貽笑大方，但若考量現代凡夫數典忘祖之惡，則濫用成語似為小害。

　　成語是慣用之詞，亦即約定俗成的用語 (usage)，然則成語的濫用似為難免，因為成語的創造者是聖賢文豪，凡人加以引用未必得其精華而常有失誤，何況語文本來與時俱變，「以訛傳訛」在語文的使用上造成「將錯就錯」，新意於是產生而化作通行用法，專家難與爭議。成語的濫用主要是由於無知及無德，無知者不解大義（真理觀念）又不曉典故（原文所出之脈絡），無德者以私慾論道或以今非古，二者都使傳統高見逐漸失傳，

而俗念則藉「古文新解」之法盛行，以致現代學術常有害心術。
例如子曰「民可使由之，不可使知之」（《論語》〈泰伯〉），其說
確為保守主義的愚民政策——考察孔子整體思想即可知——然
後人可能因為強調自主或擁護民主而無法接受此見，居然將之
強解為「民可，使由之；不可，使知之」，此種知性暴行可以自
大卻不足以自保，畢竟自大便要自愚。成語並非不可改義，然
為此事者應具自覺與善意乃能有益於文明，例如「行不由徑」
一詞可以當作「行事不從正道」，因為此種用法可能責善而不可
能害理，況且就字面意義而論此說並無不可；又如朱熹常用「瞻
前顧後」一語，卻非採其原意（考慮周詳）而是改作猶豫不決
之意[101]，因其用心純良，甚有強化語氣的效果，絕無不妥，可
見善用成語之道是假借文藝以發揮智識，此理是「美來自善而
善來自真」。總之，言以陳事論理，成語極有助於表意傳教，然
觀念錯誤必致用詞偏失，近代中國遠離古風而追逐功利，這是
成語濫用的主要緣故，至於白話文的流行實非大禍，因為真理
不明不是由於口語取代文言，而是由於人們所思所辯已非天道。

[101.]《朱子語類》〈學二〉「總論為學之方」：「且如項羽救趙，既渡，沈船
　　破釜，持三日糧，示士必死，無還心，故能破秦。若瞻前顧後，便做
　　不成。」（又見〈朱子十二〉「訓門人三」）〈學四〉「讀書法上」：「莫
　　要瞻前顧後，思量東西，少間擔閣一生，不知年歲之老！」〈論語十
　　一〉「顏淵季路侍章」：「若今人恁地畏首畏尾、瞻前顧後、粘手惹腳，
　　如何做得事成。」〈尚書一〉「益稷」：「便是古人直，不似今人便要瞻
　　前顧後。」

課題索引

*各項課題之後的數字代表「章、節、段」所在，例如「2–3–4n」為第二章第三節第四段（n 為註釋），「附–5」則是附錄第五段。

「一條鞭法」　10–2–2

人文主義　3–3–5/3–3–7

人性取向　3–3–7/附–11

人治　4–2–4/8–1–12/10–1–3

亡國之勢　4–2–5（秦）/5–1–16（漢）/7–1–4（隋）/7–1–13（唐）/7–1–14/8–1–15（北宋）/8–1–19（南宋）/9–1–11（元）/10–1–9（明）/11–1–8（清）/11–3–5

大禹（治水）傳說的意義　1–2–6

三代的關連性　2–3–2/2–4–1/2–4–2

三省制　7–1–3n/7–3–1/9–1–7

三國的分裂與中國的一統觀　6–1–1/6–1–2

「士」的身分　2–3–7

士族／世族／氏族　6–1–3/6–1–8/6–2–1/6–2–3/6–2–4/6–3–3

「天人之際」的省思　附–4

中日關係　11–1–7/12–1–5

中文的獨特性　1–3–2/附–1

「中國」的概念及其實行　2–2–4/2–3–9/2–4–3/3–2–10/4–3–1/8–1–5/9–1–2/9–3–1/11–1–1/11–1–3/11–3–1/12–2–5

中國文化的持續沈淪　9–3–2/12–3–1/12–3–2

中國文明的特殊性　1–3–3

中國文明起源的神秘性　1–3–1

中國文明重心的南移　6–2–3/7–1–10/8–2–4（參見「南北文化差異」）

中國古文明的進化歷程　1–1–3

中國古史傳說的特質　1–2–2

中國的亡國　9–1–1/9–1–3/9–1–4/11–1–1

中國歷史的古典時期　3–1–3

中國歷史的中古性問題　3–1–3/6–3–1/6–3–3/6–3–4

文化創作 2-2-7/4-3-4/8-3-9/
　10-2-4

文字創造的意義 1-1-2/1-3-2

文治的本質 8-3-4n

文武關係 2-3-7/3-2-4/4-2-2/
　8-1-5/9-1-10

文明末世 12-3-1

「文景之治」的建國功用 5-1-4

孔子之述作 3-3-2

孔孟之論夏 2-1-1n

內朝與外朝的分化 5-1-15/10-
　1-7

王安石變法的取向及其得失 8-
　1-10/8-1-11/8-1-12

王莽執政的歷史意義 5-1-11

王陽明學說 10-3-3

五代十國的政局 8-1-3/8-1-4

元朝在中國史上的地位 9-3-3

元朝的正統性 9-1-5/9-3-1

元朝速亡之因 9-1-11

石器時代的分期意義 1-1-3n

奴隸制度的有限性 2-2-6/2-3-8

立國精神 4-1-6/8-1-5/11-3-4/
　11-3-5/12-1-5/12-2-4 （參見
　「開國規模」）

外交制度與中外關係 11-1-7/

11-3-2/12-1-4n

外戚干政 5-1-16/7-1-7/7-1-8
　（參見「婦女干政」）

世俗化／庸俗化／物化 6-2-4/
　7-2-2/8-3-1/10-2-1/10-2-4/
　11-2-6/12-2-3/12-3-2/12-3-4/
　附-2/附-10/附-13（參見「社會
　平等化」）

史前進化歷程 1-1-1/1-1-2

史學 2-3-1/5-3-4（漢）/8-3-9
　（宋）/11-2-5（清）/12-3-5
　（民國）

民主 12-1-1/12-1-2/12-3-3

「民國」的歷史意義 12-1-1

存天去人 附-7

成語的演變 附-2/附-12

伏羲氏傳說的意義 1-2-1

夷夏關係（胡漢關係） 2-3-9/6-
　1-6/6-1-7/6-1-11/7-1-10/8-1-
　7/8-1-18/9-1-5/9-3-3/11-1-2/
　11-1-4

老莊異同 3-3-11

朱熹學說 8-3-8

行省制 9-1-8

西化（現代化） 11-3-2/11-3-3/
　12-2-4/12-3-2

共產主義　12-2-1

均田制　7-3-2

求知　附-5/附-6

宋代文化的成就與失誤　8-3-1/8-3-9

宋朝政治的特殊性　8-1-1/8-1-2/8-1-6

兵政　4-2-2/4-2-3/7-3-3/10-1-7n

佛教　6-2-5/6-2-6/7-1-8/7-2-5/7-2-6/7-2-7/7-2-8/9-2-2

社會階級　2-2-5（商）/2-3-5（周）/6-3-3（魏晉）/9-1-9（元）/9-1-10

社會平等化　7-2-2/8-2-5/10-1-1/12-2-4（參見「世俗化」）

宗法　2-2-6

宗教信仰與宗教政策　2-2-7/2-4-2n/9-2-2/10-2-4/11-2-2（參見「佛教」及「道教」）

姓名（姓氏）的產生　2-2-6/2-4-3/2-4-4

周朝（平王）東遷的歷史意義　3-1-2

法家的成敗　3-2-5/3-3-13/3-3-14

孟子的道統地位　3-3-7

東晉政局　6-1-8

武王伐紂的說法　2-3-4

武則天執政的歷史意義　7-1-8

岳飛之死　8-1-17

明太祖平民登基的歷史意義　10-1-1

明太祖的惡性　10-1-2/10-1-3/10-1-5

明成祖的性格與作為　10-1-5

明朝政治敗壞的緣故　10-1-1/10-1-2

官制　4-1-9（秦）/7-3-1（唐）/8-2-2（宋）/9-1-7（元）/10-1-3（明）（參見「三省制」及「內朝與外朝」）

神話傳說的意義　1-2-2/1-2-4

神農氏傳說的意義　1-2-1

春秋戰國的古典性　3-1-3/3-1-4/3-3-1

春秋霸業的功用　3-2-2

南北文化差異　6-2-3/6-3-3/8-2-4

皇位繼承問題　2-2-4（商）/2-3-4（周）/5-1-8（漢）/7-1-4（隋）/7-1-6（唐）/10-1-4

（明）

皇帝制度　3-2-5/4-1-3/5-1-8

封建制度　2-2-5（商）/2-3-5（周）/4-1-4/4-2-8（楚）/5-1-2（漢）/6-1-5（晉）

政治的興衰及演變趨勢　2-2-2/2-3-6/3-1-1/3-2-7/5-1-9/5-1-14/6-1-1/6-1-4/6-1-10/11-1-4

政治與文化（政教關係）　4-1-5/4-3-1/5-2-1/5-2-2/5-3-2/6-2-4/7-2-5/8-1-8/9-2-1/10-1-8/11-2-1/12-1-4（參見「儒家與政治」）

政權的天命觀　4-1-5/5-2-8/10-1-5

科舉　7-2-3/7-2-4/7-3-6/8-3-2/9-2-1/10-3-1/11-2-3（參見「選舉」）

宦官亂政　5-1-16（漢）/7-1-12（唐）/10-1-6（明）

真理信仰　附-3

倉頡傳說的意義　1-2-1

夏朝的真實性　2-1-1

夏朝傳說的意義　2-1-3

夏朝與中國歷史的開端　2-1-2

秦國統一天下的速成　3-2-9

秦朝在中國歷史上的地位　4-1-1/4-3-4

秦朝焚書坑儒的歷史意義　3-1-3n/4-1-6/4-1-7

秦朝速亡之理　4-2-1

秦朝對後世政治的影響　4-3-2/4-3-3

唐玄宗朝的歷史定位　7-1-9

唐律的齊備性及其意義　7-3-5

郡縣制度的推展　4-1-4/5-1-4

租庸調法與兩稅法的興替　7-3-2n/10-2-2

紙鈔的推行　9-1-10n

拳亂（義和團）的歷史意義　11-1-8

商周關係　2-3-2/2-3-3

商朝傳說的可信度　2-2-1

陰陽家的迷信　3-3-15/3-3-16/3-3-17/5-2-8

「國共對抗」　12-2-3

清朝末年的國家憂患　11-1-6/11-1-7

「清談」　6-2-2

「清議」　5-1-16

婦女干政　5-1-4/7-1-7/7-1-8

（參見「外戚干政」）

理學（唯心主義）　8-3-5/8-3-6/8-3-7/8-3-8/9-3-2/10-3-2/10-3-3/10-3-4/11-2-4（參見「經學」）

現實主義　附-9

堯舜傳說的意義　1-2-5

黃老並稱的含意　5-1-3n

黃帝傳說的意義　1-2-3

開國規模　4-1-1（秦）/5-1-1（西漢）/5-1-13（東漢）/6-1-9（南北朝）/7-1-3（隋）/7-1-5（唐）/8-1-3（五代十國）/8-1-1（北宋）/8-1-16（南宋）/9-1-6（元）/10-1-2（明）/11-1-2（清）/12-1-2（民國）/12-2-2（參見「立國精神」）

統治政策　4-1-2/4-1-8/9-1-6/11-1-2（參見「政治」條）

隋唐制度的中古性　7-3-4

隋唐政治的平凡與不凡　7-1-1

隋朝崛起之由　6-1-12

隋朝富強的前緣　7-1-2

道家的反智　3-3-10/3-3-12

道教　5-3-2/7-2-5

經學／儒學　5-2-6/5-2-7/7-3-

7/7-3-8（參見「理學」）

經濟發展　2-2-2/3-2-7/8-2-1/8-2-2/8-2-3/8-2-6/9-2-3/10-2-1/12-2-5/12-3-4

楚漢相爭的形勢　4-2-7/4-2-8

「靖難」的原由及意義　10-1-4

亂政的因素　5-1-9/5-1-15/7-1-7/7-1-12/8-1-6（參見「宦官亂政」、「外戚干政」及「婦女干政」）

對天負責／自我負責　附-8

漢化　6-1-7/6-1-11/9-1-6/11-1-2

漢朝的歷史定位　5-3-1

漢初「無為之治」的意義　5-1-3

漢武帝的歷史地位　5-1-5/5-1-6/5-1-7

漢唐武功比較　7-1-10n

臺灣　12-1-6

諸子百家的價值與起源　3-3-3/3-3-4

諸葛亮在文明史上的定位　6-3-2

墨家的偏執　3-3-8/3-3-9

慶曆變法的性質　8-1-9

鄭和下西洋的歷史意義　10-2-3

鴉片戰爭的歷史意義　11-1-5

禪宗　7–2–8/8–3–6

禪讓傳說的意義　1–2–7

獨裁（中央集權）政體的強化　9–1–7/10–1–7/12–3–3

歷史分期　3–2–1/6–3–1

歷史解釋　2–2–3/3–1–4n/9–1–5

戰爭　3–2–8/12–1–5

戰國爭霸的性質與作用　3–2–3/3–2–5

儒家的典範性　3–3–3/3–3–5

儒家與政治（獨尊儒術）　3–3–6/4–1–7/5–1–10/5–2–3/5–2–4（參見「政治與文化」）

儒家與佛教　6–2–5/6–2–6/7–2–5/7–2–8/8–3–6

選舉（任官辦法）　5–2–5（漢）/7–2–3（唐）（參見「科舉」）

學校教育（含書院）　7–3–6/8–3–3/8–3–4/10–3–1/11–2–3

樸學（漢學）　11–2–4

燧人氏傳說的意義　1–2–1

藩鎮（軍閥）割據　7–1–11/12–1–3

黨爭　7–1–12/7–2–1/8–1–13/8–1–14/10–1–8

變法（改革）　3–2–5（戰國）/3–2–6（秦國）/5–1–11（漢）/8–1–9（宋）

變亂　4–2–6（秦）/5–1–12（西漢）/5–3–3（東漢）/7–1–5（隋）/7–1–13（唐）/9–1–11（元）/11–1–6（清）/11–3–3/11–3–4

讖緯　5–2–8

修訂四版

中國通史
甘懷真／著

本書著重從宏觀的角度，做歷史趨勢的說明，不對個別的歷史事件、人物作過多之枝節敘述；並將近年來學界之最新研究成果包含在內，對社會經濟史及文化史的歷史演進有較詳盡之說明。書中也加重了臺灣史的比重，以反映時代之新精神，兼顧可讀性及學習需求，允宜作為大學之「中國通史」課程教授之用。

修訂三版

中國文化史
杜正勝／主編

本書旨在適切地傳述中國文化的重要內容；它不是堂皇嚴正的傳統形式的教科書，而是以一個嶄新的形式出現，平易近人、活潑有趣。它有時代性，希望激發讀者的歷史醒悟，解答讀者的時代困惑。當然，它還有知識性，它告訴你中國人的種種經驗，也許和你過去吸收的歷史知識頗不一樣。什麼才是真實的歷史？讀什麼樣的歷史對你才有意義？請打開本書一探究竟！

四 版

中國通史（上）、（下）
林瑞翰／著

本書打破傳統偏重政治史的迷思，在書中廣泛地介紹了歷代的制度、經濟、社會、文學、史學等方面的發展與成就，藉此引導讀者對過去的時空能有全方位的認識。此外，為了避免以管窺天的繆誤，作者更適切地在描述中國歷史的點點滴滴時，加入了其他學者的經典研究成果，以及珍貴的第一手史料，期盼讓讀者們能對浩瀚的中國史有更深入、更宏觀的認識。

修訂二版

現代世界的形成——文明終極意義的探求
王世宗／著

活在二十一世紀的你我，時時恐懼被「知識經濟」所淘汰。為了避免向下沉淪，人人不停向上提昇。但捫心自問，如此就能終結內心的害怕和恐懼嗎？人究竟所謂何來？為了所有追尋生命意義而受苦的靈魂，作者反省文藝復興迄今的歷史發展，希望從中探究文明的終極意義，更藉此表達出對現代人最深層的終極關懷。回首過去並不是為了逃避，而是期盼以歷史涵養你我無助的心靈。

修訂二版

古代文明的開展——文化絕對價值的尋求
王世宗／著

現代世界的樣貌根源於歷史演變的陳跡，從古代文明的開展可以理出當下發生事物的前因後果。今日的歷史已化為瑣碎的資訊，可輕易地再切割與組合，塑造出最合自身的格式，造成文化土壤貧瘠，弱化文明經由內省而再生的積極性。另一方面，現代人在物質生活日益豐富的情形下，精神生活卻倍感空虛、前所未見的封閉。因此，透過對以往人事的考察，省思現代文明的得失利弊，是本書最大的關懷。

增訂二版

歷史與圖像——文明發展軌跡的尋思
王世宗／著

本書藉由史上遺跡與藝術作品，闡述文明發展的脈絡以及「真、善、美」的義理。書中論述起於史前時代，終於二十世紀，它顯示人類文明在超越求生圖存的層次(上古)之後，發覺永恆與絕對的文化價值體系(古典)，然後陷入退縮、懷疑、否定的階段(中古)，再重新確認與發揚文明終極意義(現代)的發展軌跡，期望尋思文明發展之餘，也能幫助我們重新找回至善的心靈。

真理論述——文明歷史的哲學啟示

王世宗／著

本書藉由歷史所見說明真理的意涵，然其所論並非史上的真理論述而是真理在史上的呈現；因歷史既包含所有人事，歷史所見的真理其實是人所能知的終極真相。本書前部依序為上帝、神意、真理、靈魂、生命、求道、道德、美感諸題；後部則就學術的範疇論述，分別檢討宗教、知識觀、哲學、史學、科學等領域在真理追求上的得失，並藉此驗證前部論述的通貫性與一致性。

必然之惡——文明觀點下的政治問題

王世宗／著

人是政治動物而善心不足，因此在追求治世之道時，一則現實上不為善必作惡，二則權力鬥爭擴大人性之惡的作用，故下達者眾的政治成為舉世最大的惡勢力，並隨著民主風尚惡化，顯現文明的末世之兆。作者抱持著人性本善的期許，以本書揭示政治為必然之惡的無奈，願與您共同省思政治的終極目的，提昇人之所以為萬物之靈的層次，共同追求人的天職——「道」與「真」！

東方的意義——中國文明的世界性精神

王世宗／著

文明為普世不二的進化取向，故中國文明在形式上與西方對立，實則與之一致，不可能發展文明而與異域文明背道而馳，此即中國文明具有世界性的精神。中國文明的最高境界與希臘古典精神相仿，其間差異則顯示中國為東方代表的特徵，這表示中國在近代的落後是其發覺世界文明真諦的必要經歷，因為中國文明與西方本質無殊，其困境必反映人類求道的癥結與答案。

文明的末世──歷史發展的終極困境

王世宗／著

文明歷史在十九世紀後大眾化興起，菁英主義敗壞，反理性思潮盛行，人格物化，文化的素質日漸低落，甚至「後現代」主義當令，一切道學正統均遭質疑，末世亂象叢生；同時物質文明發達，科學、工商掛帥，民生經濟改善，令人深感「時代進步」，殊不知這是末世的誤導性現象，其效是更增愚者的迷惘與智者的虔誠。文明的末世有礙傳道卻有利求道，是生活感受不佳但學習條件最佳的時機，仁人君子於此當思「生於憂患而死於安樂」之義，以「通古今之變」的歷史知識獨善其身且兼善天下，雖然濟世者不能認為其力可以改變時勢。